ADOBE® PHOTOSHOP® CS3

CLASSROOM IN A BOOK®

A239	Adobe Photoshop CS3 : classroom in a book: guia oficial de treinamento / Adobe Creative Team ; tradução Edson Furmankiewicz. – Porto Alegre: Bookman, 2008. 496 p. : il. ; 25 cm.
	ISBN 978-85-7780-149-7
	1. Software – Computação Gráfica. I. Adobe Creative Team.
	CDU 004.4 Photoshop

Catalogação na publicação: Juliana Lagôas Coelho – CRB 10/1798

ADOBE® PHOTOSHOP® CS3

CLASSROOM IN A BOOK®
Guia oficial de treinamento

Tradução:
Edson Furmankiewicz

Consultoria, supervisão e revisão técnica desta edição:
Alexandre Keese
Especialista em tratamento e manipulação de imagens digitais
Consultor da Adobe Systems Brasil
Adobe Certified Expert em Photoshop

2008

Obra originalmente publicada sob o título Adobe Photoshop CS3 Classroom in a Book 1st Edition
ISBN 0321492021

Authorized translation from the English language edition, entitled ADOBE PHOTOSHOP CS3 CLASSROOM IN A BOOK, 1st Edition by ADOBE CREATIVE TEAM, published Pearson Education, Inc., publishing as Adobe Press, Copyright © 2007. All rights reserved. No part of this book may be reproduced or transmitted in any form or by any means, electronic or mechanical, including photocopying, recording or by any information storage retrieval system, without permission from Pearson Education,Inc.

Portuguese language edition published by Bookman Companhia Editora Ltda, a Division of Artmed Editora SA, Copyright © 2008

Tradução autorizada a partir do original em língua inglesa da obra intitulada ADOBE PHOTOSHOP CS3 CLASSROOM IN A BOOK, 1ª Edição por ADOBE CREATIVE TEAM, publicado por Pearson Education, Inc., sob o selo de Adobe Press, Copyright © 2007. Todos os direitos reservados. Este livro não poderá ser reproduzido nem em parte nem na íntegra, nem ter partes ou sua íntegra armazenado em qualquer meio, seja mecânico ou eletrônico, inclusive fotoreprografação, sem permissão da Pearson Education,Inc.

A edição em língua portuguesa desta obra é publicada por Bookman Companhia Editora Ltda, uma divisão da Artmed Editora SA, Copyright © 2008

Existem trabalhos artísticos ou imagens que talvez você queira incluir nos seus projetos que são protegidos pela lei dos direitos autorais. A utilização não-autorizada de tais materiais em um novo trabalho pode se configurar violação dos direitos autorais do proprietário. Assegure-se de obter todas as permissões de uso. Qualquer referência a nomes de empresas nas amostras de estruturas tem por objetivo a demonstração e não pretende referir-se a alguma organização atual.

Adobe, o logo Adobe, Acrobat, o logo da Acrobat , Adobe Garamond, Classroom in a Book, GoLive, Illustrator, InDesign, Minion, Myriad, Photoshop, PostScript e Version Cue são marcas registradas de Adobe Systems Incorporated.

Apple, Mac OS, Macintosh e Safari são marcas registradas da Apple nos Estados Unidos e em outros países. Microsoft, Windows e Internet Explorer também são marcas registradas ou marcas registradas da Microsoft Corporation nos Estados Unidos e em outros países. UNIX é uma marca registrada de The Open Group. Arial é uma marca registrada de Monotype Corporation registrada no U.S. Patent and Trademark Office e em outras jurisdições. Helvetica é uma marca registrada de Linotype-Hell AG e suas subsidiárias. Todas as outras marcas registradas são de propriedade dos seus respectivos donos.

Capa: *Henrique Chaves Caravantes, arte sobre a capa original*

Leitura final: *Mariana Belloli Cunha*

Supervisão editorial: *Denise Weber Nowaczyk*

Editoração eletrônica: *Techbooks*

Reservados todos os direitos de publicação, em língua portuguesa, à
ARTMED® EDITORA S.A.
(BOOKMAN® COMPANHIA EDITORA é uma divisão da ARTMED® EDITORA S. A.)
Av. Jerônimo de Ornelas, 670 – Santana
90040-340 – Porto Alegre – RS
Fone: (51) 3027-7000   Fax: (51) 3027-7070

É proibida a duplicação ou reprodução deste volume, no todo ou em parte, sob quaisquer formas ou por quaisquer meios (eletrônico, mecânico, gravação, fotocópia, distribuição na Web e outros), sem permissão expressa da Editora.

SÃO PAULO
Av. Angélica, 1.091 – Higienópolis
01227-100 – São Paulo – SP
Fone: (11) 3665-1100   Fax: (11) 3667-1333

SAC 0800 703-3444

IMPRESSO NO BRASIL
PRINTED IN BRAZIL

Sumário

Introdução

Sobre o Classroom in a Book	17
O que é novo nesta edição	18
Assista aos filmes	18
O que há no Photoshop Extended	19
Pré-requisitos	20
Instalando o Adobe Photoshop	20
Iniciando o Adobe Photoshop	20
Instalando as fontes do Classroom in a Book	21
Copiando os arquivos do Classroom in a Book	21
Restaurando as preferências padrão	22
Recursos adicionais	23
A certificação Adobe	24

1   Familiarizando-se com a Área de Trabalho

Visão geral da lição	27
Comece a trabalhar no Adobe Photoshop	28
Utilize as ferramentas	32
Utilize a barra de opções da ferramenta e outras paletas	42
Desfaça ações no Photoshop	46
Personalize o espaço de trabalho	56
Utilize o Photoshop Help	60
Utilize os serviços on-line da Adobe	65
Revisão	70

2 Correções Básicas de Fotos

Visão geral da lição 73
Estratégia para retoque 73
Resolução e tamanho da imagem 75
Introdução 76
Endireite e corte uma imagem. 78
Faça ajustes automáticos. 81
Ajuste manualmente o intervalo tonal 82
Remova uma invasão de cor. 86
Substitua cores em uma imagem 87
Ajuste a luminosidade com a ferramenta Dodge 90
Ajuste a saturação com a ferramenta Sponge 91
Aplique o filtro Unsharp Mask 92
Compare os resultados automáticos e manuais 94
Salve a imagem para impressão em quatro cores 95
Revisão 97

3 Retocando e Corrigindo

Visão geral da lição 99
Introdução 99
Corrija áreas com a ferramenta Clone Stamp. 101
Utilize a ferramenta Spot Healing Brush 103
Utilize as ferramentas Healing Brush e Patch. 104
Retoque em uma camada separada. 112
Revisão 117

4 Trabalhando com Seleções

Visão geral da lição 119
Sobre selecionar e ferramentas de seleção 120
Introdução 121
Utilize a Magic Wand com outras ferramentas
de seleção 124
Trabalhe com seleções ovais e circulares 126
Selecione com as ferramentas Lasso 135

Gire uma área selecionada 137
Corte uma imagem e apague dentro de uma seleção 141
Crie uma seleção rápida. 142
Revisão 152

5 Princípios Básicos das Camadas

Visão geral da lição 155
Sobre camadas. 155
Introdução. 156
Utilize a paleta Layers. 157
Reorganize camadas. 165
Aplique um estilo de camada. 175
Achate e salve arquivos 182
Revisão 186

6 Máscaras e Canais

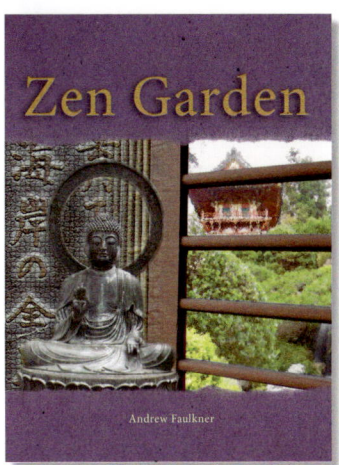

Visão geral da lição 189
Trabalhe com máscaras e canais 190
Introdução. 190
Crie uma máscara rápida. 192
Edite uma máscara rápida. 195
Salve uma seleção como uma máscara. 198
Visualize canais. 201
Ajuste canais individuais 203
Carregue uma máscara como uma seleção 204
Aplique filtros a uma máscara 207
Aplique efeitos com uma máscara de degradê. 207
Redimensione a área do arquivo. 209
Extraia a textura do papel 210
Mova camadas entre documentos 214
Crie uma camada de ajuste para colorir 215
Agrupe e recorte camadas 217
Aplique uma máscara a partir de uma seleção salva. 219
Utilize texto como uma máscara. 220
Revisão 225

7 Corrigindo e Aprimorando Fotografias Digitais

Visão geral da lição 227
Introdução 228
Sobre o camera raw 230
Processe arquivos camera raw 231
Corrija fotografias digitais 240
Bons hábitos fazem a diferença 246
Edite imagens em perspectiva com o
Vanishing Point 249
Corrija distorções na imagem 254
Crie um portfólio em PDF 258
Revisão 261

8 Design Tipográfico

Visão geral da lição 263
Sobre texto 263
Introdução 264
Crie uma máscara de corte do texto 265
Crie um elemento de design a partir da fonte 271
Utilize controles de formatação interativos 275
Distorça texto pontual 277
Formate o texto de um parágrafo 279
Distorça uma camada 285
Revisão 294

9 Técnicas de Desenho Vetorial

Visão geral da lição 297
Sobre imagens bitmap e elementos gráficos vetoriais 297
Sobre demarcadores e a ferramenta Pen 298
Introdução 299
Utilize path's em seus trabalhos 301
Crie objetos vetoriais para o fundo 312
Trabalhe com formas personalizadas definidas 319
Importe um Smart Object 322
Revisão 326

10 Camadas Avançadas

Visão geral da lição 329
Introdução. 329
Recorte uma camada usando formas vetoriais. 331
Configure uma grade de Vanishing Point. 333
Crie seus próprios atalhos pelo teclado. 337
Insira arte-final importada 338
Aplique filtros em Smart Objects 339
Adicione um estilo de camada. 341
Insira a arte-final do painel lateral 342
Adicione mais elementos gráficos em perspectiva 344
Adicione uma camada de ajuste. 345
Trabalhe com composições de camadas. 347
Gerencie camadas. 349
Achate uma imagem em camadas (Flatten Image). 351
Mescle camadas e grupos de camadas (Merge Layers) 352
Carimbe camadas 353
Revisão 356

11 Composição Avançada

Visão geral da lição 359
Introdução. 359
Automatize uma tarefa de múltiplos passos 360
Aplique Smart Filters 368
Configure uma montagem de quatro imagens. 371
Dê cores manualmente às seleções em uma camada. 376
Altere o equilíbrio de cor. 381
Aplique filtros. 383
Mova uma seleção. 386
Crie um efeito de recorte. 387
Corresponda esquemas de cores em diferentes
imagens 389
Revisão 394

12 Preparando Arquivos para a Web

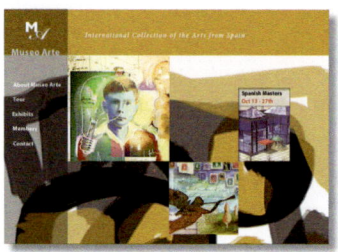

Visão geral da lição 397
Introdução 398
Configure um espaço de trabalho Web Design............. 401
Crie fatias 402
Adicione animação 409
Anime um estilo de camada 414
Exporte HTML e imagens................................. 416
Adicione interatividade 420
Revisão 424

13 Trabalhando com Imagens Científicas

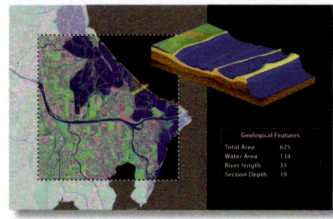

Visão geral da lição 427
Introdução 427
Visualize e edite arquivos no Adobe Bridge 428
Torne mais claras e mais intensas as cores em
uma imagem.. 441
Crie uma borda de mapa e área de trabalho 443
Crie uma borda personalizada 445
Meça objetos e dados..................................... 448
Exporte medições 455
Crie uma seção transversal 456
Meça em perspectiva com o filtro Vanishing Point 458
Adicione uma legenda.................................... 460
Crie uma apresentação de slides.......................... 462
Revisão 463

14 Produzindo e Imprimindo Cores Consistentes

Visão geral da lição 465
Reproduza cores. 466
Introdução 468
Especifique configurações de gerenciamento
de cores 468
Prova de imagens 470
Identifique cores fora do gamut 472
Ajuste uma imagem e imprima uma prova 473
Salve a imagem como uma separação 476
Imprima 477
Revisão 480

Índice. 483
Colaboradores 495

Trabalhando com seleções página 119

Desenho vetorial página 297

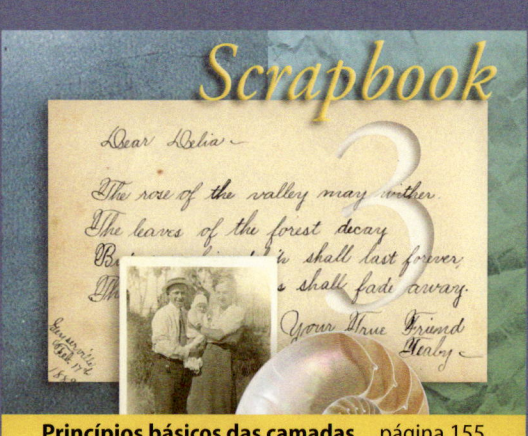
Princípios básicos das camadas página 155

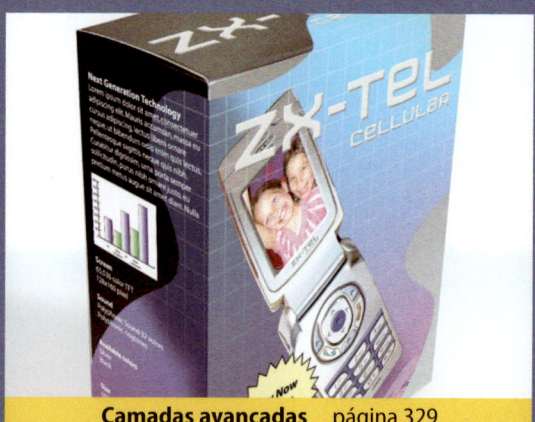
Camadas avançadas página 329

Fotografia digital página 227

Preparando arquivos Web página 397

Dos Autores

Bem-vindo ao Adobe® Photoshop® CS3, Classroom in a Book. Se você acabou de comprar sua primeira câmera digital e quer aprender os princípios básicos do programa de tratamento de imagens mais importante do mundo, ou se você é um designer gráfico que trabalha diariamente no Photoshop e precisa maximizar sua produtividade, este livro é para você.

Em 14 lições, você aprenderá tudo, da composição de imagens até montagens artísticas, passando pelo processamento de fotografias digitais pelo Camera Raw e pela produção de animações para web. Consolidamos o conteúdo da edição anterior, oferecendo um curso de treinamento prático e simplificado que discute os elementos essenciais do Photoshop e muitos dos novos e surpreendentes recursos do Photoshop CS3 em exercícios abrangentes, coloridos e concisos.

Incluímos também um pouco de diversão – por exemplo, Russell Brown, o guru do Photoshop, demonstra como testar o novo recurso Clone Source pintando um clone dele mesmo com tinta spray nos seus divertidos filmes de QuickTime (não deixe de conferir seus filmes de QuickTime no CD do livro). Além disso, Julieanne Kost, divulgadora do Photoshop, compartilha algumas das suas melhores dicas de usuário avançado. Também incluímos alguns exercícios de "crédito extra" para alunos que querem maiores desafios (para detalhes sobre o que é novo nesta edição do livro, veja a página 2).

Boa sorte e divirta-se!

Andrew Faulkner e Judy Walthers von Alten

O que há no CD*

*Eis uma visão geral do conteúdo do CD do Classroom in a Book

Arquivos da lição... e muito mais

O CD do Adobe Photoshop CS3, Classroom in a Book inclui os arquivos de lições necessários para que você complete os exercícios neste livro, bem como outras informações que o ajudam a conhecer mais o Adobe Photoshop e a utilizá-lo com maior eficiência e facilidade. O diagrama abaixo representa o conteúdo do CD e ajudará você a encontrar os arquivos necessários.

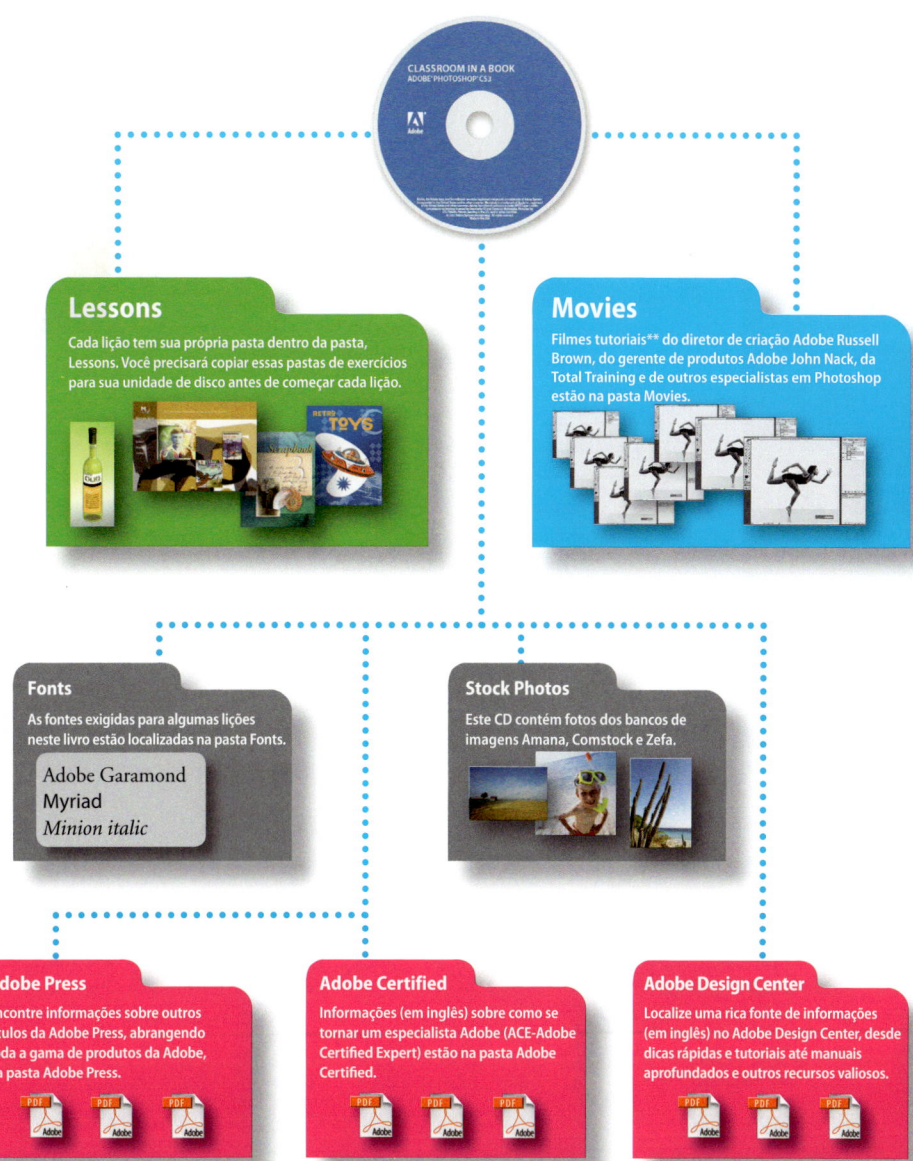

Lessons
Cada lição tem sua própria pasta dentro da pasta, Lessons. Você precisará copiar essas pastas de exercícios para sua unidade de disco antes de começar cada lição.

Movies
Filmes tutoriais** do diretor de criação Adobe Russell Brown, do gerente de produtos Adobe John Nack, da Total Training e de outros especialistas em Photoshop estão na pasta Movies.

Fonts
As fontes exigidas para algumas lições neste livro estão localizadas na pasta Fonts.

Adobe Garamond
Myriad
Minion italic

Stock Photos
Este CD contém fotos dos bancos de imagens Amana, Comstock e Zefa.

Adobe Press
Encontre informações sobre outros títulos da Adobe Press, abrangendo toda a gama de produtos da Adobe, na pasta Adobe Press.

Adobe Certified
Informações (em inglês) sobre como se tornar um especialista Adobe (ACE-Adobe Certified Expert) estão na pasta Adobe Certified.

Adobe Design Center
Localize uma rica fonte de informações (em inglês) no Adobe Design Center, desde dicas rápidas e tutoriais até manuais aprofundados e outros recursos valiosos.

** O download da última versão do Apple QuickTime pode ser feito em www.apple.com/quicktime/download.

John Nack
Photoshop Product Manager
Adobe Systems, Inc.

Olá, fãs do Photoshop.

Obrigado por adquirir o Adobe Photoshop CS3, Classroom in a Book, o guia de treinamento oficial para o melhor programa de edição de imagens do mundo. Estou especialmente entusiasmado com este livro porque ele mostra muitos recursos inovadores do Photoshop CS3. Por exemplo, a Lição 5 mostra como alinhar camadas separadas e fazer a melhor composição delas em alguns passos rápidos. Na Lição 11, você experimentará os novos Smart Filters não-destrutivos. Outras lições orientam no uso do novo recurso Zoomify para navegar e visualizar arquivos grandes no navegador Web; do poderoso navegador Adobe Bridge e da caixa de diálogo Camera Raw; e do recurso revolucionário Vanishing Point para criar e transformar objetos em perspectiva. O Photoshop CS3 tem excelentes novos recursos e este Classroom in a Book fará com que você os domine rapidamente.

Boa sorte com seu aprendizado e obrigado,

John Nack
Adobe Photoshop Product Manager

Introdução

O Adobe® Photoshop® CS3, a melhor referência na geração de imagens digitais, fornece um novo nível de poder, precisão e controle, assim como novos e interessantes recursos e aprimoramentos de última geração. O Adobe Bridge®, o navegador visual de arquivos, incluído no Photoshop CS3, permite ganho de produtividade nos trabalhos rotineiros e inspira a criação artística. O Photoshop CS3 amplia os limites da edição de imagens digitais e o ajuda a transformar mais facilmente seus sonhos em designs.

Sobre o Classroom in a Book

O *Adobe Photoshop CS3®, Classroom in a Book* faz parte da série de treinamentos oficiais dos softwares gráficos e de editoração da Adobe desenvolvido por especialistas da Adobe Systems. As lições foram criadas para permitir que você aprenda no seu próprio ritmo. Se for um iniciante em Adobe Photoshop, você aprenderá os conceitos e recursos fundamentais necessários para dominar o programa. E se já tiver utilizado o Adobe Photoshop, você descobrirá que o Classroom in a Book ensina muitos recursos avançados, incluindo dicas e técnicas sobre como utilizar a última versão do aplicativo e como preparar imagens para a Web.

Embora cada lição forneça instruções passo a passo para criar um projeto específico, há espaço para exploração e experimentação. Você pode seguir este livro do início ao fim ou apenas fazer as lições que satisfazem aos seus interesses e necessidades. Cada lição termina com uma seção de revisão que resume o que foi visto.

O que é novo nesta edição

Esta edição abrange vários novos recursos no Adobe Photoshop CS3, como os Smart Filters, que permitem editar efeitos de filtro em qualquer momento; Zoomify para visualizar e navegar por imagens com alta resolução; e o recurso Align Content para alinhamento de várias camadas semelhantes em apenas um passo. Estas lições também discutem a nova ferramenta Quick Selection, que possibilita a criação de seleções complexas com um único clique do mouse, a nova interface comum para a família de produtos Creative Suite 3 e os aprimoramentos no formato Camera Raw, no filtro Vanishing Point e no Adobe Bridge.

As novas lições abrangem:

- Como utilizar máscaras e canais para obter as melhores seleções e criar composições de imagens sofisticadas.
- Novas técnicas de camada incluindo aprimoramentos do recurso Layer Comps.
- Técnicas avançadas de fusão de imagens para compor, ajustar imagens e corrigir desvios de cores de forma precisa.
- Como preparar arquivos para a Web, incluindo a criação de fatias, rollovers e GIF animados.
- Como trabalhar com imagens científicas – medir e aprimorar dados de imagens, analisar imagens e compartilhá-las.

Esta edição também está repleta de informações extras sobre os recursos do Photoshop e sobre como melhor trabalhar com esse robusto aplicativo. Veremos o Adobe® Lightroom™ – uma nova ferramenta para fotógrafos profissionais que os ajuda a gerenciar, ajustar e apresentar grandes volumes de fotos digitais. Também discutiremos as melhores práticas para organizar, gerenciar e exibir suas fotos e também otimizar imagens para a Web. E, por toda esta edição, procure as dicas e técnicas de dois especialistas da Adobe, a divulgadora do Photoshop, Julieanne Kost, e Russell Brown, diretor sênior de criação.

Assista aos filmes

Assista aos filmes do CD do *Adobe Photoshop CS3 Classroom in a Book* na pasta Movies. Vários filmes demonstram os novos recursos no Photoshop CS3 – da nova interface no Photoshop às seleções rápidas, aos Smart Filters e também às vantagens do recurso Vanishing Point. Você pode aprender a clonar e criar animações com a nova ferramenta Clone Source, sob a direção impecável de Russell Brown da Adobe. Procure nas lições este ícone , que indica filmes relacionados. Divirta-se!

O que há no Photoshop Extended

Esta edição do Adobe Photoshop CS3 Classroom in a Book discute alguns recursos do Adobe Photoshop CS3 Extended – uma versão com funções adicionais para usuários profissionais, científicos e técnicos destinada àqueles que criam efeitos especiais em vídeos ou em imagens científicas, arquitetônicas ou de engenharia.

Alguns dos recursos do Photoshop Extended incluem:

- A capacidade de importar imagens tridimensionais e vídeos, editar quadros individuais ou arquivos com imagens seqüências* por meio de pintura, clonagem, retoque ou transformações.

- As ferramentas de medida e de contagem para medir qualquer área, incluindo uma área irregular, definida com a ferramenta Ruler ou com uma ferramenta de seleção. Você também pode calcular a altura, largura, área e perímetro ou monitorar medidas de uma ou várias imagens. Consulte a Lição 13, "Trabalhando com imagens científicas", para mais detalhes de como utilizar esses recursos.

- Pilhas de imagens, armazenadas como Smart Objects, que permitem combinar um grupo de imagens com um quadro ou referências semelhantes e então processar essas múltiplas imagens para, por exemplo, produzir uma visualização final, com o objetivo de eliminar conteúdo ou ruído indesejável.

- Recursos de animação que mostram a duração do quadro e as propriedades da animação para camadas do documento no modo Timeline e que permitem navegar por quadros e editá-los e ajustar a duração do quadro nas camadas.

- Suporte a formatos de arquivo especializados, como o DICOM – o padrão mais comum de imagens digitalizadas em medicina; MATLAB, uma linguagem de computação de alto nível técnico e um ambiente interativo para desenvolver algoritmos, visualizar e analisar dados e calcular números; e imagens de alta resolução de 32 bits, incluindo um HDR Color Picker especial e a capacidade de pintar e compor essas imagens HDR de 32 bits em camadas.

- Suporte a arquivos tridimensionais (3D), incluindo os formatos de arquivo U3D, 3DS, OBJ, KMZ e Collada, criados por programas como o Adobe Acrobat 3D® Version 8, 3D Studio Max, Alias, Maya e Google Earth. Com modelos 3D posicionados em camadas separadas, você pode utilizar as ferramentas 3D do Photoshop para mover ou redimensionar um modelo 3D, alterar a iluminação ou modificar os modos de renderização – por exemplo, do modo sólido para o modo aramado.

---

* N. de R.T.: O processo de edição de imagens seqüenciais é conhecido como rotoscopia.

Pré-requisitos

Antes de começar a utilizar o *Adobe Photoshop CS3 Classroom in a Book,* você deve conhecer o funcionamento do seu computador e o sistema operacional. Certifique-se de que você sabe como utilizar o mouse e os comandos e menus padrão, e também como abrir, salvar e fechar arquivos. Se precisar revisar essas técnicas, consulte a documentação incluída com a sua documentação do Microsoft® Windows® ou Apple® Mac® OS X.

Instalando o Adobe Photoshop

Antes de começar a usar o *Adobe Photoshop CS3 Classroom in a Book* certifique-se de que seu sistema esteja configurado corretamente e de que você instalou o software e hardware necessários. Você deve comprar o software Adobe Photoshop CS3 separadamente. Para os requisitos de sistema e instruções completas sobre a instalação do software, veja o Adobe Photoshop CS3 Read Me no DVD do aplicativo ou na Web em www.adobe.com/support.

O Photoshop e o Bridge utilizam o mesmo instalador. Você deve instalar esses aplicativos a partir do DVD do aplicativo Adobe Photoshop CS3 em seu disco rígido; você não pode executar os programas a partir do CD. Siga as instruções da tela.

Certifique-se de que seu número serial esteja acessível antes de instalar o aplicativo.

Iniciando o Adobe Photoshop

Você inicia o Photoshop tal como faz com a maioria dos aplicativos.

Para iniciar o Adobe Photoshop no Windows:

1 Escolha Iniciar > Todos os Programas > Adobe Photoshop CS3.

2 Na tela Welcome, clique em Close.

Para iniciar o Adobe Photoshop no Mac OS:

1 Abra a pasta Applications/Adobe Photoshop CS3 e dê um clique duplo no ícone do programa Adobe Photoshop.

2 Na tela Welcome, clique em Close.

Instalando as fontes do Classroom in a Book

Para garantir que os arquivos de lições possam ser exibidos no seu sistema com as fontes corretas, talvez você precise instalar os arquivos das fontes do Guia Autorizado Adobe. As fontes estão na pasta Fonts no CD do *Adobe Photoshop CS3 Classroom in a Book*. Se essas fontes já estiverem instaladas no seu sistema, não será necessário instalá-las novamente.

Utilize o procedimento a seguir para instalar as fontes na sua unidade de disco.

1 Insira o CD do Adobe Photoshop CS3 Classroom in a Book na sua unidade de CD-ROM.

2 Instale os arquivos de fontes utilizando o procedimento adequado para a versão do seu sistema operacional:

- Windows: arraste as fontes a partir de …\Adobe\Fonts. Para informações adicionais sobre como instalar fontes no Windows, consulte o arquivo Read Me na pasta Fonts do CD.

- Mac OS: abra a pasta Fonts no CD. Selecione todas as fontes na pasta Fonts e arraste-as para a pasta Library/Fonts no seu disco rígido. Você pode selecionar e arrastar várias fontes de uma vez para instalá-las, mas não pode arrastar a pasta inteira.

Copiando os arquivos do Classroom in a Book

O CD do *Adobe Photoshop CS3 Classroom in a Book* inclui as pastas que contêm todos os arquivos eletrônicos para as lições neste livro. Cada lição tem sua própria pasta; você deve copiar as pastas para o disco rígido para completar as lições. Para economizar espaço em disco, você pode instalar somente a pasta necessária para uma determinada lição e removê-la ao terminar.

Para instalar os arquivos de lições do Classroom in a Book, faça o seguinte:

1 Insira o CD do *Adobe Photoshop CS3 Classroom in a Book* na sua unidade de CD-ROM.

2 Navegue pelo conteúdo e localize a pasta Lessons.

3 Siga um destes procedimentos:

- Para copiar todos os arquivos com as lições, arraste a pasta Lessons do CD para o seu disco rígido.

- Para copiar apenas arquivos de lições individuais, primeiro crie uma nova pasta no seu disco rígido e lhe atribua o nome **Lessons**. Em seguida, arraste a(s) pasta(s) com a(s) lição(ões) que você quer copiar do CD para a pasta Lessons no seu disco rígido.

Se estiver instalando os arquivos no Windows 2000, talvez você precise desbloquear os arquivos das lições antes de utilizá-los. Caso você encontre arquivos bloqueados usando o Windows 2000, vá para o Passo 4.

Nota: À medida que você completa cada lição, você preservará os arquivos iniciais. Se sobrescrevê-los, você pode restaurar os arquivos originais recopiando a pasta Lesson correspondente a partir do CD do Adobe Photoshop CS3 Classroom in a Book para a pasta Lessons na sua unidade de disco.

Restaurando preferências padrão

Os arquivos de preferências armazenam informações sobre as configurações das paletas e dos comandos. Toda vez que você fecha o Adobe Photoshop, as posições das paletas e de certas configurações de comandos são registradas no respectivo arquivo de preferências. Qualquer seleção que você faz na caixa de diálogo Preferences também faz parte desse tipo de arquivo de aplicativo.

No início de cada lição neste livro, você será instruído a redefinir as preferências padrão, utilizando uma combinação de três teclas. Esse processo também exclui qualquer opção que você possa ter selecionado na caixa de diálogo Preferences.

Você pode ignorar as instruções para redefinir suas preferências. Se fizer isso, esteja ciente de que as ferramentas, paletas e outras configurações no seu aplicativo Photoshop CS3 talvez não correspondam àquelas descritas no livro, portanto talvez você tenha de ser um pouco mais versátil para localizar as coisas. Com isso em mente, você deve ser capaz de seguir a lição sem outras dificuldades.

Salvar as configurações de calibração do seu monitor é um procedimento simples que deve ser realizado antes de você começar a trabalhar neste livro; o procedimento está descrito na seção a seguir. Se você não calibrou as cores de seu monitor de maneira personalizada, esse procedimento não será necessário.

Salvar as opções que talvez você tenha selecionado na caixa de diálogo Preferences está além do escopo deste livro. Se não estiver seguro sobre como você mesmo pode fazer isso, obtenha ajuda do seu administrador de rede. Do contrário, você pode simplesmente manter um registro das preferências que personalizou e então restaurá-las manualmente depois de terminar essas lições.

Para salvar suas configurações de cores atuais:

1 Inicie o Adobe Photoshop.

2 Escolha Edit > Color Settings.

3 Na caixa de diálogo Color Settings, examine o menu Settings.

- Se o menu Settings for Custom, prossiga para o Passo 4 desse procedimento.

- Se a opção Settings for qualquer outra coisa além de Custom, clique em OK para fechar a caixa de diálogo. Você não precisa fazer nada mais.

4 Clique no botão Save (tenha cuidado para clicar em Save, e *não* em OK).

A caixa de diálogo Save se abre. A localização padrão é a pasta Settings, que é o local recomendável para salvar o arquivo. A extensão do arquivo padrão é .csf (color settings file).

5 No campo File Name (Windows) ou no campo Save As (Mac OS), digite um nome descritivo para suas configurações de cores, preservando a extensão do arquivo .csf. Então, clique em Save.

6 Na caixa de diálogo Color Settings Comment, digite um texto descritivo qualquer que o ajudará a posteriormente identificar as configurações de cores, como a data, configurações específicas ou seu grupo de trabalho.

7 Clique em OK para fechar a caixa de diálogo Color Settings Comment e mais uma vez para fechar a caixa de diálogo Color Settings.

Para restaurar suas configurações de cores:

1 Inicie o Adobe Photoshop.

2 Escolha Edit > Color Settings.

3 No menu Settings na caixa de diálogo Color Settings, selecione o arquivo .csf que você definiu no procedimento anterior.

4 Clique em OK.

Recursos adicionais

O objetivo do *Adobe Photoshop CS3 Classroom in a Book* não é substituir a documentação que vem com o programa, nem ser uma referência abrangente de cada recurso no Photoshop CS3. Somente os comandos e as opções utilizadas nas lições são explicados neste livro. Para informações abrangentes sobre os recursos do programa, consulte:

- O Adobe Photoshop CS3 Help, que você pode visualizar escolhendo Help > Photoshop Help.

- Cópias impressas da documentação do Adobe Photoshop CS3 (um subconjunto do Help), disponíveis para compra em www.adobe.com/go/buy_books

- O Adobe Design Center, que fornece centenas de tutoriais de especialistas e autores da comunidade, bem como artigos aprofundados sobre design e tecnologia. Visite www.adobe.com/designcenter/.

- O DVD Adobe CS3 Video Workshop, incluído na caixa do produto, fornece 250 filmes informativos sobre o Photoshop CS3 e outros produtos na série Adobe Creative Suite 3.

Confira também estes links úteis:

- A home page dos produtos Photoshop CS3 em www.adobe.com/products/photoshop/.

- Os fóruns de usuário do Photoshop em www.adobe.com/support/forums/ para discussões interativas sobre os produtos da Adobe.

- O Photoshop Exchange em www.adobe.com/cfusion/exchange/ para extensões, funções, código e muito mais.

- O plug-ins do Photoshop em www.adobe.com/products/plugins/photoshop/.

- Os recursos de treinamento do Photoshop em www.adobe.com/products/photoshop/training.html.

A certificação Adobe

O objetivo do programa Adobe Certification é ajudar os clientes e instrutores da Adobe a aprimorar e promover suas habilidades e proficiência no uso do produto. Há três níveis de certificação:

- Adobe Certified Expert (ACE)
- Adobe Certified Instructor (ACI)
- Adobe Authorized Training Center (AATC)

O programa Adobe Certified Expert é uma maneira de os usuários especialistas poderem atualizar suas credenciais. Você pode utilizar a certificação Adobe como um diferencial no seu currículo para conseguir um aumento salarial, encontrar um emprego ou promover sua experiência.

Se você é um instrutor de nível ACE, o programa Adobe Certified Instructor eleva o nível de suas habilidades e fornece acesso a um amplo espectro de recursos da Adobe.

Os Adobe Authorized Training Centers oferecem cursos conduzidos por instrutores e treinamento em produtos Adobe, empregando apenas instrutores certificados pela Adobe. Um diretório de AATCs está disponível em http://partners.adobe.com.

Para informações sobre os programas de certificação da Adobe, visite www.adobe.com/support/certification/main.html.

À medida que trabalhar com o Adobe Photoshop, você descobrirá que muitas vezes é possível realizar a mesma tarefa de várias maneiras. Para aproveitar as extensas capacidades de edição no Photoshop, primeiro você deve aprender a navegar pela área de trabalho.

1 | Familiarizando-se com a Área de Trabalho

Visão geral da lição

Nesta lição, você aprenderá a fazer o seguinte:

- Abrir arquivos do Adobe Photoshop.
- Selecionar e utilizar algumas ferramentas na caixa de ferramentas.
- Configurar opções para uma ferramenta selecionada utilizando a barra de opções das ferramentas.
- Utilizar vários métodos para ampliar e reduzir uma imagem.
- Selecionar, reorganizar e utilizar paletas.
- Escolher comandos na paleta e nos menus contextuais.
- Abrir e utilizar uma paleta encaixada no compartimento de paletas.
- Desfazer ações para corrigir equívocos ou fazer escolhas diferentes.
- Personalizar o espaço de trabalho.
- Localizar tópicos na Ajuda do Photoshop.

Esta lição levará aproximadamente 90 minutos para ser concluída. Antes de iniciar o Adobe Photoshop, localize a pasta Lesson01 no CD do *Adobe Photoshop CS3 Classroom in a Book* e copie-a para a pasta de lições que você criou no seu disco rígido para esses projetos (ou crie-a agora). Ao trabalhar nesta lição, você preservará os arquivos iniciais. Se precisar restaurar os arquivos iniciais, copie-os novamente do CD do Adobe Photoshop CS3 Classroom in a Book.

Comece a trabalhar no Adobe Photoshop

A área de trabalho do Adobe Photoshop inclui os menus de comando na parte superior da sua tela e uma variedade de ferramentas e paletas para editar e adicionar elementos a sua imagem. Você também pode adicionar comandos e filtros aos menus instalando um software conhecido como *módulos de plug-in*.

O Photoshop trabalha com imagens bitmap digitalizadas (isto é, imagens em tom contínuo convertidas em uma série de pequenos quadrados, ou elementos de imagem, chamados *pixels*). Você também pode trabalhar com elementos gráficos vetoriais, que são desenhos criados com linhas suaves que retêm sua nitidez quando redimensionadas. Você pode criar uma arte-final original no Photoshop ou importar imagens para o programa a partir de diferentes fontes, como:

- Fotografias de uma câmera digital
- CDs comerciais de imagens digitais
- Digitalizações de fotografias, transparências, negativos, imagens gráficas ou outros documentos
- Imagens capturadas em vídeos
- Arte-final criada em programas de desenho

Para informações sobre os tipos de arquivos que você pode utilizar com o Adobe Photoshop CS3, veja "About file formats" no Photoshop Help.

Inicie o Photoshop e abra um arquivo

Agora, você iniciará o Adobe Photoshop e redefinirá as preferências padrão.

Nota: *Normalmente, você não redefinirá os padrões ao trabalhar sozinho. Entretanto, ao trabalhar neste livro, você terá de redefinir as configurações padrão para que aquilo que você vê na tela corresponda às descrições nas lições. Consulte "Restaurando preferências padrão", na página 22.*

1 Na área de trabalho, dê um clique duplo no ícone Adobe Photoshop para iniciar o Adobe Photoshop e então pressione Ctrl+Alt+Shift (Windows) ou Command+Option+Shift (Mac OS) para redefinir as configurações padrão.

Se você não vir o ícone do Photoshop na sua área de trabalho, escolha Iniciar > Todos os programas > Adobe Photoshop CS3 (Windows) ou examine a pasta Applications ou Dock (Mac OS).

2 Quando solicitado, clique em Sim para confirmar a exclusão do Arquivo Adobe Photoshop Settings e depois clique em Close para fechar a tela Welcome.

A área de trabalho do Photoshop aparece como mostrado na ilustração a seguir.

Nota: *Esta ilustração mostra a versão Windows do Photoshop. No Mac OS, a disposição dos elementos na área de trabalho é a mesma, mas os estilos dos sistemas operacionais podem variar.*

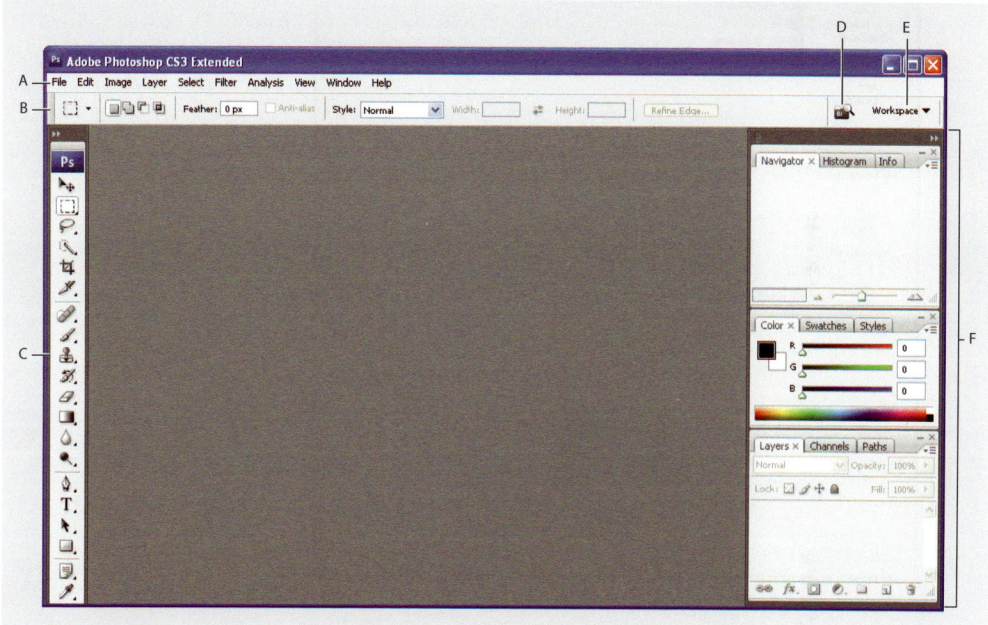

A. *Barra de menus* **B.** *Barra de opções das ferramentas* **C.** *Caixa de ferramentas* **D.** *Botão Adobe Bridge*
E. *Compartimento de paletas* **F.** *Paletas flutuantes*

A área de trabalho padrão no Photoshop consiste em uma barra de menus na parte superior da tela, uma barra de opções das ferramentas abaixo da barra de menus, uma caixa de ferramentas flutuante à esquerda, paletas flutuantes (também chamadas de painéis) e uma ou mais janelas de imagem que são abertas separadamente. Essa interface é a mesma que você verá no Adobe Illustrator®, Adobe InDesign® e Flash® – portanto, aprender a utilizar as ferramentas e paletas em um aplicativo significa que você saberá como utilizá-las em outros aplicativos.

Assista ao filme New UI em QuickTime para obter uma visão geral rápida da nova interface do CS3. Esse filme está no CD do Adobe Photoshop CS3 Classroom in a Book em Movies/New UI.mov. Dê um clique duplo no arquivo de filme para abri-lo e clique no botão Play.

3 Escolha File > Open e vá para a pasta Lessons/Lesson01 que você copiou para sua unidade de disco a partir do CD do *Adobe Photoshop CS3 Classroom in a Book*.

4 Selecione o arquivo 01A_End.psd e clique em Open.

O arquivo 01A_End.psd se abre em uma janela própria chamada *janela da imagem*. Os arquivos finais neste livro mostram o que você está criando nos diferentes projetos. Nesse arquivo final, uma colagem de moedas e cédulas antigas foi aprimorada de modo que uma das moedas esteja em destaque enquanto o restante da imagem permanece sob a sombra.

5 Escolha File > Close ou clique no botão Close na barra de título da janela em que a fotografia aparece. (Não feche o Photoshop.)

Abra um arquivo com o Adobe Bridge

Neste livro, você trabalhará com os diferentes arquivos iniciais de cada lição. É possível criar cópias desses arquivos e salvá-las sob nomes ou locais diferentes, ou trabalhar a partir dos arquivos iniciais originais e, então, copiá-los do CD novamente se quiser um novo ponto de partida. Esta lição tem três arquivos iniciais.

LIÇÃO 1 | **31**
Familiarizando-se com a Área de Trabalho

No exercício anterior, você utilizou o método clássico de abrir um arquivo. Agora, você abrirá outro arquivo utilizando o navegador de arquivos Adobe Bridge, que ajuda a eliminar o trabalho de adivinhar onde está o arquivo de imagem necessário.

1 Clique no botão Go To Bridge (■) na barra das opções da ferramenta.

Assista ao filme Bridge Intro em QuickTime para obter uma visão geral rápida do Adobe Bridge. O filme está no CD do Adobe Photoshop CS3 Classroom in a Book em Movies/Bridge Intro.mov. Dê um clique duplo nesse arquivo de filme para abri-lo e clique no botão Play.

O Adobe Bridge se abre, exibindo uma coleção de paletas, menus, botões e painéis.

Nota: *Você também pode abrir o Adobe Bridge escolhendo File > Browse.*

2 No painel Folders na esquerda superior do Bridge, vá para a pasta Lessons que você copiou do CD para o disco rígido. A pasta Lessons aparece no painel Content.

3 Arraste a pasta Lessons para o painel Favorites no canto superior esquerdo do Bridge para adicionar essa pasta à lista de favoritos. (Você também pode selecionar a pasta e depois escolher File > Add To Favorites.) Adicionar arquivos, pastas, ícones de aplicativo e outros recursos mais usados ao painel Favorites permite o acesso rápido a esses itens.

4 No painel Favorites, dê um clique duplo na pasta Lesson para abri-la e dê um clique duplo na pasta Lesson01.

Visualizações em miniatura do conteúdo da pasta aparecem no painel central do Bridge.

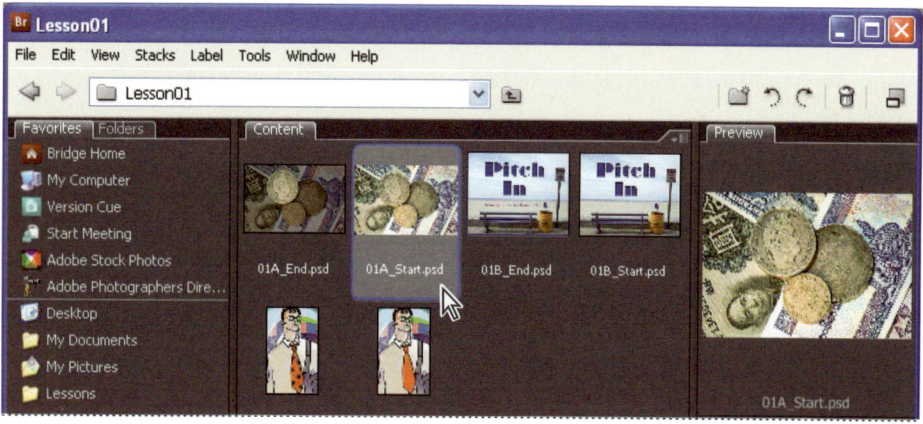

5 Selecione o arquivo 01A_Start.psd e dê um clique duplo na sua miniatura para abri-lo ou utilize a barra de menus Bridge e escolha File > Open.

A imagem 01A_Start.psd se abre no Photoshop.

O Adobe Bridge é muito mais do que uma conveniente interface visual para abrir arquivos. Você terá a oportunidade de aprender mais sobre os muitos recursos e funções do Adobe Bridge na Lição 13, "Trabalhando com imagens científicas".

Nota: *Deixe o Bridge aberto por enquanto; talvez você o utilize para localizar e abrir arquivos mais adiante nesta lição.*

Utilize as ferramentas

O Photoshop fornece um conjunto integrado de ferramentas para produzir imagens sofisticadas para impressão, Web e visualização em dispositivos móveis. Poderíamos facilmente escrever um livro inteiro com os detalhes da riqueza das ferramentas e das configurações de ferramentas do Photoshop. Isso certamente seria uma referência útil, mas não é o objetivo deste livro. Em vez disso, você começará a ganhar experiência configurando e utilizando algumas ferramentas durante os exercícios deste livro. Cada lição introduzirá outras ferramentas e maneiras de utilizá-las. Depois de terminar todas as lições deste livro, você terá uma base sólida para explorar ainda mais o conjunto de ferramentas do Photoshop.

Selecione e utilize uma ferramenta da caixa de ferramentas

A caixa de ferramentas – a longa e estreita paleta no lado superior esquerdo da área de trabalho – contém ferramentas de seleção, de pintura e edição, caixas de seleção de cores de primeiro plano (foreground) e de fundo (background) e ferramentas de visualização.

Vamos começar com a ferramenta Zoom, que aparece em muitos outros aplicativos da Adobe, inclusive o Illustrator, InDesign e Acrobat.

Nota: *Para uma lista completa das ferramentas na caixa de ferramentas, consulte a visão geral sobre caixa de ferramentas na página 66.*

1 Observe a barra de ferramentas que aparece à esquerda da janela de imagem como uma coluna. Clique no botão de seta acima da caixa de ferramentas para mudar sua visualização para duas colunas. Clique nessa seta novamente para retornar a uma caixa de ferramentas de coluna única e utilizar o espaço de tela de modo mais eficiente.

2 Examine a barra de status na parte inferior da janela de imagem e observe a porcentagem listada no canto inferior esquerdo. Isso representa a visualização atual de ampliação da imagem ou nível de ampliação.

A. Nível de zoom B. Barra de status

Nota: No Windows, a barra de status aparece na parte inferior da área de trabalho.

3 Mova o cursor sobre a caixa de ferramentas e sobre o ícone de lupa até aparecer uma dica de tela que identifica a ferramenta pelo nome e fornece o respectivo atalho pelo teclado.

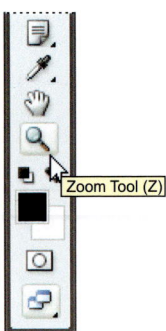

4 Selecione a ferramenta Zoom clicando no botão da ferramenta Zoom (🔍) na caixa de ferramentas ou pressionando Z, seu atalho pelo teclado.

5 Mova o cursor sobre a janela de imagem. Observe que agora ela se parece com uma pequena lupa com um sinal de adição (+) no centro do vidro.

6 Clique em qualquer lugar da janela de imagem.

A imagem é ampliada de acordo com um nível de porcentagem predefinido, o qual substitui o valor anterior na barra de status. A localização em que você clicou ao utilizar a ferramenta Zoom torna-se o centro da visão ampliada. Se você clicar novamente, o zoom avança para o próximo nível predefinido, até um máximo de 3200%.

7 Mantenha pressionada a tecla Alt (Windows) ou a tecla Option (Mac OS) de modo que o cursor da ferramenta Zoom apareça com um sinal de subtração (–) no centro da lupa e então clique em qualquer lugar da imagem. Em seguida, solte a tecla Alt ou Option.

Agora, a visão é reduzida de acordo com uma ampliação predefinida mais baixa. Examine a fotografia e as moedas no centro.

Nota: *Você pode ampliar de outras maneiras. Por exemplo, pode selecionar o modo Zoom In (🔍) ou Zoom Out (🔍) na barra de opções das ferramentas Zoom, pode escolher View > Zoom In ou View > Zoom Out ou pode digitar uma porcentagem mais baixa na barra de status e pressionar Enter (Windows) ou Return (Mac OS).*

8 Com a ferramenta Zoom, arraste um retângulo ao redor da área da imagem que inclui a moeda francesa sobre a qual você direcionará o foco de luz.

A imagem é ampliada para que a área que você demarcou em seu retângulo agora preencha toda a janela de imagem.

Você agora experimentou três maneiras de utilizar a ferramenta Zoom para alterar a ampliação na janela da imagem: clicando, mantendo um atalho de teclado pressionado enquanto clica e arrastando para definir uma área de ampliação. Muitas das outras ferramentas na caixa de ferramentas podem ser utilizadas com combinações de teclado. Você terá oportunidades de utilizar essas técnicas nas várias lições deste livro.

Selecione e utilize uma ferramenta oculta

O Photoshop tem muitas ferramentas que podem ser utilizadas para editar arquivos de imagens, mas é provável que você só trabalhe com algumas delas por vez. A caixa de ferramentas organiza algumas ferramentas em grupos, mostrando apenas uma ferramenta para cada grupo. As outras ferramentas no grupo permanecem ocultas atrás dela.

Um pequeno triângulo no canto inferior direito do ícone da ferramenta é a sua pista de que outras ferramentas estão disponíveis, porém estão ocultas sob ela.

1 Posicione o cursor sobre a segunda ferramenta na parte superior da caixa de ferramentas até que a dica de tela apareça identificando-a como a ferramenta Rectangular Marquee ([ ]), com o atalho pelo teclado M. Em seguida, selecione essa ferramenta.

2 Selecione a ferramenta Elliptical Marquee (○), que permanece oculta atrás da ferramenta Rectangular Marquee, utilizando um dos métodos a seguir:

- Pressione e mantenha o botão do mouse pressionado sobre a ferramenta Rectangular Marquee para abrir a lista pop-up das ferramentas ocultas e selecione a ferramenta Elliptical Marquee.

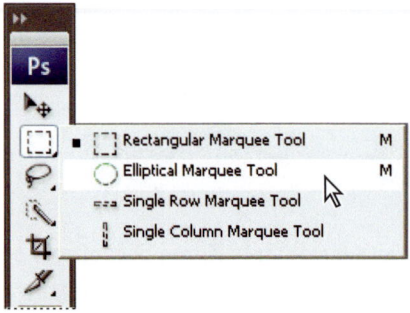

- Clique com a tecla Alt pressionada (Windows) ou com a tecla Option pressionada (Mac OS) no botão da ferramenta na caixa de ferramentas para procurar entre as ferramentas de contorno de seleção ocultas a ferramenta Elliptical Marquee e selecione-a.

- Pressione Shift+M, que alterna entre as ferramentas Rectangular e Elliptical Marquee.

3 Mova o cursor sobre a janela da imagem de modo que ele apareça como uma cruz (-¦-) e desloque-o para o lado esquerdo superior da moeda francesa.

4 Arraste o cursor para baixo e para a direita a fim de desenhar uma elipse em torno da moeda e solte o botão do mouse.

Uma linha tracejada animada indica que a área dentro dela está *selecionada*. Ao selecionar uma área, ela torna-se a única área editável da imagem. A área fora da seleção permanece protegida.

5 Mova o cursor para dentro da sua seleção elíptica para que o cursor apareça como uma seta com um pequeno retângulo (▸).

6 Arraste a seleção de modo que ela permaneça precisamente centralizada sobre a moeda francesa.

Ao arrastar a seleção, somente a borda da seleção é movida, não os pixels da imagem. Se quiser mover os pixels da imagem, você precisará utilizar uma técnica diferente, que aprenderá um pouco mais adiante. Há outros detalhes sobre como criar diferentes tipos de seleções e mover o conteúdo da seleção na Lição 4, "Trabalhando com seleções".

Utilize combinações de teclado com ações de ferramenta

Muitas ferramentas podem operar sob certas restrições. Normalmente, você ativa esses modos mantendo pressionadas teclas específicas à medida que move a ferramenta com o mouse. Algumas ferramentas têm modos que são escolhidos na barra de opções da ferramenta.

A próxima tarefa é criar uma nova seleção da moeda francesa. Dessa vez, você utilizará uma combinação de teclas que restringe a seleção elíptica a um círculo que você desenhará de dentro para fora em vez de de fora para dentro.

1 Certifique-se de que a ferramenta Elliptical Marquee (○) ainda está selecionada na caixa de ferramentas e remova a seleção atual seguindo um dos procedimentos a seguir:

- Na janela da imagem, clique em qualquer lugar fora da área selecionada.
- Escolha Select > Deselect.
- Utilize o atalho pelo teclado Ctrl+D (Windows) ou Command+D (Mac OS).

2 Posicione o cursor no centro da moeda francesa.

3 Pressione Alt+Shift (Windows) ou Option+Shift (Mac OS) e arraste o curso do centro da moeda para sua extremidade até que o círculo inclua toda a moeda.

4 Cuidadosamente, solte o botão do mouse e depois as teclas.

Se não estiver satisfeito com o círculo de seleção, você poderá movê-lo: posicione o cursor dentro do círculo e arraste-o, ou clique fora do círculo de seleção para remover a seleção e tente novamente.

Nota: Se você soltar acidentalmente alguma tecla antes da hora certa, a ferramenta volta para seu comportamento normal (não-limitado e desenhando a partir da borda). Se, porém, você ainda não soltou o botão do mouse, você pode simplesmente pressionar as teclas novamente e a seleção é revertida. Se soltou o botão do mouse, recomece a partir do Passo 1.

5 Na caixa de ferramentas, dê um clique duplo na ferramenta Zoom (🔍) para retornar a 100% de visualização. Se a imagem inteira não couber na janela da imagem, clique então no botão Fit Screen na barra de opções da ferramenta.

Observe que a seleção permanece ativa, mesmo depois que você utiliza a ferramenta Zoom.

Aplique uma alteração a uma área selecionada

Para destacar a moeda selecionada, você deve escurecer o restante da imagem, não a área dentro da seleção atual. Normalmente, você altera a área dentro da seleção. Para proteger essa área, você inverterá a seleção, tornando o restante da imagem ativa e evitando que a alteração afete a moeda no centro.

1 Escolha Select > Inverse.

Embora a borda de seleção animada em torno da moeda francesa pareça a mesma, observe que uma borda semelhante aparece ao redor das bordas da imagem. Agora, o restante da imagem está selecionado e pode ser editado, enquanto a área dentro do círculo não está selecionada e não pode ser alterada enquanto a seleção estiver ativa.

A. *Área selecionada (editável)* **B.** *Área não-selecionada (protegida)*

2 Escolha Image > Adjustments > Curves.

> 💡 *O atalho pelo teclado para esse comando, Ctrl+M (Windows) ou Command+M (Mac OS), aparece ao lado do nome do comando no submenu Adjustment. No futuro, você simplesmente pressiona essa combinação de teclas para abrir a caixa de diálogo Curves.*

3 Na caixa de diálogo Curves, certifique-se de que a opção Preview está selecionada. Se necessário, arraste a caixa de diálogo para um dos lados para uma melhor visualização da janela da imagem.

A opção Preview mostra o efeito das suas seleções na janela de imagem, assim a foto muda à medida que você ajusta as configurações. Isso faz com você não tenha de abrir e fechar repetidamente as caixas de diálogo ao experimentar as diferentes opções.

4 Arraste o ponto no canto superior direito do gráfico para baixo até que o valor mostrado na opção Output seja aproximadamente 150. (O valor de Input deve permanecer inalterado.)

À medida que você arrasta, as áreas claras são reduzidas na área selecionada da imagem.

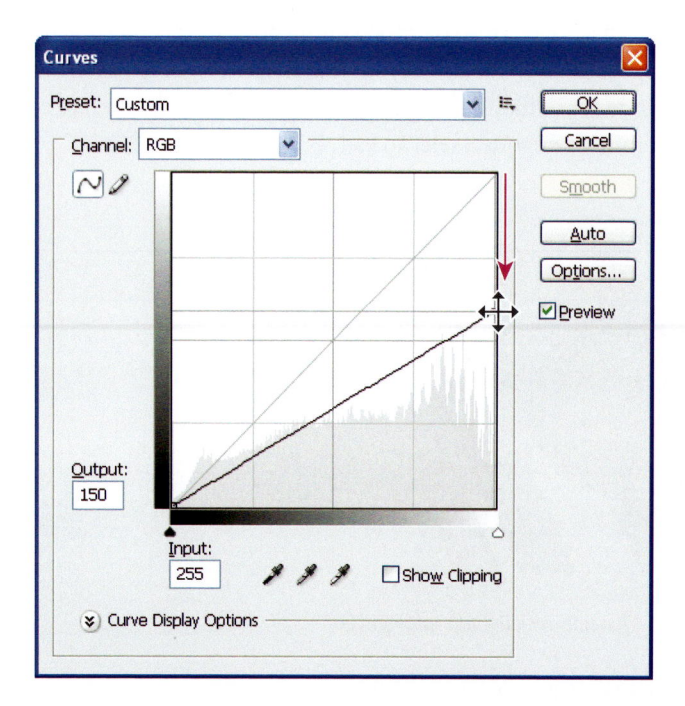

5 Examine os resultados na janela da imagem e então ajuste o valor de Output para cima ou para baixo até que você esteja satisfeito com os resultados.

6 Clique em OK para fechar a caixa de diálogo Curves.

7 Escolha Select > Deselect para desmarcar tudo. O contorno de seleção desaparece.

8 Siga um destes procedimentos:

• Se quiser salvar suas alterações, escolha File > Save e então escolha File > Close.

• Se quiser reverter para a versão inalterada do arquivo, escolha File > Close e clique em No quando for perguntado se você deseja salvar suas alterações.

• Se desejar fazer os dois processos anteriores, escolha File > Save As e, então, renomeie o arquivo ou salve-o em uma pasta diferente no seu computador e clique em OK. Em seguida, escolha File > Close.

Você não tem de remover a seleção, uma vez que fechar o arquivo cancela a seleção.

Parabéns! Você terminou seu primeiro projeto no Photoshop. Embora a caixa de diálogo Curves seja um dos métodos mais sofisticados de alterar uma imagem, como você viu, não é difícil utilizá-la. Você aprenderá outros detalhes sobre como fazer ajustes em imagens em várias outras lições neste livro. As Lições 2, 3 e 7, em particular, abordam as técnicas utilizadas nos clássicos trabalhos de câmara escura, como ajustar a exposição, retocar e corrigir cores.

Ampliando e navegando com a paleta Navigator

A paleta Navigator é outra maneira rápida de fazer um grande número de alterações no nível de zoom, especialmente quando a porcentagem de ampliação exata não é importante. Ela também é uma excelente maneira de navegar por uma imagem, pois a miniatura mostra exatamente a parte da imagem que aparece na janela de imagem.

O controle deslizante (slider) sob a miniatura da imagem na paleta Navigator amplia a imagem quando você a arrasta para a direita (em direção ao grande ícone de montanha) e a reduz quando você a arrasta para a esquerda.

O contorno retangular vermelho representa a área da imagem que aparece na janela da imagem. Ao ampliar o suficiente para que a janela da imagem mostre apenas parte da imagem, você pode arrastar o contorno vermelho em torno da área de miniatura para ver outras áreas da imagem. Essa também é uma excelente maneira de verificar em que parte da imagem você está ao trabalhar com níveis de zoom muito altos.

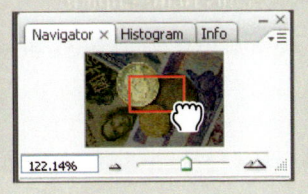

Utilize a barra de opções da ferramenta e outras paletas

Você já utilizou a barra de opções da ferramenta. No projeto anterior, vimos que há opções na barra de opções da ferramenta para o Zoom que alteram a visualização na janela da imagem atual. Agora, você aprenderá mais sobre como configurar as propriedades das ferramentas na barra de opções da ferramenta e como utilizar paletas e menus das paletas.

Visualize e abra outro arquivo

O próximo projeto envolve um cartão postal promocional para um projeto comunitário. Primeiro, vamos visualizar o arquivo final para que possamos ver qual é nosso objetivo.

1 Clique no botão Go To Bridge ( ) na barra de opções da ferramenta.

2 No painel Favorites do Bridge, abra a pasta Lessons/Lesson1.

3 Selecione o arquivo 01B_End.psd pela área de visualização de miniatura do painel Content.

4 Examine a imagem e observe que o texto está posicionado sobre a areia na parte inferior da imagem.

5 Selecione a miniatura do arquivo 01B_Start.psd e dê um clique duplo para abri-lo no Photoshop.

Configure propriedades das ferramentas na barra de opções da ferramenta

Com o arquivo 01B_Start.psd aberto no Photoshop, você está pronto para selecionar as características do texto e digitar sua mensagem.

1 Na caixa de ferramentas, selecione a ferramenta Horizontal Type (T).

Os botões e o menu na barra de opções da ferramenta agora estão relacionados à ferramenta Type.

2 Na barra de opções da ferramenta, escolha a fonte no primeiro menu pop-up (utilizamos o Adobe Garamond, mas, se você quiser, utilize outra fonte).

3 Especifique 38 pt como o tamanho da fonte.

Você pode especificar 38 pontos digitando diretamente na caixa de texto do tamanho da fonte e pressionando Enter ou Return, ou deslizando pelo ícone de menu do tamanho da fonte. Você também pode escolher o tamanho da fonte padrão no menu pop-up de tamanho da fonte.

> *É possível posicionar o cursor sobre a maioria dos ícones das configurações numéricas presentes na barra de opções da ferramenta, paletas e caixas de diálogo do Photoshop para exibir um "controle deslizante". Arrastar o controle deslizante na forma de uma mão apontando com o dedo indicador para a direita aumenta o valor; arrastá-lo para a esquerda o diminui. Arrastar com a tecla Alt pressionada (Windows) ou arrastar com a tecla Option pressionada (Mac OS) altera os valores em incrementos menores; arrastar com a tecla Shift pressionada os altera em incrementos maiores.*

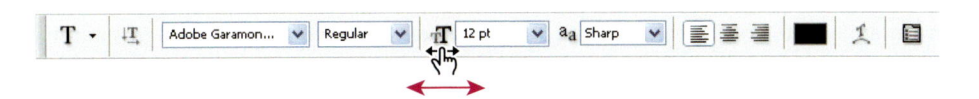

4 Clique uma vez em qualquer lugar do lado esquerdo da imagem e digite **Monday is Beach Cleanup Day.**

O texto aparece com a fonte e o tamanho de fonte selecionados.

5 Na caixa de ferramentas, selecione a ferramenta Move (⊕) na parte superior da coluna à direita.

Nota: *Não selecione a ferramenta Move utilizando o atalho pelo teclado V, porque você está no modo de entrada de texto. Digitar V adicionará a letra ao seu texto na janela de imagem.*

6 Posicione o cursor da ferramenta Move sobre o texto que você digitou e arraste-o para o retângulo branco próximo da parte inferior da imagem, centralizando o texto dentro dele.

Utilize paletas e menus das paleta

As cores do texto na sua imagem são as mesmas da amostra Foreground Color na caixa de ferramentas que, por padrão, é preta. O texto no exemplo do arquivo final tinha um azul escuro que combinava perfeitamente com o resto da imagem. Você irá colorir o texto selecionando-o e escolhendo outra cor.

1 Na caixa de ferramentas, selecione a ferramenta Horizontal Type (T).

2 Arraste a ferramenta Horizontal Type ao longo do texto para selecionar todas as palavras.

3 No grupo de paletas Colors, clique na aba Swatches para exibir essa paleta.

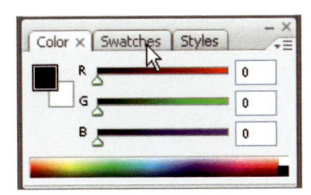

4 Selecione qualquer amostra. A cor selecionada aparece em três lugares: como a cor de primeiro plano na caixa de ferramentas, na amostra de cores de texto na barra de opções da ferramenta e no texto digitado na janela de imagem. (Selecione qualquer outra ferramenta na caixa de ferramentas para remover a seleção do texto para que seja possível ver a cor aplicada.)

Nota: Ao mover o cursor sobre as amostras, ele muda temporariamente para um conta-gotas (eyedropper). Posicione a dica do conta-gotas na amostra escolhida e clique para selecioná-la.

Selecionar uma cor desse modo é muito fácil, embora haja outros métodos no Photoshop. Porém, como você utilizará uma cor específica para esse projeto, é mais fácil localizá-la alterando a exibição da paleta Swatch.

5 Selecione outra ferramenta na caixa de ferramentas, como a ferramenta Move (), para remover a seleção da ferramenta Horizontal Type. Em seguida, clique na seta () na paleta Swatches para abrir o menu de paleta e escolha o comando Small List.

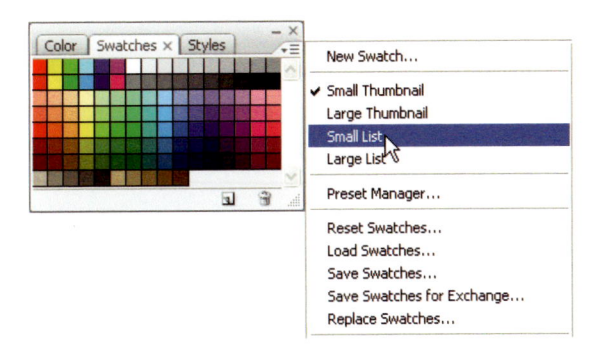

6 Selecione a ferramenta Type e selecione novamente o texto, como fez nos Passos 1 e 2.

7 Na paleta Swatches, role para baixo quase até a parte inferior da lista a fim de localizar a amostra Light Violet Magenta e então a selecione.

Agora o texto aparece na cor violeta mais clara.

8 Selecione a ferramenta Hand ( ) para remover a seleção do texto. Em seguida, clique no botão Default Foreground And Background Colors ( ) na caixa de ferramentas para tornar a cor do primeiro plano preta.

Redefinir as cores padrão não altera a cor do texto, porque o texto não está mais selecionado.

9 Você terminou a tarefa, portanto, feche o arquivo. É possível salvá-lo, fechá-lo sem salvar ou salvá-lo com um nome ou localização diferente.

É simples assim – você completou outro projeto. Bom trabalho!

Desfaça ações no Photoshop

Em um mundo perfeito, você nunca cometeria um erro. Você nunca clicaria no item errado, sempre anteciparia perfeitamente a maneira como ações específicas materializariam suas idéias de design exatamente como as imaginou. Em um mundo perfeito, você nunca teria de voltar atrás.

No mundo real, o Photoshop oferece o poder de voltar atrás e desfazer ações de modo que você possa tentar outras opções. Nosso próximo projeto dá a oportunidade de experimentar livremente, sabendo que você pode reverter o processo.

Esse projeto também introduz o conceito de camadas (layers), que é um dos recursos fundamentais e mais poderosos do Photoshop. O Photoshop tem muitos tipos de camadas, algumas das quais contêm imagens, texto, ou cores sólidas e outras que simplesmente interagem com as camadas abaixo desses elementos. O arquivo para esse próximo projeto tem os dois tipos de camadas. Não é necessário entender de camadas para completar esse projeto com sucesso, então não se preocupe com isso agora. Você verá outros detalhes sobre as camadas na Lição 5, "Princípios básicos das camadas", e na Lição 10, "Camadas avançadas".

Desfaça uma única ação

Mesmo usuários iniciantes de computadores aprendem rapidamente a utilizar e a apreciar o comando Undo. Como faremos todas as vezes que iniciarmos um novo projeto, começaremos pelo resultado final.

1 Clique no botão Go To Bridge ( ) e vá para a pasta Lessons/Lesson01.

2 Selecione o arquivo 01C_End.psd para visualizar os resultados que você alcançará neste exercício. Depois de analisá-lo no painel Preview, dê um clique duplo na miniatura do arquivo 01C_Start.psd para abri-lo no Photoshop.

3 Na paleta Layers selecione a camada Tie Designs.

Observe as camadas na paleta Layers. A camada Tie Designs é uma máscara de corte (*clipping mask*). Uma máscara de corte funciona quase da mesma maneira que uma seleção, porque restringe a área da imagem que pode ser alterada. Com a máscara de corte posicionada, você pode pintar uma área na gravata do personagem sem se preocupar com pinceladas que possam interferir no restante da imagem. A camada Tie Designs está selecionada porque é a camada que você editará agora.

4 Na caixa de ferramentas, selecione a ferramenta Brush (🖌) ou pressione B para selecioná-la pelo seu atalho do teclado.

5 Na barra de opções da ferramenta Brush, clique no tamanho do pincel (brush size) para exibir a paleta Brushes. Role para baixo a lista dos pincéis e selecione o pincel Soft Round de 65 pixels (o nome aparecerá como uma dica flutuante se você posicionar o cursor sobre um pincel).

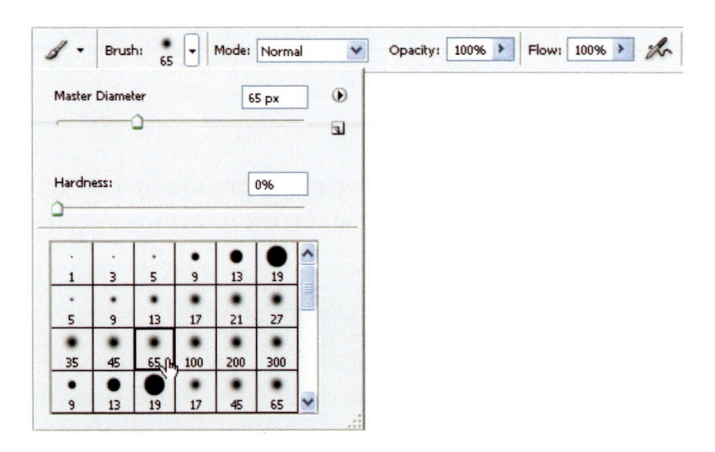

Não há problema se você quiser experimentar um pincel diferente, mas selecione um pincel com um tamanho próximo de 65 pixels – de preferência entre 45 e 75 pixels.

6 Mova o cursor sobre a imagem para que ele apareça como um círculo, com o diâmetro que você selecionou no Passo 5. Então, desenhe uma listra em qualquer lugar na gravata laranja. Não se preocupe em permanecer dentro das linhas, porque o pincel não pintará nada fora da máscara de corte da gravata.

Illustration: Pamela Hobbs

Ops! Sua listra pode estar muito boa, mas o design pede pontos, portanto você precisará remover a listra pintada.

7 Escolha Edit > Undo Brush Tool ou pressione Ctrl+Z (Windows) ou Command+Z (Mac OS) para desfazer a ação da ferramenta Brush.

A gravata tem novamente uma cor laranja sólida, sem listras.

Nota: *Você vai adquirir mais experiência em máscaras de corte na Lição 6, "Máscaras e canais", Lição 8, "Design tipográfico" e na Lição 10, "Camadas avançadas".*

Desfaça múltiplas ações

O comando Undo só inverte um passo. Isso é prático porque os arquivos do Photoshop podem ter um tamanho muito grande e manter múltiplos passos de Undo pode exigir uma grande quantidade de memória, o que tende a prejudicar o desempenho. Ainda assim é possível desfazer várias ações com a paleta History.

1 Utilizando as mesmas configurações da ferramenta Brush, clique uma vez sobre a gravata laranja (sem listras) para criar um ponto suave.

2 Clique várias vezes nas diferentes áreas na gravata para criar um padrão de pontos.

3 Clique no ícone da paleta History ( ) ao lado da paleta encaixada no lado direito da janela. Isso expande a paleta para que se possa ver o conteúdo. Em seguida, arraste o canto inferior da paleta History para redimensioná-la e, assim, visualizar mais passos.

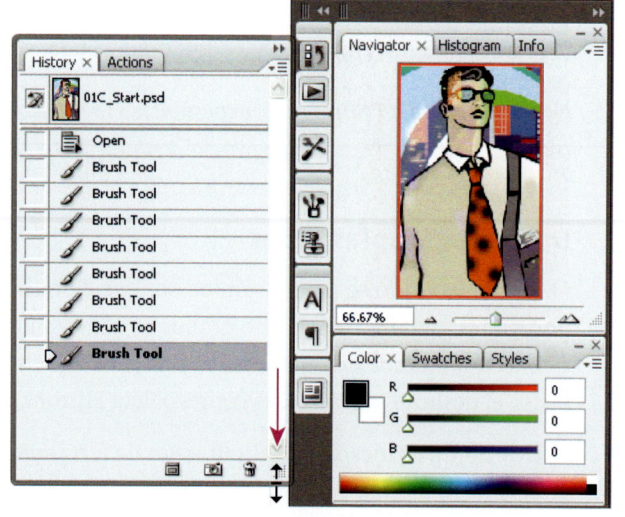

💡 *Também é possível expandir a paleta History clicando no botão minimizar/maximizar na barra de título da paleta. Isso redimensiona a paleta para que todos os estados históricos atuais sejam visíveis.*

A paleta History registra as ações recentes que você realizou na imagem. O estado atual é selecionado na parte inferior da lista.

4 Clique em uma das ações anteriores na paleta History e examine as alterações que isso causa na janela da imagem: várias ações anteriores foram desfeitas.

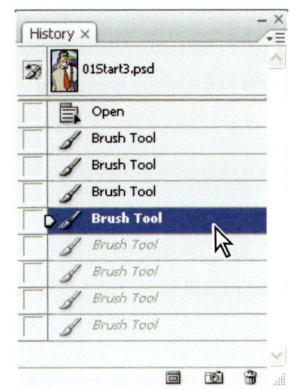

5 Na janela da imagem, crie um novo ponto na gravata com a ferramenta Brush.

Observe que a paleta History removeu as ações desativadas que foram listadas depois do estado do histórico selecionado e adicionou uma nova ação.

6 Escolha Edit > Undo Brush Tool ou pressione Ctrl+Z (Windows) ou Command+Z (Mac OS) para desfazer o ponto que você criou no Passo 5.

Agora a paleta History restaura a lista anterior das ações desativadas.

7 Selecione o estado na parte inferior da lista da paleta History.

A imagem é restaurada à condição em que estava quando você terminou o Passo 2 deste exercício.

Por padrão, a paleta History do Photoshop retém somente as 20 últimas ações. Essa também é uma solução conciliatória, permitindo um equilíbrio entre flexibilidade e desempenho. Você pode alterar o número de níveis na paleta History escolhendo Edit > Preferences > Performance (Windows) ou Photoshop > Preferences > Performance (Mac OS) e digitando um número diferente na opção History States.

A paleta History é explorada em mais detalhes na Lição 3, "Retocando e corrigindo".

Utilize um menu contextual

Menus contextuais são pequenos menus apropriados para elementos específicos na área de trabalho. Às vezes, eles são conhecidos como menus "do botão direito do mouse" ou menus de "atalho". Normalmente, os comandos em um menu contextual também estão disponíveis em alguma outra área da interface com o usuário, mas utilizar o menu contextual pode economizar tempo.

1 Se a ferramenta Brush ( ) ainda não estiver selecionada na caixa de ferramentas, selecione-a agora.

2 Na janela de imagem, clique com o botão direito do mouse (Windows) ou clique com a tecla Control pressionada (Mac OS) em qualquer lugar da imagem para abrir o menu contextual da ferramenta Brush.

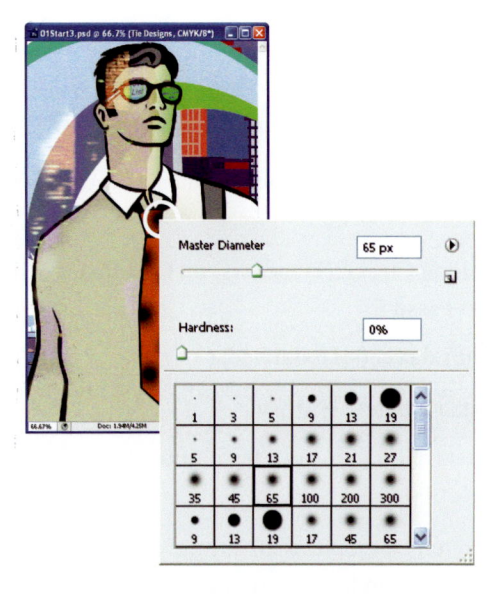

Naturalmente, os menus contextuais variam de acordo com o contexto, assim, pode aparecer um menu de comandos ou um conjunto de opções, que é o que acontece nesse caso.

3 Selecione um pincel mais apropriado, como o pincel Hard Round de 9 pixels. Talvez você precise rolar para cima ou para baixo na lista do menu contextual a fim de localizar o pincel certo.

4 Na janela da imagem, utilize o pincel selecionado para criar pontos menores na gravata.

Nota: *Clicar em qualquer lugar na área de trabalho fecha o menu contextual. Se a área da gravata estiver oculta atrás do menu contextual da ferramenta Brush, clique em outra área ou dê um clique duplo na área do menu contextual para fechá-la.*

5 Acrescente outros pontos à gravata.

6 Se você quiser, utilize o comando Undo e a paleta History para retroceder suas ações de pintura e corrigir erros ou fazer escolhas diferentes.

Depois de terminar as alterações no design da gravata, parabenize-se, pois você terminou outro projeto. Escolha File > Save se quiser salvar seus resultados ou File > Save As se quiser salvá-los em outro local ou com um nome diferente, ou feche o arquivo sem salvá-lo.

Informações adicionais sobre paletas e suas localizações

As paletas do Photoshop são poderosas e variadas. Você raramente terá um projeto no qual é necessário ver todas as paletas simultaneamente. Essa é a razão pela qual elas estão organizadas em grupos de paletas e também porque as configurações padrão deixam algumas paletas fechadas.

A lista completa das paletas aparece no menu Window, com marcas de seleção organizadas pelos nomes das paletas que estão abertas na frente dos seus grupos. Você pode abrir ou fechar uma paleta selecionando o nome dela no menu Window.

Você pode ocultar todas as paletas de uma só vez – incluindo a barra de opções da ferramenta e a caixa de ferramentas – pressionando a tecla Tab. Para reabri-las, pressione Tab novamente.

Nota: Se as paletas estiverem ocultas, uma estreita faixa semitransparente permanece visível na borda do documento. Posicionar o cursor do mouse sobre essa faixa exibe seu conteúdo.

Você já utilizou o compartimento de paletas ao abrir a paleta Brushes para o arquivo 01C_Start.psd. É possível arrastar paletas para ou a partir do compartimento de paletas. Isso é útil para paletas grandes, ou para aquelas que você só utiliza ocasionalmente, mas quer mantê-las disponíveis.

Outras ações que você pode utilizar para organizar paletas incluem o seguinte:

• Para mover um grupo inteiro de paletas, arraste a barra de título para outro local na área de trabalho.

• Para mover uma paleta para outro grupo de paletas, arraste a aba da paleta para aquele grupo até que um contorno preto apareça dentro dele e, em seguida, solte o botão do mouse.

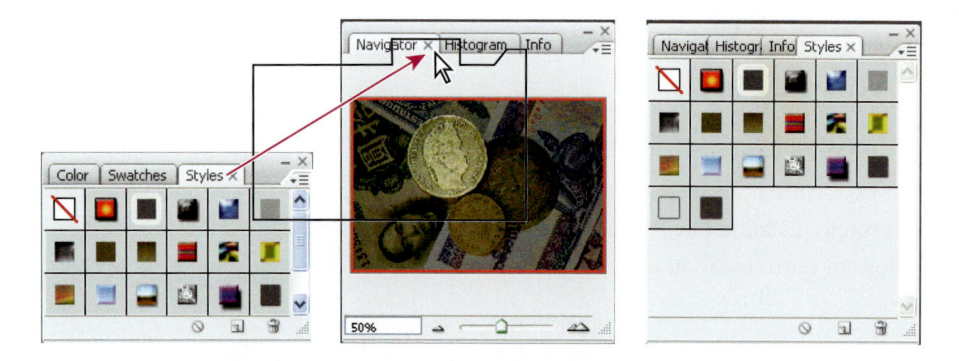

• Para agrupar uma paleta no compartimento de paletas na barra de opções da ferramenta, arraste a aba da paleta para o compartimento desejado para que ele permaneça destacado.

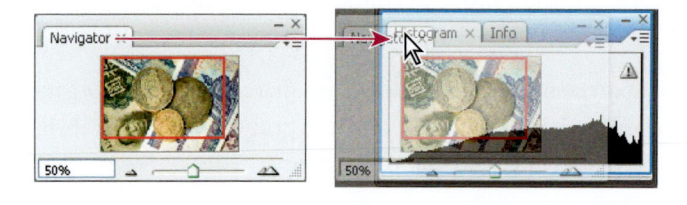

Expanda e recolha paletas

Você também pode redimensionar paletas, para utilizar o espaço de tela de modo mais eficiente e ver menos ou mais opções, arrastando ou clicando a fim de alternar entre tamanhos predefinidos:

- Para recolher as paletas abertas à forma de ícones, clique nas setas de duas pontas à direita no encaixe cinza acima do grupo de paletas. Para expandi-las, clique no ícone ou na seta de duas pontas.

- Para alterar a altura de uma paleta, arraste seu canto inferior direito.

- Para alterar a largura de uma paleta ou grupo de paletas, posicione o cursor no canto esquerdo acima da paleta ou grupo de paletas; quando uma seta de duas pontas aparecer, arraste-a para esquerda ou para a direita para expandi-la ou recolhê-la, respectivamente.

- Para expandir uma paleta a fim de mostrar o máximo possível do seu conteúdo, clique no botão minimizar/maximizar. Clique mais uma vez para recolher o grupo de paletas.

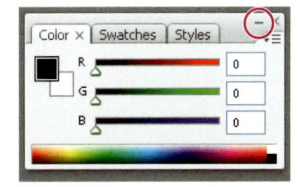

- Para recolher um grupo de paletas de modo que apenas a barra de título e as abas permaneçam visíveis, dê um clique duplo na aba de uma paleta ou na barra de título da paleta. Dê um clique duplo novamente para restaurá-la para a visão expandida. É possível abrir um menu de painel mesmo quando o painel estiver recolhido.

Observe que as abas das várias paletas no grupo de paletas e o botão do menu de paleta permanecem visíveis depois que você oculta uma paleta.

Nota: Você pode ocultar, mas não redimensionar, as paletas Color, Character e Paragraph.

Notas especiais sobre a caixa de ferramentas e a barra de opções da ferramenta

A caixa de ferramentas e a barra de opções da ferramenta compartilham algumas características com as outras paletas:

- Você pode arrastar a caixa de ferramentas pela sua barra de título para um local diferente da área de trabalho. Você pode mover a barra de opções da ferramenta para outro local arrastando a barra no canto esquerdo da paleta.

- Você pode ocultar a caixa de ferramentas e a barra de opções de ferramenta.

Mas há outros recursos da paleta que não estão disponíveis ou que não se aplicam à caixa de ferramentas ou à barra de opções da ferramenta:

- Não é possível agrupar a caixa de ferramentas ou a barra de opções da ferramenta com outras paletas.

- Não é possível redimensionar a caixa de ferramentas nem a barra de opções da ferramenta.

- Não é possível empilhar a caixa de ferramentas no compartimento de paletas. (O mesmo se aplica à barra de opções da ferramenta, pois o compartimento de paletas aparece na barra de opções da ferramenta).

- A caixa de ferramentas e a barra de opções da ferramenta não têm menus de paleta.

Personalize o espaço de trabalho

É ótimo que o Photoshop ofereça várias formas de controlar a exibição e localização da barra de opções da ferramenta e suas muitas paletas, mas você pode acabar perdendo muito tempo arrastando para lá e para cá para poder ver algumas paletas de certos projetos e outras paletas de outros projetos. Felizmente, o Photoshop permite personalizar o espaço de trabalho, controlando quais paletas, ferramentas e menus estão disponíveis em um dado momento. Na verdade, ele vem com alguns espaços de trabalho predefinidos que são adequados a diferentes fluxos de trabalho – correção de tons e cores, pintura e retoque e assim por diante. Vamos experimentá-los.

Nota: Se você fechou o 01C_Start.psd no final do exercício anterior, abra-o – ou abra qualquer outro arquivo de imagem – para completar o exercício a seguir.

1 Escolha Window > Workspace > Color And Tonal Correction. Se solicitado, clique em Yes para aplicar o espaço de trabalho.

Se estiver abrindo, fechando e movendo paletas, você observará que o Photoshop empilha as paletas flutuantes na borda direita do espaço de trabalho. Do contrário, pode parecer que nada foi alterado no espaço de trabalho. Como veremos a seguir, o Photoshop coloriu boa parte dos comandos de menu mais utilizados para fazer correções de cores e tons.

2 Clique no menu Window e mova o cursor sobre os outros menus para ver que os comandos de correção de cores e de tons agora aparecem na cor laranja.

3 Escolha Window > Workspace > Web Design. Se solicitado, clique em Yes para aplicar o espaço de trabalho.

4 Clique no menu Window e mova o cursor sobre os outros menus para ver que os comandos relacionados a Web design agora aparecem na cor roxa.

Se as predefinições não forem adequadas aos seus propósitos, você poderá personalizar o espaço de trabalho de acordo com suas necessidades específicas. Digamos, por exemplo, que você tenha feito vários designs para Web, mas nenhum trabalho com vídeo digital.

5 Clique no menu Image e arraste-o para baixo para ver os subcomandos de Pixel Aspect Ratio.

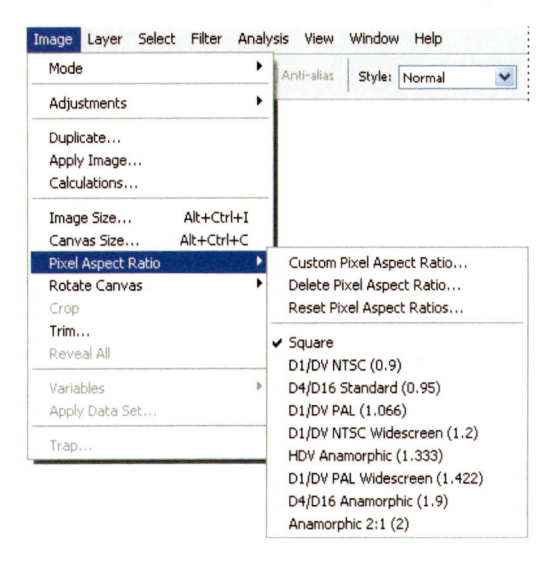

Esses subcomandos incluem vários formatos de DV que boa parte dos designers de material impresso e Web não precisam utilizar.

6 Escolha Window > Workspace > Keyboard Shortcuts And Menus.

A caixa de diálogo Keyboard Shortcuts And Menus permite controlar a disponibilidade dos comandos de menus e de paletas do aplicativo, bem como criar atalhos de teclado personalizados para menus, paletas e ferramentas. Por exemplo, é possível ocultar comandos raramente usados ou destacar os comandos mais utilizados para que seja mais fácil vê-los.

7 Na aba Menus da caixa de diálogo Keyboard Shortcuts And Menus, escolha Menu For: > Application Menus.

8 Abra o comando de menu Image clicando no seu triângulo que aponta para a direita.

Quando ele estiver aberto, você verá os comandos e subcomandos do menu Image, incluindo Mode, Adjustments e Duplicate.

9 Role para baixo até Pixel Aspect Ratio e clique no ícone de olho para desativar a visibilidade de todos os formatos de DV e de vídeo – há oito formatos, de D1/DV NTSC (0.9) a Anamorphic 2:1 (2).

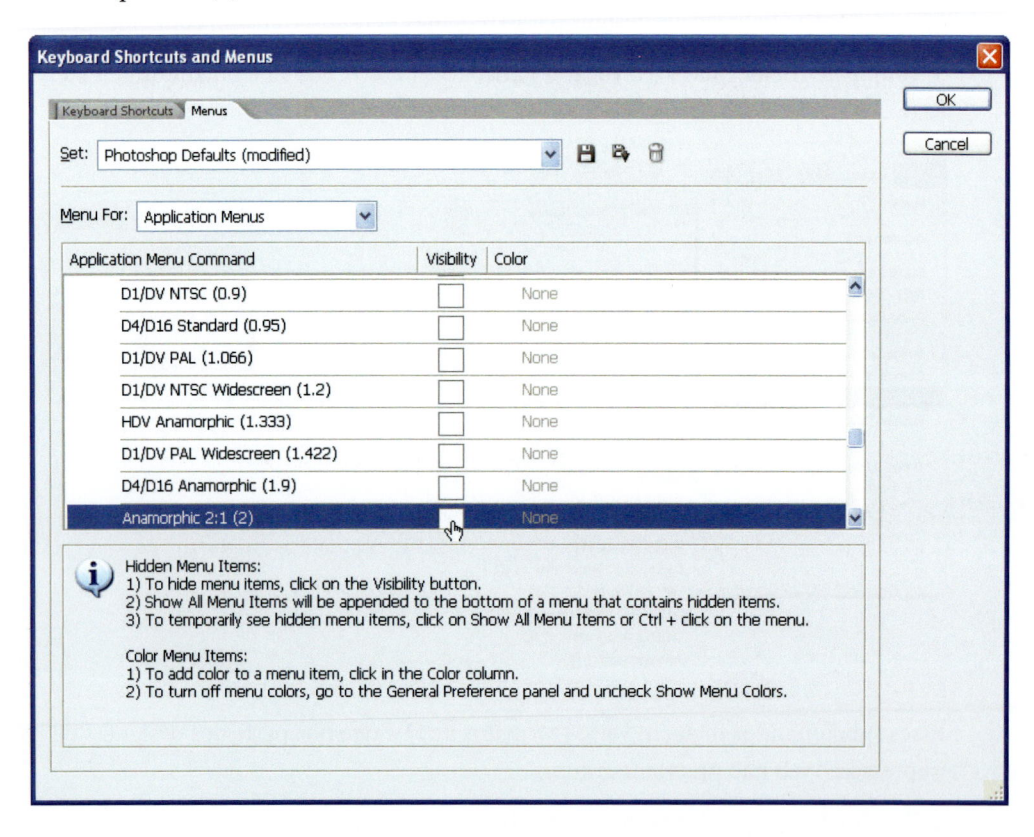

10 Agora, role até o comando Image > Mode > RGB Color e clique em None na coluna Color. Escolha Red no menu pop-up.

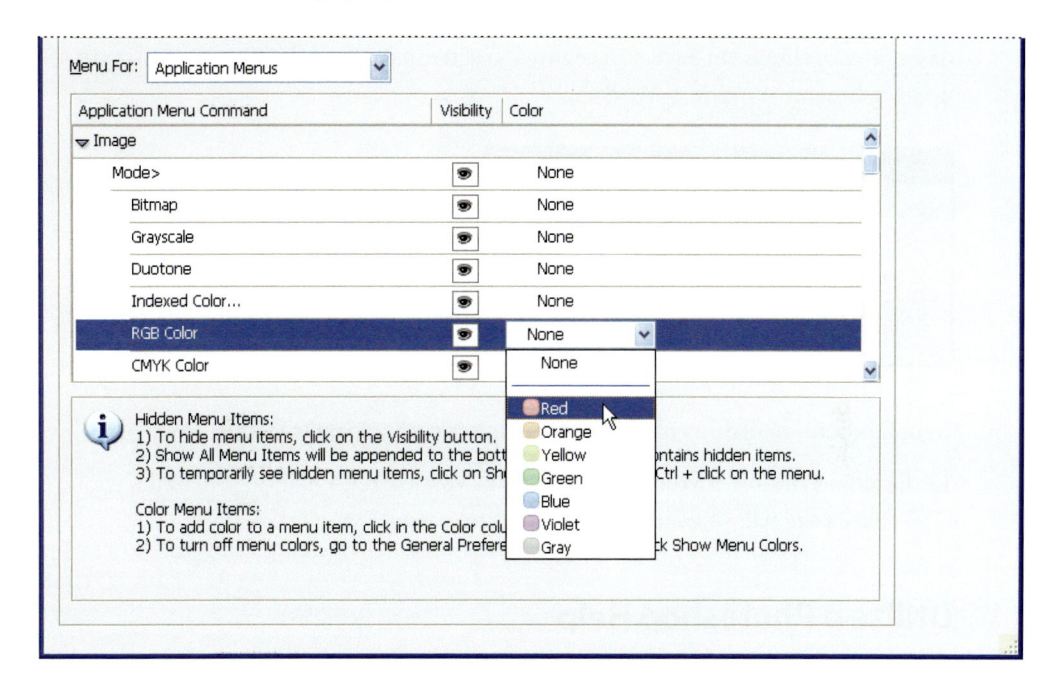

11 Clique em OK para fechar a caixa de diálogo Keyboard Shortcuts and Menus.

12 Clique no comando do menu Image e role para baixo: o comando Image > Mode > RGB Color agora está destacado em vermelho e os formatos de DV e de vídeo são indisponíveis no subcomando Pixel Aspect Ratio.

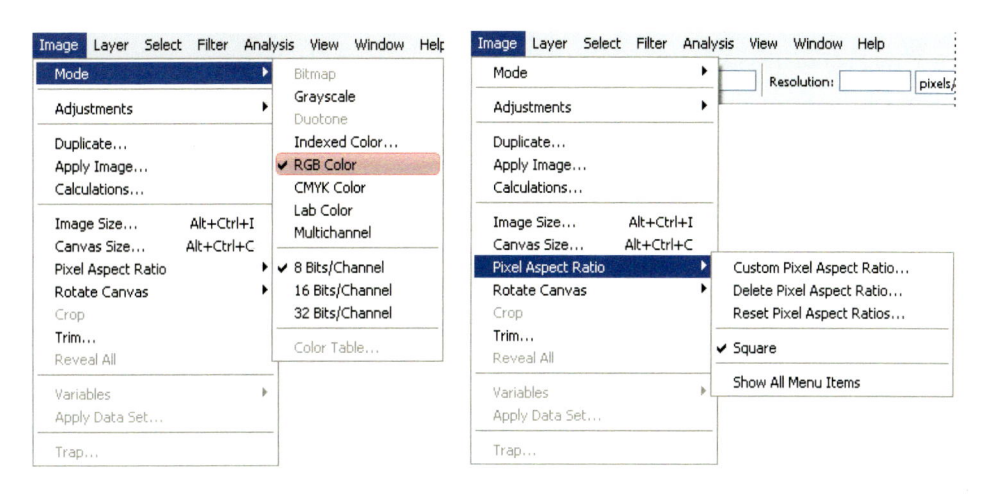

É possível salvar esse espaço de trabalho escolhendo Window > Workspace > Save Workspace. Na caixa de diálogo Save Workspace, atribua um nome ao seu espaço de trabalho; certifique-se de que as caixas Menus, Palette Locations e Keyboard Shortcuts estão marcadas; e, então, clique em Save. Em seguida, o seu espaço de trabalho personalizado será listado no submenu Window > Workspace.

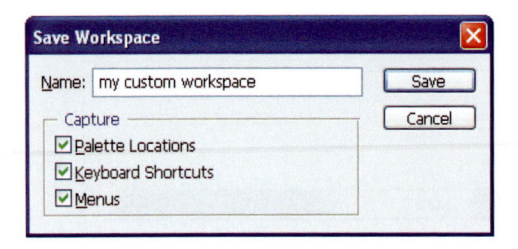

Agora, porém, retorne à configuração padrão do espaço de trabalho.

13 Escolha Window > Workspace > Default Workspace. Quando solicitado, clique em Don't Save para não salvar alterações feitas no menu.

Utilize o Photoshop Help

Para informações completas sobre o uso de paletas, ferramentas e outros recursos do aplicativo, consulte o Photoshop Help. O Photoshop Help apresenta todos os tópicos no *Adobe Photoshop CS3 User Guide* impresso e muito mais. Ele também tem a lista completa dos atalhos de teclado, dicas do tipo como fazer, tutoriais e explicações do Photoshop e conceitos e descrições dos recursos do Adobe Bridge.

O Photoshop Help é fácil de utilizar, pois é possível procurar tópicos de várias maneiras:

- Pesquisando no sumário (*table of contents*)
- Procurando palavras-chave
- Utilizando o índice
- Pulando para tópicos relacionados utilizando links de texto

Primeiro, você tentará procurar um tópico utilizando a paleta Contents.

1 Escolha Help > Photoshop Help.

Nota: *Também é possível abrir o Photoshop Help pressionando F1 (Windows) ou Command+/ (Mac OS).*

O Adobe Help Viewer se abre. Os tópicos para o conteúdo da ajuda aparecem no painel esquerdo da janela flutuante.

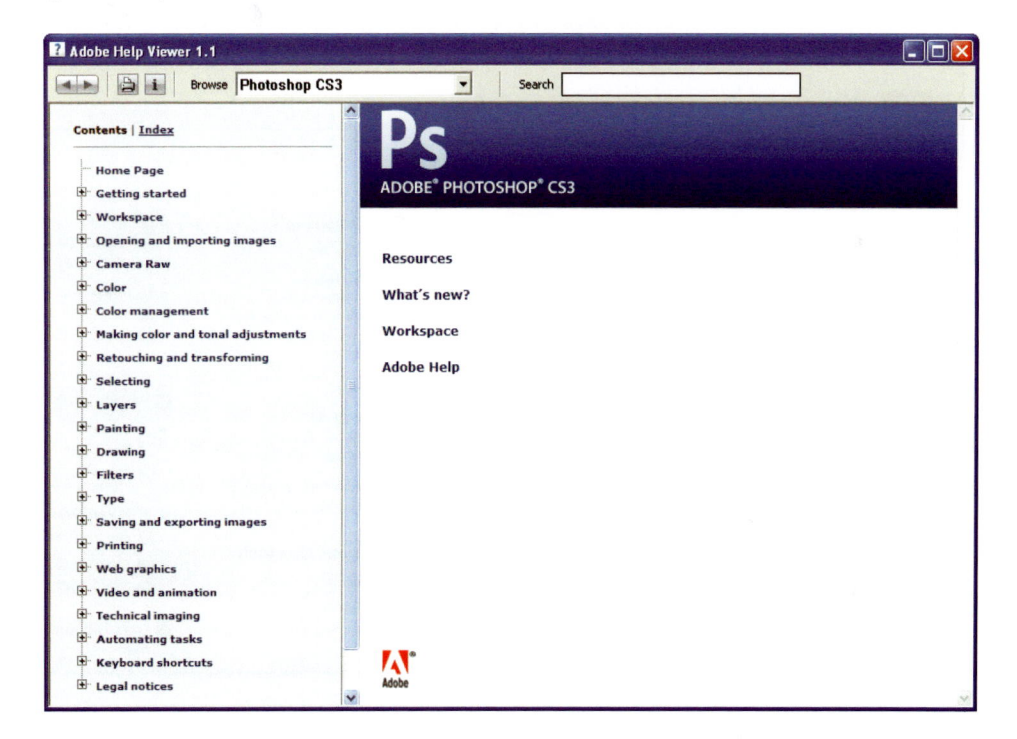

2 Na seção Contents do painel esquerdo da janela Help, role para baixo para pesquisar o conteúdo do Help. Ele é organizado por tópicos, como os capítulos de um livro.

3 Próximo da parte superior da lista de tópicos, clique no sinal de adição (+) para abrir o tópico Workspace e, então, abra o tópico Tools.

4 Clique na entrada About Tools para selecionar e visualizar esse tópico. Clique em View full size graphic para exibir uma ilustração, com cada ferramenta identificada pelo nome.

Algumas entradas no Help Center incluem links para tópicos relacionados. Os links aparecem em texto azul sublinhado. Ao posicionar o cursor do mouse sobre um link, o cursor muda para um ícone de mão (🖑) e o texto torna-se vermelho. Você pode clicar em qualquer link de texto para pular para esse tópico relacionado.

5 Role para baixo (se necessário) até Related Information e clique no link de texto da galeria das ferramentas Selection.

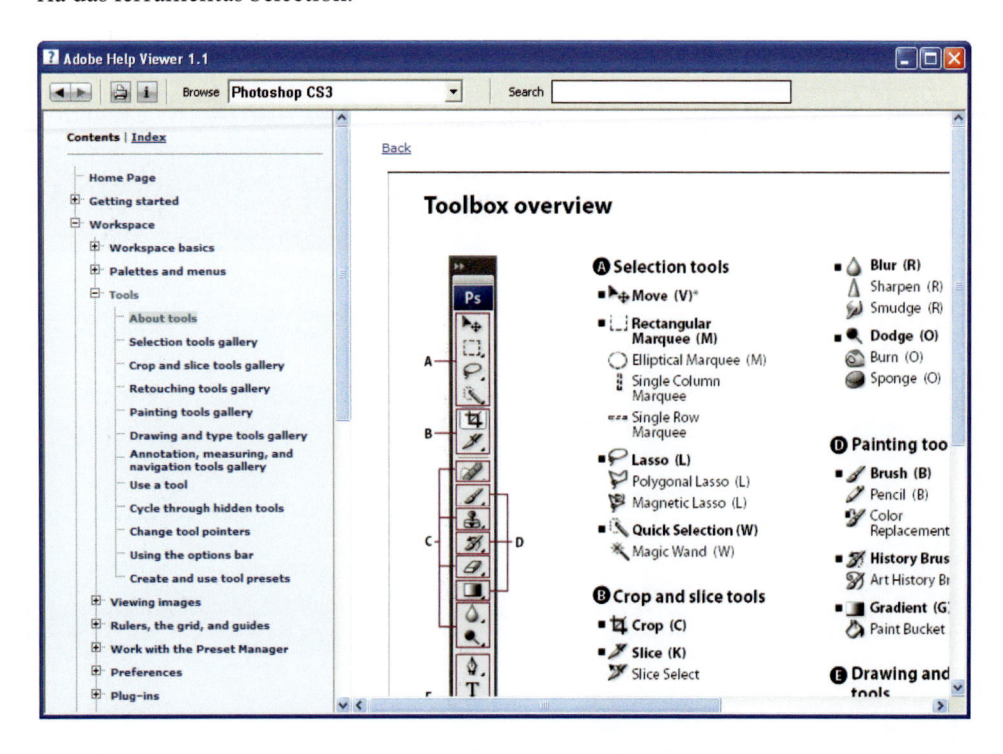

6 Clique em Next uma ou duas vezes para ver as informações sobre as outras ferramentas.

Utilize palavras-chave, links e índice no Help Viewer

Se você não puder localizar o tópico em que está interessado pesquisando a página Contents, tente pesquisar usando uma palavra-chave.

1 Na parte superior da janela, clique em Search.

2 Digite uma palavra-chave na caixa de texto de pesquisa, como **lasso** e pressione Enter ou Return. Uma lista de tópicos aparece. Para visualizar qualquer um desses tópicos, clique no nome do tópico.

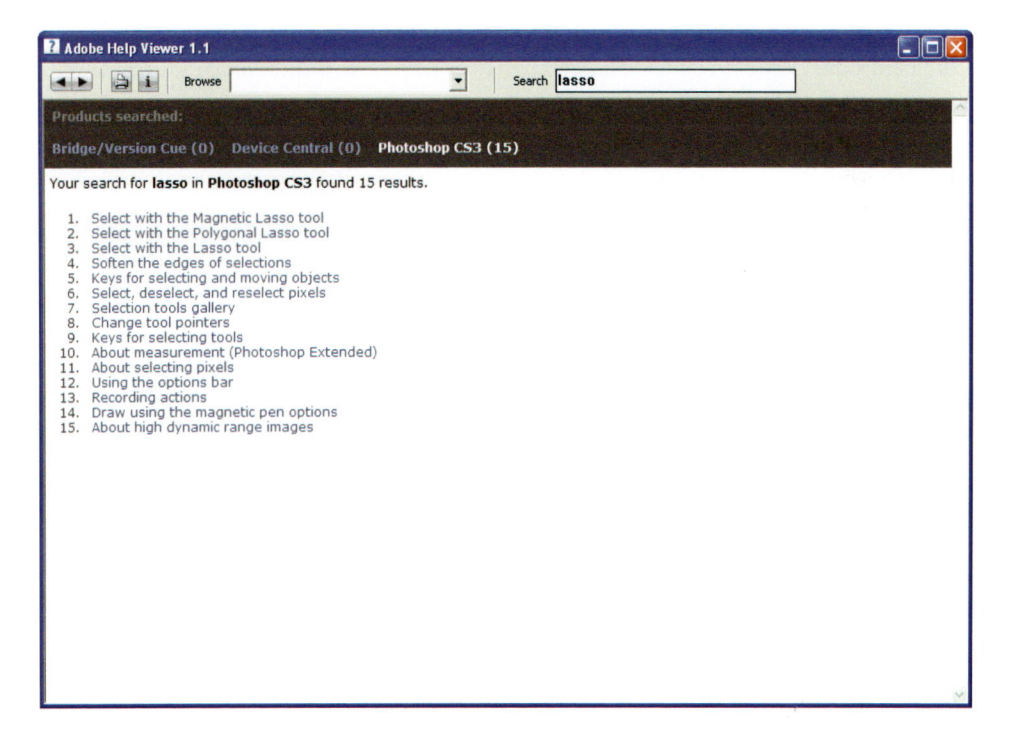

Você também pode procurar um tópico utilizando o índice.

3 No painel esquerdo, clique no botão Index ("i") para exibir o conteúdo do índice. Uma lista alfabética aparece nesse painel.

4 Clique em uma letra, como "T", para exibir as entradas de índice para essa letra.

As entradas de índice aparecem em ordem alfabética por tópico e subtópico, como o índice de um livro. Você pode rolar a lista para baixo para ver todas as entradas que iniciam com a letra "T".

5 Clique em uma entrada para abrir o tópico sobre essa entrada. Se um tópico tiver mais de uma entrada, clique no sinal de adição (⊞) para abrir a visibilidade para todas as entradas e então clique na entrada que você quer ler.

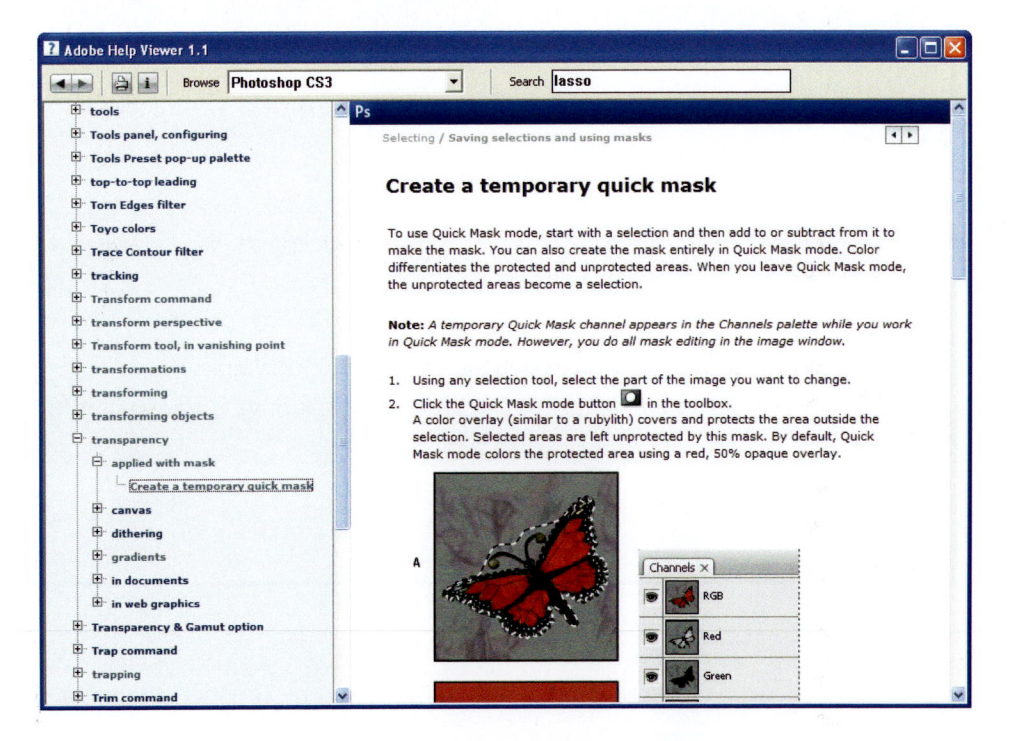

6 Depois de terminar de pesquisar, clique no botão de fechar na parte superior do Adobe Help Viewer ou escolha Adobe Help Viewer > Quit Adobe Help Center (Mac OS) para fechar a ajuda do Photoshop.

Utilize os serviços on-line da Adobe

Uma outra maneira de obter informações sobre o Adobe Photoshop e permanecer a par das atualizações é utilizar os serviços on-line da Adobe. Se tiver uma conexão com a Internet e um navegador Web instalado, você poderá acessar informações sobre o Photoshop e outros produtos da Adobe no site da Adobe Systems (www.adobe.com). Você também pode ser notificado automaticamente sobre quando há atualizações disponíveis.

1 No Photoshop, escolha Help > Photoshop Online.

Seu navegador Web padrão é carregado e ele exibe a página do produto Photoshop no site norte-americano da Adobe Systems. Você pode explorar o site e encontrar informações, dicas e técnicas, galerias com trabalhos gráficos de designers e artistas da Adobe de todo o mundo, além das informações mais recentes sobre produtos, soluções de problemas e informações técnicas. Você também pode conhecer outros produtos e novidades da Adobe.

Agora, retorne ao Photoshop e configure-o para receber automaticamente as atualizações de software.

2 Feche seu navegador.

3 Retorne ao Photoshop e escolha Help > Updates. Na caixa de diálogo Adobe Updater que aparece, clique no botão Preferences.

4 Na caixa de diálogo Adobe Updater Preferences, marque a opção "Automatically Check For Updates Every Month". Em seguida, decida se quer que o download das atualizações seja feito automaticamente ou se prefere ser notificado antes de o download das atualizações ocorrer.

Se optar por não verificar automaticamente atualizações mensalmente, você poderá visitar o site da Adobe (como no Passo 1) e verificar você mesmo as atualizações do Photoshop.

5 Clique em OK para salvar as alterações.

Parabéns mais uma vez; você concluiu a Lição 1.

Agora que está familiarizado com os princípios básicos da área de trabalho do Photoshop, você pode explorar outros detalhes sobre o navegador de arquivos visual Adobe Bridge, ou prosseguir e começar a aprender como criar e editar imagens. Depois de entender os princípios básicos, você pode completar as lições do *Adobe Photoshop CS3 Classroom in a Book* em uma ordem seqüencial ou de acordo com o assunto que mais lhe interessa.

Visão geral da caixa de ferramentas

As ferramentas *(Marquee) criam seleções retangulares, de única linha, elípticas e de única coluna.*

A ferramenta Move *move seleções, camadas e guias.*

As ferramentas Lasso *criam seleções de forma livre, poligonais (de linhas retas) e magnéticas (aderentes).*

A ferramenta Quick Selection *permite "pintar" rapidamente uma seleção utilizando um brush de pincel redondo ajustável.*

A ferramenta Magic Wand *seleciona áreas com cores semelhantes.*

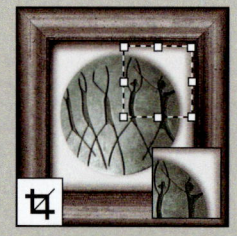

A ferramenta Crop *corta imagens.*

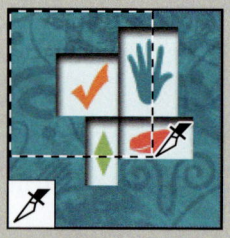

A ferramenta Slice *cria fatias.*

A ferramenta Slice Select *seleciona fatias.*

A ferramenta Spot Healing Brush *remove rapidamente manchas e imperfeições das fotografias com um fundo uniforme.*

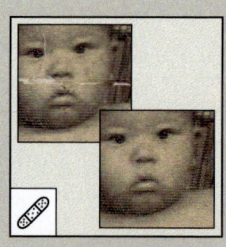

A ferramenta Healing Brush *pinta com uma amostra ou padrão para corrigir imperfeições em uma imagem.*

A ferramenta Patch *corrige imperfeições em uma área selecionada de uma imagem utilizando uma amostra ou padrão.*

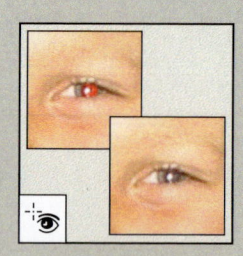

A ferramenta Red Eye *remove "olhos vermelhos" causados por flash com apenas um clique.*

LIÇÃO 1 | **67**
Familiarizando-se com a Área de Trabalho

A ferramenta Color Replacement substitui uma cor por outra.

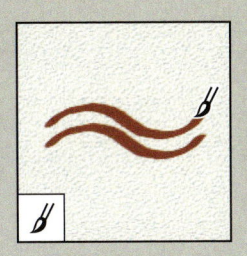

A ferramenta Brush pinta traços simulando um pincel.

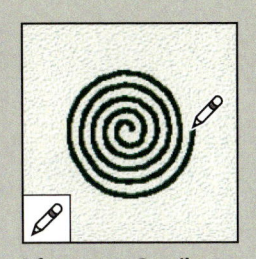

A ferramenta Pencil pinta traços de borda dura.

A ferramenta Clone Stamp pinta com uma amostra de uma imagem.

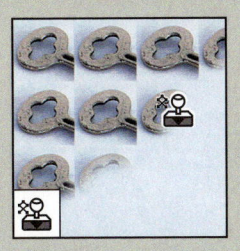

A ferramenta Pattern Stamp pinta com uma parte de uma imagem como um padrão.

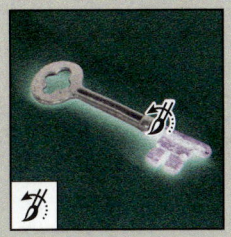

A ferramenta History Brush pinta uma cópia do estado selecionado ou instantâneo na janela da imagem atual.

A ferramenta Art History Brush pinta traços estilizados que simulam a visão dos diferentes estilos de pintura, utilizando um estado selecionado ou instantâneo.

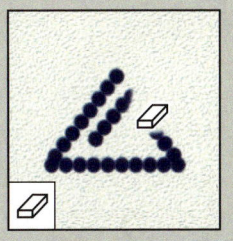

A ferramenta Eraser apaga pixels e restaura partes de uma imagem de acordo um estado salvo anteriormente.

A ferramenta Magic Eraser apaga áreas de cores sólidas até ficarem transparentes com um único clique.

A ferramenta Background Eraser remove áreas até a transparência por meio de uma operação de arrastar.

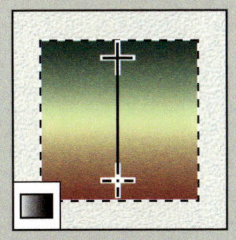

A ferramenta Gradient cria mesclagens de cores nos formatos radial, angular, refletido e losangular.

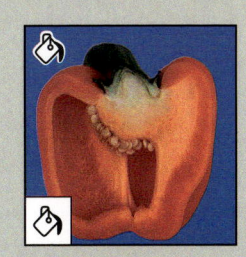

A ferramenta Paint Bucket preenche áreas com cores semelhantes com a cor de primeiro plano.

Visão geral da caixa de ferramentas (continuação)

A ferramenta Blur *suaviza bordas duras em uma imagem.*

A ferramenta Sharpen *aumenta a nitidez de bordas suaves de uma imagem.*

A ferramenta Smudge *esfumaça os dados em uma imagem.*

A ferramenta Dodge *clareia áreas em uma imagem.*

A ferramenta Burn *escurece áreas em uma imagem.*

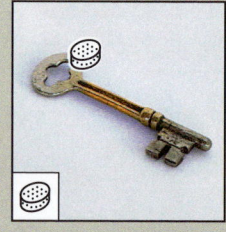

A ferramenta Sponge *muda a saturação de cor de uma área.*

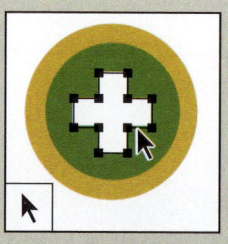

As ferramentas Path Selection *tornam formas ou segmentos ativos mostrando seus pontos âncoras, linhas e pontos direcionais.*

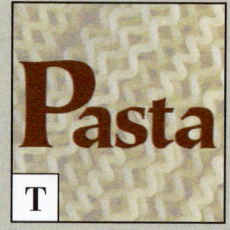

As ferramentas Type *criam texto em uma imagem.*

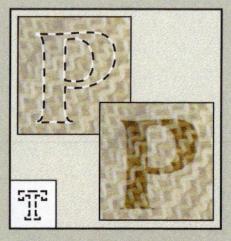

As ferramentas Type Mask *criam uma seleção na forma do texto.*

As ferramentas Pen *desenham demarcadores com bordas suaves.*

As ferramentas Shape e Line *desenham formas e linhas em uma camada normal ou em uma camada de forma.*

A ferramenta Custom Shape *cria formas personalizadas selecionadas a partir de uma lista de formas personalizadas.*

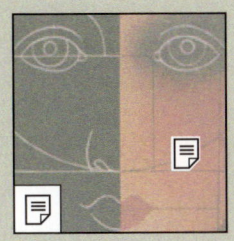

LIÇÃO 1 | 69
Familiarizando-se com a Área de Trabalho

As ferramentas de anotações *criam notas e anotações em áudio que podem ser fixadas a uma imagem.*

A ferramenta Ruler *mede distâncias, localizações e ângulos.*

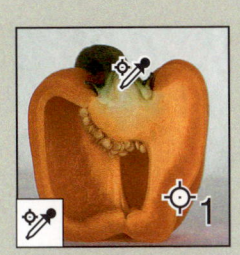

A ferramenta Color Sampler *obtém amostras de até quatro áreas da imagem.*

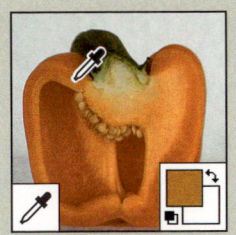

A ferramenta Eyedropper *obtém amostras de cores em uma imagem.*

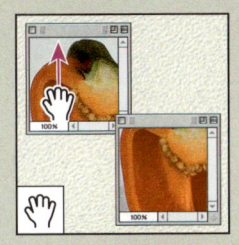

A ferramenta Hand *move uma imagem dentro da sua janela.*

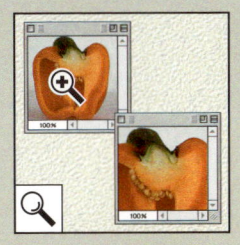

A ferramenta Zoom *amplia e reduz a visualização de uma imagem.*

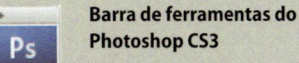

Barra de ferramentas do Photoshop CS3

— Move (V)
— Rectangular Marquee (M)
— Lasso (L)
— Magic Wand (W)
— Crop (C)
— Slice (K)
— Spot Healing Brush (J)
— Brush (B)
— Clone Stamp (S)
— History Brush (Y)
— Eraser (E)
— Gradient (G)
— Blur (R)
— Dodge (O)
— Pen (P)
— Horizontal Type (T)
— Path Selection (A)
— Rectangle (U)
— Notes (N)
— Ruler (I)
— Hand (H)
— Zoom (Z)

Revisão

▶ Perguntas

1 Descreva dois tipos de imagens que podem ser abertas no Photoshop.

2 Como abrir arquivos de imagem utilizando o Adobe Bridge?

3 Como selecionar ferramentas no Photoshop?

4 Descreva duas maneiras de alterar a visualização de uma imagem.

5 Quais são as duas maneiras de obter informações adicionais sobre o Photoshop?

▶ Respostas

1 Você pode digitalizar uma fotografia, transparência, negativo ou um elemento gráfico no programa; capturar uma imagem de vídeo digital; ou importar arte-final criada em um programa de desenho. Você também pode importar fotos digitais.

2 Clique no botão Go To Bridge na barra de opções da ferramenta do Photoshop para ir para o Bridge; localize o arquivo da imagem que você quer abrir e dê um clique duplo na miniatura para abri-lo no Photoshop.

3 Clique em uma ferramenta na caixa de ferramentas ou pressione o atalho de teclado da ferramenta. Uma ferramenta selecionada permanece ativa até você selecionar outra ferramenta. Para selecionar uma ferramenta oculta, utilize um atalho pelo teclado para alternar entre as ferramentas ou pressione o botão do mouse sobre a ferramenta na caixa de ferramentas para abrir um menu pop-up das ferramentas ocultas.

4 Escolha os comandos no menu View para ampliar, reduzir ou ajustar uma imagem na tela; ou utilize as ferramentas zoom e clique ou arraste uma imagem para ampliar ou reduzir a visualização. Os atalhos pelo teclado ou a paleta Navigator também podem ser usados para controlar a exibição de uma imagem.

5 O sistema de ajuda do Photoshop tem todas as informações no *Adobe Photoshop CS3 User Guide*, atalhos pelo teclado, tópicos baseados em tarefas e ilustrações. O Photoshop também inclui um link para a página da Adobe Systems Photoshop com informações adicionais sobre serviços, produtos e dicas relacionadas ao Photoshop.

PARIS

Paris is the home of the Rodin Museum. The beautiful surroundings attracted artists including Henri Matisse, and August Rodin rented several rooms in which to store his art. The rooms became his studio where he worked and entertained friends among the wild gardens. The mansion escaped the Reign of Terror unharmed, but during Napoleon's reign, it fell victim to the times. It was sold to the Dames du Sacre-Coeur, a religious group dedicated to the education of young women, who converted the hotel into a boarding school for girls of royal and aristocratic families.

The Church and State separated in 1905 and the school was forced to close. Plans were made to demolish the mansion and replace it by rental apartments. In the meantime, it was divided into several small lodgings. The beautiful surroundings attracted artists including Henri Matisse, and August Rodin rented several rooms in which to store his art. The rooms became his studio where he worked and entertained friends among the wild gardens. Ever since 1919, the sculptures of Auguste Rodin have been housed in a mansion known as the Biron Hotel. The mansion was built by a hairdresser named Abraham Peyrenc in the seventeenth century when Paris Left Bank was still uninhabited.

O Adobe Photoshop inclui uma variedade de ferramentas e comandos para melhorar a qualidade de uma imagem fotográfica. Esta lição analisa o processo de aquisição, redimensionamento e retoque de uma foto para impressão. O mesmo fluxo de trabalho básico se aplica a imagens para a Web.

2 | Correções Básicas de Fotos

Visão geral da lição

Nesta lição, você aprenderá a:

- Entender a resolução e o tamanho de uma imagem.
- Cortar e corrigir uma imagem.
- Ajustar o intervalo tonal de uma imagem.
- Remover a invasão de cor em uma imagem utilizando a correção Auto Color.
- Ajustar a saturação e o brilho das áreas isoladas de uma imagem utilizando as ferramentas Sponge e Dodge.
- Aplicar o filtro Unsharp Mask para terminar o processo de retoque de uma foto.
- Salvar um arquivo de imagem para uso em um programa de layout de página.

Esta lição levará entre 45 minutos e uma hora para ser concluída. Se necessário, remova a pasta da lição anterior da sua unidade de disco e copie a pasta Lesson02 sobre ela. Se em um determinado momento você precisar restaurar os arquivos originais, copie-os do CD do *Adobe Photoshop CS3 Classroom in a Book*.

Estratégia para retoque

O Adobe Photoshop oferece um conjunto abrangente de ferramentas de correção de cores para ajustar a cor e o tom de imagens individuais. Você pode, por exemplo, corrigir problemas na qualidade da cor e no intervalo tonal criado durante a fotografia original ou durante a digitalização da imagem e também corrigir problemas na composição e aprimorar o foco geral da imagem.

Organize uma seqüência eficiente de tarefas

A maior parte do processo de retoque segue estes oito passos gerais:

- Duplicar a imagem original ou a digitalização (sempre trabalhe em uma cópia do arquivo da imagem para poder recuperar o original mais tarde se necessário).

- Verificar a qualidade da digitalização e certificar-se de que a resolução é apropriada à maneira como a imagem será usada.

- Cortar a imagem para o dimensionamento e a orientação finais.

- Corrigir os defeitos na digitalização de fotografias danificadas (como rasgos, pó ou manchas).

- Ajustar o contraste total ou o intervalo tonal da imagem.

- Remover qualquer invasão de cor.

- Ajustar a cor e o tom em partes específicas da imagem a fim de melhorar detalhes nas áreas claras, realces, meios-tons, sombras e cores dessaturadas.

- Dar maior nitidez ao foco geral da imagem.

Normalmente, você deve completar esses processos na ordem listada. Caso contrário, os resultados de um dos processos podem causar alterações indesejadas em outros aspectos da imagem, obrigando-o a refazer algumas partes do seu trabalho.

Nota: Mais adiante neste livro, utilizaremos camadas de ajuste que fornecem uma excelente flexibilidade para experimentar diferentes configurações de correção sem danificar a imagem original.

Ajuste seu processo para os usos pretendidos

As técnicas de retoque que você aplica a uma imagem dependem em parte de como você utilizará a imagem. Quer uma imagem seja concebida para publicação em preto-e-branco em papel jornal, quer para distribuição colorida na Internet, o meio de veiculação afeta tudo, desde a resolução da digitalização inicial até o tipo de intervalo tonal e correção de cor que a imagem requer. O Photoshop suporta o modo de cor CMYK para preparar uma imagem a ser impressa utilizando cores de processo (ou cores de escala), bem como RGB e outros modos de cor para criação de conteúdo Web e dispositivos móveis.

Para demonstrar uma das aplicações das técnicas de retoque, esta lição o orienta nos passos da correção de uma fotografia feita para publicação impressa em quatro cores.

Para informações adicionais sobre os modos de cor CMYK e RGB, consulte a Lição 14, "Produzindo e imprimindo cores consistentes".

Resolução e tamanho da imagem

O primeiro passo ao retocar uma fotografia no Photoshop é certificar-se de que a imagem tem a resolução correta. O termo *resolução* refere-se ao número de pequenos quadrados, conhecidos como *pixels*, que descrevem uma imagem e estabelecem seus detalhes. A resolução é determinada pelas *dimensões em pixels* ou o número de pixels ao longo da largura e altura de uma imagem.

Pixels em uma imagem fotográfica

Em imagens gráficas computadorizadas, há diferentes tipos de resolução:

O número de pixels por unidade de comprimento em uma imagem é chamado *resolução da imagem*, normalmente medido em pixels por polegada (ppi). Uma imagem com uma alta resolução tem mais pixels (e, portanto, um tamanho maior de arquivo) do que uma imagem com as mesmas dimensões com uma baixa resolução. Imagens no Photoshop podem variar de alta resolução (300 ppi ou mais alto) à baixa resolução (72 ppi ou 96 ppi).

O número de pixels por unidade de comprimento em um monitor é a *resolução do monitor*, também normalmente medido em pixels por polegada (ppi). Os pixels de uma imagem são convertidos diretamente em pixels de monitor. No Photoshop, se a resolução da imagem for mais alta do que a de monitor, a imagem aparece maior na tela do que suas dimensões de impressão especificadas. Por exemplo, ao exibir uma imagem de 1 × 1 polegada em 144 ppi, em um monitor de 72 ppi, a imagem preenche uma área de 2 × 2 polegadas da tela.

4 x 6 polegadas a 72 ppi; tamanho do arquivo 364,5 KB

Visualização 100% na tela

4 x 6 polegadas a 200 ppi; tamanho do arquivo 2,75 MB

Visualização 100% na tela

Nota: *É importante entender o que "100% de visualização" significa quando você trabalha na tela. Em 100%, 1 pixel de imagem = 1 pixel de monitor. A menos que a resolução da sua imagem seja exatamente a mesma da resolução do monitor, o tamanho da imagem (em polegadas, por exemplo) na tela poderá ser maior ou menor do que o tamanho da imagem quando ela for impressa.*

O número de pontos de tinta por polegada (dpi) produzido por uma platesetter ou impressora a laser é a *resolução de saída* ou *resolução da impressora*. Naturalmente, impressoras de resolução mais alta, combinadas com imagens de resolução mais alta, geralmente produzem uma melhor qualidade. A resolução apropriada para uma imagem impressa é determinada tanto pela resolução da impressora da gráfica como pela *freqüência de tela*, ou linhas por polegada (lpi), das linhaturas utilizadas para reproduzir as imagens.

Tenha em mente que quanto mais alta a resolução da imagem, maior o tamanho do arquivo e maior o tempo de download do arquivo.

Nota: *Para determinar a resolução ideal da imagem desta lição, seguimos a regra geral da indústria gráfica para imagens coloridas e em tons de cinza destinadas à impressão em gráficas comerciais: uma digitalização deve estar com resolução entre 1,5 e 2 vezes a linhatura (lpi) utilizada pela gráfica. Como a revista em que a imagem será impressa utiliza uma freqüência de tela de 133 lpi, a imagem foi digitalizada em 200 ppi (133 x 1,5).*

Para informações adicionais sobre a resolução e o tamanho de imagem, consulte o Photoshop Help.

Introdução

A imagem em que você trabalhará nesta lição é uma fotografia digitalizada. Você preparará a imagem a ser colocada em um layout do Adobe InDesign para uma revista fictícia. O tamanho final da imagem no layout para impressão terá 2 × 3 polegadas.

Você começará a lição comparando a digitalização original com a imagem final.

1 Inicie o Photoshop e, então, pressione imediatamente Ctrl+Alt+Shift (Windows) ou Command+Option+Shift (Mac OS) para restaurar as preferências padrão. (Consulte "Restaurando preferências padrão", na página 22.)

2 Quando solicitado, clique em Yes para confirmar a redefinição das preferências e em Close para fechar a tela Welcome.

3 Clique no botão Go To Bridge ( ) na barra de opções de ferramenta para abrir o Adobe Bridge.

4 No painel Favorites no canto esquerdo superior do Bridge, clique em Lessons e então dê um clique duplo na pasta Lesson02 para ver seu conteúdo na área de visualização.

5 Certifique-se de que suas visualizações em miniatura tenham um tamanho suficiente para uma boa visualização das imagens e compare os arquivos 02Start.psd e 02End.psd. Para aumentar a visualização, arraste o controle deslizante Thumbnail na parte inferior direita da janela do Bridge para a direita.

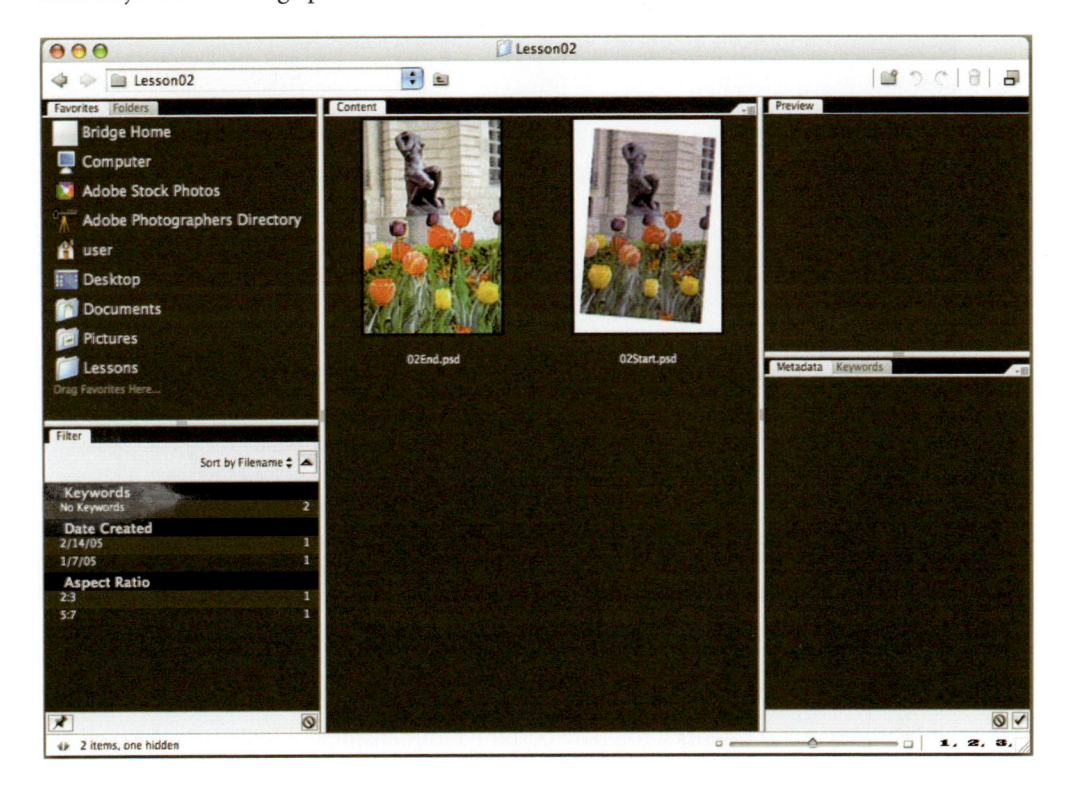

Observe que a digitalização está torta e também que as cores na imagem digitalizada original estão relativamente escuras e que a imagem tem uma invasão de cor (*color cast*) vermelha. As dimensões também são maiores do que as necessárias para os requisitos da revista. Você corrigirá todas essas características nesta lição, iniciando com o endireitamento e o corte da imagem.

6 Dê um clique duplo na miniatura 02Start.psd para abrir o arquivo no Photoshop. Se necessário, clique em OK para fechar o alerta de não correspondência de perfil incorporado.

7 No Photoshop, escolha File > Save As, atribua o nome **02Working.psd** ao arquivo e clique em Save para salvá-lo na pasta Lesson02.

Lembre-se que, ao fazer correções permanentes em um arquivo de imagem, é sempre inteligente trabalhar em uma cópia em vez de no original. Assim, se algo sair errado, você será capaz de reiniciar a partir de uma cópia da imagem original.

Julieanne Kost é divulgadora oficial do Adobe Photoshop.

DICAS DE FERRAMENTAS DE UMA DIVULGADORA DO PHOTOSHOP

> **A ferramenta Crop é fantástica!**

• Eis duas maneiras pouco conhecidas, mas excelentes, de utilizar a ferramenta Crop (C) de modo mais eficiente:

• Utilize a ferramenta Crop para adicionar área de pintura (*canvas*) a qualquer imagem. Com uma imagem aberta no Photoshop, expanda a janela da imagem de modo a criar um espaço vazio cinza além das bordas da imagem. Então, simplesmente crie um contorno de seleção arrastando o mouse com a ferramenta Crop e, depois de soltar o botão mouse, arraste as alças para fora da área da imagem. Ao aplicar o corte (pressionando Enter ou Return), a área será adicionada à tela de pintura e preenchida com a cor do plano de fundo.

• Utilize as dimensões de uma das imagens para cortar uma outra. Abras as duas imagens no Photoshop e crie a imagem com as dimensões ativas do corte desejado. Selecione a ferramenta Crop e clique no botão Front Image na barra de opções da ferramenta. Isso insere a altura, a largura e a resolução da imagem nos respectivos campos na barra de opções. Alterne para a imagem que você quer cortar e arraste-a com a ferramenta Crop. A ferramenta limita o movimento de arrastar à relação altura/largura configurada e, quando você soltar e aplicar o corte, a imagem será redimensionada de acordo com a altura, largura e resolução desejadas.

Endireite e corte uma imagem

Utilizaremos a ferramenta Crop para cortar e redimensionar a fotografia para que ela caiba no espaço designado. É possível usar a ferramenta Crop ou o comando Crop para cortar uma imagem. Os dois métodos excluem permanentemente todos os pixels fora da área de seleção de corte.

1 Na caixa de ferramentas, selecione a ferramenta Crop (⌧). Em seguida, na barra de opções de ferramenta (na parte superior da área de trabalho), insira as dimensões (em polegadas/inches) da imagem final: para Width digite **2** e para Height digite **3**.

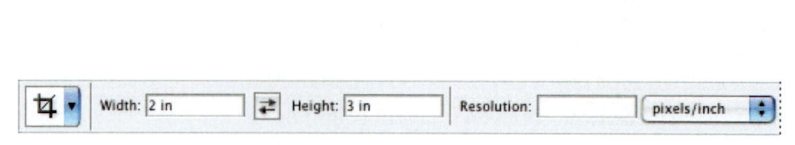

2 Faça uma demarcação de corte em torno da imagem. Não se preocupe se toda a imagem estiver incluída, pois daqui a pouco você ajustará o contorno da seleção.

Enquanto você arrasta, o contorno de seleção retém a mesma proporção das dimensões especificadas por você anteriormente para o tamanho alvo (2 × 3 polegadas).

Depois de liberar o botão do mouse, um *demarcador de corte* cobre a área fora da seleção de corte e a barra de opções exibe as escolhas do demarcador de corte.

3 Na barra de opções da ferramenta, certifique-se de que a caixa de seleção Perspective *não* está selecionada.

4 Na janela da imagem, mova o cursor para fora do contorno de seleção de corte a fim de que ele pareça uma seta dupla curvada (↻). Arraste o curso no sentido horário para girar o contorno de seleção até que ele corresponda ao ângulo da imagem.

5 Posicione o cursor dentro do demarcador de corte e arraste-o até ele abranger todas as partes da imagem a serem exibidas para produzir um resultado artisticamente agradável. Se precisar ajustar o tamanho do contorno de seleção, arraste um dos pontos laterais. Também é possível pressionar as teclas de seta para ajustar o contorno de seleção em incrementos de 1 pixel.

6 Pressione Enter ou Return. Agora a imagem está cortada ocupando toda área da janela de imagem, assim como endireitada, dimensionada e cortada de acordo com as suas especificações.

Você pode utilizar o comando Image > Trim para descartar a área em torno da borda da imagem com base na transparência ou na cor da borda.

7 Escolha File > Save para salvar seu trabalho.

Faça ajustes automáticos

O Photoshop contém vários recursos automáticos altamente eficazes para correção fácil de imagens. Esses recursos talvez sejam tudo o que você precisa para certos tipos de trabalhos. Entretanto, quando for necessário mais controle, pesquise alguns outros recursos e opções técnicas disponíveis no Photoshop.

Como um bom ponto de partida, primeiro você tentará os ajustes automáticos para iluminar as cores no arquivo de imagem desta lição. Em seguida, você fará os ajustes utilizando os controles manuais em outra cópia da imagem.

1 Se você não salvou seu trabalho depois de cortar a imagem no exercício anterior, escolha File > Save agora.

2 Escolha File > Save As, atribua o nome **02Auto.psd** ao arquivo cortado e clique em Save.

3 Escolha Image > Adjustments > Auto Color.

4 Escolha Image > Adjustments > Shadow/Highlight.

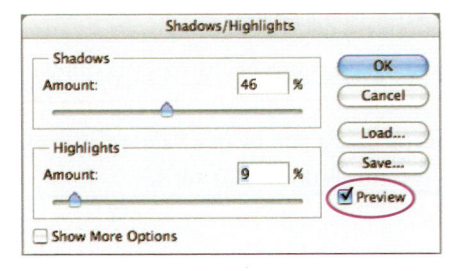

5 Na caixa de diálogo Shadow/Highlight, arraste os controles deslizantes Highlight e Shadow conforme necessário até achar que a imagem está boa. Certifique-se de que Preview esteja marcada para que você possa ver as alterações aplicadas à janela de imagem enquanto trabalha.

6 Clique em OK para fechar a caixa de diálogo e, então, escolha File > Save.

7 Feche o arquivo 02Auto.psd. Em seguida, escolha File > Open Recent > 02Work.psd para abrir esse arquivo de imagem.

Ajuste manualmente o intervalo tonal

O intervalo tonal de uma imagem representa a quantidade de *contraste*, ou detalhes, na imagem e é determinado pela distribuição dos pixels da imagem, variando de pixels mais escuros (preto) aos pixels mais claros (branco). Agora, você corrigirá o contraste da fotografia utilizando o comando Levels.

Nesta tarefa, você utilizará um gráfico na caixa de diálogo Levels que representa o intervalo de valores (escuro e claro) na imagem. Esse gráfico tem controles que ajustam as áreas mais escuras, mais claras e meios-tons (ou gama) da imagem. A paleta Histogram também exibe essas informações. A menos que tenha em mente um efeito especial, o histograma ideal se estende ao longo de todo o gráfico e a parte intermediária tem picos e vales relativamente uniformes, representando os dados adequados dos pixels nos meios-tons.

1 Escolha Window > Histogram ou clique na aba Histogram no grupo de paletas Navigator para exibir a paleta Histogram. Clique na seta no canto superior direito para exibir o menu de paleta. Então escolha Expanded View no menu da paleta Histogram.

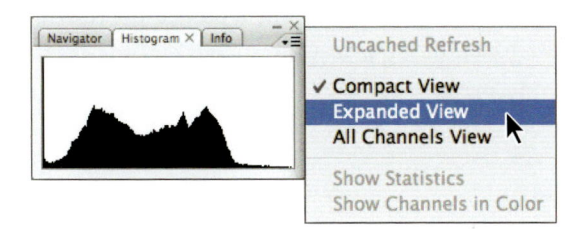

2 Escolha Image > Adjustments > Levels para abrir a caixa de diálogo Levels.

3 Certifique-se de que a caixa da seleção Preview está selecionada e mova a caixa de diálogo, se necessário, para que você também possa ver a janela da imagem e a paleta Histogram.

O triângulo à esquerda (preto) abaixo do histograma representa as sombras, o triângulo no meio (cinza) representa os meios-tons, ou *gama* e o triângulo à direita (branco) representa os tons claros. Se sua imagem tivesse cores por todo o intervalo de brilho, o gráfico se estenderia ao longo de toda a largura do histograma. Observe que nesse ponto os gráficos na caixa de diálogo Levels e paleta Histogram são idênticos.

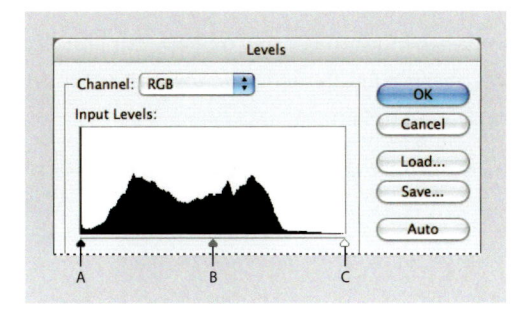

A. Sombras (áreas mais escuras) *B. Meios-tons ou gama.*
C. Tons claros.

4 Na caixa de diálogo Levels, arraste o triângulo esquerdo para a direita até o ponto em que o histograma indica que as cores mais escuras iniciam.

À medida que você arrasta, o primeiro valor de Input Levels (acima do gráfico do histograma) muda, assim como a própria imagem. Na paleta Histogram, a parte esquerda do gráfico agora se estende até a borda do quadro. Isso indica que os valores mais escuros das sombras foram mudados para um valor próximo a preto.

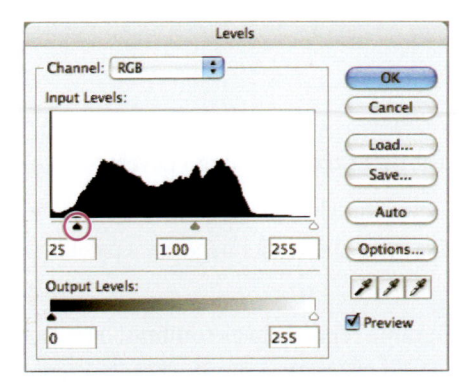

Nota: *Também é possível deslizar para alterar o valor de Input Levels: primeiro, clique na caixa de texto para o valor que você quer alterar e, então, arraste o cursor sobre o rótulo Input Levels.*

5 Arraste o triângulo direito para a esquerda até o ponto em que o histograma indica que as cores mais claras iniciam. Mais uma vez, observe as alterações no terceiro valor de Input Levels, na própria imagem e no gráfico da paleta Histogram.

6 Arraste um pouco o triângulo do meio para o lado esquerdo para clarear os meios-tons.

Observe as alterações na janela da imagem e no gráfico da paleta Histogram para determinar a distância em que você arrastará o triângulo do meio.

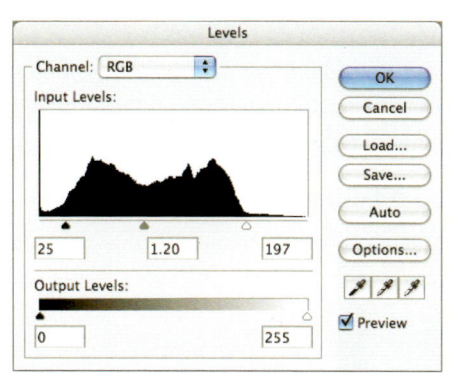

7 Quando você achar que a imagem está boa (utilizamos valores Input Levels de 25, 1,20 e 197), clique em OK para aplicar as alterações. Em seguida, salve seu trabalho.

Sobre o comando Auto Contrast

Você também pode automaticamente ajustar o contraste (tons claros e sombras) e a combinação geral das cores em uma imagem utilizando o comando Image > Adjustments > Auto Contrast. Ajustar o contraste mapeia os pixels mais escuros e mais claros na imagem para preto e branco. Esse remapeamento faz com que os tons claros pareçam mais claros e as sombras mais escuras e pode aprimorar a aparência de muitas fotografias ou imagens em tons contínuos. (O comando Auto Contrast não aprimora imagens lavadas.)

O comando Auto Contrast elimina pixels brancos e pretos em 0,5% – isso é, ele ignora o primeiro 0,5% de ambos os extremos ao identificar os pixels mais claros e mais escuros na imagem. Essa eliminação dos valores das cores assegura que os valores de branco e preto sejam áreas representativas do conteúdo da imagem em vez de valores extremos dos pixels.

Para este projeto, você não utilizará o recurso Auto Contrast, mas esse é um recurso que você deve conhecer para poder utilizá-lo nos seus próprios projetos.

Remova uma invasão de cor

Algumas imagens contêm invasões de cor (*color casts*, ou cores inadequadas) que podem ocorrer durante uma digitalização ou que talvez já existiam na imagem original. Essa fotografia do jardim tem predominância da cor vermelha. Utilizaremos o recurso Auto Color para corrigir isso.

Nota: Para ver uma invasão de cor de uma imagem no seu monitor, você precisa de um monitor de 24 bits (um monitor que pode exibir milhões de cores). Em monitores que só podem exibir 256 cores (8 bits), é difícil, se não impossível, detectar uma invasão de cor.

1 Escolha Image > Adjustments > Auto Color.

A invasão de cor vermelha desaparece.

2 Escolha File > Save.

Sobre os comandos Auto Color e Auto Correction

O comando Auto Color ajusta o contraste e a cor de uma imagem pesquisando na imagem real em vez de nos histogramas, sombras, meios-tons e tons claros. Ele neutraliza os meios-tons e elimina os pixels brancos e pretos com base nos valores especificados na caixa de diálogo Auto Correction Options.

A caixa de diálogo Auto Correction Options permite ajustar automaticamente o intervalo tonal geral de uma imagem, especificar porcentagens de corte e atribuir valores de cores a sombras, meios-tons e tons claros. Você pode aplicar as configurações durante uma única utilização das caixas de diálogo Levels ou Curves, ou pode salvar as configurações para uso futuro com os comandos Levels, Auto Levels, Auto Contrast, Auto Color e Curves.

Para abrir a caixa de diálogo Auto Correction Options, clique em Options na caixa de diálogo Levels ou na caixa de diálogo Curves.

Substitua cores em uma imagem

Com o comando Replace Color, você pode criar *máscaras* temporárias com base em cores específicas e, então, substituir essas cores (uma máscara isola uma área de uma imagem para que as alterações afetem apenas a área selecionada e não o restante da imagem). A caixa de diálogo Replace Color contém as opções para ajustar os componentes de tom, saturação e luminosidade da seleção: *hue (tom)* refere-se à cor, *saturation (saturação)* à pureza da cor e *lightness (luminosidade)* à porção de branco ou preto na imagem.

Utilizaremos o comando Replace Color para alterar a cor de uma das tulipas na imagem que corrigimos por toda esta lição.

1 Selecione a ferramenta Rectangular Marquee ([ ]) e trace uma borda de seleção em torno da tulipa amarela no primeiro plano à esquerda da imagem. Não se preocupe em fazer uma seleção perfeita, mas não deixe de incluir toda a flor.

2 Escolha Image > Adjustments > Replace Color.

A caixa de diálogo Replace Color se abre e, por padrão, a área Selection exibe uma representação preta da seleção atual.

Note as três ferramentas conta-gotas (Eyedropper) na caixa de diálogo Replace Color. A primeira seleciona uma cor, a segunda adiciona uma amostra de cor e a terceira remove uma amostra de cor.

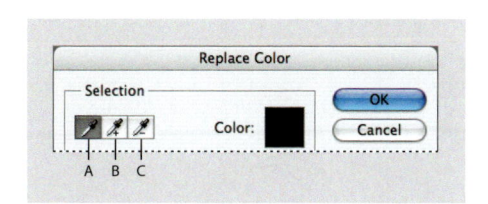

A. *Ferramenta Eyedropper*
B. *Conta-gotas Add To Sample*
C. *Conta-gotas Subtract From Sample*

3 Utilizando a ferramenta Eyedropper ( ), clique em qualquer lugar da tulipa amarela na janela da imagem para selecionar uma amostra dessa cor.

4 Então, utilize o conta-gotas Add To Sample ( ) para adicionar amostras de outras áreas da tulipa amarela até que toda a flor esteja selecionada e realçada na exibição da máscara na caixa de diálogo Replace Color.

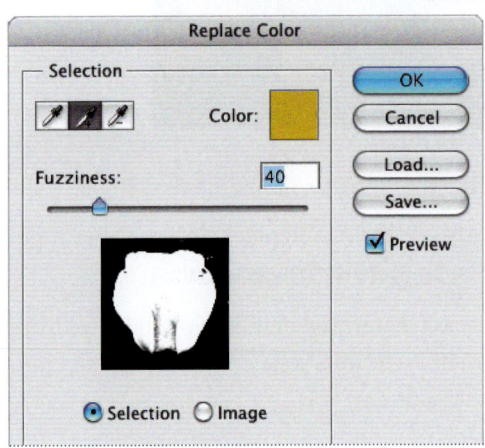

5 Arraste o controle deslizante Fuzziness até 45 para aumentar um pouco o nível de tolerância.

Fuzziness controla o grau com que cores relacionadas são incluídas na máscara.

6 Se a exibição da máscara incluir alguma área em branco que *não* faz parte da tulipa, remova-a agora: Selecione o conta-gotas Subtract From Sample ( ) e clique nessa área da janela de imagem ou na exibição da máscara Replace Color para remover os pixels desnecessários (não há problemas se alguns permanecerem na seleção).

7 Na área Replacement da caixa de diálogo Replace Color, arraste o controle deslizante Hue (tom) até –40, o controle deslizante Saturation até –10 e deixe o controle deslizante Lightness (luminosidade) em 0.

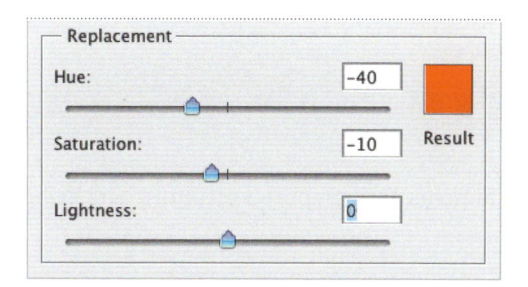

À medida que você altera os valores, mudam o tom, a saturação e a luminosidade da cor da tulipa e ela torna-se vermelha.

8 Clique em OK para aplicar as alterações.

9 Escolha Select > Deselect e então escolha File > Save.

Ajuste a luminosidade com a ferramenta Dodge

Agora, utilizaremos a ferramenta Dodge para iluminar os tons claros e remover os detalhes da escultura na imagem. A ferramenta Dodge é baseada em um método dos fotógrafos tradicionais de posicionar uma luz atrás do tema durante uma exposição para iluminar uma área da imagem.

1 Na caixa de ferramentas, selecione a ferramenta Dodge ( ).

2 Na barra de opções da ferramenta, faça o seguinte:

- Selecione um pincel de ponta suave relativamente grande, como 27 pixels, pela paleta pop-up Brush (clique fora da paleta para fechá-la).
- Escolha Range > Highlights.
- Configure Exposure como 15%.

3 Utilizando traços verticais, arraste a ferramenta Dodge sobre a escultura para exibir os detalhes e clarear as partes mais escuras.

Nem sempre é necessário utilizar traços verticais com a ferramenta Dodge, mas eles funcionam bem para essa imagem em particular. Se cometer um erro ou não gostar dos resultados, escolha Edit > Undo e tente novamente até ficar satisfeito.

Original   *Resultado*

4 Escolha File > Save.

Ajuste a saturação com a ferramenta Sponge

Em seguida, você utilizará a ferramenta Sponge para saturar a cor das tulipas. Ao alterar a saturação de uma cor, você ajusta sua intensidade ou pureza. A ferramenta Sponge é útil para fazer alterações sutis na saturação de áreas específicas de uma imagem.

1 Selecione a ferramenta Sponge (), oculta sob a ferramenta Dodge ().

2 Na barra de opções da ferramenta, faça o seguinte:

- Selecione mais uma vez um pincel com uma ponta macia e grande, como 27 pixels, pela paleta pop-up Brush.
- Escolha Mode > Saturate.
- Para Flow (que configura a intensidade do efeito de saturação), insira **90%**.

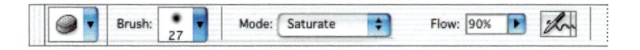

3 Passe a esponja sobre as tulipas e folhas para aumentar a saturação. Quanto mais você usa a ferramenta sobre uma área, mais saturada a cor se torna.

4 Salve o trabalho.

Aplique o filtro Unsharp Mask

A última tarefa que você faz ao retocar uma foto é aplicar o filtro Unsharp Mask. O filtro Unsharp Mask ajusta o contraste de detalhes da borda e cria a ilusão de uma imagem mais nítida.

1 Escolha Filter > Sharpen > Unsharp Mask.

2 Na caixa de diálogo Unsharp Mask, certifique-se de que a caixa Preview está marcada para que você possa ver os resultados na janela da imagem.

Você pode arrastar a imagem dentro da visualização na caixa de diálogo para ver diferentes partes da imagem, ou pode utilizar os botões de sinal de adição (⊞) e subtração (⊟) abaixo da miniatura para ampliar e reduzir a imagem.

3 Arraste o controle deslizante Amount para aproximadamente 62% a fim de dar maior nitidez à imagem.

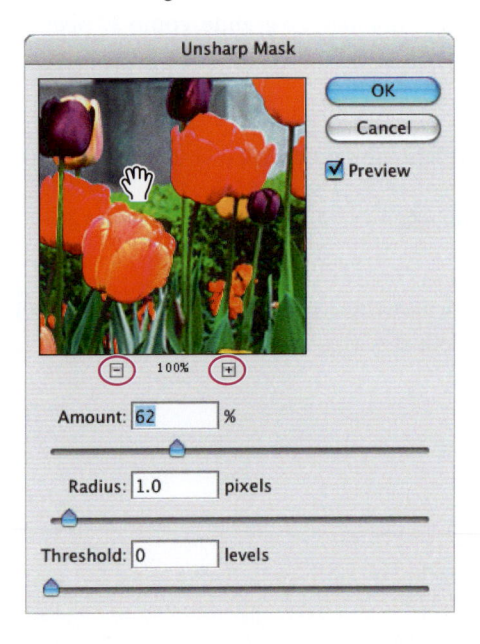

> À medida que você experimenta diferentes configurações, marque e desmarque a caixa de seleção Preview a fim de ver como suas alterações afetam a imagem. Ou você pode clicar e manter o botão do mouse pressionado na visualização em miniatura na caixa de diálogo para desativar o filtro temporariamente. Se tiver uma imagem grande, utilizar a visualização em miniatura pode ser mais eficiente, porque apenas uma pequena área é redesenhada.

4 Arraste o controle deslizante Radius para determinar o número de pixels que cerca os pixels da borda que afetarão a nitidez. Quanto mais alta a resolução, mais alta deverá ser a configuração de Radius. (Utilizamos o valor padrão, 1.0 pixel.)

5 (Opcional) Ajuste o controle deslizante Threshold. Isso determina a diferença que os pixels ajustados pela ferramenta Sharpen devem ter em relação à área adjacente antes de eles serem considerados pixels de borda e tornarem-se afetados pelo filtro Unsharp Mask. O valor padrão de Threshold de 0 aumenta a nitidez de todos os pixels na imagem. Tente um valor diferente, como 4 ou 5.

6 Se estiver satisfeito com os resultados, clique em OK para aplicar o filtro Unsharp Mask.

7 Escolha File > Save.

Sobre a utilização de Unsharp Mask

Unsharp Masking, ou USM, uma técnica tradicional de composição e filme, é utilizada para dar maior nitidez a bordas em uma imagem. O filtro Unsharp Mask corrige o desfoque introduzido durante o processo de fotografia, digitalização, criação de novas amostras ou impressão. Ele é útil para imagens destinadas tanto para impressão como para visualização on-line.

O Unsharp Mask localiza os pixels que diferem dos pixels adjacentes pelo valor do limiar especificado e aumenta o contraste dos pixels de acordo com o valor que você especifica. Além disso, você especifica o raio da região com a qual cada pixel é comparado.

Os efeitos do filtro Unsharp Mask são muito mais evidentes na tela do que em uma saída de alta resolução. Se seu destino final for impressão, tente determinar quais as configurações funcionam melhor para sua imagem.

Compare os resultados automáticos e manuais

Perto do início desta lição, você ajustou a imagem da lição utilizando apenas controles de cor automática e valor. No restante da lição, você aplicou esmeradamente ajustes manuais para obter resultados específicos. Agora é o momento de comparar os dois resultados.

1 Escolha File > Open Recent > 02Auto.psd, se estiver disponível. Do contrário, escolha File > Open, vá para a pasta Lessons/Lesson02 e abra o arquivo. Se necessário, clique em OK para fechar o alerta de não correspondência de perfil incorporado.

2 Escolha Window > Arrange > Tile Vertically para posicionar as janelas de imagem de 02Auto.psd e 02Working.psd lado a lado.

3 Compare os dois resultados visualmente.

02Auto.psd   *02Working.psd*

4 Feche o arquivo 02Auto.psd.

Para alguns designers, os comandos automáticos talvez sejam tudo aquilo de que eles precisam. Para outros, com requisitos visuais mais sensíveis, os ajustes manuais são a melhor opção. O melhor dos dois mundos é quando você entende as vantagens e desvantagens dos dois métodos e pode escolher um ou outro de acordo com seus requisitos para o projeto e imagem específicos.

Salve a imagem para impressão em quatro cores

Antes de salvar um arquivo do Photoshop para uso em uma publicação em quatro cores, você deve mudar a imagem para o modo de cor CMYK a fim de imprimir sua publicação corretamente com as tintas de processo em quatro cores. Utilizaremos o comando Mode para mudar o modo de cor da imagem.

Para informações adicionais sobre como alternar entre os modos de cor, consulte a ajuda do Photoshop.

1 Escolha Image > Mode > CMYK Color.

- Se utilizar o Adobe InDesign para criar suas publicações, você poderá pular o restante desse processo e somente escolher File > Save. O InDesign pode importar arquivos nativos do Photoshop, assim não há necessidade de converter a imagem no formato TIFF.

- Se utilizar outro aplicativo de layout, você deverá salvar a foto como um arquivo TIFF.

2 Escolha File > Save As.

3 Na caixa de diálogo Save As, escolha TIFF no menu Format.

4 Clique em Save.

5 Na caixa de diálogo TIFF Options, selecione seu sistema operacional para a Byte Order e clique em OK.

A imagem está agora completamente retocada, salva e pronta para a inserção em um aplicativo de layout de página.

? Para informações adicionais sobre formatos de arquivo, consulte o Photoshop Help.

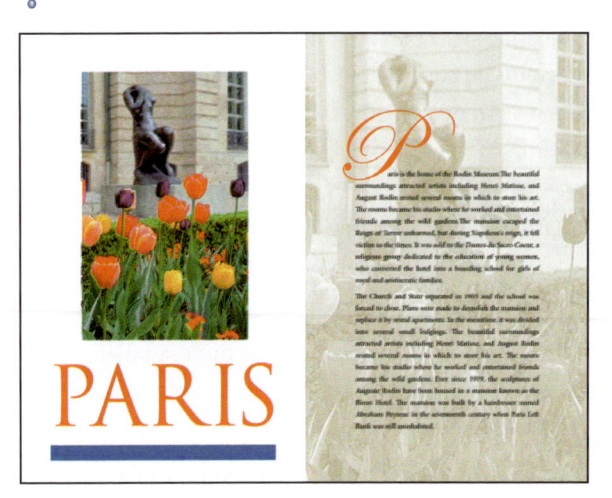

Revisão

▶ **Perguntas**

1 O que significa resolução?
2 Como você pode utilizar a ferramenta Crop ao retocar fotos?
3 Como você pode ajustar o intervalo tonal de uma imagem?
4 O que é saturação e como ajustá-la?
5 Por que você utilizaria o filtro Unsharp Mask em uma foto?

▶ **Respostas**

1 O termo resolução refere-se ao número de pixels que descreve uma imagem e estabelece seus detalhes. Os três diferentes tipos são resolução de imagem, resolução de monitor – as duas medidas em pixels por polegada (ppi) – e resolução de impressora, ou saída, medida em pontos por polegada de tinta (dpi).

2 A ferramenta Crop pode ser usada para cortar, redimensionar e endireitar uma imagem.

3 Os triângulos cinza, branco e preto abaixo do histograma do comando Levels são utilizados para controlar o ponto intermediário e o local onde iniciam os pontos mais escuros e mais claros na imagem, estendendo assim seu intervalo tonal.

4 A saturação é a intensidade, ou a pureza, da cor em uma imagem. A ferramenta Sponge pode ser utilizada para aumentar a saturação de uma área específica da imagem.

5 O filtro Unsharp Mask ajusta o contraste de detalhes da borda e cria a ilusão de uma imagem mais nítida.

YUKIMI

O Adobe Photoshop tem um poderoso conjunto de ferramentas de clonagem que torna o processo de retoque de fotografias fácil e intuitivo. A tecnologia por trás desses recursos faz com que mesmo retoques do rosto humano tenham uma aparência bem real e natural, tornando-se difícil dizer que uma fotografia foi retocada.

3 Retocando e Corrigindo

Visão geral da lição

Nesta lição, você aprenderá a:

- Utilizar a ferramenta Clone Stamp para eliminar uma parte indesejada de uma imagem.
- Utilizar a ferramenta Spot Healing Brush para reparar parte de uma imagem.
- Utilizar as ferramentas Healing Brush e Patch para mesclar correções.
- Fazer correções em uma camada duplicada e ajustá-la para manter uma aparência natural.
- Retroceder dentro da sua sessão de trabalho utilizando a paleta History.
- Utilizar o pincel History para restaurar parcialmente uma imagem a um estado anterior.
- Utilizar instantâneos (snapshots) para preservar estados anteriores do seu trabalho e comparar tratamentos alternativos da imagem.

Esta lição levará aproximadamente 45 minutos para ser concluída. Se necessário, remova a pasta de lição anterior da unidade de disco e copie a pasta Lesson03 sobre ela. Ao trabalhar nesta lição, você preservará os arquivos iniciais. Se precisar restaurar os arquivos originais, copie-os do CD do *Adobe Photoshop CS3 Classroom in a Book*.

Introdução

Nesta lição, você trabalhará em três projetos separados, editando três fotografias diferentes. Cada uma delas emprega diferentes ferramentas de retoque de uma maneira única, assim você irá explorar as capacidades e os usos especiais das várias ferramentas.

Começaremos visualizando as três imagens que você retocará nesta lição.

1 Carregue o Adobe Photoshop mantendo as teclas Ctrl+Alt+Shift (Windows) ou Command+Option+Shift (Mac OS) pressionadas para restaurar as preferências padrão. (Consulte "Restaurando preferências padrão", na página 22.)

2 Quando solicitado, clique em Yes para confirmar a redefinição das preferências e em Close para fechar a tela Welcome.

3 Clique no botão Go To Bridge (📷) na barra de opções de ferramenta para abrir o Adobe Bridge.

4 No painel Favorites, clique em Lessons e, então, dê um clique duplo na miniatura da pasta Lesson03 para visualizar seu conteúdo; note que existem os arquivos iniciais e finais, com as letras A, B e C.

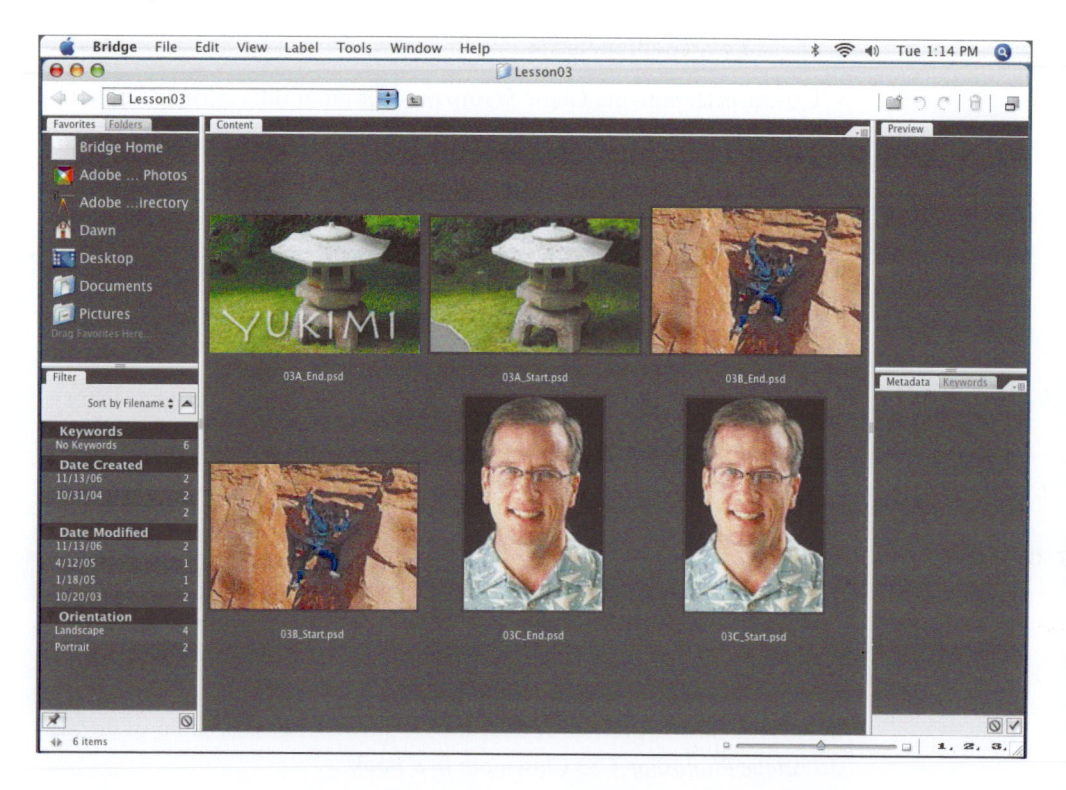

- O primeiro projeto é a fotografia de uma lanterna de um jardim de pedras japonês com texto semitransparente sobre o primeiro plano. Você irá restaurar um canto rasgado da imagem digitalizada e remover algumas áreas inconvenientes da grama em que aparecem irrigadores no fundo.

- O segundo projeto mostra um alpinista escalando uma parede rochosa. Você fará uma limpeza na parede rochosa ao lado do alpinista a fim de remover algumas pichações e marcas deixadas por buracos feitos por ganchos antigos na rocha.

- O terceiro projeto é o retrato de um homem. Você retocará o retrato para remover algumas linhas finas da testa do homem e em torno dos olhos.

5 Depois de visualizar os arquivos, dê um clique duplo na miniatura do arquivo 03A_Start.psd para abrir a imagem no Photoshop.

6 Se necessário, no Photoshop, amplie até 100% e redimensione a janela de imagem para visualizar a imagem inteira.

7 Escolha File > Save As, atribua o nome **03A_Working.psd** ao arquivo e clique em Save. Isso preserva o arquivo original inicial.

Corrija áreas com a ferramenta Clone Stamp

A ferramenta Clone Stamp utiliza os pixels de uma área da imagem para substituir os pixels em outra área da imagem. Utilizando essa ferramenta, você não só pode remover objetos indesejáveis das imagens, mas também preencher áreas ausentes nas fotografias que você digitaliza a partir de originais danificados.

Começaremos preenchendo o canto rasgado da fotografia com a grama clonada a partir de outra área da imagem.

1 Selecione a ferramenta Clone Stamp (🖌) na caixa de ferramentas.

2 Na barra de opções de ferramenta, abra a paleta pop-up Brush Preset e selecione um pincel de tamanho médio com uma borda suave, como Soft Round 75. Então, certifique-se de que a opção Sample Aligned está selecionada.

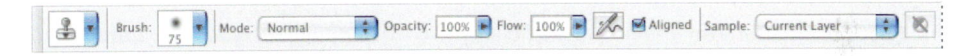

3 Mova o cursor da ferramenta Clone Stamp para o centro da imagem de modo que ele permaneça no mesmo nível da borda superior do canto rasgado. Em seguida, mantenha Alt (Windows) ou Option (Mac OS) pressionada para que o cursor apareça na forma de mira e clique para definir a amostragem nessa parte da imagem. Solte a tecla Alt ou Option.

4 Iniciando na parte superior da borda do canto rasgado da fotografia, arraste a ferramenta Clone Stamp para uma pequena área na parte superior da área rasgada da imagem.

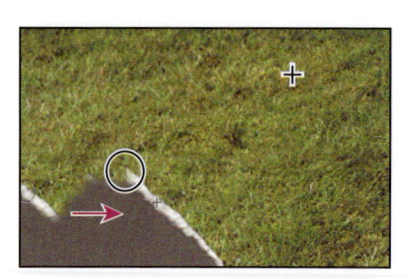

Observe a mira que aparece à direita da ferramenta Clone Stamp na janela da imagem. A mira indica a área de origem da imagem que a ferramenta Clone Stamp está reproduzindo à medida que você a arrasta.

5 Solte o botão do mouse e mova o cursor para outra área do canto rasgado e comece a arrastar novamente.

Observe que a mira não reaparece na área original selecionada no Passo 3, mas na mesma relação espacial com o cursor da ferramenta Clone Stamp que ela tinha quando você criou o primeiro traço. Isso acontece porque você selecionou a opção Sample Aligned, que redefine a mira nessa posição independentemente da posição da ferramenta Clone Stamp.

Nota: *Quando a opção Aligned não está selecionada e você cria vários traços de pincéis, a mira e o pincel manterão a mesma relação espacial (distância e direção) que tinham quando você começou a criar o primeiro traço de pincel, independentemente da localização do projeto original de exemplo.*

6 Continue clonando a grama até que todo o canto ausente da imagem seja preenchido.

Se necessário, para ajudar a fazer com que a grama pareça mesclar-se naturalmente com o restante da imagem, você pode ajustar sua clonagem redefinindo a área de amostra (como fez no Passo 3) e clonando-a novamente. Ou pode tentar desmarcar a opção Sample Aligned e clonar novamente.

7 Quando estiver satisfeito com a aparência da grama, escolha File > Save.

Utilize a ferramenta Spot Healing Brush

A próxima tarefa a ser feita é remover as cabeças do *irrigador* do lado direito e do canto superior esquerdo da imagem. Poderíamos fazer isso com a ferramenta Clone Stamp, mas, em vez disso, utilizaremos outra técnica: a ferramenta Spot Healing Brush para remover os irrigadores.

Pinte com a ferramenta Spot Healing Brush

A ferramenta Spot Healing Brush remove rapidamente manchas e outras imperfeições das fotos. Ela funciona de maneira semelhante à Healing Brush: ela pinta com pixels obtidos da amostra de uma imagem ou padrão e compara a textura, iluminação, transparência e sombreamento dos pixels obtidos da amostra com os pixels sendo reparados. Mas, diferentemente da Healing Brush (utilizada mais adiante nesta lição), a ferramenta Spot Healing Brush não requer a especificação de uma área de amostragem. Ela cria automaticamente amostras em torno da área retocada.

A ferramenta Spot Healing Brush é excelente para retocar manchas em retratos, mas também funciona perfeitamente bem nessa imagem dos irrigadores na grama, porque a grama tem uma aparência uniforme e contínua na parte superior da imagem.

1 Na caixa de ferramentas, selecione a ferramenta Spot Healing Brush ( ).

2 Na barra de opções da ferramenta, clique no menu pop-up Brush Preset e aumente o diâmetro do pincel para cerca de 30 pixels.

3 Arraste com a ferramenta Spot Healing Brush na janela da imagem ao longo da cabeça do irrigador no lado direito da imagem e, então, repita esse procedimento para o irrigador esquerdo. Você pode utilizar um traço ou traços sucessivos; pinte até ficar satisfeito com os resultados. À medida que você arrasta, o traço a princípio tem um cinza escuro, mas quando você solta o mouse, a área pintada é "reparada".

Nesse projeto de retoque, você só adicionará um ajuste final e concluirá seu trabalho.

4 Na paleta Layers, clique à esquerda da camada Yukimi na coluna Show Visibility para posicionar um ícone de olho (👁), de modo que o texto fique visível na janela da imagem.

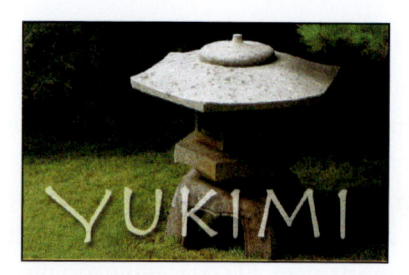

5 Escolha File > Save e, então, feche o arquivo 03A_Working.psd.

Utilize as ferramentas Healing Brush e Patch

As ferramentas Healing Brush e Patch vão um passo além das capacidades das ferramentas Clone Stamp e Spot Healing Brush. Utilizando suas capacidades de simultaneamente aplicar e mesclar pixels de uma área para outra, elas permitem fazer retoques que conferem uma aparência natural às áreas que não têm cor ou textura uniforme.

Neste projeto, você retocará a parede rochosa, removendo algumas pichações e buracos de ganchos deixados por técnicas obsoletas de escalar montanhas. Como a rocha tem variações em suas cores, texturas e iluminação, seria difícil obter êxito com a ferramenta Clone Stamp no retoque das áreas danificadas. Felizmente, as ferramentas Healing Brush e Patch facilitam esse processo.

Se quiser revisar as versões "antes" e "depois" dessa imagem, use o Adobe Bridge como descrito em "Introdução", no início da lição.

Utilize a Healing Brush para remover defeitos

Seu primeiro objetivo nessa imagem é remover as pichações que tiram a beleza natural da parede rochosa.

1 Clique no botão Go To Bridge ( ) na barra de opções de ferramenta e, no Bridge, dê um clique duplo no arquivo 03B_Start.psd para abri-lo no Photoshop.

2 Escolha File > Save As, renomeie o arquivo para **03B_Working.psd** e clique em Save para salvar o arquivo original inicial. Trabalhar em uma versão do arquivo inicial permite retornar ao original a qualquer hora.

3 No Photoshop, selecione a ferramenta Zoom ( ) na caixa de ferramentas. Clique nas iniciais "DJ" que foram pichadas na área inferior esquerda da pedra para poder ver essa área da imagem em aproximadamente 200%.

4 Na caixa de ferramentas, selecione a ferramenta Healing Brush ( ), oculta sob a ferramenta Spot Healing Brush.

5 Na barra de opções da ferramenta, abra a paleta de controle pop-up Brush Preset e diminua o valor Diameter para 10 pixels. Então, feche a paleta pop-up e certifique-se de que as outras configurações na barra de opções da ferramenta estão configuradas como os valores padrão: Normal na opção Mode, Sampled na opção Source e a caixa de seleção Sample Aligned desmarcada.

6 Mantenha Alt (Windows) ou Option (Mac OS) pressionada e clique um pouco acima da pichação para obter uma amostra dessa parte da rocha. Em seguida, solte a tecla Alt/Option.

7 Iniciando acima da pichação da letra "D", pinte até a parte superior da letra, utilizando um pequeno traço.

Observe que à medida que você pinta, as cores da área abrangida pelo pincel parecem não combinar bem com as da imagem subjacente. Mas, ao soltar o botão do mouse, os traços de pincel mesclam-se perfeitamente com o restante da superfície da rocha.

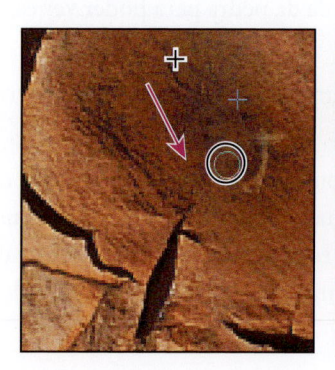

8 Continue utilizando traços curtos para pintar a pichação, iniciando na parte superior e movendo-se para baixo até que as letras pichadas desapareçam.

Quando terminar de remover a pichação, examine cuidadosamente a superfície da rocha e observe que mesmo os sulcos mais sutis da rocha parecem ter sido completamente restaurados e apresentam uma aparência natural na imagem.

9 Reduza a 100% e escolha File > Save.

Sobre instantâneos e estados da paleta History

Ao fazer um trabalho de retoque, algumas vezes ocorre de as imagens serem excessivamente editadas até perderem o realismo. Uma das salvaguardas que você pode adotar para economizar etapas intermediárias do seu trabalho é criar, em vários momentos, instantâneos da imagem no Photoshop.

A paleta History registra automaticamente as ações que você realiza em um arquivo do Photoshop. Você pode utilizar os estados da paleta History como um comando de múltiplos Undos para restaurar a imagem a etapas anteriores do seu trabalho. Por exemplo, para desfazer as seis ações mais recentes, simplesmente clique no sexto item acima do estado atual na paleta History. Para retornar ao último estado, role de volta para baixo na paleta History e selecione o estado na posição inferior na lista.

O número de itens salvos na paleta History é determinado por uma definição de preferências. O padrão especifica que somente as 20 ações mais recentes são registradas. À medida que você realiza outras alterações no arquivo da imagem, os estados iniciais são perdidos enquanto os últimos são adicionados à paleta History.

Quando você seleciona um estado inicial na paleta History, a janela de imagem reverte à condição que tinha nessa fase. Todas as ações subseqüentes continuam listadas abaixo dela na paleta. Entretanto, se selecionar um estado inicial no seu trabalho e, então, realizar uma nova alteração, todos os estados que apareceram depois do estado selecionado serão perdidos, substituídos pelo novo estado.

Instantâneos (*snapshots*) permitem testar diferentes técnicas e, então, escolher entre uma delas. Em geral, é recomendável criar um instantâneo de uma etapa do trabalho que você tem certeza de que quer manter, pelo menos como um ponto de base. Você pode então experimentar várias técnicas até atingir uma fase quase completa. Se criar outro instantâneo nessa fase, ele será salvo, até o final da sessão atual de trabalho, nesse arquivo. Em seguida, você pode reverter para o primeiro instantâneo e experimentar diferentes técnicas e idéias para dar o acabamento final à imagem. Depois de terminar a imagem, você pode criar um terceiro instantâneo, reverter para o primeiro instantâneo e tentar novamente.

Nota: Salvar muitos estados e instantâneos anteriores requer muita RAM. Isso não é recomendável quando as imagens são grandes ou complexas, como aquelas com muitas camadas, pois isso pode prejudicar o desempenho. Se você costuma trabalhar com imagens complexas que exigem o máximo de RAM, considere reduzir o número de estados do histórico salvo modificando essa configuração nas suas preferências do Photoshop.

Quando terminar de experimentar, você pode rolar para a parte superior da paleta History, onde os instantâneos estão listados. Você pode então selecionar cada um dos instantâneos finais e comparar os resultados.

Depois de identificar aquele de que você mais gosta, selecione-o, salve seu arquivo e feche-o. Nesse ponto, as listagens e instantâneos na paleta History serão permanentemente perdidos.

Nota: Você pode manter um Edit History Log (um registro do histórico das edições) em um arquivo do Photoshop. O Edit History Log é um histórico textual do que foi feito no arquivo de imagem. Para informações adicionais, consulte a ajuda do Photoshop.

Crie um instantâneo

Como você está satisfeito com os resultados do processo de correção das marcas da pichação, agora é uma boa hora para criar um instantâneo. Isso servirá como uma linha de base para qualquer experimentação futura durante essa sessão do trabalho. (Lembre-se de que instantâneos e listagens do histórico são descartados quando você fecha um arquivo.)

1 Feche o grupo de paletas Navigator, Color e Layer – você não o usará nesta lição – e use o espaço para expandir a paleta History e ver o maior número possível de itens. Se necessário, role até parte inferior da paleta History para ver a última modificação feita na imagem.

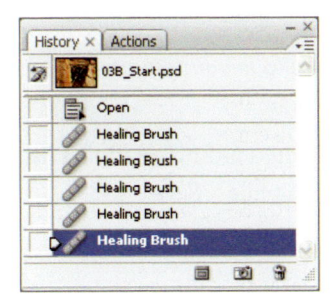

2 Com o estado mais recente na paleta History selecionado, clique no botão New Snapshot (📷) na parte inferior da paleta History para criar um instantâneo do estado atual.

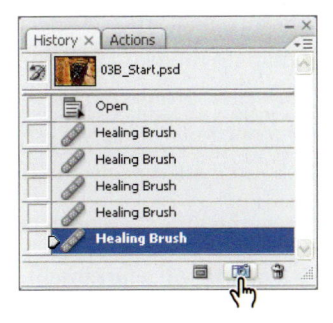

3 Role para parte superior da paleta History. Um novo instantâneo, Snapshot 1, aparece na parte superior da paleta.

4 Dê um clique duplo nas palavras Snapshot 1, digite **Post-graffiti** e pressione Enter ou Return para renomear o instantâneo.

Nota: Você também pode criar instantâneos de fases anteriores da sua sessão atual de trabalho. Para fazer isso, role para esse item na paleta History, selecione-o e clique no botão New Snapshot na parte inferior da paleta. Depois de renomear o instantâneo, selecione novamente o estado no qual quer continuar trabalhando.

5 Certifique-se de que as palavras Snapshot e Post-graffiti, ou o último estado na lista do histórico, estão selecionados na paleta History. Então, escolha File > Save.

Utilize a ferramenta Patch

A ferramenta Patch combina o comportamento de seleção da ferramenta Lasso com as propriedades de mesclagem de cores da ferramenta Healing Brush. Com a ferramenta Patch, você pode selecionar uma área que você quer utilizar como a origem (área a ser corrigida) ou o destino (área utilizada para fazer a correção). Então, arraste o contorno de seleção da ferramenta Patch para outra parte da imagem. Ao soltar o botão do mouse, a ferramenta Patch faz o trabalho. O contorno permanece ativo na área corrigida, pronto para ser arrastado novamente para outra área que precisa ser corrigida (se a opção Destination estiver selecionada) ou para outro local de amostragem (se a opção Source estiver selecionada).

Talvez seja útil ampliar a imagem antes de iniciar para poder ver facilmente seus detalhes.

1 Na caixa de ferramentas, selecione a ferramenta Patch ( ), oculta sob a ferramenta Healing Brush ( ).

2 Na barra de opções da ferramenta, certifique-se de que Source está selecionada.

3 Arraste o cursor da ferramenta Patch em torno de alguns dos buracos dos ganchos à direita do alpinista, como se você estivesse utilizando a ferramenta Lasso, e então solte o botão do mouse.

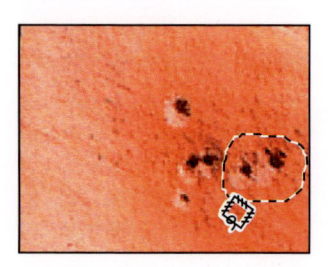

4 Arraste a seleção para uma área sem imperfeições da rocha, preferivelmente – mas não necessariamente – com uma com uma cor semelhante à da rocha em torno dos buracos dos ganchos.

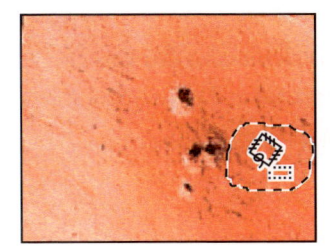

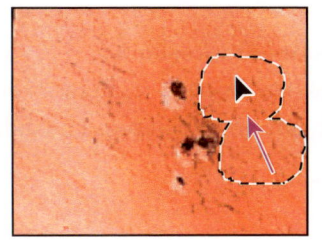

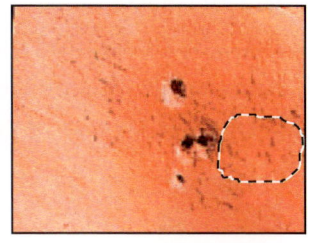

À medida que você arrasta, a área selecionada original mostra os mesmos pixels da seleção "laçada" que você está arrastando. Ao soltar o botão do mouse, a cor – mas não a textura – é reajustada de acordo com o esquema de cores original da seleção.

5 Arraste uma nova seleção em torno de alguns outros buracos de ganchos e então arraste para uma área sem imperfeições da imagem. Continue a corrigir a imagem até que todos os buracos sejam apagados. (Não deixe de corrigir os buracos do lado esquerdo da imagem.)

6 Escolha Select > Deselect.

7 Escolha File > Save.

Utilize a ferramenta History Brush para reeditar seletivamente

Mesmo com as melhores ferramentas, retocar fotografias para que elas pareçam completamente naturais é uma arte e requer prática. Examine sua imagem do alpinista de modo crítico para verificar se alguma das áreas trabalhadas com as ferramentas Healing Brush ou Patch está uniforme demais ou suave demais, de modo que pareça realista. Você pode corrigir isso com outra ferramenta.

A ferramenta History Brush é semelhante à ferramenta Clone Stamp. A diferença é que em vez de utilizar uma área definida da imagem como origem (como a ferramenta Clone Stamp faz), a ferramenta History Brush utiliza um estado prévio da paleta History como a origem.

A vantagem da ferramenta History Brush é que você pode restaurar áreas limitadas da imagem. Como resultado, você pode manter os efeitos dos retoques bem-sucedidos e restaurar as áreas em que o retoque não esteja tão bom para que você possa fazer uma segunda tentativa.

1 Na caixa de ferramentas, selecione a ferramenta History Brush ( ).

2 Role para a parte superior da paleta History e clique na caixa vazia ao lado do instantâneo Post-graffiti para configurar o estado da origem que a ferramenta History Brush utilizará para pintar.

3 Arraste a ferramenta History Brush sobre a área em que os buracos dos ganchos apareciam antes de você editá-los para iniciar a restauração dessa parte da imagem à sua condição anterior. Os buracos de gancho reaparecem à medida que você pinta.

4 Utilizando a barra de opções de ferramenta, experimente diferentes configurações para a ferramenta History Brush, como Opacity e Mode. Observe como elas afetam a aparência da rocha quando você pinta.

Se não gostar dos resultados de uma experiência, escolha Edit > Undo ou clique em uma ação anterior na parte inferior da paleta History para reverter para aquele estado.

5 Continue trabalhando com as ferramentas History Brush e Patch até ficar satisfeito com a aparência final da sua imagem.

6 Escolha File > Save e, então, escolha File > Close.

Você terminou seu trabalho nessa imagem.

Retoque em uma camada separada

No projeto anterior, você salvou seu trabalho de retoque utilizando instantâneos e a ferramenta History Brush. Uma outra maneira de proteger sua imagem original é fazer seu trabalho de retoque em uma camada duplicada da imagem original. Ao terminar de retocar, você pode mesclar as duas camadas. Essa técnica normalmente aprimora os resultados, tornando o trabalho de retoque mais natural e realista.

Utilize a Healing Brush em uma camada duplicada

Para este projeto, você trabalhará em um retrato.

1 Escolha Window > Workspace > Reset Palette Locations para mover, reabrir e redimensionar qualquer grupo de paletas reorganizado no projeto anterior.

2 Utilize o botão Go To Bridge ( ) na barra de opções da ferramenta e dê um clique duplo na miniatura 03C_Start.psd para abrir o arquivo no Photoshop.

3 Escolha File > Save As, renomeie o arquivo para **03C_Working.psd** e clique em Save.

Começaremos adicionando uma camada duplicada ao seu trabalho de retoque.

4 Na paleta Layers, mantenha Alt (Windows) ou Option (Mac OS) pressionada e arraste a camada Background sobre o botão New Layer ( ), na parte inferior da paleta, para exibir a caixa de diálogo Duplicate Layer. Atribua à nova camada o nome **Retouch** e pressione Enter ou Return. Deixe a camada de retoque selecionada.

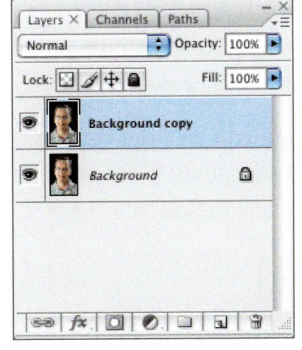

5 Na caixa de ferramentas, selecione a ferramenta Healing Brush ( ), que talvez esteja oculta sob a ferramenta Patch ( ).

6 Na barra de opções da ferramenta, abra a paleta pop-up Brush Preset e configure o diâmetro do pincel como 12 pixels; marque então a caixa de seleção Sample Aligned. Deixe as outras configurações nos seus padrões (Normal selecionado como a opção Mode e Sample selecionado em Source).

Observe as duas rugas que vão de um lado a outro na testa do homem. (Amplie se necessário pressionando Ctrl+barra de espaço (Windows) ou Command+barra de espaço (Mac OS) e clicando).

7 Mantenha Alt (Windows) ou Option (Mac OS) pressionada e clique em uma área uniforme da testa, no lado esquerdo da imagem, para configurar o ponto de amostra. Então, arraste a ferramenta Healing Brush sobre a parte mais baixa das duas rugas na testa.

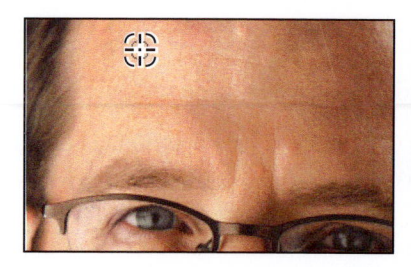

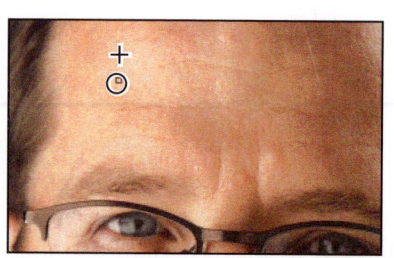

À medida que você arrasta, os pixels pintados não correspondem exatamente aos tons naturais da pele da pessoa. Ao soltar o botão do mouse, porém, as cores se corrigem automaticamente de modo que a ruga é coberta e a pele parece bem natural.

8 Continue a pintar com a ferramenta Healing Brush para remover a ruga na parte superior da testa e a ruga entre as sobrancelhas. Você pode alternar entre estados do histórico na paleta History para comparar os resultados.

9 Escolha File > Save para salvar seu trabalho até agora.

CRÉDITO EXTRA Tente utilizar a ferramenta Spot Healing Brush nessa imagem e compare os resultados.

Corrija e suavize com a camada separada

Você continuará a fazer um trabalho corretivo na imagem do retrato utilizando a ferramenta Patch e a camada duplicada (Retouch) criada no exercício anterior. Certifique-se de que a camada Retouch esteja selecionada na paleta Layers antes de você começar.

1 Na caixa de ferramentas, selecione a ferramenta Patch ( ), oculta sob a ferramenta Healing Brush ( ). Então, faça um contorno de seleção em torno das rugas abaixo do olho direito do homem, fora dos óculos.

2 Mova a ferramenta Patch para dentro da área selecionada e arraste-a para uma área suave com tom semelhante ao da testa do homem. Em seguida, utilize a mesma técnica de apagar as rugas dentro dos óculos sob o olho direito e dentro e fora dos óculos sob o olho esquerdo.

3 Continue a retocar o rosto do homem com a ferramenta Patch até que a maioria das rugas desapareça ou, pelo menos, seja suavizada. Depois de terminar de retocar, se tiver ampliado, reduza a área visível pressionando Alt+barra de espaço (Windows) ou Option+barra de espaço (Mac OS) e clicando.

É especialmente importante que retoques corretivos no rosto humano pareçam o mais natural possível. Há uma maneira fácil de certificar-se de que suas correções não tenham uma aparência suave demais ou plástica. Você fará isso agora.

4 Na paleta Layers, mude o valor de Opacity da camada Retouch para **65%**. Agora, dicas das rugas mais salientes aparecem na imagem, dando à imagem um realismo aprimorado e convincente.

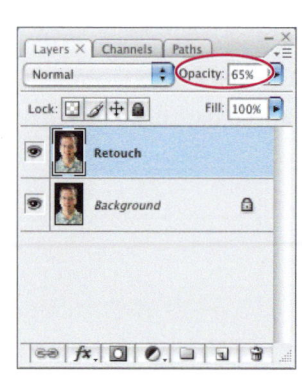

5 Clique no ícone de olho (👁) para ativar e desativar a camada Retouch a fim de ver a diferença entre a imagem original e a corrigida.

Examine os dois números na barra de status, à direita da porcentagem de zoom, na parte inferior da janela de imagem. (Se você não vir dois números, clique na seta que aponta para a direita e escolha Show > Document Sizes.) O primeiro número (o nosso é aproximadamente 6,18 MB) representa o tamanho que o arquivo teria se as duas camadas fossem achatadas em uma camada. O segundo número (o nosso é aproximadamente 12,4 MB) mostra o tamanho atual do arquivo com suas duas camadas. Entretanto, depois de achatar a imagem, você não pode separar as duas camadas novamente. Quando estiver satisfeito com os resultados das suas tentativas de retoque, é inteligente tirar proveito do espaço economizado pelo achatamento.

6 Escolha Layer > Flatten Image ou Flatten Image no menu da paleta Layers.

7 Escolha File > Save.

Agora, a imagem tem apenas uma camada, combinando o fundo original inalterado com a camada retocada parcialmente transparente.

Parabéns; você terminou esta lição. Feche todos os arquivos abertos.

Revisão

▶ Perguntas

1 Descreva as semelhanças e as diferenças entre as ferramentas Clone Stamp, Spot Healing Brush, Healing Brush, Patch e History Brush.

2 O que é um instantâneo (snapshot) e como ele é útil?

▶ Respostas

1 Quando você pinta com a ferramenta Clone Stamp, ela duplica os pixels em outra área da imagem. Você configura a área de amostra mantendo Alt (Windows) ou Option (Mac OS) pressionada e clicando na ferramenta Clone Stamp.

A ferramenta Spot Healing Brush remove manchas e imperfeições de uma fotografia. Ela pinta com pixels automaticamente obtidos em uma amostra de uma imagem ou um padrão correspondendo textura, iluminação, transparência e sombreamento com os dos pixels que estão sendo corrigidos.

A ferramenta Healing Brush funciona como a ferramenta Clone Stamp, exceto que o Photoshop calcula uma mistura dos pixels da amostra e da área de pintura de modo que a restauração seja especialmente sutil, porém efetiva.

A ferramenta Patch funciona como a ferramenta Healing Brush, mas, em vez de utilizar traços de pincel para pintar a partir de uma área especifica, você faz um contorno de seleção em torno da área a ser corrigida e, então, arrasta o contorno sobre outra área para corrigir a área com imperfeições.

A ferramenta History Brush funciona como a ferramenta Clone Stamp, exceto que ela pinta pixels a partir de um estado anterior especificado ou um instantâneo que você seleciona na paleta History.

2 Um instantâneo (snapshot) é um registro temporário de uma etapa específica na sua sessão de trabalho. A paleta History salva somente um número limitado de ações. Depois desse número, cada nova ação que você realiza remove o primeiro item da lista da paleta History. Entretanto, se selecionar uma ação qualquer listada na paleta History e criar um instantâneo desse estado, você poderá continuar a trabalhar nessa ação ou em outra. Mais tarde, na sua sessão de trabalho, você pode reverter ao estado registrado pelo instantâneo selecionando-o na paleta History, independentemente do número de alterações feitas nesse meio tempo. Você pode salvar quantos snapshots quiser.

Aprender a selecionar áreas de uma imagem é de suma importância. Primeiro você precisa selecionar o que quer alterar. Depois de fazer uma seleção, somente a área dentro da seleção pode ser editada. Áreas fora da seleção não podem ser alteradas.

4 | Trabalhando com Seleções

Visão geral da lição

Nesta lição, você aprenderá a fazer o seguinte:

- Criar áreas específicas de uma imagem utilizando várias ferramentas.
- Reposicionar um contorno de seleção.
- Mover e duplicar o conteúdo de uma seleção.
- Utilizar combinações de teclado e mouse que economizam tempo e movimentos manuais.
- Desmarcar uma seleção.
- Restringir o movimento de uma área selecionada.
- Ajustar a posição de uma área selecionada utilizando as teclas de seta.
- Adicionar a e subtrair de uma seleção.
- Girar uma seleção.
- Utilizar múltiplas ferramentas de seleção para criar uma seleção complexa.
- Remover pixels dentro de uma seleção.

Esta lição levará menos de uma hora para ser concluída. Se necessário, remova a pasta da lição anterior da unidade de disco e copie a pasta Lesson04 sobre ela. Ao trabalhar nesta lição, você preservará o arquivo inicial. Se precisar restaurar arquivo inicial, copie-o do CD *do Adobe Photoshop CS3 Classroom in a Book*.

Sobre selecionar e ferramentas de seleção

Selecionar e fazer alterações em uma área dentro de uma imagem no Photoshop é um processo de dois passos. Primeiro você seleciona a parte de uma imagem que deseja alterar com uma das ferramentas de seleção. Então, você utiliza outra ferramenta para fazer as alterações, como mover os pixels selecionados para outro local ou apagar pixels dentro da seleção. Você pode fazer seleções com base no tamanho, na forma e na cor utilizando quatro conjuntos básicos de ferramentas – Marquee, Lasso, Magic Wand e Pen. O processo de seleção limita as alterações à área selecionada. Outras áreas não são afetadas.

Nota: *Nesta lição, você utilizará somente as ferramentas Marquee, Lasso, Quick Selection e Magic Wand para fazer suas seleções. Você aprenderá a utilizar as ferramentas Pen na Lição 9, "Técnicas de desenho vetorial".*

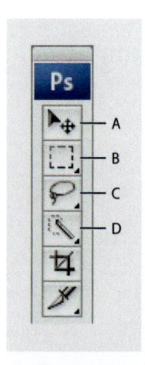

A. Ferramenta Move
B. Ferramenta Rectangular Marquee
C. Ferramenta Lasso
D. Ferramenta Magic Wand

A melhor ferramenta de seleção para uma área específica muitas vezes depende das características da área, como forma ou cor. Há três tipos de seleções:

Seleções geométricas A ferramenta Rectangular Marquee (▢) seleciona uma área retangular em uma imagem. As ferramentas Elliptical Marquee (◯), oculta atrás da ferramenta Rectangular Marquee, seleciona áreas elípticas. As ferramentas Single Row Marquee (═) e Single Column Marquee (‖) selecionam uma linha com 1 pixel de altura ou uma coluna com 1 pixel de largura, respectivamente.

Seleções à mão livre Arraste a ferramenta Lasso (⌒) em torno de uma área para traçar uma seleção à mão livre. Utilizando a ferramenta Polygonal Lasso (⌒), clique para definir pontos de ancoragem que configuram segmentos em linha reta em torno de uma área. A ferramenta Magnetic Lasso (⌒) funciona quase como uma combinação das outras duas ferramentas Lasso e funciona melhor quando há um bom contraste entre a área que você quer selecionar e a área em torno dela.

Seleções baseadas em cores A ferramenta Magic Wand (⌒) seleciona partes de uma imagem com base na semelhança das cores dos pixels adjacentes. Ela é útil para selecionar áreas com diferentes formas que compartilham um intervalo específico de cores. A ferramenta Quick Selection (⌒) "pinta" rapidamente uma seleção localizando e seguindo automaticamente as bordas definidas na imagem.

Introdução

Começaremos a lição visualizando o arquivo da lição anterior e examinando a imagem que você criará à medida que explora as ferramentas de seleção no Photoshop.

1 Inicie o Adobe Photoshop e imediatamente pressione Ctrl+Alt+Shift (Windows) ou Command+Option+Shift (Mac OS) para restaurar as preferências padrão. (Consulte "Restaurando preferências padrão" na página 22).

2 Quando solicitado, clique em Yes para confirmar a redefinição das preferências e em Close para fechar a tela Welcome.

3 Clique no botão Go To Bridge (⌒) na barra de opções da ferramenta para abrir o Adobe Bridge.

4 No canto superior esquerdo do Bridge, clique na aba Folder para exibir seu conteúdo. Clique na pasta Lessons e, então, dê um clique duplo na pasta Lesson04 na área de visualização para ver seu conteúdo.

5 Selecione o arquivo 04End.psd e o analise na paleta Preview.

O projeto é uma colagem de objetos, incluindo um pé de alface, um tomate, uma cenoura, um pimentão, azeitonas, uma tábua de corte e o logotipo "Salads". O desafio nesta lição é organizar esses elementos, sendo cada um deles parte de uma digitalização de várias imagens. A composição ideal é uma questão pessoal, portanto, esta lição não descreverá posicionamentos precisos. Não há posicionamentos certos ou errados dos objetos.

6 Dê um clique duplo na miniatura 04Start.psd para abrir o arquivo de imagem no Photoshop.

7 Escolha File > Save As, atribua ao arquivo o nome **04Working.psd** e clique em Save. Salvando outra versão do arquivo inicial, você não precisa se preocupar em sobrescrever o original.

Selecione com a ferramenta Magic Wand

A ferramenta Magic Wand, também conhecida como "Varinha Mágica", é uma das maneiras mais fáceis de fazer uma seleção. Você simplesmente clica em um ponto colorido específico na imagem para selecionar áreas dessa cor. Esse é o melhor método de selecionar uma área com cores parecidas que é cercada por áreas de diferentes cores. Depois de fazer a seleção inicial, você pode adicionar ou subtrair áreas utilizando combinações específicas de teclado com a ferramenta Magic Wand.

A opção Tolerance configura a sensibilidade desta ferramenta. Isso limita ou estende o intervalo de pixels semelhantes, assim 32 – a tolerância padrão – seleciona a cor em que você clica e mais 32 tons mais claros e 32 tons mais escuros dessa cor. O nível ideal de tolerância depende dos intervalos de cores e das variações na imagem.

Utilize a ferramenta Magic Wand para selecionar uma área colorida

O tomate no arquivo 04Start.psd (que deve estar aberto agora) é um bom candidato ao uso da ferramenta Magic Wand porque a imagem é principalmente composta de cores sólidas chapadas (vermelho e verde). Para a colagem nesta lição, você selecionará e moverá apenas o tomate, não a sombra ou plano de fundo atrás dele.

1 Selecione a ferramenta Magic Wand (✦) oculta sob a ferramenta Quick Selection.

2 Na barra de opções da ferramenta, deslize o cursor sobre o nome Tolerance ou digite 100 na caixa de texto Tolerance para aumentar o número de tons semelhantes que será selecionado.

3 Utilizando a Magic Wand, clique na parte vermelha do tomate. A maior parte dele será selecionada.

4 Para selecionar a área restante do tomate, mantenha Shift pressionada para que apareça um sinal de adição com o cursor da Magic Wand. Isso indica que qualquer área em que você clicar será adicionada à seleção atual. Então, clique em uma das áreas não selecionadas do tomate – o talo verde.

Nota: Ao utilizar outras ferramentas de seleção, como uma ferramenta Marquee ou uma ferramenta Lasso, você também pode utilizar a tecla Shift para adicionar a uma seleção. Quando selecionar o maço de alface no próximo exercício, você aprenderá a subtrair de uma seleção.

5 Continue adicionando à seleção até que o tomate inteiro seja selecionado. Se você selecionar acidentalmente uma área fora do tomate, escolha Edit > Undo e tente novamente.

Deixe a seleção ativa para poder usá-la no próximo exercício.

Mova uma área selecionada

Depois de selecionar uma área da imagem, qualquer alteração feita aplica-se exclusivamente aos pixels dentro desse contorno de seleção. O restante da imagem não é afetado por essas alterações.

Para mover a área selecionada da imagem para outra parte da composição, utilize a ferramenta Move. Em uma imagem de uma única camada como essa, os pixels movidos substituem os pixels abaixo deles. Essa alteração não é permanente até você desmarcar os pixels movidos para, então, tentar localizações diferentes para a seleção movida antes de tomar uma decisão final.

1 Se o tomate ainda não estiver selecionado, repita o exercício anterior para selecioná-lo.

2 Selecione a ferramenta Move (⊕). Observe que o tomate permanece selecionado.

3 Arraste a área selecionada (o tomate) até a área inferior esquerda da colagem para que um pouco menos da metade do tomate se sobreponha à borda inferior esquerda da tábua de corte.

4 Escolha Select > Deselect e, então, escolha File > Save.

No Photoshop, não é difícil remover a seleção acidentalmente. A menos que uma ferramenta de seleção esteja ativa, cliques aleatórios na imagem não desmarcarão a área ativa. Para remover a seleção deliberadamente, utilize um destes métodos: escolher Select > Deselect, pressionar Ctrl+D (Windows) ou Command+D (Mac OS) ou clicar fora da seleção com uma das ferramentas de seleção para iniciar uma seleção diferente.

Utilize a Magic Wand com outras ferramentas de seleção

Se uma área multicolorida que você quer selecionar estiver configurada em um fundo com cores diferentes, pode ser muito mais fácil selecionar o fundo do que a própria área. Neste procedimento, você experimentará essa pequena, mas interessante, técnica.

1 Selecione a ferramenta Rectangular Marquee ( ).

2 Arraste uma seleção em torno do pé de alface. Certifique-se de que seu contorno de seleção está definido de modo que apareça uma margem em branco entre as folhas e as bordas do contorno de seleção.

Nesse ponto, o pé de alface e a área de fundo branco estão selecionados. Você subtrairá a área branca da seleção para que apenas a alface permaneça na seleção.

3 Selecione a ferramenta Magic Wand; então, na barra de opções da ferramenta, configure Tolerance como 32 para reduzir o intervalo de cores que a Magic Wand selecionará.

4 Mantenha a tecla Alt (Windows) ou Option (Mac OS) pressionada de modo que um sinal de subtração apareça com o cursor da Magic Wand e, então, clique na área de fundo branco dentro do contorno de seleção.

Agora todos os pixels em branco estão desmarcados, deixando a alface perfeitamente selecionada.

5 Selecione a ferramenta Move ( ) e arraste o pé de alface para o canto superior esquerdo da tábua de corte, posicionando-o para que mais ou menos um quarto do pé de alface se sobreponha à borda da tábua de corte.

6 Escolha Select > Deselect e, então, salve seu trabalho.

Julieanne Kost é divulgadora oficial do Adobe Photoshop.

DICAS DE FERRAMENTAS DE UMA DIVULGADORA DO PHOTOSHOP

> **Dicas da ferramenta Move**

• Se você estiver movendo objetos em um arquivo com múltiplas camadas com a ferramenta Move (V) e, de repente, precisar selecionar uma das camadas, experimente isto: com a ferramenta Move selecionada, mova o cursor sobre qualquer área da imagem e clique com o botão direito do mouse (Windows) ou clique com a tecla Control pressionada (Mac OS). As camadas sob o cursor aparecem no menu contextual. Escolha aquela que você quer tornar ativa.

Trabalhe com seleções ovais e circulares

Você já trabalhou com a ferramenta Rectangular Marquee, a qual utilizou para selecionar a área que cerca a imagem do pé de alface. Agora, você empregará uma ferramenta de contorno de seleção diferente.

A melhor parte desta seção é a introdução de mais atalhos pelo teclado que podem poupar seu tempo e movimentos de braço. As técnicas de reposicionamento que você tentará aqui funcionarão igualmente bem com as outras formas de contorno de seleção.

Reposicione um contorno de seleção ao criá-lo

Pode ser difícil selecionar ovais e círculos. Nem sempre é óbvio onde você deve começar a arrastar, portanto, às vezes a seleção estará fora de centro, ou a relação entre os eixos (largura e altura) não corresponderá com aquilo que você precisa. Neste exercício, você experimentará técnicas para gerenciar esses problemas, incluindo duas importantes combinações de teclado e mouse que podem facilitar muito seu trabalho no Photoshop.

À medida que você faz o exercício, seja muito cuidadoso ao seguir as orientações sobre manter o botão do mouse ou teclas específicas pressionadas. Se você soltar o botão do mouse acidentalmente no momento errado, reinicie o exercício a partir do Passo 1.

1 Selecione a ferramenta Zoom (🔍) e clique na tigela de azeitonas no lado direito da janela da imagem para ampliá-la a uma visualização de pelo menos 100% (utilize uma visualização de 200% se a tigela de azeitonas couber na tela do seu monitor).

2 Selecione a ferramenta Elliptical Marquee (○), oculta sob a ferramenta Rectangular Marquee.

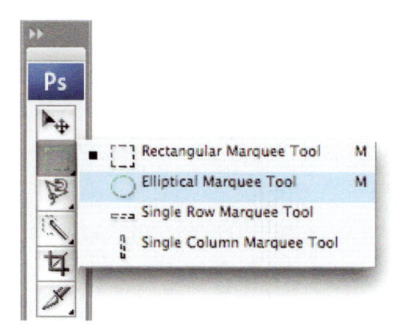

3 Mova o cursor sobre a porção de azeitonas e arraste-o diagonalmente ao longo da tigela oval para criar uma seleção *sem soltar o botão do mouse*. Tudo bem se sua seleção ainda não corresponder com a forma da porção.

Se você soltar o botão do mouse acidentalmente, faça uma nova seleção. Na maioria dos casos – incluindo este – a nova seleção substitui a anterior.

4 Com o botão do mouse pressionado, pressione a barra de espaço e continue a arrastar a seleção. A borda se move à medida que você arrasta.

5 Solte cuidadosamente a barra de espaço (mas não o botão do mouse) e continue a arrastar, tentando fazer com que o tamanho e a forma da seleção correspondam o máximo possível à porção oval de azeitonas. Se necessário, mantenha a barra de espaço pressionada mais uma vez e arraste para mover o contorno de seleção para a posição em torno da tigela de azeitonas.

Nota: *Você não precisa incluir toda a tigela, mas certifique-se de que a forma da sua seleção tenha as mesmas proporções da pequena tigela oval e de que as azeitonas se encaixem bem dentro da seleção. Contanto que elas pareçam estar dentro da tigela, tudo bem.*

6 Quando a área da seleção estiver dimensionada e posicionada corretamente, solte o botão do mouse.

7 Escolha View > Zoom Out ou utilize o controle deslizante na paleta Navigator para reduzir o zoom e assim poder ver todos os objetos na janela de imagem.

Deixe a ferramenta Elliptical Marquee (○) e a seleção ativa para o próximo exercício.

Mova pixels selecionados com um atalho pelo teclado

Agora, você moverá a tigela de azeitonas sobre a tábua de corte utilizando um atalho pelo teclado. O atalho permite acessar temporariamente a ferramenta Move em vez de selecioná-la na caixa de ferramentas.

1 Se a tigela de azeitonas ainda não estiver selecionada, repita o exercício anterior para selecioná-la.

Deixe a ferramenta Elliptical Marquee (○) selecionada na caixa de ferramentas.

2 Mantenha Ctrl (Windows) ou Command (Mac OS) pressionada e mova o cursor da ferramenta Elliptical Marquee para dentro da seleção. O ícone de cursor agora inclui uma tesoura (✂) para indicar que a seleção será recortada da sua localização atual.

Nota: *Ao utilizar o atalho pelo teclado Ctrl (Windows) ou Command (Mac OS) para mudar temporariamente para a ferramenta Move, você pode soltar a tecla depois que começar a arrastar. A ferramenta Move permanece ativa mesmo depois que você solta o botão do mouse. O Photoshop reverte à ferramenta anteriormente selecionada quando você remove a seleção clicando fora da seleção ou utilizando o comando Deselect.*

3 Arraste a tigela oval sobre a tábua de corte para que metade da tigela se sobreponha à borda direita inferior da tábua de corte. (Depois utilizaremos outra técnica para deslocar a oval para a posição exata.) Solte o botão do mouse, porém não remova a seleção da tigela de azeitonas.

Mova com as teclas de seta

Você pode fazer pequenos ajustes na posição dos pixels selecionados utilizando as teclas de seta para deslocar a tigela de azeitonas em incrementos de um 1 pixel ou 10 pixels.

Quando uma ferramenta de seleção está ativa na caixa de ferramentas, as teclas de seta deslocam a área da seleção, mas não o conteúdo. Quando a ferramenta Move está ativa, as teclas de seta movem a área da seleção e seu conteúdo.

Antes de começar, certifique-se de que a tigela roxa de azeitonas continua selecionada na janela de imagem.

1 Na caixa de ferramentas, selecione a ferramenta Move ( ) e pressione algumas vezes a tecla de seta que aponta para cima ( ) para mover a imagem selecionada para cima.

Observe que toda vez que você pressiona a tecla de seta, a porção de olivas move-se 1 pixel. Utilize as outras teclas de seta para ver como elas afetam a seleção.

2 Mantenha Shift pressionada e pressione uma tecla de seta.

Observe que agora a seleção se move em um incremento de 10 pixels.

Às vezes, a borda em torno de uma área selecionada pode distraí-lo enquanto você faz ajustes. Você pode ocultar as bordas de uma seleção temporariamente sem, na verdade, remover a seleção e, então, exibi-la depois de completar os ajustes.

3 Escolha View > Show > Selection Edges ou View > Extras.

Qualquer desses comandos faz com que a borda de seleção em torno da tigela de azeitonas desapareça.

4 Utilize as teclas de seta para deslocar a tigela de azeitonas até a posição desejada. Então escolha View > Show > Selection Edges para reativar a visibilidade da borda dessa seleção.

5 Escolha Select > Deselect ou pressione Ctrl+D (Windows) ou Command+D (Mac OS).

6 Escolha File > Save para salvar seu trabalho até agora.

Selecione a partir de um ponto central

Em alguns casos, é mais fácil criar seleções elípticas ou retangulares desenhando uma seleção a partir do ponto central. Você utilizará essa técnica para selecionar a imagem da salada.

1 Se necessário, role para a área central da imagem em que o logotipo Salads aparece.

2 Selecione a ferramenta Zoom ( ) e clique no logotipo Salads conforme necessário para aumentar a ampliação para aproximadamente 300%. Certifique-se de que pode ver todo logotipo Salads na janela de imagem.

3 Na caixa de ferramentas, selecione a ferramenta Elliptical Marquee (○).

4 Mova o cursor para perto do centro do logotipo Salads.

5 Clique e comece a arrastar. Então, sem soltar o botão do mouse, pressione e mantenha pressionada a tecla Alt (Windows) ou Option (Mac OS) e continue a arrastar a seleção até a borda externa do logotipo Salads.

Observe que a seleção é centralizada sobre seu ponto inicial.

> *Para assegurar que sua seleção seja um círculo perfeito, você também pode manter Shift pressionada ao arrastar. Se tivesse mantido a tecla Shift pressionada ao utilizar a ferramenta Rectangular Marquee, você restringiria a forma do contorno de seleção a um quadrado perfeito.*

6 Depois de selecionar todo o logotipo Salads, solte o botão do mouse primeiro e, então, solte Alt ou Option (e a tecla Shift se você a utilizou). Não remova a seleção, porque você a utilizará no próximo tópico.

7 Se necessário, ajuste a área da seleção utilizando um dos métodos vistos anteriormente. Se você soltou acidentalmente a tecla Alt ou Option antes de soltar o botão do mouse, tente selecionar o logotipo Salads novamente.

Mova e modifique os pixels em uma seleção

Agora, você moverá o logotipo Salads para o canto superior direito da tábua de corte. Em seguida, você modificará sua cor para obter um efeito interessante.

Antes de iniciar, certifique-se de que o logotipo Salads permanece selecionado. Se não estiver, selecione mais uma vez completando o exercício anterior.

1 Escolha View > Fit On Screen para ajustar a ampliação de modo que toda a imagem caiba dentro da janela da imagem.

2 Na caixa de ferramentas, selecione a ferramenta Move ( ).

3 Posicione o cursor dentro da seleção do logotipo Salads. O cursor torna-se uma seta com uma tesoura ( ), que indica que arrastar a seleção a recortará a partir da sua localização atual e a moverá para a nova localização.

4 Arraste o logotipo Salads posicionando-o acima da tábua de corte, à esquerda do canto superior direito. Se quiser ajustar a posição depois de parar de arrastar, apenas comece a arrastar novamente. O logotipo Salads permanece selecionado por todo o processo.

5 Escolha Image > Adjustments > Invert.

As cores que compõem o logotipo Salads são invertidas para que agora ele seja efetivamente um negativo colorido dele mesmo.

6 Deixando o logotipo Salads selecionado, escolha File > Save para salvar seu trabalho.

Mova e duplique simultaneamente

Em seguida, você moverá e duplicará simultaneamente uma seleção. Se sua imagem do logotipo Salads não estiver mais selecionada, selecione-a novamente agora utilizando as técnicas que você aprendeu anteriormente.

1 Com a ferramenta Move (⬈) selecionada, mantenha a tecla Alt (Windows) ou Option (Mac OS) pressionada ao posicionar o cursor dentro da seleção do logotipo. O cursor torna-se uma seta dupla, que indica se uma duplicata será criada quando você mover a seleção.

2 Continue mantendo a tecla Alt ou Option pressionada e arraste uma duplicata do logo Salads para baixo e para a direita, de modo que ele se aproxime do canto superior direito da borda de corte. Você pode fazer com que o logotipo duplicado se sobreponha parcialmente ao original. Solte o botão do mouse e a tecla Alt ou Option, mas não remova a seleção do logotipo duplicado.

3 Escolha Edit > Transform > Scale. Uma caixa delimitadora aparece em torno da seleção.

4 Mantenha Shift pressionada e arraste uma das extremidades para tornar o logotipo Salads aproximadamente 50% maior do que o original. Em seguida, pressione Enter (Windows) ou Return (Mac OS) para confirmar a alteração e remover a caixa delimitadora de transformação.

Observe que o contorno de seleção também é redimensionado e que o logotipo Salads copiado, redimensionado, permanece selecionado. A tecla Shift restringe as proporções para que o logotipo Salads expandido não fique distorcido.

5 Mantenha a combinação de teclas Shift+Alt (Windows) ou Shift+Option (Mac OS) pressionada e arraste uma nova cópia do segundo logotipo de Salads para baixo e para a direita.

Manter a tecla Shift pressionada ao mover uma seleção restringe o movimento horizontal ou verticalmente em incrementos de 45 graus.

6 Repita os Passos 3 e 4 para o terceiro logotipo Salads, tornando seu tamanho aproximadamente duas vezes maior do que o do primeiro.

Atalho: Escolha Edit > Transform > Again para duplicar o logotipo e aumente-o para o dobro do tamanho da última transformação.

7 Se estiver satisfeito com o tamanho e a posição do terceiro logotipo Salads, pressione Enter ou Return para confirmar a escala, escolha Select > Deselect e, então, escolha File > Save.

Para informações sobre como trabalhar com o ponto central em uma transformação, consulte "Set or move the reference point for a transformation" no Photoshop Help.

Copiando seleções ou camadas

Você pode utilizar a ferramenta Move para copiar seleções ao arrastá-las dentro de ou entre imagens, ou pode copiar e mover as seleções utilizando os comandos Copy, Copy Merged, Cut e Paste. Arrastar com a ferramenta Move economiza memória, pois a área de transferência não é utilizada como ocorre com os comandos Copy, Copy Merged, Cut e Paste.

O Photoshop tem vários comandos de copiar e colar:

- Copy copia a área selecionada na camada ativa.
- Copy Merged cria uma cópia mesclada de todas as camadas visíveis na área selecionada.
- Paste cola um recorte ou a seleção copiada em outra parte da imagem ou em outra imagem como uma nova camada.
- Paste Into cola um recorte ou uma seleção copiada dentro de outra seleção na mesma imagem ou em uma imagem diferente. A seleção de origem é colada sobre uma nova camada e a área de seleção de destino é convertida em uma máscara de camada.

Tenha em mente que quando uma seleção ou camada é colada entre imagens com diferentes resoluções, os dados colados retêm suas dimensões em pixels. Isso pode fazer com que a parte colada pareça estar fora de proporção em relação à nova imagem. Utilize o comando Image Size para atribuir às imagens de origem e de destino a mesma resolução antes de copiar e colar.

Selecione com as ferramentas Lasso

Você pode utilizar as ferramentas Lasso para criar seleções que requerem linhas à mão livre e linhas retas. Você selecionará a cenoura na imagem para a colagem utilizando as ferramentas Lasso dessa maneira. Utilizar as ferramentas Lasso para alternar entre seleções em segmentos de linha reta e à mão livre requer um pouco de prática – se cometer um erro ao selecionar a cenoura, simplesmente remova a seleção e reinicie.

1 Selecione a ferramenta Zoom (🔍) e clique na cenoura conforme necessário até que a visualização aumente para 100%. Certifique-se de que você pode ver a cenoura inteira em sua tela.

2 Selecione a ferramenta Lasso (◯). Iniciando na parte inferior esquerda da imagem, arraste o cursor em torno da extremidade arredondada da cenoura, delineando a forma da maneira mais precisa possível. *Não solte o botão do mouse.*

3 Mantenha a tecla Alt (Windows) ou Option (Mac OS) pressionada e, então, solte o botão do mouse para que o cursor da ferramenta Lasso mude para a forma poligonal de laço ( ). *Não solte Alt ou Option.*

4 Comece clicando na extremidade da cenoura para posicionar pontos de ancoragem, seguindo os contornos da cenoura. Certifique-se de que mantém a tecla Alt ou Option pressionada por todo esse processo.

A área da seleção se estica automaticamente como um elástico entre os pontos de ancoragem.

5 Quando alcançar a ponta da cenoura, mantenha o botão do mouse pressionado e, então, solte a tecla Alt ou Option. O cursor aparece novamente como o ícone de laço.

6 Arraste cuidadosamente o cursor em torno da ponta da cenoura, mantendo o botão do mouse pressionado.

7 Quando terminar de delinear a ponta da cenoura e alcançar a parte inferior da cenoura, mantenha novamente a tecla Alt ou Option pressionada e então solte o botão do mouse e comece a clicar no lado inferior da cenoura. Continue a delinear a cenoura até atingir o ponto inicial da sua seleção perto da extremidade esquerda da imagem.

8 Certifique-se de que o clique com o mouse atravessa o início da seleção e então solte Alt ou Option. A cenoura está agora inteiramente selecionada. Deixe-a selecionada para o próximo exercício.

Gire uma área selecionada

Até agora, você moveu imagens selecionadas e inverteu a cor de uma área selecionada. Mas você pode fazer muito mais coisas com uma seleção. Neste exercício, verá como é fácil girar um objeto selecionado.

Antes de começar, certifique-se de que a cenoura permanece selecionada.

1 Escolha View > Fit On Screen para redimensionar a janela de imagem a fim de que ela se ajuste na tela.

2 Mantenha Ctrl (Windows) ou Command (Mac OS) pressionada e arraste a seleção da cenoura até a parte inferior da tábua de corte.

3 Escolha Edit > Transform > Rotate. A cenoura e o contorno de seleção estão em uma caixa delimitadora e o cursor aparece como uma seta curva de duas pontas (↻).

4 Mova o cursor para fora da caixa delimitadora e arraste para girar a cenoura em um ângulo de 45 graus. Então, pressione Enter ou Return para confirmar as alterações na transformação.

5 Se necessário, selecione a ferramenta Move ( ) e arraste para reposicionar a cenoura. Se estiver satisfeito, escolha Select > Deselect.

6 Escolha File > Save.

Selecione com a ferramenta Magnetic Lasso

Você pode utilizar a ferramenta Magnetic Lasso para criar seleções à mão livre das áreas com área de alto contraste. Ao desenhar com a ferramenta Magnetic Lasso, a seleção se ajusta automaticamente às bordas entre as áreas de contraste. Você também pode controlar o demarcador de seleção clicando ocasionalmente com o mouse para posicionar pontos de ancoragem na borda da seleção.

Você agora moverá o pimentão amarelo para o centro da tábua, utilizando a ferramenta Magnetic Lasso para selecionar o pimentão amarelo.

1 Selecione a ferramenta Zoom ( ) e clique no pimentão amarelo para uma visualização de 300%.

2 Selecione a ferramenta Magnetic Lasso ( ), oculta sob a ferramenta Lasso ( ).

3 Clique uma vez ao longo da borda esquerda do pimentão amarelo e comece delineando o contorno do pimentão movendo o cursor da Magnetic Lasso em torno dele, permanecendo relativamente próximo da borda do pimentão à medida que você move.

Mesmo se não mantiver o botão do mouse pressionado, a ferramenta adere à borda do pimentão e adiciona automaticamente pontos de fixação.

> *Se achar que a ferramenta não está seguindo rente o suficiente à borda (como em áreas de baixo contraste), você pode posicionar seus próprios pontos de fixação na borda clicando com o botão do mouse. Você pode adicionar o número de pontos de fixação que achar necessário. Também pode remover os pontos de fixação mais recentes pressionando Delete em cada ponto de ancoragem que quiser remover. Então, mova o mouse de volta para o último ponto de fixação remanescente e continue selecionando.*

4 Quando atingir novamente o lado esquerdo do pimentão, dê um clique duplo com o botão do mouse para fazer com que a ferramenta Magnetic Lasso retorne ao ponto inicial, fechando a seleção. Ou, mova a Magnetic Lasso sobre o ponto inicial e clique uma vez.

5 Dê um clique duplo na ferramenta Hand ( ) para ajustar a imagem na tela.

6 Selecione a ferramenta Move ( ) e arraste o pimentão amarelo para o meio da tábua de corte.

7 Escolha Select > Deselect e, então, escolha File > Save.

Suavizando as bordas de uma seleção

Você pode suavizar as bordas duras de uma seleção utilizando a opção suavização de serrilhado (*anti-aliasing*) e a opção difusão (*feathering*).

A suavização de serrilhado suaviza as bordas irregulares de uma seleção tornando a transição de cores entre os pixels da borda e os pixels do fundo mais suave. Como são alterados apenas os pixels da borda, nenhum detalhe é perdido. A suavização de serrilhado é útil ao cortar, copiar e colar seleções para criar imagens compostas.

A suavização de serrilhado está disponível para as ferramentas Lasso, Polygonal Lasso, Magnetic Lasso, Elliptical Marquee e Magic Wand. (Selecione a ferramenta para exibir suas opções na barra superior.) Você deve ativar a opção Anti-alias antes de utilizar essas ferramentas. Depois que uma seleção é criada, não é possível ativar a suavização de serrilhado.

O Feather (difusão) desfoca as bordas estabelecendo um limite de transição entre a seleção e seus pixels adjacentes. Esse desfoque pode causar alguma perda de detalhe na borda da seleção.

Você pode definir a opção feather para as ferramentas Marquee e Lasso à medida que as utiliza ou pode adicionar o feather a uma seleção existente. Os efeitos do feather tornam-se aparentes quando você move, corta ou copia a seleção.

- Para utilizar suavização de serrilhado, selecione uma ferramenta Lasso, a ferramenta Elliptical Marquee ou Magic Wand, e selecione Anti-alias na barra de opções dessa ferramenta.

- Para aplicar feather a uma borda usando uma ferramenta de seleção, selecione qualquer uma das ferramentas Lasso ou Marquee. Insira um valor de Feather na barra de opções. Esse valor define a largura da difusão na borda e pode variar de 1 a 250 pixels.

- Para definir o feather de uma borda em uma seleção existente, escolha Select > Feather. Insira um valor de Feather Radius e clique em OK.

Corte uma imagem e apague dentro de uma seleção

Agora que sua composição está no lugar certo, você cortará a imagem para um tamanho final e limpará alguns restos do fundo deixados enquanto você movia as seleções. Você pode utilizar a ferramenta Crop ou o comando Crop para cortar uma imagem.

1 Selecione a ferramenta Crop (🔲) ou pressione C para alternar da ferramenta atual para a ferramenta Crop. Então, arraste o cursor diagonalmente ao longo da composição de colagem para prepará-la para o corte.

2 Ajuste a área de corte, conforme necessário:
- Para reposicionar o limite de corte, posicione o cursor dentro da área de corte e o arraste.
- Para redimensionar a área de corte, arraste uma alça.

3 Quando estiver satisfeito com a posição da área de corte, pressione Enter (Windows) ou Return (Mac OS) para cortar a imagem.

A imagem cortada pode apresentar alguns restos do fundo cinza do qual você selecionou e removeu as formas. Você corrigirá isso a seguir.

4 Utilize uma ferramenta da Marquee ou a ferramenta Lasso ( ) para arrastar um contorno de seleção em torno do resto do fundo cinza indesejável. Tenha cuidado para não incluir nenhuma parte da imagem que você quer manter.

5 Na caixa de ferramentas, selecione a ferramenta Eraser ( ) e, então, confira se as amostras de cores foreground e background na caixa de ferramentas estão configuradas com os padrões: preto no primeiro plano e branco no fundo.

Continue a selecionar e a apagar ou excluir até terminar de remover todas as partes indesejáveis do fundo. Quando terminar, escolha File > Save para salvar seu trabalho.

Crie uma seleção rápida

Antes de finalizar a composição, você utilizará a ferramenta Quick Selection para corrigir as cores da cenoura. A ferramenta Quick Selection permite "pintar" rapidamente uma seleção utilizando uma ponta de pincel redonda de tamanho ajustável.

1 Selecione a ferramenta Quick Selection ( ) na caixa de ferramentas.

2 Na barra de opções da ferramenta, clique na aba Brushes no compartimento de paletas para abrir temporariamente a paleta Brushes. Configure o diâmetro de Brush Size como 21. Selecione a opção Sample All Layers para obter uma amostra de todas as camadas visíveis, não apenas da camada selecionada.

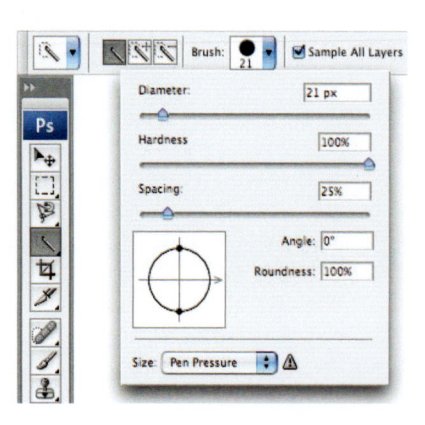

3 Posicione o cursor na parte superior da cenoura e arraste-o ao longo do centro da cenoura até a ponta inferior. À medida que você arrasta, a seleção se expande e automaticamente localiza e preenche as áreas definidas da cenoura.

Você salvará sua seleção copiando-a e colando-a sobre uma nova camada.

4 Escolha Edit > Copy and Edit > Paste. Na paleta Layers, uma nova camada aparece acima da camada Background, rotulada Layer 1. Dê um clique duplo na Layer 1 e atribua à camada o nome **Carrot**.

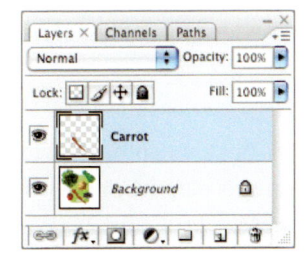

Em seguida, você ajustará as cores da cenoura para que ela tenha uma cor mais alaranjada do que vermelha.

5 Escolha Image > Adjustments > Hue/Saturation. Na caixa de diálogo Hue/Saturation, aumente um pouco o tom e a saturação (em Hue, utilizamos +5 e, em Saturation, +10).

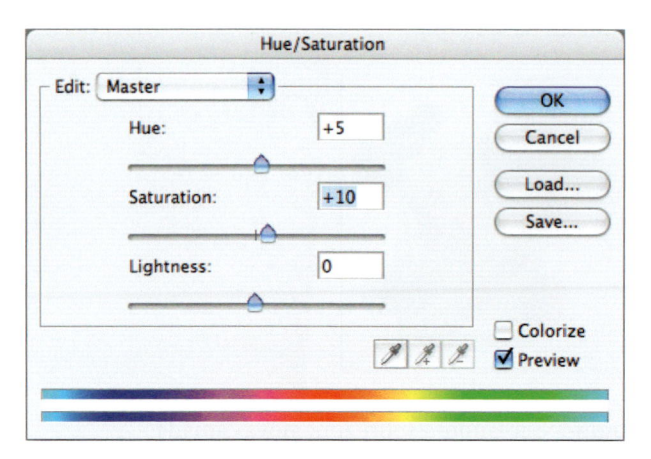

Assista ao filme Quick Selection no QuickTime para uma rápida visão geral dessa ferramenta. O filme está localizado no CD do Adobe Photoshop CS3 Classroom in a Book *em Movies/Quick Selection.mov. Dê um clique duplo no arquivo desse filme para abri-lo e, então, clique no botão Play.*

Você continuará a organizar sua composição salvando seleções dos elementos individuais. Assim, suas seleções permanecem intactas e facilmente disponíveis para edição. Agora, você salvará uma seleção do pé de alface. O pé de alface tem bordas mais complexas do que os outros elementos nessa composição. Você o selecionará e então fará o ajuste fino das bordas da seleção.

6 Na paleta Layers, selecione a camada Background.

7 Com a ferramenta Quick Selection ainda selecionada, arraste o cursor ao longo do pé de alface para selecioná-lo. Como o pé de alface tem várias áreas de diferentes transições, nem todo o pé de alface é selecionado.

8 Na barra de opções dessa ferramenta, clique no botão Add To Selection ().

Clique próximo das bordas da alface para expandir a seleção e seguir os contornos que compõem sua forma.

9 Quando parecer que todo o pé de alface está selecionado, clique em Refine Edges na barra de opções dessa ferramenta.

A caixa de diálogo Refine Edges aparece com as opções para aprimorar as bordas da seleção por meio da suavização, difusão, aumento de tamanho e de contraste das áreas de seleção. Você também pode visualizar as áreas da seleção como se estivessem mascaradas ou contra vários tipos de fundo fosco, ou "mattes".

10 Para criar uma borda suave para a sombra, insira um valor de Feather de **7** pixels. Configure o valor de Expand como 5%.

Expandindo a seleção, a sombra que você adicionará no próximo exercício permanecerá visível fora das bordas do objeto.

11 Selecione a ferramenta Zoom na caixa de diálogo e, então, selecione em torno do pé de alface para ampliar sua visualização. Você visualizará a sombra a ser adicionada ao pé de alface sobre um dos modos de visualização.

12 Clique no botão Black Matte na parte inferior da caixa de diálogo. Um fundo preto aparece sob a seleção e as bordas da seleção desaparecem. Se quiser, teste as outras opções de visualização.

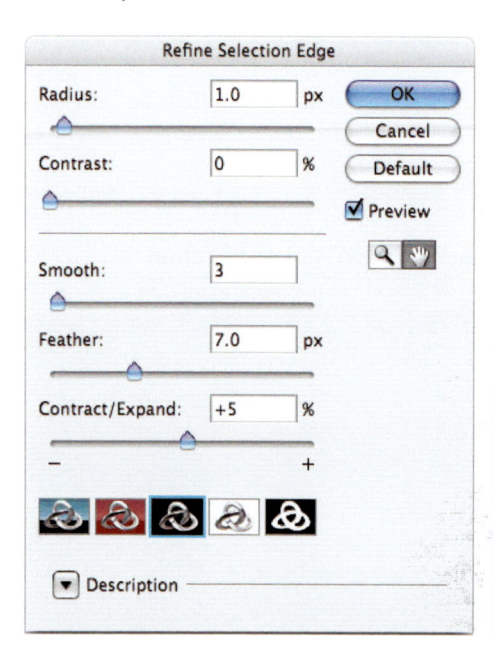

13 Aumente o valor de Expand para adicionar uma parte maior de uma sombra em torno das bordas do pé de alface. Utilizamos um valor de 30%.

14 Quando estiver satisfeito com os resultados, clique em OK.

Você trabalhou arduamente para criar e refinar sua seleção. Assim, para que você não a perca, salve-a. Você aprenderá outras maneiras de salvar seleções na Lição 6, "Máscaras e canais".

15 Escolha Edit > Copy and Edit > Paste para colar a seleção em uma nova camada. Na paleta Layers, dê um clique duplo nessa nova camada e a renomeie **Lettuce**.

> *Assista ao filme Refine Edges no QuickTime para uma rápida visão geral sobre esse recurso. O filme encontra-se no CD do* Adobe Photoshop CS3 Classroom in a Book *em Movies/Refine Edge.mov. Dê um clique duplo no arquivo desse filme para abri-lo e clique no botão Play.*

Isole e salve seleções

Agora você selecionará os elementos restantes e salvará suas seleções. Se quiser retornar a essas seleções mais tarde, será fácil fazer isso.

1 Na paleta Layers, selecione a camada Background. Na imagem, utilize a ferramenta Quick Selection para selecionar o pimentão amarelo arrastando-a cuidadosamente para dentro do seu talo verde.

Você pode utilizar atalhos pelo teclado para adicionar ou subtrair de uma Quick Selection. Mantenha Alt (Windows) ou Option (Mac OS) pressionada à medida que você "pinta" com a ferramenta para subtrair da seleção; mantenha Shift pressionada para adicionar à seleção.

2 Escolha Edit > Copy and Edit > Paste para colar uma cópia do pimentão sobre uma nova camada. Na paleta Layers, dê um clique duplo no nome da camada e renomeie-a **Yellow Pepper**.

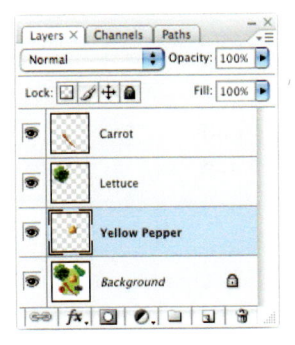

3 Repita os Passos 1 e 2 para a tigela de azeitonas, o tomate e o logotipo Salads, atribuindo às novas camadas os nomes **Olives**, **Tomato** e **Logo**, respectivamente.

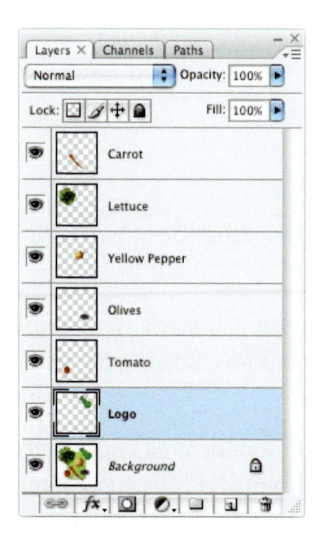

4 Escolha File > Save.

É recomendável salvar suas seleções em camadas separadas – especialmente depois de investir tempo e esforço em sua criação –, assim, é possível recuperá-las facilmente.

Crie uma sombra projetada suave

Para completar sua composição, você adicionará uma sombra projetada atrás dos ingredientes da salada e do logotipo. Adicionar a sombra projetada é uma simples questão de adicionar um efeito de camada chamado Drop Shadow.

1 Na paleta Layers, selecione a camada Carrot.

2 Na parte inferior da paleta Layers, clique no botão Add a Layer Style (*fx*) e no menu pop-up, escolha Drop Shadow.

3 Na caixa de diálogo Layer Styles, ajuste as configurações de sombra para adicionar uma sombra suave. Utilizamos estes valores: Blend Mode: Normal; Opacity: 75%; Angle: 30; Distance: 6 px; Spread 3%; Size: 15 px. Em seguida, clique em OK.

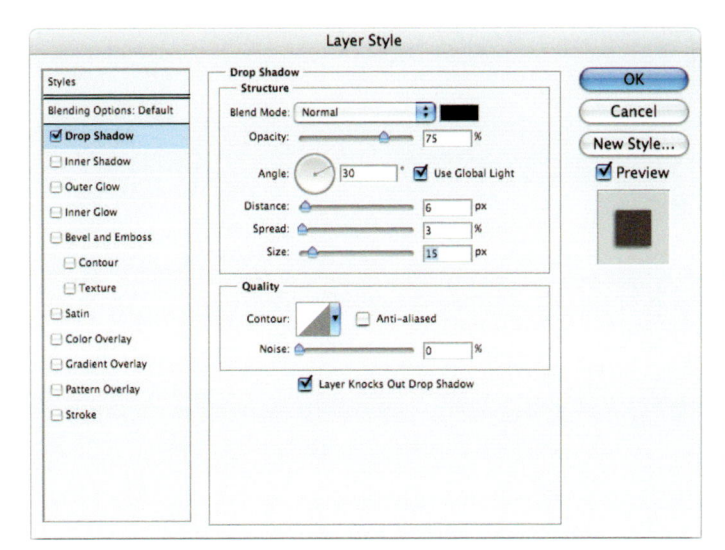

A cenoura agora tem uma sombra projetada suave.

Para replicar essa sombra para o restante dos ingredientes da salada e do logotipo, você simplesmente copiará o efeito para as camadas.

4 Na paleta Layers, posicione o cursor no efeito da camada Drop Shadow abaixo da miniatura Carrot (o cursor transforma-se em uma mão indicadora).

5 Mantenha Alt (Windows) ou Option (Mac OS) pressionada e arraste o efeito para baixo até a camada Lettuce a fim de copiá-lo.

Voilà! Você copiou a sombra projetada.

6 Repita o Passo 5 arrastando o efeito Drop Shadow com a tecla Alt (Windows) ou Option (Mac OS) pressionada sobre a camada Lettuce. Repita isso para as camadas restantes.

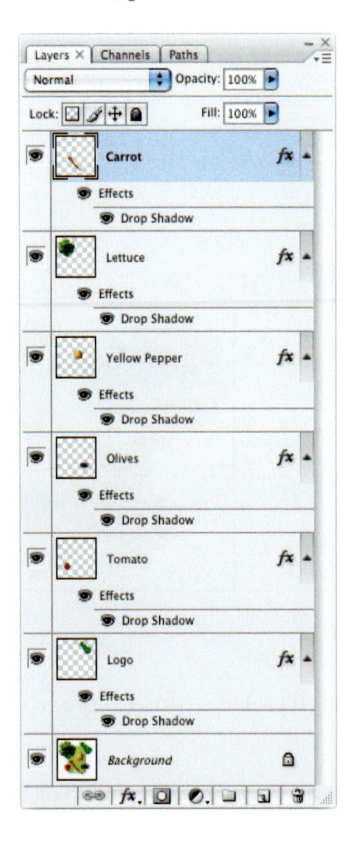

Nota: *Para remover um efeito de camada, simplesmente arraste o ícone do efeito até o botão Trash na parte inferior da paleta Layers.*

7 Escolha File > Save para salvar seu trabalho.

Bom trabalho! A colagem está completa.

💡 *Para criar rapidamente várias imagens a partir de uma digitalização, utilize o comando Crop And Straighten Photos. As imagens com um contorno claramente delineado e um fundo uniforme – como o arquivo 04Start.psd – funcionam melhor. Tente isso abrindo o arquivo 04Start.psd na pasta Lesson04 e escolhendo File > Automate > Crop And Straighten Photos. O Photoshop corta automaticamente cada imagem no arquivo original e cria arquivos do Photoshop individuais para cada uma. Depois de experimentar isso, simplesmente feche cada arquivo sem salvar.*

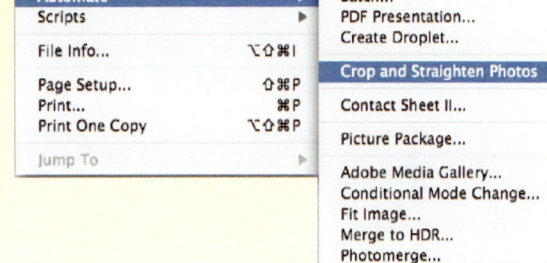

Imagem original   *Escolha File > Automate > Crop And Straighten Photos*

Resultado

Revisão

▶ **Perguntas**

1 Depois de criar uma seleção, qual área da imagem pode ser editada?

2 Como adicionar elementos à seleção e como subtraí-los?

3 Como você pode mover uma seleção enquanto a desenha?

4 Ao criar uma seleção com a ferramenta Lasso, como você deve terminar a criação da seleção para assegurar que ela tenha a forma que você quer?

5 Como a ferramenta Magic Wand determina quais áreas de uma imagem serão selecionadas? O que é tolerância e como ela afeta uma seleção?

6 Como a ferramenta Quick Selection funciona?

▶ **Respostas**

1 Somente a área dentro da seleção pode ser editada.

2 Para adicionar elementos a uma seleção, mantenha pressionada a tecla Shift e, então, arraste ou clique na ferramenta de seleção ativa na área que você quer adicionar à seleção. Para subtrair de uma seleção, mantenha a tecla Alt (Windows) ou Option (Mac OS) pressionada e arraste ou clique na ferramenta de seleção ativa na área que você quer remover da seleção.

3 Sem soltar o botão do mouse, mantenha a barra de espaço pressionada e arraste para reposicionar a seleção.

4 Para garantir que a seleção tenha a forma que você quer, finalize a seleção arrastando-a até o ponto inicial da seleção. Se iniciar e parar a seleção em pontos diferentes, o Photoshop desenhará uma linha reta entre o ponto inicial da seleção e o ponto final da seleção.

5 A ferramenta Magic Wand seleciona pixels adjacentes com base nas suas cores semelhanças. A configuração de Tolerance determina quantos tons de cores a ferramenta Magic Wand selecionará. Quanto mais alta a configuração de Tolerance, mais tons a Magic Wand selecionará.

6 A ferramenta Quick Selection "pinta" uma seleção que se expande para fora e automaticamente localiza e segue as bordas definidas na imagem.

Scrapbook

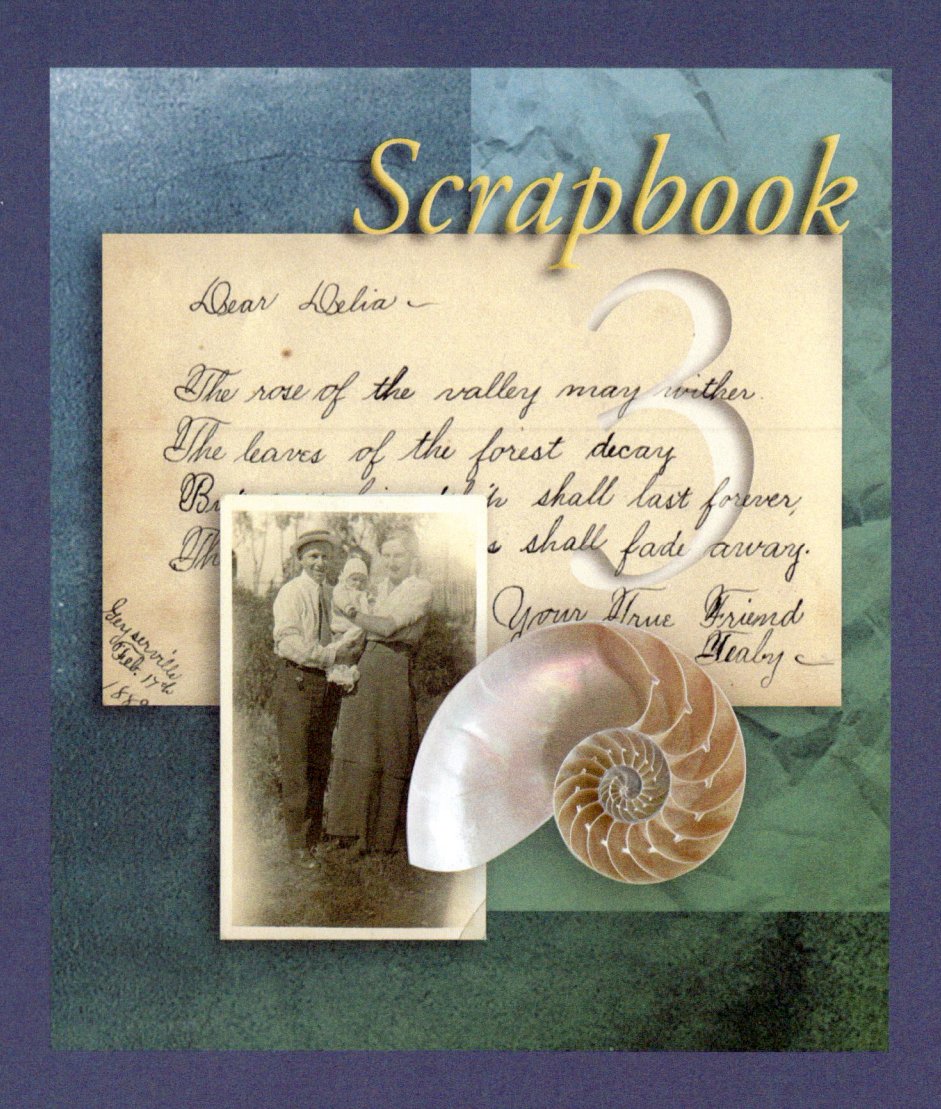

3

O Adobe Photoshop permite isolar diferentes partes de uma imagem em layers (camadas). Assim, cada camada pode ser editada como uma arte-final independente, permitindo uma enorme flexibilidade na composição e revisão de uma imagem.

5 Princípios Básicos das Camadas

Visão geral da lição

Nesta lição, você aprenderá a:

- Organizar arte-final em camadas*.
- Criar, visualizar, ocultar e selecionar camadas.
- Reorganizar camadas para alterar a ordem de empilhamento da arte-final na imagem.
- Aplicar modos de mesclagem a camadas.
- Vincular camadas para trabalhar nelas simultaneamente.
- Aplicar um degradê a uma camada.
- Adicionar efeitos de texto e de camada a uma camada.
- Salvar uma cópia do arquivo com as camadas achatadas.

Esta lição levará mais ou menos uma hora para ser completada. Se necessário, remova a pasta da lição anterior da unidade de disco e copie a pasta Lesson05 sobre ela. Ao trabalhar nesta lição, você preservará os arquivos iniciais. Se precisar restaurar os arquivos originais, copie-os do CD do *Adobe Photoshop CS3 Classroom in a Book*.

Sobre camadas

Todo arquivo do Photoshop contém uma ou mais *camadas*. Novos arquivos geralmente são criados com um *background (camada de fundo)*, que contém uma cor ou uma imagem que é exibida através das áreas transparentes das camadas subseqüentes. Todas as novas camadas em uma imagem são transparentes até você adicionar texto ou arte-final (valores de pixel).

Trabalhar com camadas é semelhante a fazer partes de um desenho em folhas de acetato separadas: folhas de acetato individuais podem ser editadas, reposicionadas e excluídas sem afetar as outras folhas. Quando as folhas são empilhadas, a composição inteira torna-se visível.

---

* N. de R.T.: Do inglês, layers. Usaremos a terminologia camada por ser bem conhecida no Brasil e para facilitar a compreensão durante a leitura deste livro.

Introdução

Você iniciará a lição visualizando uma imagem da composição final.

1 Inicie o Photoshop e imediatamente pressione e mantenha pressionadas Ctrl+Alt+Shift (Windows) ou Command+Option+Shift (Mac OS) para restaurar as preferências padrão e mantenha pressionadas (consulte "Restaurando preferências padrão", na página 22).

2 Quando solicitado, clique em Yes para confirmar a redefinição das preferências e em Close para fechar a tela Welcome.

3 Clique no botão Go To Bridge ( ) na barra de opções de ferramenta para abrir o Adobe Bridge.

4 No painel Folders, clique em Lessons; então, dê um clique duplo para abrir a pasta Lesson05 e selecione o arquivo 05End.psd para visualizá-lo.

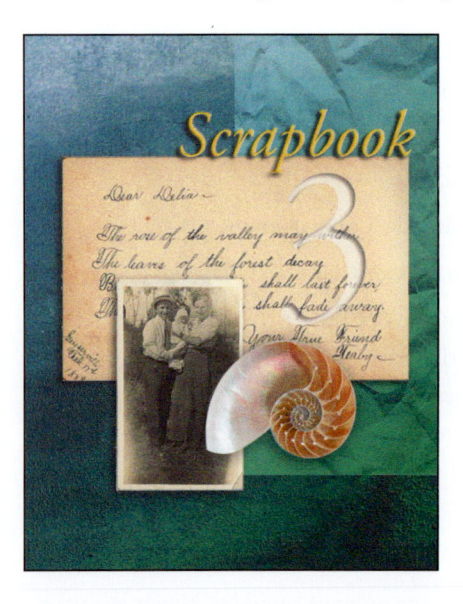

Essa composição em camadas representa a capa de um álbum de colagens. Agora você irá criá-lo e, ao fazer isso, aprenderá a criar, editar e gerenciar camadas.

5 Selecione o arquivo 05Start.psd e dê um clique duplo para abri-lo no Photoshop.

6 Escolha File > Save As, atribua ao arquivo o nome **05Working.psd** e clique em Save. Salvando outra versão do arquivo inicial, você não precisa se preocupar em sobrescrever o original.

Utilize a paleta Layers

A paleta Layers exibe todas as camadas com os nomes e as miniaturas das imagens presente em cada camada. Você pode utilizar a paleta Layers para ocultar, visualizar, reposicionar, excluir, renomear e mesclar camadas. As miniaturas dessa paleta são atualizadas automaticamente à medida que você edita as camadas.

1 Se a paleta Layers não estiver visível na área de trabalho, escolha Window > Layers.

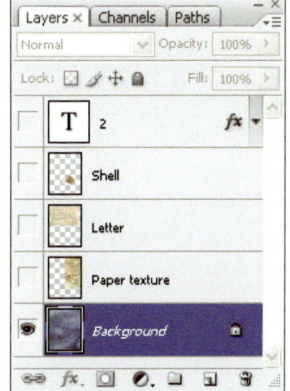

A paleta Layers lista cinco camadas para o arquivo 05Working (de cima para baixo): uma camada de texto chamada 2, e as camadas Shell, Letter, Paper texture e Background.

2 Clique para selecionar a camada Background e torná-la ativa (se ainda não estiver selecionada). Observe a miniatura e os ícones de camada no nível da camada Background:

• O ícone de cadeado (🔒) indica que a camada está protegida.

• O ícone de olho (👁) indica que a camada está visível na janela da imagem. Se clicar no olho, a janela da imagem não mais exibirá essa camada.

💡 *Utilize o menu contextual para ocultar ou redimensionar a miniatura da camada. Clique com o botão direito do mouse (Windows) ou clique com a tecla Control pressionada (Mac OS) em uma miniatura na paleta Layers para abrir o menu contextual e, então, selecione No Thumbnails, Small Thumbnails, Medium Thumbnails ou Large Thumbnails.*

A primeira tarefa para esse projeto é adicionar uma foto no tom de sépia à montagem do álbum. Você irá recuperá-la agora.

3 Clique no botão Go To Bridge (📷) na barra de opções da ferramenta e, na pasta Lesson05, dê um clique duplo no arquivo Photo.psd para abri-lo no Photoshop.

A paleta Layers muda para exibir as informações sobre a camada e uma miniatura para o arquivo Photo.psd ativo. Observe que apenas uma camada aparece na imagem Photo.psd: Layer 1, não Background. (Para informações adicionais, consulte "Sobre a camada Background", a seguir.)

Sobre a camada Background

Quando você cria uma nova imagem com um fundo branco ou colorido, a camada inferior na paleta Layers é automaticamente nomeada como Background. Uma imagem pode ter apenas um fundo. Não é possível alterar a ordem de empilhamento do background, seu modo de mesclagem nem sua opacidade. Mas é possível converter o background em uma camada normal.

Quando você cria uma nova imagem com conteúdo transparente, essa imagem não tem uma camada Background. A camada inferior não é restrita como a camada Background; você pode movê-la para qualquer lugar na paleta Layers e alterar sua opacidade e modo de mesclagem.

Para converter um background em uma camada:

1 Dê um clique duplo no nome Background na paleta Layers ou escolha Layer > New > Layer From Background.

2 Configure as opções da camada como quiser, inclusive atribuindo um novo nome à camada.

3 Clique em OK.

Para converter uma camada em uma camada background:

1 Selecione uma camada na paleta Layers.

2 Escolha Layer > New > Background From Layer.

Nota: Você precisa utilizar esse comando para criar uma camada background a partir de uma camada normal; não é possível criar um fundo simplesmente renomeando uma camada normal para Background.

Renomeie e copie uma camada

Criar uma nova camada pode ser tão simples quanto arrastar a camada a partir de um dos arquivos até a janela de imagem de outro arquivo. Se arrastar a partir da janela de imagem do arquivo original ou da paleta Layers, apenas a camada ativa será reproduzida no arquivo de destino. Antes de começar, certifique-se de abrir os arquivos 05Start.psd e Photo.psd e de ativar o arquivo Photo.psd.

Primeiro, você atribuirá um nome mais descritivo à Layer 1.

1 Na paleta Layers, dê um clique duplo no nome Layer 1, digite **Photo** e, então, pressione Enter ou Return. Mantenha a camada selecionada.

2 Se necessário, reposicione as janelas da imagem Photo.psd e 05Working.psd para que você possa ver pelo menos parte das duas imagens na tela. Então, selecione a imagem Photo.psd para que ela seja o arquivo ativo.

3 Na caixa de ferramentas, selecione a ferramenta Move ( ) e a posicione sobre a janela da imagem Photo.psd.

4 Arraste a imagem da foto e solte-a na janela da imagem 05Working.psd.

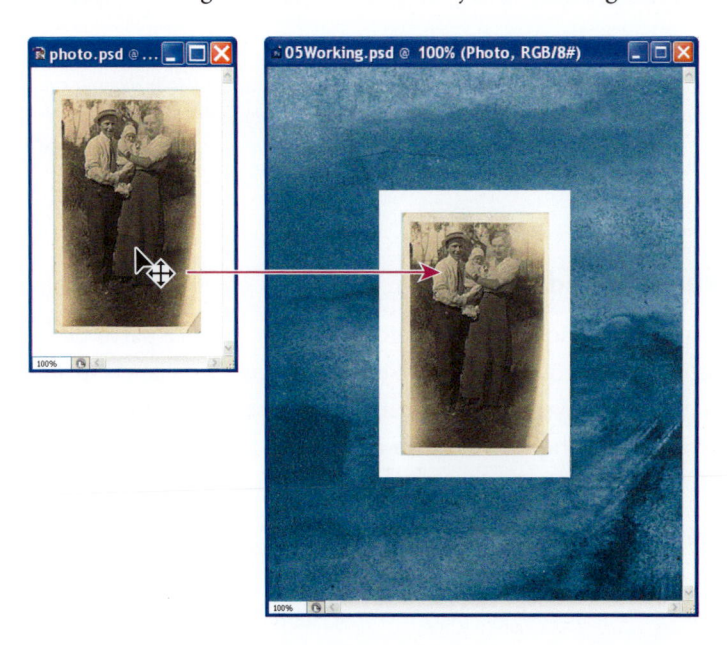

A camada Photo agora aparece na janela da imagem do arquivo 05Working.psd e sua paleta Layers aparece entre as camadas Paper texture e Background.

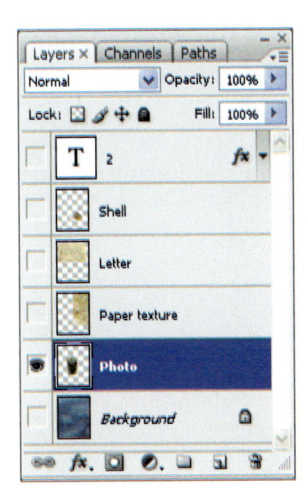

5 Feche o arquivo Photo.psd e não salve as alterações que você fez nesse arquivo.

> Se mantiver a tecla Shift pressionada ao arrastar uma imagem de um dos arquivos para outro, a imagem arrastada será automaticamente centralizada na janela da imagem alvo.

Visualize camadas individuais

A paleta Layers mostra que o arquivo 05Working.psd agora contém seis camadas, algumas das quais estão visíveis e outras ocultas. O ícone de olho (👁) à esquerda do nome de uma camada na paleta indica que essa camada está visível.

1 Clique no ícone de olho (👁) ao lado da camada Photo para ocultar a foto.

Você pode ocultar ou exibir uma camada clicando nesse ícone ou na sua coluna – também chamada coluna Show/Hide Visibility

2 Clique novamente na coluna Show/Hide Visibility para exibir a foto.

Selecione e remova alguns pixels de uma camada

Observe que ao mover a imagem da foto sobre o arquivo de trabalho, você também moveu a área branca em torno da foto. Essa área opaca escurece parte do fundo azul, porque a camada da foto está na parte superior da camada Background azul.

Agora, você utilizará uma ferramenta Eraser para remover a área branca em torno da foto.

1 Certifique-se de que a camada Photo esteja selecionada. (Para selecionar a camada, clique no nome da camada na paleta Layers.)

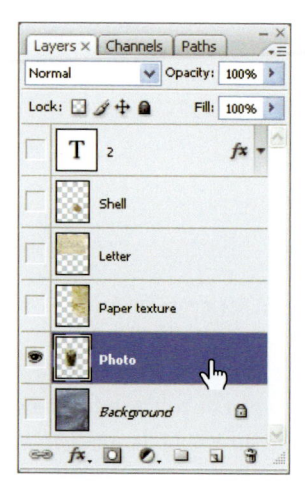

A camada é destacada, indicando que ela está ativa.

2 Para tornar as áreas opacas nessa camada mais óbvias, oculte todas as camadas, exceto a camada Photo, mantendo Alt (Windows) ou Option (Mac OS) pressionada e clicando no ícone de olho (👁) ao lado da camada Photo.

O fundo azul e outros objetos na imagem inicial desaparecem e a foto aparece contra um fundo xadrez. O xadrez indica as áreas transparentes da camada ativa.

3 Selecione a ferramenta Magic Eraser (🩹), oculta sob a ferramenta Eraser (🩹).

Está na hora de configurar a tolerância para a ferramenta Magic Eraser. Se a tolerância for muito baixa, a ferramenta Magic Eraser deixa algumas áreas em branco remanescentes em torno da foto. Se a configuração da tolerância for muito alta, a ferramenta remove algumas partes da imagem da foto.

4 Na barra de opções dessa ferramenta, configure o valor de Tolerance deslizando o cursor pelo nome Tolerance ou digitando **22** na caixa de texto Tolerance.

5 Clique na área em branco em torno da foto na janela de imagem.

A área em branco é substituída pelo xadrez, indicando que essa área agora está transparente.

6 Reative o fundo clicando na coluna Show/Hide Visibility ao lado do seu nome. O fundo azul do bloco de rascunho agora é exibido no local em que a área em branco na camada Photo tornou-se transparente.

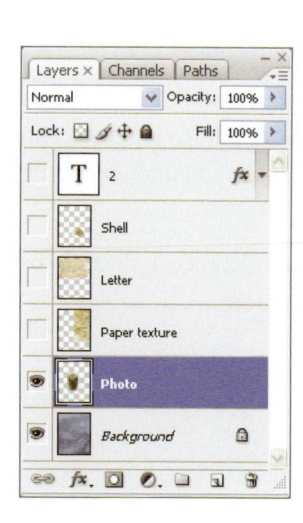

Reorganize camadas

A ordem em que as camadas de uma imagem são organizadas é chamada *ordem de empilhamento*. A ordem de empilhamento das camadas determina a maneira como a imagem é visualizada – você pode alterar a ordem para certificar-se de que partes da imagem apareçam acima ou abaixo de outras camadas.

Agora, você reorganizará as camadas para que a imagem da foto permaneça acima de outra imagem que está atualmente oculta no arquivo.

1 Torne as camadas Shell, Letter e Paper texture visíveis clicando na coluna Show/Hide Visibility ao lado dos seus nomes de camada.

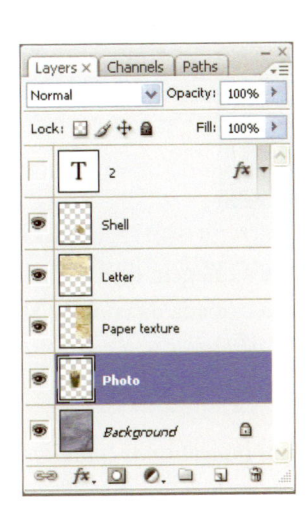

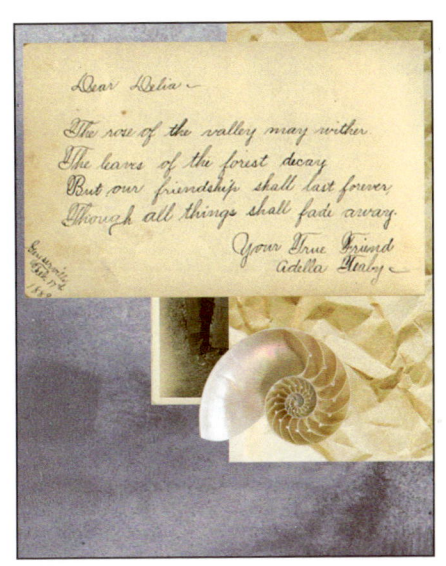

Veja que a imagem da foto foi parcialmente coberta por essas outras imagens presentes nas outras camadas.

Nota: *A camada Photo também está abaixo da camada de texto 2, que está no alto da pilha, mas, por enquanto, você deixará essa camada oculta. Você retornará a ela mais adiante nesta lição.*

2 Na paleta Layers, arraste a camada Photo para cima até posicioná-la entre as camadas Shell e Letter – mova até aparecer uma linha grossa entre as camadas na pilha – e, então, solte o botão do mouse.

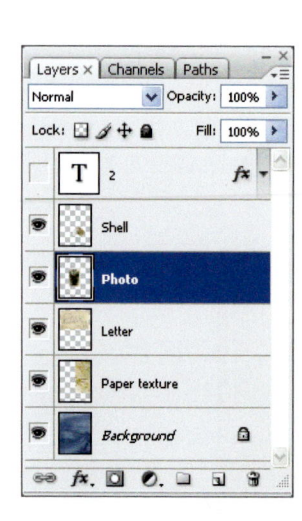

A camada Photo sobe dois níveis na ordem de empilhamento e a imagem da foto aparece por cima da imagem da carta e a da textura de papel, mas sob a camada da concha, Shell, e a camada 2.

> Você também pode controlar a ordem de empilhamento das imagens nas camadas selecionando-as na paleta Layers e utilizando os subcomandos Layer > Arrange: Bring To Front, Bring Forward, Send To Back e Send Backward.

Altere a opacidade e o modo de uma camada

O pedaço de papel amassado opaco bloqueia o fundo azul na camada abaixo dele. É possível reduzir a opacidade de qualquer camada a fim de que outras camadas sejam exibidas através dela. Você também pode aplicar diferentes *modos de mesclagem (blending modes)* em uma camada, o que afeta a maneira como os pixels das cores na imagem se mesclam com os pixels nas camadas abaixo dela (atualmente, o modo de mesclagem é Normal). Vamos editar a camada Paper texture para que o fundo azul possa ser exibido.

1 Selecione a camada Paper texture e, então, clique na seta ao lado da caixa Opacity na paleta Layers e arraste o controle deslizante até **50%**. Ou digite o valor na caixa Opacity, ou deslize o cursor sob o nome Opacity.

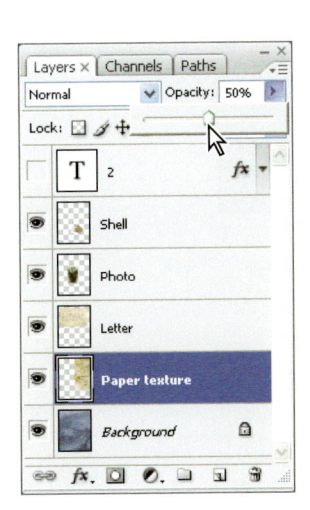

A camada Paper texture torna-se parcialmente transparente e você pode ver o fundo abaixo. Observe que a alteração na opacidade só afeta a área da imagem da camada Paper texture. As imagens da carta, da concha e da foto permanecem opacas.

2 À esquerda da opção Opacity na paleta Layers, clique no menu pop-up Blending Mode para abri-lo e escolha Luminosity.

3 Aumente Opacity para **75%**.

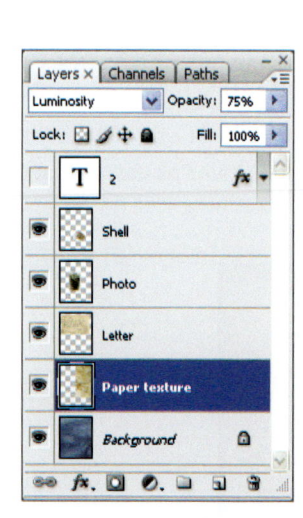

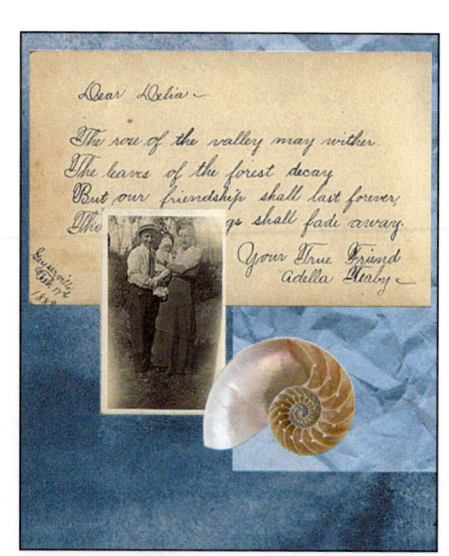

4 Escolha File > Save para salvar seu trabalho.

Para informações adicionais sobre os modos de mesclagem (blending modes), incluindo definições e exemplos visuais, consulte o Photoshop Help.

Vincule camadas

Às vezes, uma maneira eficiente de trabalhar com camadas é vincular duas ou mais camadas relacionadas. Vinculando camadas, você pode movê-las e transformá-las simultaneamente, mantendo assim seu alinhamento relativo.

Você irá vincular as camadas Photo e Letter e, então, transformá-las e movê-las como uma unidade.

1 Selecione a camada Photo na paleta Layers e pressione Shift e clique para selecionar a camada Letter.

2 Clique no ícone (▼≡) no canto superior direito da paleta Layers para exibir o menu dessa paleta; escolha Link Layers. Ou, clique no botão Link Layers na parte inferior da paleta.

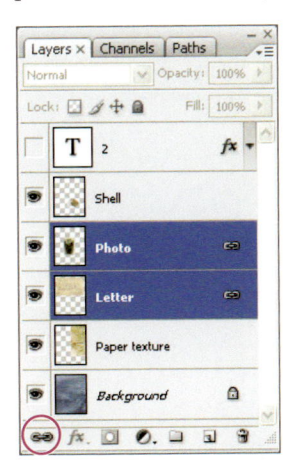

Um ícone de link (∞) aparece ao lado dos dois nomes da camada na paleta Layers, indicando que eles estão vinculados.

Agora, você redimensionará as camadas vinculadas.

3 Com as camadas vinculadas ainda selecionadas na paleta Layers, escolha Edit> Free Transform. Uma caixa delimitadora de transformação aparece em torno das imagens nas camadas vinculadas.

4 Mantenha a tecla Shift pressionada e arraste um dos pontos laterais para dentro, redimensionando a foto e a carta aproximadamente 20%.

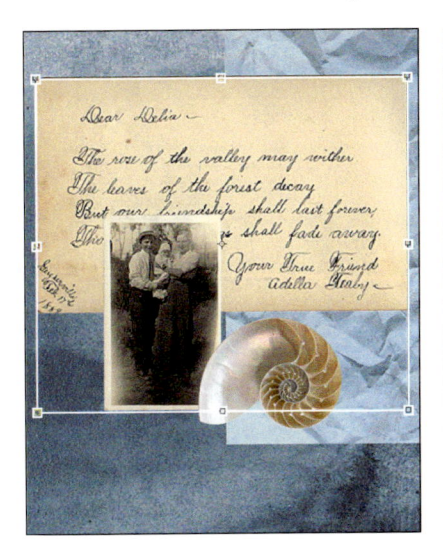

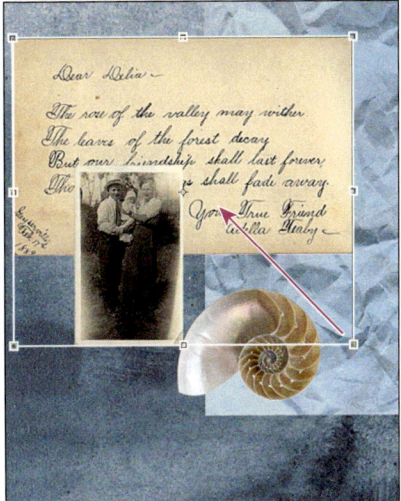

5 Então, com o cursor dentro da caixa delimitadora, arraste as imagens da foto e da carta para reposicioná-las abaixo e à esquerda na janela da imagem, de modo que a montagem se pareça com esta imagem:

6 Pressione Enter ou Return para aplicar as alterações na transformação.

7 Escolha File > Save.

Adicione uma camada de degradê

Em seguida, você criará uma nova camada sem nenhum trabalho de arte. (Adicionar camadas vazias a um arquivo é comparável a adicionar folhas de acetato em branco a uma pilha de imagens.) Utilizaremos essa camada para adicionar um efeito de degradê semitransparente que influencia as camadas empilhadas abaixo dela.

1 Na paleta Layers, selecione a camada Paper texture para torná-la ativa e, então, clique no botão New Layer (▣) na parte inferior da paleta Layers.

Uma nova camada, chamada Layer 1, aparece entre as camadas Paper texture e Letter.

Nota: *Você também pode criar uma nova camada escolhendo New Layer no menu da paleta Layers ou Layer > New > Layer na barra de menus do Photoshop.*

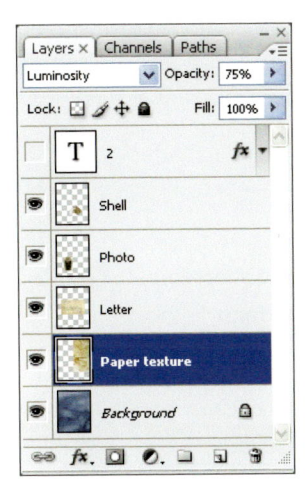

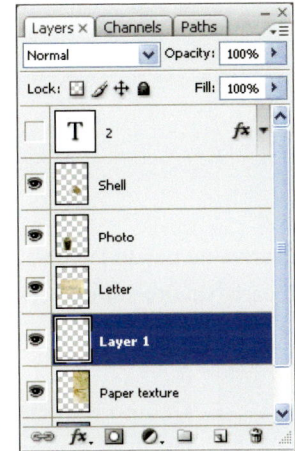

2 Dê um clique duplo no nome Layer 1, digite **Gradient** e pressione Enter ou Return para renomear a camada.

3 Na caixa de ferramentas, selecione a ferramenta Gradient (■).

4 Na barra de opções dessa ferramenta, certifique-se de que o botão Linear Gradient (■) esteja selecionado e, então, clique na pequena seta para baixo a fim de expandir o seletor de degradê (gradient picker).

5 Selecione a amostra Foreground to Transparent e, então, clique em qualquer lugar fora do seletor de degradê para fechá-lo.

> 💡 *Você pode listar as opções de degradê pelo nome em vez de por amostra. Simplesmente clique no botão do menu dessa paleta que aponta para a direita (⊙) no seletor de degradê e escolha Small List ou Large List. Ou, posicione o cursor sobre uma miniatura até que uma dica de tela apareça, mostrando o nome do degradê.*

6 Clique na aba Swatches para exibir essa paleta na frente do grupo e selecione o tom de verde que preferir.

7 Com a camada Gradient ainda ativa na paleta Layers, arraste a ferramenta Gradient do canto inferior direito da imagem para o canto superior esquerdo.

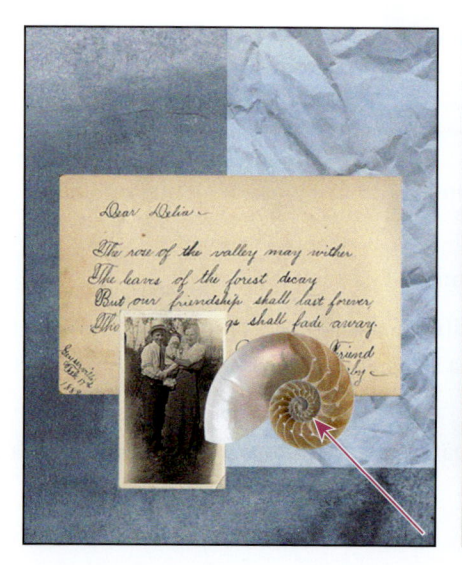

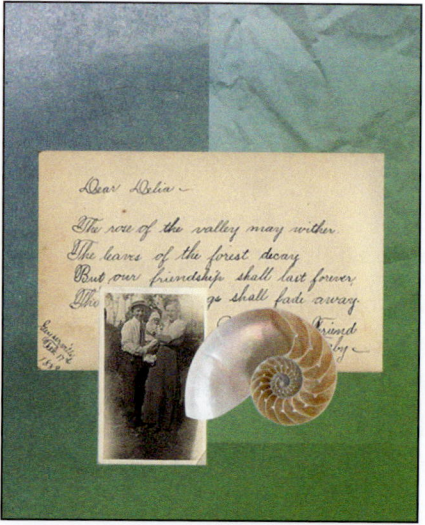

O degradê se estende ao longo da camada, iniciando com verde no canto inferior direito e tornando-se gradualmente transparente em direção ao canto superior esquerdo. O degradê obscurece parcialmente a textura do papel e fundo abaixo dele, portanto você irá alterar o modo de mesclagem e reduzir a opacidade para exibir parcialmente essas imagens.

8 Com a camada Gradient ainda ativa, na paleta Layers escolha Multiply no menu pop-up Blending Mode e altere a Opacity para **75%**; clique em OK. Agora, as camadas Paper texture e Background são exibidas através do gradiente.

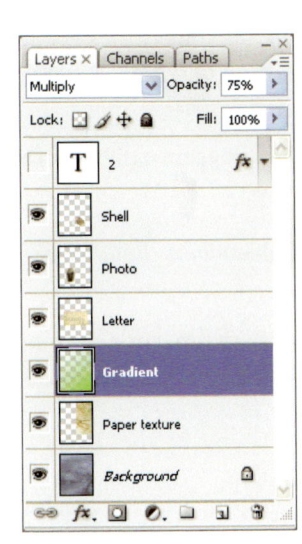

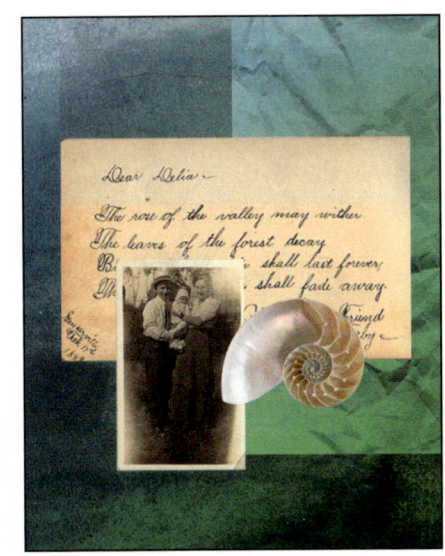

Adicione texto

Agora, você está pronto para criar algum texto utilizando a ferramenta Horizontal Type, que posiciona o texto em uma camada própria. Você então editará esse texto e aplicará um efeito especial a essa camada.

1 Desmarque todas as camadas na paleta Layers clicando fora dos nomes das camadas (arraste para expandir a paleta a fim de criar uma área em branco, se necessário).

2 Configure a cor do primeiro plano como preto clicando no botão Default Foreground and Background Colors (■) ao lado das amostras na caixa de ferramentas.

3 Na caixa de ferramentas, selecione a ferramenta Horizontal Type (T). Em seguida, na barra de opções da ferramenta, faça o seguinte:

- Selecione uma fonte com serifa no menu pop-up Font (utilizamos Adobe Garamond).
- Selecione um estilo de fonte (utilizamos itálico).

- Insira um tamanho grande em pontos na caixa de texto Size (utilizamos **76** pontos) e pressione Enter ou Return.
- Selecione Crisp no menu pop-up Anti-aliasing (ᵃa).
- Selecione a opção Right align text (≡).

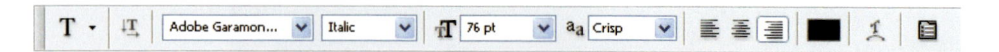

4 Clique no canto superior direito da área da carta na janela da imagem e digite **Scrapbook**. Então, clique no botão Commit Any Current Edits (✓).

Nota: Se cometer um erro ao clicar para configurar o texto, simplesmente clique longe do texto e repita o Passo 4.

A paleta Layers agora inclui uma camada chamada Scrapbook com um ícone de miniatura "T", indicando que ela é uma camada de texto. Essa camada está na parte superior da pilha de camadas.

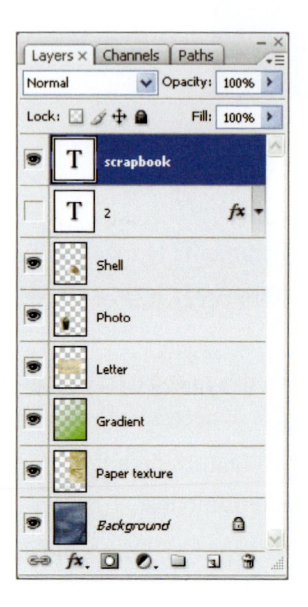

O texto aparece na área da imagem onde você clicou, o que provavelmente não é exatamente o local em que você quer que ele seja posicionado.

5 Selecione a ferramenta Move (🕂) e arraste a palavra "Scrapbook" para que a linha de base alinhe-se com a borda superior direita da carta.

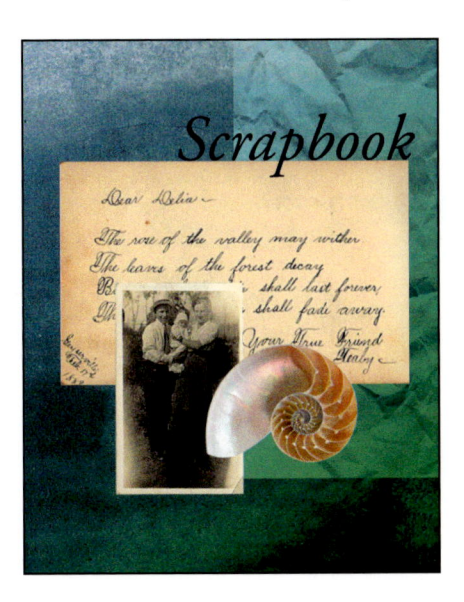

Aplique um estilo de camada

Você pode aprimorar uma camada adicionando sombra, brilho, chanfro, relevo ou outros efeitos especiais a partir de uma coleção de estilos de camada (layer styles) automatizados e editáveis. Esses estilos são fáceis de aplicar e de vincular diretamente à camada especificada.

Como ocorre com as camadas, os estilos de camada podem ser ocultados clicando-se nos ícones de olho (👁) na paleta Layers. Sendo não-destrutivos, os estilos podem ser removidos a qualquer hora. Você pode aplicar uma cópia de um estilo de camada a uma camada diferente arrastando o efeito sobre a camada de destino.

Agora, você destacará o texto adicionando um chanfro e uma sombra projetada em torno dele e o pintará com amarelo.

1 Com a camada de texto Scrapbook ativa, escolha Layer > Layer Style > Bevel and Emboss (a caixa de diálogo Layer Style pode demorar um pouco para se abrir).

💡 *Você também pode abrir a caixa de diálogo Layer Style clicando no botão Add Layer Style (fx) na parte inferior da paleta Layers e, então, escolher um estilo de camada, como Bevel and Emboss, no menu pop-up.*

2 Na caixa de diálogo Layer Style, certifique-se de que a opção Preview esteja selecionada e, então, mova a caixa de diálogo para um local vazio conforme necessário para ver o texto Scrapbook na janela de imagem.

3 Na área Structure, certifique-se de que Style seja Inner Bevel e Technique seja Smooth. Em seguida, configure Depth em **50%**, Size como **5** pixels e Soften como **0** pixel. Escolha Up para Direction.

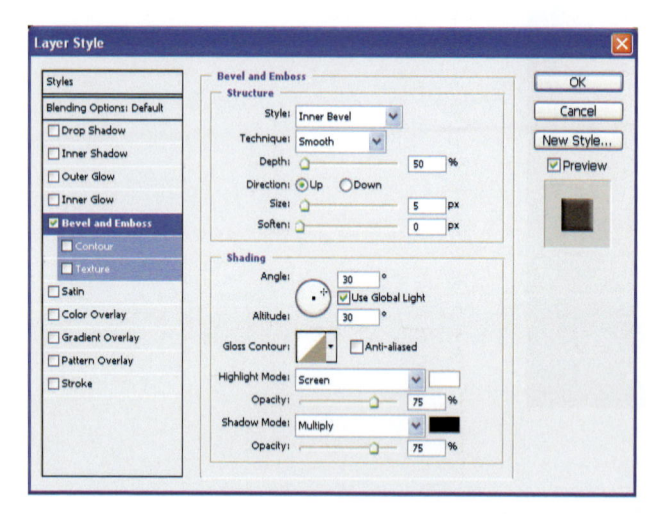

4 No painel esquerdo da caixa de diálogo Layer Style, clique no nome Drop Shadow na parte superior da lista Styles. O Photoshop marca automaticamente a caixa Drop Shadow e exibe as opções do estilo de camada Drop Shadow. A visualização à direita agora inclui o chanfro e a sombra projetada padrão.

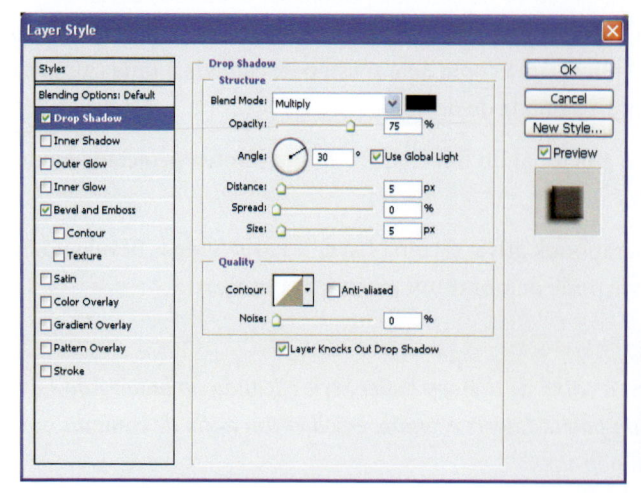

5 As opções de Drop Shadow padrão nos servem bem aqui; então, marque Color Overlay na lista Styles.

6 Na área Color Overlay, clique na amostra de cores para abrir o Color Picker e, então, escolha um tom de amarelo (utilizamos R=255, G=218 e B=47). Clique em OK para fechar o Color Picker e retornar à caixa de diálogo Layer Style.

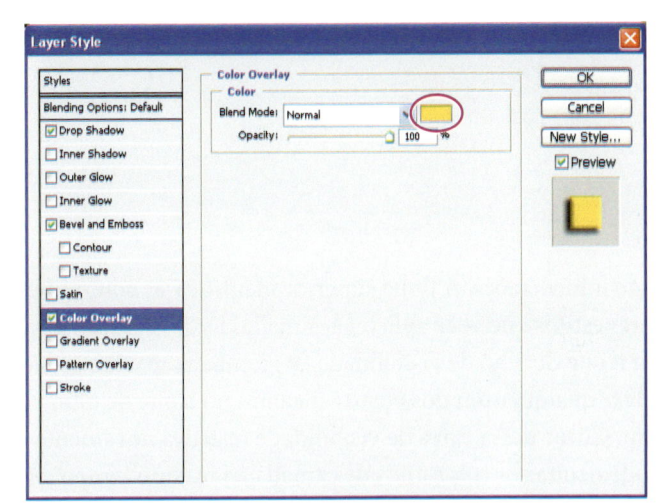

7 Examine o texto Scrapbook na janela da imagem. Clique em OK para aceitar as configurações e feche a caixa de diálogo Layer Style.

8 Na paleta Layers, observe a lista dos efeitos anexados na camada de texto Scrapbook.

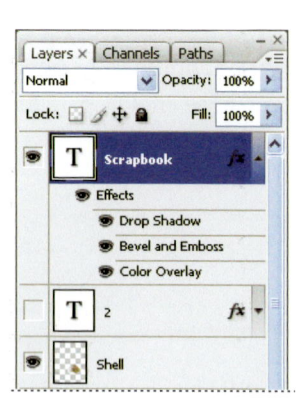

Você deve ver quatro linhas de informações. A linha superior identifica-as como Effects. As outras três linhas são os três estilos que você aplicou à camada: Drop Shadow, Bevel and Emboss e Color Overlay. Um ícone de olho de visibilidade (👁) também aparece ao lado de cada efeito. Você pode desativar qualquer um dos efeitos clicando no ícone de olho para fazer com que eles desapareçam. Clicar nessa caixa de visibilidade restaura novamente tanto o ícone como o efeito. Você pode ocultar os três estilos de camada ao mesmo tempo clicando no ícone de olho para Effects.

9 Antes de continuar, certifique-se de que ícones de olho estão visíveis para os quatro itens anexados sob a camada Scrapbook.

10 Para ocultar as listagens dos estilos de camada, clique na seta Reveal Layer Effects para recolher a lista de efeitos.

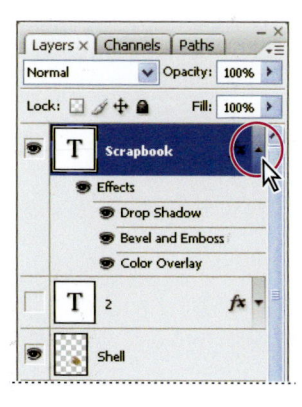

Atualize o efeito de camada

Os efeitos de camada são automaticamente atualizados quando você faz alterações em uma camada. Você pode editar o texto e observar como o efeito de camada monitora a alteração.

1 Na paleta Layers, ative a visibilidade da camada de texto 2 e selecione-a para torná-la ativa.

2 Na caixa de ferramentas, certifique-se de que a ferramenta Horizontal Type (T) continua selecionada, mas não clique na janela de imagem ainda.

3 Na barras de opções dessa ferramenta, configure o tamanho de fonte como **225** pontos e pressione Enter ou Return.

Embora você não tenha selecionado o texto arrastando a ferramenta Type (como você teria de fazer em um programa de processamento de texto), o "2" agora aparece em fonte de 225 pontos.

4 Utilizando a ferramenta Horizontal Type, selecione o "2" e o mude para **3**.

Observe que os estilos de camada e a formatação de texto continuam aplicados.

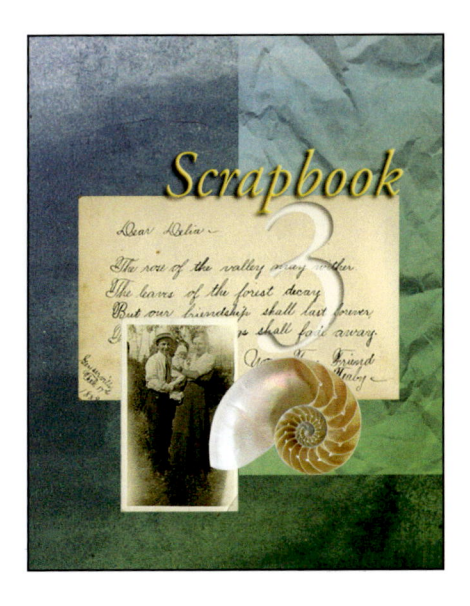

5 Selecione a ferramenta Move ( ) e arraste o "3" para centralizá-lo verticalmente entre o texto "Scrapbook" e a concha.

Nota: *Você não precisa clicar no botão Commit Any Current Edits depois de digitar 3, pois escolher a ferramenta Move tem o mesmo efeito.*

6 Escolha File > Save.

Adicione profundidade com uma sombra projetada

A capa do álbum está quase pronta; os elementos estão organizados corretamente na composição. Você a concluirá acrescentando um pouco de profundidade às camadas Letter, Photo e Shell utilizando efeitos simples de sombra projetada.

1 Selecione a camada Letter na paleta Layers, clique no botão Add Layer Style (*fx*) na parte inferior da paleta e escolha Drop Shadow a partir do menu pop-up.

2 No painel Drop Shadow da caixa de diálogo Layer Styles, configure a Opacity como **50%**, Distance como **5** pixels, Spread como **5%** e Size como **10** pixels. Em seguida, clique em OK para fechar a caixa de diálogo e aplicar o efeito.

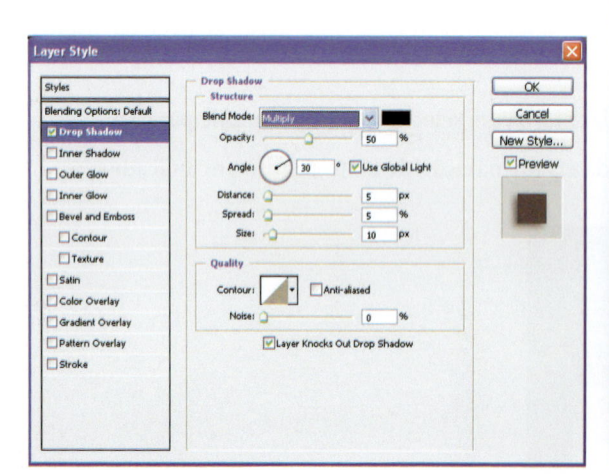

Em vez de criar outra sombra projetada para a foto e as imagens da concha a partir do zero, vamos copiar essa.

3 Pressione Alt (Windows) ou Option (Mac OS) e arraste o ícone do estilo de camada Drop Shadow (👁) da camada Letter para a camada Photo.

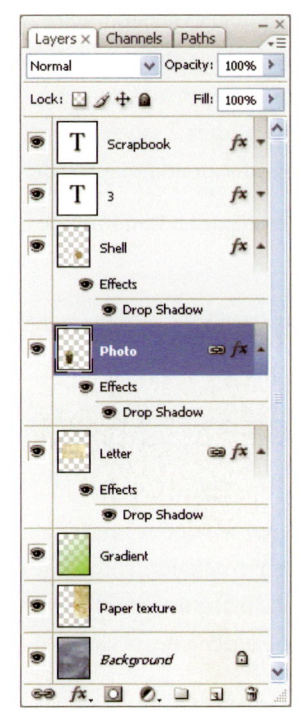

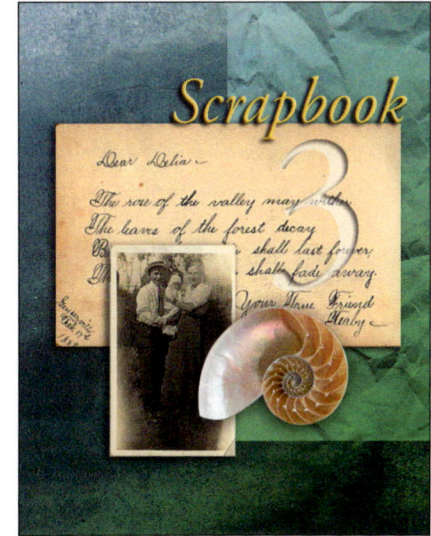

4 Repita o Passo 3 para adicionar uma sombra projetada à camada Shell.

5 Como um último passo, para fornecer um pouco mais de profundidade abaixo da camada Shell, dê um clique duplo no ícone do estilo de camada para abrir a caixa de diálogo Layer Styles. Selecione Drop Shadow na lista Styles e mude Size para **25** pixels. Clique em OK para aceitar a alteração e feche a caixa de diálogo.

Sua imagem final e a paleta Layers devem ser semelhantes à da figura acima.

Achate e salve arquivos

Depois de terminar de editar todas as camadas na sua imagem, você pode mesclar (merge) ou achatar (flatten) as camadas para reduzir o tamanho do arquivo. O achatamento combina todas as camadas em uma única camada de background. Entretanto, você não deve achatar uma imagem até ter certeza de que está satisfeito com todas as suas decisões de design. Em vez de achatar seus arquivos PSD originais, uma boa idéia é salvar uma cópia do arquivo com suas camadas intactas, caso você precise editar uma camada mais tarde.

Para verificar o que o achatamento faz, observe os dois números para o tamanho de arquivo na barra de status na parte inferior da janela de imagem.

Nota: *Clique na seta do menu pop-up da barra de status e escolha Show> Document Sizes se os tamanhos não aparecerem na barra de status.*

O primeiro número representa qual seria o tamanho do arquivo se você achatasse a imagem. O segundo número representa o tamanho do arquivo sem o achatamento. Esse arquivo de lição, se achatado, teria aproximadamente 918,5 KB, mas o arquivo atual na verdade é muito maior – cerca de 8,78 MB. Portanto, o achatamento vale a pena nesse caso.

1 Se a ferramenta Type (T) estiver atualmente selecionada na caixa de ferramentas, selecione outra ferramenta qualquer para certificar-se de que você não está mais no modo de edição de texto. Então escolha File > Save (se estiver disponível) para grarantir que todas as suas alterações sejam salvas no arquivo.

2 Escolha Image > Duplicate.

3 Na caixa de diálogo Duplicate Image, nomeie o arquivo **05Flat.psd** e clique em OK.

4 Deixe o arquivo 05Flat.psd aberto e feche o arquivo 05Working.psd.

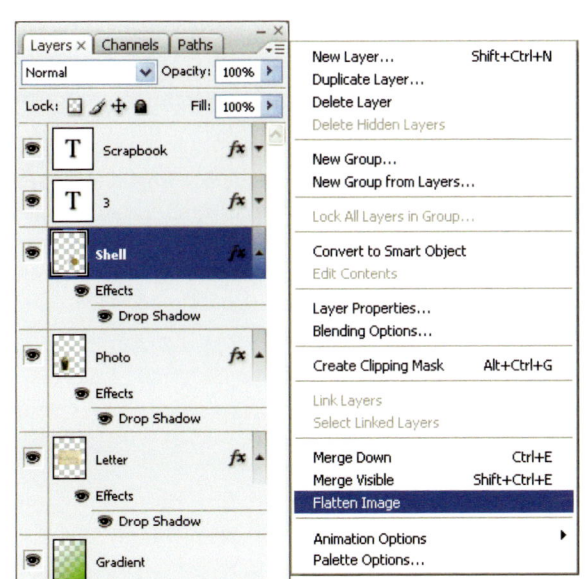

5 Escolha Flatten Image no menu da paleta Layers.

6 Escolha File > Save. Mesmo escolhendo Save, em vez de Save As, a caixa de diálogo Save As aparece.

7 Certifique-se de que a localização seja a pasta Lessons/Lesson05 e, então, clique em Save para aceitar as configurações padrão e salvar o arquivo achatado.

Você salvou duas versões do arquivo: a cópia achatada, com uma camada, e também o arquivo original, em que todas as camadas permanecem intactas.

> Se quiser mesclar apenas algumas camadas em um arquivo, clique nos ícones de olho para ocultar as camadas que você não quer mesclar e, então, escolha Merge Visible no menu da paleta Layers.

Sobre composições de camada

As composições de camada (layer comps) fornecem flexibilidade em um único clique ao alternar entre diferentes visualizações de um arquivo de imagem com múltiplas camadas. Uma composição de camada é simplesmente uma definição das configurações na paleta Layers. Depois de definir uma composição de camada, você pode mudar o número de configurações como quiser na paleta Layers e, então, criar outra composição de camada para preservar essa configuração das propriedades da camada. Em seguida, alternando de uma composição de camada para outra, você pode revisar rapidamente os dois designs. A elegância das composições de camada torna-se evidente quando você quer demonstrar um número de possíveis variações de design, por exemplo. Depois de criar algumas composições de camada, você pode revisar as variações no design sem precisar selecionar e remover tediosamente a seleção dos ícones de olho ou alterar configurações na paleta Layers.

Digamos, por exemplo, que você esteja fazendo o design de um folheto e produzindo uma versão em inglês e em francês. Você poderia posicionar o texto em francês em uma camada e o texto em inglês em outra no mesmo arquivo de imagem. Para criar duas composições de camadas diferentes, simplesmente ative a visibilidade da camada French e desative a da camada English e, então, clique no botão Create New Layer Comp na paleta Layer Comps. Em seguida, faça o inverso – ative a visibilidade da camada English e desative a da camada French e clique no botão New Layer Comp – para criar uma composição da camada English.

Para visualizar as diferentes composições de camada, clique na caixa Apply Layer comp ( ) para cada composição a fim de visualizá-las sucessivamente. Com um pouco de imaginação, você poderá perceber como isso economiza tempo em variações mais complexas. Composições de camada podem ser um recurso especialmente valioso quando o design está no fluxo ou quando você precisa criar várias versões do mesmo arquivo de imagem.

Parabéns! Seu trabalho na montagem da capa do álbum está pronto. Esta lição só começou a explorar as amplas possibilidades e a flexibilidade que você ganha depois de dominar a arte de utilizar as camadas do Photoshop. Você vai adquirir mais experiência e testar diferentes técnicas para camadas por quase todos os capítulos deste livro à medida que avança e, em especial, na Lição 10, "Camadas avançadas".

> ⭐ *CRÉDITO EXTRA Remova olhos fechados e poses ruins de um belo retrato de família com o recurso Auto Align Layers. Para uma visão geral desse recurso, assista ao filme Auto Align em QuickTime no CD do* Adobe Photoshop CS3 Classroom in a Book *em Movies/Auto Align.mov. Dê um clique duplo nesse arquivo para abri-lo e então clique no botão Play.*
>
> **1** Abra FamilyPhoto.PSD na sua pasta Lesson05.
>
> **2** Na paleta Layers, ative e desative a Layer 2 para ver as duas fotos semelhantes. Quando as duas camadas estão visíveis, a Layer 2 mostra o homem alto no centro piscando e as duas meninas na parte esquerda inferior olhando para longe. Você alinhará as duas fotos e, então, utilizará a ferramenta Eraser para remover as partes da foto na Layer 2 que você quer aprimorar.

3 Torne ambas as camadas visíveis e clique com a tecla Shift pressionada para selecioná-las. Escolha Edit > Auto-Align Layers; clique em OK para aceitar a opção Auto padrão. Agora clique dentro e fora no ícone do olho ao lado da Layer 2 para ver se as camadas estão perfeitamente alinhadas.

Agora a parte divertida. Você removerá partes indesejáveis da foto onde quer aprimorá-la.

4 Selecione a ferramenta Eraser na caixa de ferramentas e selecione um pincel de 45 pontos, macio, na barra de opções dessa ferramenta. Comece apagando o centro da cabeça do homem com os olhos fechados para exibir o rosto sorridente abaixo. Repita esse processo de apagar nas duas meninas com o olhar distante até que elas olhem para a câmera. Você criou um momento natural de uma família.

Revisão

▶ Perguntas

1 Qual é a vantagem do uso de camadas?

2 Quando você cria uma nova camada, onde ela aparece na pilha da paleta Layers?

3 Como você pode fazer com que uma arte-final em uma camada apareça na frente da arte-final em outra camada?

4 Como você pode manipular várias camadas simultaneamente?

5 Depois de completar seu trabalho, o que você pode fazer para diminuir o tamanho do arquivo sem alterar a qualidade ou as dimensões?

▶ Respostas

1 Camadas permitem mover e editar diferentes partes de uma imagem como objetos independentes. Você também pode ocultar camadas individuais à medida que trabalha em outras camadas clicando para remover os ícones de olho (👁) das camadas que você não precisa ver.

2 A nova camada sempre aparece imediatamente acima da camada ativa.

3 Você pode fazer com que uma arte-final em uma camada apareça na frente de uma arte-final em outra camada arrastando as camadas para cima ou para baixo na ordem de empilhamento na paleta Layers ou utilizando os subcomandos Layer > Arrange – Bring to Front, Bring Forward, Send to Back e Send Backward. Não é possível alterar, porém, a posição da camada de uma camada Background.

4 Você pode vincular as camadas selecionando as camadas pela paleta Layers. Em seguida, clique no ícone Link Layers presente na parte inferior da paleta Layers para vinculá-las. Depois de vinculadas, as duas camadas podem ser movidas, giradas e redimensionadas conjuntamente.

5 Você pode achatar a imagem, o que une todas as camadas em um único fundo. Uma boa idéia é duplicar os arquivos da imagem com as camadas intactas antes de compactá-la, caso você precise fazer alterações em uma camada posteriormente.

ZenGarden

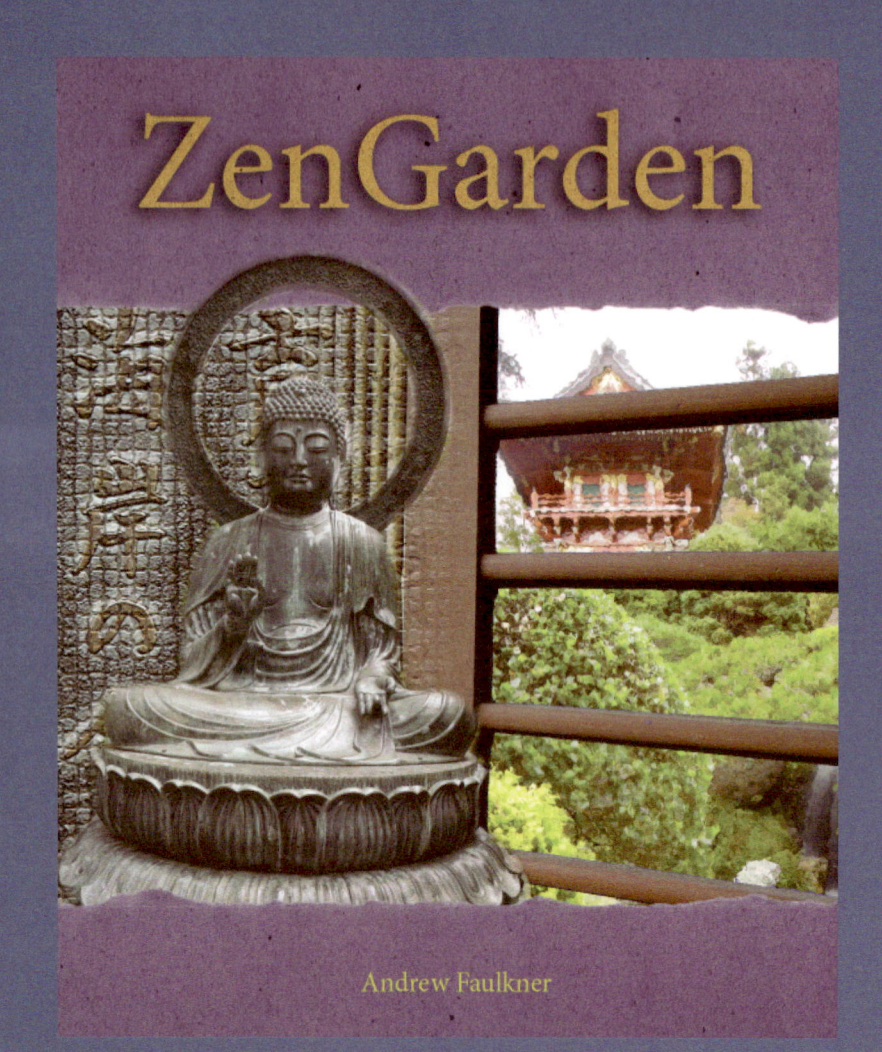

Andrew Faulkner

O Adobe Photoshop utiliza máscaras para isolar e manipular partes específicas de uma imagem. Uma máscara é como um molde. A parte de recorte da máscara pode ser alterada, mas a área que cerca o recorte permanece protegida contra alterações. Você pode criar uma máscara temporária para um único uso ou salvar máscaras para vários usos.

6 | Máscaras e Canais

Visão geral da lição

Nesta lição, você aprenderá a fazer o seguinte:

- Refinar uma seleção utilizando uma máscara rápida (Quick Mask).
- Salvar uma seleção como uma máscara de canal.
- Visualizar uma máscara utilizando a paleta Channels.
- Carregar uma máscara salva.
- Aplicar filtros, efeitos e modos de mesclagem a uma máscara.
- Mover uma imagem dentro de uma máscara.
- Criar uma máscara de camada.
- Pintar uma máscara para modificar uma seleção.
- Criar uma seleção complexa utilizando o recurso Extract.
- Criar e utilizar uma máscara de degradê.
- Isolar um canal para fazer correções específicas na imagem.
- Criar uma imagem de alta qualidade em tons de cinza misturando canais.

Esta lição levará aproximadamente 90 minutos para ser concluída. Se necessário, remova a pasta da lição anterior da unidade de disco e copie a pasta Lesson06 para ela. Ao trabalhar nesta lição, você preservará os arquivos iniciais. Se precisar restaurar os arquivos originais, copie-os do CD do *Adobe Photoshop CS3 Classroom in a Book*.

Trabalhe com máscaras e canais

As máscaras no Photoshop isolam e protegem partes de uma imagem, da mesma maneira que uma fita-crepe evita que um pintor de paredes pinte o vidro ou o batente de uma janela. Ao criar uma máscara com base em uma seleção, a área não-selecionada é *mascarada*, ou protegida contra edição. Com máscaras, você pode criar e salvar longas seleções para então utilizá-las novamente. Além disso, é possível utilizar máscaras para outras tarefas de edição complexas – por exemplo, para aplicar alterações de cores ou efeitos de filtro a uma imagem.

No Adobe Photoshop, você pode criar máscaras temporárias, chamadas *máscaras rápidas* (*quick masks*), ou criar máscaras permanentes e armazená-las como canais de tons cinza (ou escala de cinza) chamados *canais alpha*. O Photoshop também utiliza canais para armazenar informações sobre cores e sobre cores especiais (*spot color*) de uma imagem. Diferentemente das camadas, os canais não podem ser impressos. Você utiliza a paleta Channels para visualizar e trabalhar com canais alpha.

Um conceito fundamental no uso de máscaras é que o preto oculta e o branco revela. Como ocorre na vida, raramente algo é preto e branco. Então, tons de cinza ocultam parcialmente, dependendo dos níveis de cinza (255 é igual a preto (oculto), 0 é igual a branco (revelado)).

Introdução

Você começará a lição visualizando a imagem final que criará com máscaras e canais.

1 Inicie o Photoshop e então imediatamente pressione e mantenha pressionadas Ctrl+Alt+Shift (Windows) ou Command+Option+Shift (Mac OS) para restaurar as preferências padrão. (Consulte "Restaurando preferências padrão", na página 22.)

2 Quando solicitado, clique em Yes para confirmar a redefinição das preferências e em Close para fechar a tela Welcome.

3 Clique no botão Go To Bridge ( ) na barra de opções da ferramenta para abrir o Adobe Bridge.

4 Clique na aba Folders à esquerda da janela Bridge. Navegue até a pasta Lessons para onde você copiou os arquivos de exercícios do *Adobe Photoshop CS3 Classroom in a Book* e a selecione.

5 Escolha File > Add To Favorites para adicionar a pasta Lessons ao painel Favorites no lado esquerdo do Bridge. Se a pasta já estiver visível no painel Favorites, o item do menu exibirá "Remove From Favorites" e você poderá pular esse passo.

Além de acessar pastas e arquivos no painel Folder, você pode adicioná-los e recuperá-los como favoritos. Você também pode adicionar itens favoritos a partir do painel Content. O painel Favorites permite adicionar ícones dos arquivos de projeto, pastas, aplicativos e outros recursos que você utiliza com freqüência a fim de localizá-los rapidamente.

6 No painel Favorites no canto superior esquerdo do Bridge, clique em Lessons e, então, dê um clique duplo na pasta Lesson06 na área de visualização em miniatura.

7 Selecione o arquivo 06End.psd para que ele apareça no centro do painel Content e analise seu conteúdo.

Seu objetivo nesta lição é criar a capa de um livro intitulado "Zen Garden". Utilizaremos várias fotos – uma estátua do Buda, um templo japonês, uma cerca de bambu – e texto entalhado e então criaremos máscaras para combinar as fotos em uma única imagem. Também faremos seleções complexas das bordas rasgadas do papel que servirão como fundo da composição. O toque final será adicionar texto à capa que exibe a textura do papel.

8 Dê um clique duplo na miniatura 06Start.psd para abri-la no Photoshop.

Crie uma máscara rápida

Começaremos esta lição utilizando o modo Quick Mask para converter uma área de seleção em uma máscara temporária. Depois, você converterá essa máscara rápida temporária de volta em uma área de seleção. A menos que salve uma máscara rápida como uma máscara mais permanente de canal alpha, a máscara temporária será descartada depois de convertida em uma seleção.

1 Escolha File > Save As, renomeie o arquivo inserindo o nome **06Working.psd** e clique em Save. Clique em OK se um alerta de compatibilidade aparecer.

Salvar outra versão do arquivo inicial permite retornar ao original se necessário.

Você criará uma máscara da estátua do Buda para que possa separá-la do fundo e colá-la na frente de um novo fundo.

2 Na paleta Layers, clique no nome da camada Buddha para selecionar a camada.

3 Clique no botão Quick Mask Mode ( ) na caixa de ferramentas (por padrão, você tem trabalhado no modo Standard).

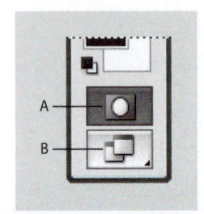

A. Modo Standard
B. Modo Change Screen

No modo Quick Mask, aparece uma sobreposição vermelha mascarando e protegendo a área fora da seleção da maneira como empresas tradicionais de impressão utilizam o *rubylith*, ou acetato, para mascarar imagens. Você só pode aplicar alterações na área não-protegida que está visível e selecionada. Observe também que a camada selecionada na paleta Layers parece cinza, indicando que você está no modo Quick Mask.

4 Na caixa de ferramentas, selecione a ferramenta Brush ( ).

5 Na barra de opções de ferramenta, certifique-se de que o modo é Normal. Então, clique na seta para exibir a paleta pop-up Brushes e selecione um pincel macio, grande e com um diâmetro de 65 pixels. Clique fora da paleta para fechá-la.

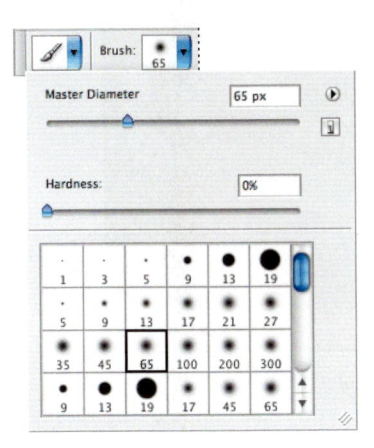

Utilizaremos esse pincel grande para criar a forma aproximada de uma máscara e refiná-la no próximo exercício.

6 Na imagem, arraste a ferramenta Brush para pintar uma máscara em torno do halo; o tamanho do pincel deve corresponder à largura do halo. Uma sobreposição vermelha aparece onde você pintar, indicando a máscara que está criando.

No modo Quick Mask, o Photoshop automaticamente assume o modo Grayscale por padrão, com uma cor de primeiro plano preta e uma cor de fundo branca. Ao utilizar uma ferramenta de pintura ou edição no modo Quick Mask, lembre-se destes princípios:

- Pintar com preto adiciona à máscara (a sobreposição vermelha) e diminui a área selecionada.
- Pintar com branco apaga a máscara (a sobreposição vermelha) e aumenta a área selecionada.
- Pintar com cinza adiciona parcialmente à máscara.

7 Continue pintando com a ferramenta Brush para adicionar a estátua do Buda à máscara. Não inclua o fundo.

Não se preocupe se pintar fora do contorno da estátua. Você fará o ajuste fino da máscara no próximo exercício.

8 No grupo de paletas Layer, clique na aba Channels para exibir essa paleta ou escolha Window > Channels. Se necessário, expanda a paleta arrastando seu canto direito mais para baixo para poder ver toda a paleta.

Na paleta Channels, os canais com informações das cores padrão são listados – um canal de visualização colorido para a imagem CMYK e canais separados para ciano, magenta, amarelo e preto.

Nota: *Para ocultar e exibir canais individuais das cores, clique nos ícones de olho ( ) na paleta Channels. Quando o canal CMYK está visível, os ícones de olho também aparecem para os quatro canais individuais e vice-versa. Se ocultar um canal individual, o ícone de olho para a composição (o canal CMYK) também desaparecerá.*

9 Na paleta Channels, observe que essa máscara rápida aparece como um novo canal alpha, chamado QuickMask. Lembre-se de que esse canal é temporário: a menos que você o salve como uma seleção, a máscara rápida desaparecerá assim que você remover a seleção.

Edite uma máscara rápida

Em seguida, você refinará a seleção da estátua adicionando ou removendo partes da área mascarada. Você utilizará a ferramenta Brush para fazer as alterações na sua máscara rápida. A vantagem de editar sua seleção como uma máscara é que você pode utilizar quase todas as ferramentas ou filtros para modificar a máscara (você pode até mesmo utilizar ferramentas de seleção).

Adicione a uma seleção apagando áreas mascaradas

Continuaremos a trabalhar no modo Quick Mask. No modo Quick Mask, você faz todas as suas edições na janela da imagem.

1 Na barra de opções dessa ferramenta, selecione um pincel macio com diâmetro menor que 45 pixels no menu pop-up Brushes.

Você alternará várias vezes entre pincéis durante esta lição. Para exibir rapidamente as opções de pincéis, clique no ícone da paleta Brushes ( ) no canto superior direito da tela para abri-la. Para reduzir a paleta a um ícone, clique na seta de duas pontas ( ) no canto superior direito da paleta.

2 Clique no botão Switch Foreground And Background Colors ( ) acima das caixas de seleção das cores do primeiro plano e do fundo. Para apagar a máscara, pinte-a com branco.

3 Utilizando os atalhos pelo teclado, pressione barra de espaço+Ctrl (Windows) ou barra de espaço+Command (Mac OS) e amplie o halo do Buda.

4 Remova qualquer detalhe da árvore que possa aparecer na borda da estátua.

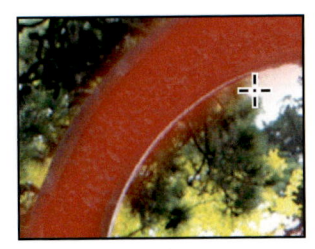

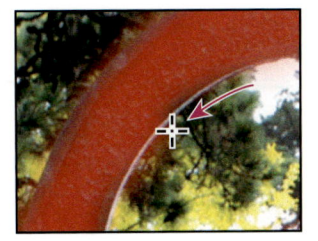

Julieanne Kost é divulgadora oficial do Adobe Photoshop.

DICAS DE FERRAMENTAS DE UM DIVULGADOR DO PHOTOSHOP

> **Atalhos da ferramenta Zoom**

Freqüentemente, ao editar uma imagem, você precisará ampliá-la a fim de trabalhar em um detalhe e então reduzi-la novamente para ver as alterações no contexto. Eis os vários atalhos pelo teclado que tornam a ampliação ainda mais rápida e mais fácil de utilizar.

• Pressione Ctrl+barra de espaço (Windows) ou Command+barra de espaço (Mac OS) para selecionar temporariamente a ferramenta Zoom In a partir do teclado. Ao terminar de ampliar, solte as teclas para retornar à ferramenta que você estava utilizando.

• Pressione Alt+barra de espaço (Windows) ou Option+barra de espaço (Mac OS) para selecionar temporariamente a ferramenta Zoom Out a partir do teclado. Ao terminar de ampliar, solte as teclas para retornar à ferramenta que você estava utilizando.

• Na caixa de ferramentas, dê um clique duplo na ferramenta Zoom para retornar a imagem a uma visualização de 100%.

• Mantenha Alt (Windows) ou Option (Mac OS) pressionada para mudar da ferramenta Zoom In para a ferramenta Zoom Out e clique na área da imagem que você quer reduzir. Cada clique com o Alt/Option pressionado reduz a imagem de acordo com próximo incremento predefinido.

• Com uma ferramenta qualquer selecionada, pressione Ctrl+sinal de adição (Windows) ou Command+sinal de adição (Mac OS) para ampliar ou pressione Ctrl+sinal de menos ou Command+sinal de menos para reduzir.

5 Se cometer um erro e remover parte da estátua, clique no botão Switch Foreground and Background Colors ( ) acima das caixas de seleção das cores de primeiro plano e de fundo. Repinte então todos os detalhes necessários.

Atalho: Pressione X para mudar a cor de primeiro plano para branco e a cor do fundo para preto e vice-versa.

6 Continue pintando ao longo das bordas que são muito suaves ou que não contêm detalhes até você ficar satisfeito com os resultados.

7 Clique no botão Quick Mask Mode ( ) na caixa de ferramentas para mudar para o modo Standard e ver como pintar a máscara altera a área selecionada. Observe que a borda de seleção aumenta para incluir mais da estátua.

💡 *Para uma borda mais nítida, utilize um pincel de pontas duras menor e continue adicionando e subtraindo partes da imagem até a borda estar bem definida. Ou utilize a ferramenta Eraser para remover qualquer excesso de seleção.*

Editando máscara no modo Standard   *Seleção Quick Mask*

Se alguma área dentro da estátua ainda parecer selecionada, isso significa que você não apagou toda a máscara. Continuaremos a refinar essa máscara nos próximos passos.

Subtraia de uma seleção mediante adição de áreas mascaradas

Se você apagou a máscara além das bordas da estátua, parte do fundo será incluída na seleção. Você corrigirá esses defeitos retornando ao modo Quick Mask, restaurando a máscara de acordo com essas áreas de borda e pintando com preto.

1 Clique no botão Quick Mask Mode (◻) para retornar ao modo Quick Mask.

2 Pressione X para inverter as cores de primeiro plano e de fundo para que a amostra de cor preta apareça na parte superior. Lembre-se de que na janela da imagem, pintar com preto adicionará à sobreposição vermelha.

3 Escolha um pincel pequeno, de cantos duros, como os de 9 ou 13 pixels, na paleta pop-up Brushes.

4 Pinte com preto para restaurar a máscara (a sobreposição vermelha) a qualquer área do fundo que continue desprotegida. Continue trabalhando até que somente a área dentro da estátua permaneça não-mascarada e você esteja completamente satisfeito com a seleção da máscara.

Lembre-se de que você pode ampliar e reduzir a visualização à medida que trabalha. Você também pode alternar entre o modo Standard e o Quick Mask.

Nota: No modo Quick Mask, também é possível utilizar a ferramenta Eraser para eliminar qualquer seleção em excesso.

Pintando com preto para restaurar a máscara

5 Na caixa de ferramentas, clique no botão Quick Mask ( ) para retornar ao modo Standard e visualizar sua seleção final da estátua.

6 Dê um clique duplo na ferramenta Hand ( ) para fazer a imagem da estátua se ajustar na janela.

Salve uma seleção como uma máscara

Máscaras rápidas são temporárias. Elas desaparecem assim que você elimina a seleção. Entretanto, você pode salvar uma seleção como uma máscara de canal alpha para que seu longo trabalho não seja perdido e para que você possa reutilizar a seleção nessa sessão de trabalho ou em uma posterior. É possível até mesmo utilizar canais alpha em outros arquivos de imagem do Photoshop.

Para evitar confundir canais com camadas, pense nos canais como contendo informações de cores e seleção de uma imagem; pense na camada como contendo pintura e efeitos.

Nota: Se salvar e fechar um arquivo no modo Quick Mask, a máscara rápida será exibida em um canal próprio na próxima vez que você abrir o arquivo. Mas, se salvar e fechar seu arquivo no modo Standard, a máscara rápida não será exibida na próxima vez que abrir seu arquivo.

1 Com a seleção da estátua (modo Standard) ainda ativa na janela da imagem, clique no botão Save Selection As Channel (◻) na parte inferior da paleta Channels.

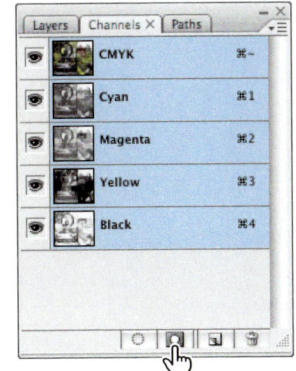

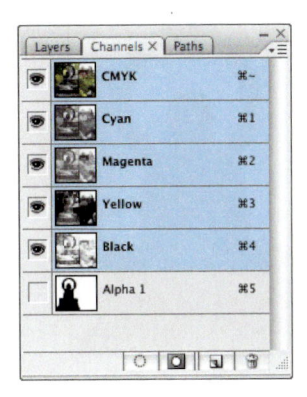

Um novo canal, Alpha 1, aparece na parte inferior da paleta Channels.

Utilizando canais alpha

Vale notar estes fatos úteis sobre os canais alpha:

- Uma imagem pode conter até 56 canais, incluindo todos os canais alpha e cores.
- Todos os canais são imagens de 8 bits em tons de cinza, capazes de exibir 256 níveis de cinza.
- Você pode especificar nome, cor, opção de máscara e opacidade para cada canal (a opacidade afeta a visualização do canal, não a imagem).
- Todos os novos canais têm as mesmas dimensões e número de pixels da imagem original.
- Você pode editar a máscara em um canal alpha utilizando as ferramentas de pintura, ferramentas de edição e filtros.
- Você pode converter canais alpha em canais de cor chapada (*spot-color*).

2 Dê um clique duplo no canal Alpha 1, digite **Statue** para renomeá-lo e pressione Enter ou Return.

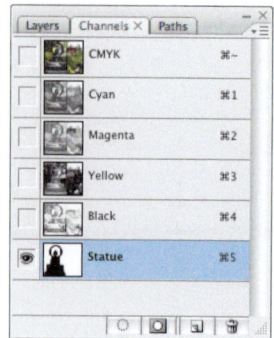

Quando você selecionar o canal, o Photoshop exibe uma representação P&B da seleção na janela de imagem e oculta todos os canais das cores.

3 Escolha Select > Deselect para remover a seleção da estátua.

4 Escolha File > Save para salvar seu trabalho.

Dicas sobre mascaramento e atalhos

Eis algumas informações úteis sobre máscaras e mascaramento.

• Máscaras são não-destrutivas, o que significa que você pode voltar e reeditar as máscaras mais tarde sem perder os pixels que elas ocultam.

• Ao editar uma máscara, fique atento às cores selecionadas na caixa de ferramentas. Preto oculta, branco revela e tons de cinza ocultam ou revelam parcialmente. Quanto mais escuro o cinza, maior será o ocultamento na máscara.

• Para exibir o conteúdo de uma camada sem os efeitos de mascaramento, desative a máscara mantendo Shift pressionada e clicando na miniatura da máscara da camada, ou escolha Layer > Layer Mask > Disable. Um X vermelho aparece sobre a miniatura da máscara na paleta Layers quando a máscara é desativada.

• Para ativar uma máscara de camada, clique com Shift pressionada na miniatura da máscara da camada com o *X* vermelho na paleta Layers ou escolha Layer > Layer Mask > Enable. Se a máscara não aparecer na paleta Layers, escolha Layer > Layer Mask > Reveal All para exibi-la.

• Desvincule as camadas e as máscaras movendo as duas independentemente e mantenha os limites entre as máscaras e a camada separados. Para desvincular uma camada ou um grupo da sua máscara de camada ou máscara vetorial, clique no ícone de link, ou vínculo, entre as miniaturas na paleta Layers. Para revinculá-las, clique no espaço em branco entre as duas miniaturas.

• Para converter uma máscara vetorial em uma máscara de camada, selecione a camada que contém a máscara vetorial que será convertida e escolha Layer > Rasterize > Vector Mask. Mas observe que, depois de rasterizar uma máscara vetorial, ela não poderá ser reconvertida em um objeto vetorial.

Visualize canais

Você está pronto para montar um fundo para a capa do seu livro utilizando uma máscara para ocultar elementos indesejáveis. Começaremos examinando cada canal na imagem para determinar que canal oferece mais contraste para a máscara que você está para criar.

1 Arraste a paleta Layers pelo seu nome a fim de tirá-la da pilha e posicioná-la ao lado da paleta Channels. Expanda as duas paletas, se necessário, para ver todo o conteúdo.

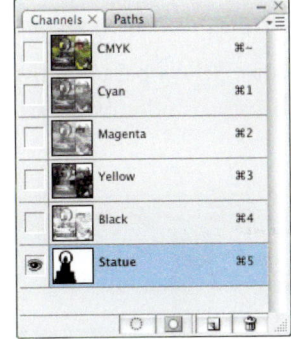

2 Na paleta Layers, clique com a tecla Alt (Windows) ou Option (Mac OS) pressionada no ícone de olho (👁) ao lado da camada Background para ocultar todas as outras camadas. Selecione a camada Background.

3 Clique na aba da paleta Channels para ativar a paleta e, então, clique no canal CMYK para selecioná-lo.

4 Na paleta Channels, clique na coluna do ícone de olho ao lado do canal Cyan. Você desativou os canais da composição e do Cyan e está vendo a combinação dos canais Magenta, Yellow e Black.

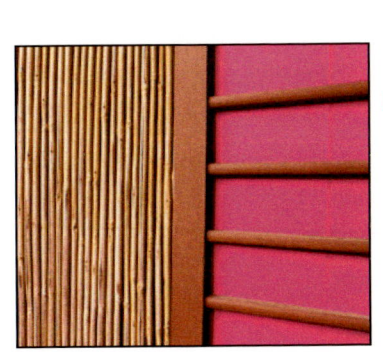

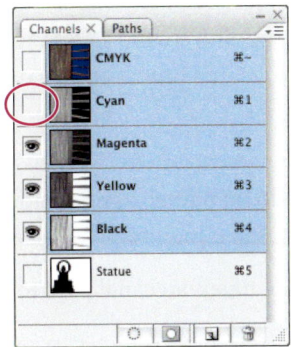

Se visualizar uma combinação dos canais, eles aparecerão em cores, quer você esteja ou não visualizando seus canais em cores.

Nota: Você pode exibir os canais nas suas respectivas cores (vermelho, verde e azul; ou ciano, magenta, amarelo e preto) escolhendo Edit > Preferences > Interface (Windows) ou Photoshop > Preferences > Interface (Mac OS) e, então, selecionando a opção Show Channels In Color. Isso pode ajudá-lo a conceituar a maneira como canais individuais das cores contribuem para uma imagem composta. Entretanto, como você está trabalhando com as informações de tons de cinza do canal, para evitar distrações, desative a visualização das cores.

5 Clique perto dos canais Magenta e Yellow para desativá-los. Somente o canal Black permanece visível. (Você não pode desativar todos os canais em uma imagem; pelo menos um deve permanecer visível.)

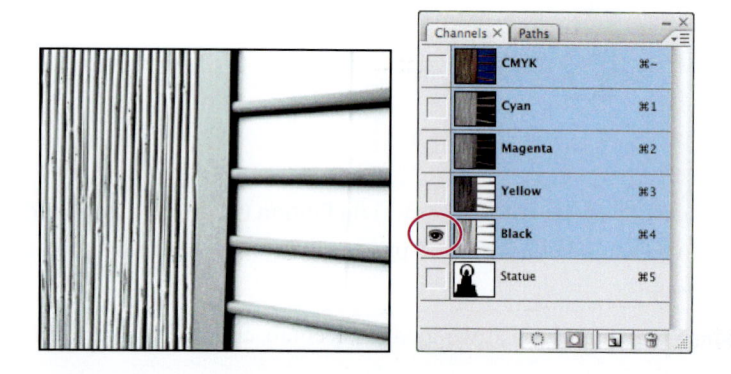

Canais individuais aparecem em tons de cinza. Em tons de cinza, você pode avaliar os valores tonais dos componentes coloridos dos canais da cor e decidir qual canal é o melhor candidato a correções.

6 Na paleta Channel, clique no nome do canal Yellow para desativar o canal Black e ativar o canal Yellow, e, então, examine o contraste na imagem. Repita esse passo para os canais Magenta e Cyan. O que você está procurando é o canal que oferece a seleção mais fácil para o fundo azul.

Observe que em todos os canais, exceto Cyan, os painéis têm uma faixa escura vertical. O canal Cyan mostra o fundo do painel como preto sólido. O preto sólido oferece mais contraste, tornando o canal Cyan o mais fácil de selecionar.

Você aplicará um ajuste de níveis ao canal para torná-lo mais fácil de selecionar.

Ajuste canais individuais

Agora que identificou o canal Cyan como o canal com mais contraste, você copiará e fará ajustes na cópia.

1 Certifique-se de que apenas o canal Cyan está visível na paleta Channels. Arraste o canal Cyan até o botão New Channel (⬛) na parte inferior da paleta Channels para criar uma cópia. Um canal chamado Cyan Copy aparece na paleta Channels.

Você isolará os painéis pretos com um ajuste de níveis.

2 Escolha Image > Adjustments > Levels para exibir a caixa de diálogo Levels. Observe a parte quase plana do histograma: isolaremos esses valores.

3 Arraste o controle deslizante de preto (sombras) para a direita até o ponto em que o preto começa a tornar-se nivelado no lado esquerdo do histograma; arraste o controle deslizante de branco (tons claros) para esquerda até onde os valores de preto começam a ficar nivelados no lado direito do histograma (utilizamos valores de 23, 1.00 e 45). A visualização mostra a imagem como preto e branco. Clique em OK.

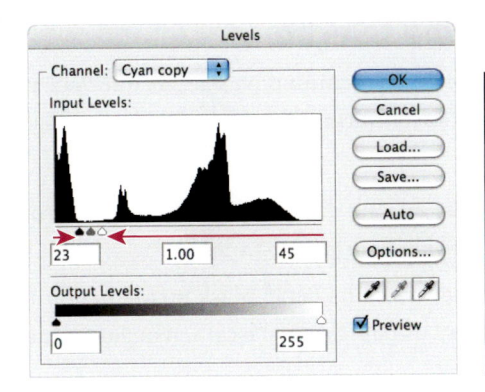

Você nomeará o canal para monitorar seu trabalho.

4 Na paleta Channels, dê um clique duplo no nome Cyan Copy e o renomeie para **Panel Mask**.

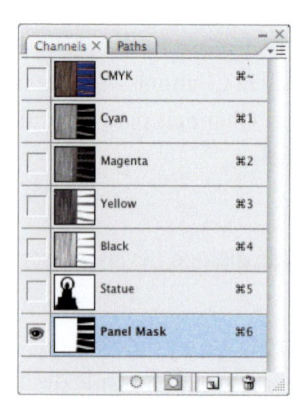

5 Escolha File > Save para salvar seu trabalho até agora.

Carregue uma máscara como uma seleção

Você carregará a máscara do canal que acabou de criar como uma seleção, que você poderá então converter em uma máscara de camada (Layer Mask). Uma máscara de camada permite editar a camada em relação à seleção.

1 Na paleta Layers, clique no ícone de olho (👁) ao lado da camada Garden para torná-la visível e, então, clique no nome da camada Garden para selecioná-la.

2 Escolha Select > Load Selection. Para Channel, escolha Panel Mask no menu pop-up. Selecione Invert a fim de inverter a seleção para os painéis de máscara, não para o fundo. Clique em OK.

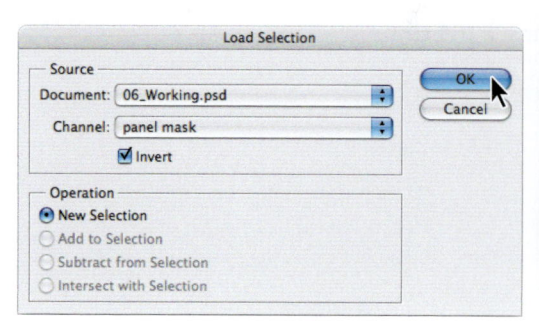

Um contorno de seleção aparece na imagem.

3 Com a seleção ativa, na parte inferior da paleta Layers, clique no botão Add Layer Mask (◻) para mascarar a seleção.

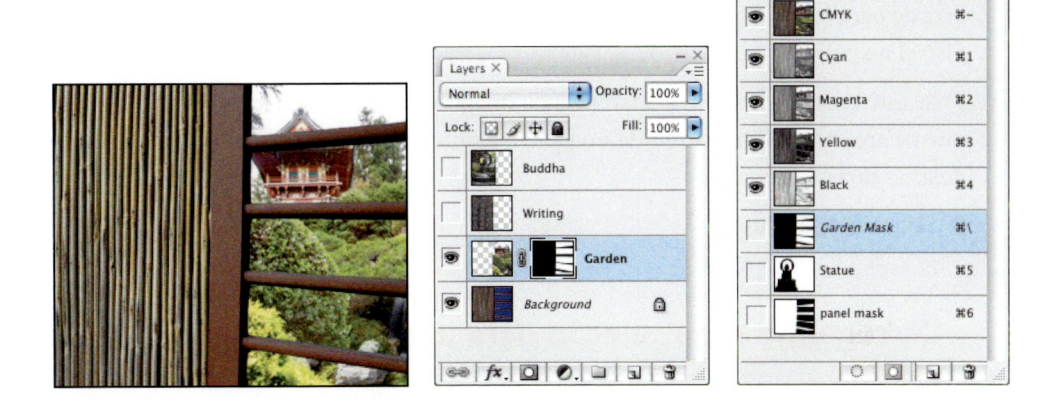

Observe que a paleta Channels exibe um novo canal chamado Garden Mask. Contanto que a camada Garden esteja selecionada, a paleta Channels exibirá a máscara dessa camada.

4 Na paleta Layers, clique no ícone Link (🔗) entre a miniatura da imagem e a miniatura da máscara para desvincular as duas.

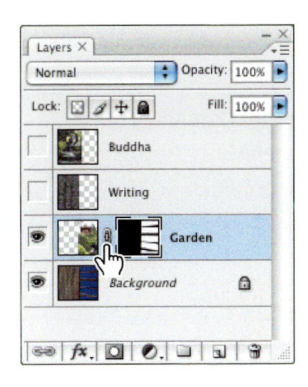

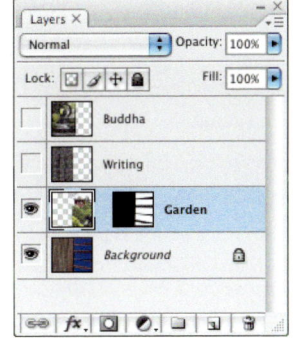

5 Clique na miniatura da imagem para ativá-la.

Você precisa saber reposicionar o templo dentro da máscara.

6 Selecione a ferramenta Move () na caixa de ferramentas. Com a seleção ainda ativa, arraste para reposicionar a imagem dentro da máscara de modo que o pico do templo esteja visível no painel superior.

7 Se estiver satisfeito com a aparência da imagem dentro da máscara, na paleta Layers clique na área entre a miniatura da imagem e a miniatura da máscara da camada para revincular as duas.

8 Salve seu trabalho.

Carregando uma seleção para uma imagem por meio de atalhos

Você pode reutilizar uma seleção previamente salva carregando-a para uma imagem. Para carregar uma seleção salva utilizando atalhos, escolha o que fazer na paleta Channels:

- Selecione o canal alpha, clique no botão Load Channel As Selection na parte inferior da paleta e, então, clique no canal da cor de composição próximo da parte superior da paleta.

- Arraste o canal que contém a seleção que você quer carregar para o botão Load Channel As Selection.

- Clique com a tecla Ctrl (Windows) ou Command (Mac OS) pressionada no canal que contém a seleção que você quer carregar.

- Para adicionar a máscara a uma seleção existente, pressione Ctrl+Shift (Windows) ou Command+Shift (Mac OS) e clique no canal.

- Para subtrair a máscara de uma seleção existente, pressione Ctrl+Alt (Windows) ou Command+Option (Mac OS) e clique no canal.

- Para carregar a interseção da seleção salva e uma seleção existente, pressione Ctrl+Alt+Shift (Windows) ou Command+Option+Shift (Mac OS) e selecione o canal.

Aplique filtros a uma máscara

Em seguida, você refinará a seleção dos painéis aplicando um filtro. Você trabalhou no modo CMYK para isolar o canal Cyan. Agora converterá a imagem para o modo RGB a fim de aplicar um filtro RGB pela Filter Gallery. Há um número limitado de filtros disponíveis no modo CMYK; os filtros na Filter Gallery só funcionam em imagens RGB.

1 Na paleta Channels, certifique-se de que o canal composto CMYK está selecionado.

2 Escolha Image > Mode > RGB. No alerta, clique em Don't Flatten. A imagem é convertida em RGB. Se um alerta de compatibilidade aparecer, clique em OK.

3 Escolha Filter > Filter Gallery para exibir a caixa de diálogo Filter Gallery.

4 Na Gallery, clique na seta à esquerda da pasta Distort para exibir os filtros. Clique então em Glass. Configure Distortion como 2 e Smoothness como 4 para que se pareça com vidro em um dia chuvoso. Clique em OK.

Aplique efeitos com uma máscara de degradê

Agora, você criará uma máscara de degradê e a utilizará para aplicar um filtro que se funde gradualmente à imagem.

Além de utilizar preto, para indicar o que está oculto, e branco, para indicar o que está selecionado, você pode pintar com tons de cinza para indicar uma transparência parcial. Por exemplo, se pintar em uma máscara com um tom de cinza que está na metade entre o branco e o preto, a imagem subjacente torna-se parcialmente (50% ou mais) visível.

1 Na paleta Layers, clique no ícone de olho (👁) à esquerda da camada Writing para exibi-la com uma imagem de letras orientais impressas em bronze. Clique no nome da camada para selecioná-la.

2 Na parte inferior da paleta Layers, clique no botão Add Layer Mask (▣) para adicionar uma máscara de camada à camada Writing.

3 Clique na miniatura da máscara de camada Writing para selecioná-la. Uma borda preta aparece em torno da máscara de camada, indicando que ela, não a imagem, está selecionada. Queremos aplicar um efeito à máscara, não à imagem.

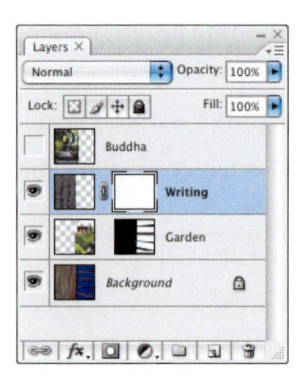

4 Clique na ferramenta Gradient (▭) na caixa de ferramentas para selecioná-la. Na barra de opções dessa ferramenta na parte superior, certifique-se de que o degradê padrão linear, e White to Black, está selecionado.

5 Na janela de imagem, mantenha pressionada a tecla Shift e arraste o degradê horizontalmente a partir do meio do lado esquerdo da imagem para a direita, onde a parede cruza a janela. Observe que a miniatura da máscara de camada agora exibe o degradê.

Esse degradê revelará gradualmente (onde a máscara é branca) o filtro que você adicionará à imagem Writing e ocultará gradualmente o efeito (onde a máscara é preta). Valores em pixel do degradê que diminuem de 255 (preto) para 0 (branco) revelam gradualmente mais do que está sob a máscara.

Agora você adicionará um filtro à máscara.

6 Certifique-se de que a borda preta ainda aparece em torno da máscara de camada indicando que ela, não a miniatura da camada, está selecionada.

7 Escolha Filter > Filter Gallery. Se necessário, clique no botão de seta para a esquerda à esquerda da pasta Texture a fim de expandir seu conteúdo. Clique em Mosaic Tiles e ajuste as configurações (utilizamos Tile Size, 18; Grout Width, 4; e Lighten Grout, 1). Clique em OK.

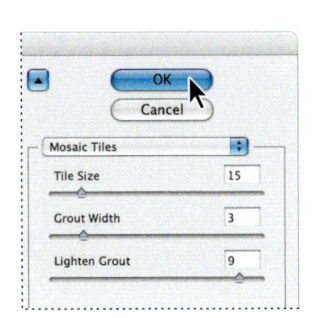

8 Escolha File > Save para salvar seu trabalho.

Redimensione a área do arquivo

Em seguida, você adicionará mais área (canvas size) à imagem para poder criar um fundo para o título e linha de crédito da capa.

1 Certifique-se de que a cor do fundo está configurada como branco na caixa de ferramentas. (Para configurá-la rapidamente, clique no botão Default Colors na caixa de ferramentas e, então, pressione X para inverter as cores de modo que o fundo fique branco.)

2 Escolha Image > Canvas Size. Na caixa de diálogo Canvas Size, selecione Relative para adicionar ao tamanho da imagem existente. Insira uma Height (altura) de 2 polegadas. Na área Anchor, clique no quadrado central inferior para adicionar tela de pintura centralizada a essa área. Clique em OK.

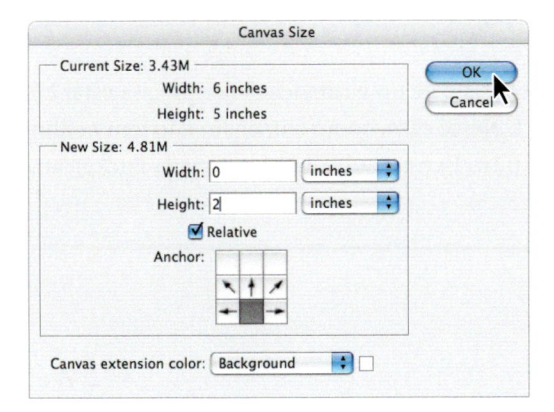

Repita o Passo 2 para adicionar mais área à parte inferior da imagem.

3 Escolha Image > Canvas Size. Na caixa de diálogo Canvas Size, certifique-se de que Relative continua selecionado, altere a Height para 1 polegada e, na área Anchor, clique no quadrado superior central. Clique em OK.

Extraia a textura do papel

Você adicionará um fundo de papel rasgado na área da imagem que acabou de criar. O papel foi digitalizado contra um fundo branco. Uma maneira de mascarar uma borda delicada é utilizar o recurso Extract.

O comando Extract fornece uma maneira sofisticada de isolar um objeto de primeiro plano do seu fundo. Mesmo objetos com bordas fragmentadas, complexas ou difíceis de definir podem ser tirados dos seus fundos com o mínimo de esforço.

1 Clique no botão Go To Bridge ( ) para pular para o Adobe Bridge, localize o arquivo de imagem 06Paper.psd na pasta Lessons/Lesson06 e dê um clique duplo na sua visualização em miniatura para abri-lo no Photoshop.

Você começará com uma imagem que consiste de uma camada. Você precisa estar em uma camada para utilizar o comando Extract. Nesse caso, como a imagem não tem nenhuma camada – isso é, ela só tem um fundo – o filtro Extract substituirá a camada Background por uma nova camada.

Nota: *A imagem do papel tem a mesma resolução do arquivo Start, 72 ppi. Para evitar resultados inesperados ao combinar elementos a partir de múltiplos arquivos, você precisa utilizar arquivos com a mesma resolução de imagem ou compensar diferentes resoluções. Por exemplo, se sua imagem original tiver 72 ppi e você adicionar um elemento a partir de uma imagem de 144 ppi, o elemento adicional aparecerá com um tamanho duas vezes maior. Para informações sobre resoluções, consulte "Pixel dimensions and image resolution" no Photoshop Help.*

2 Escolha Filter > Extract. A caixa de diálogo Extract aparece com a ferramenta Edge Highlighter ( ) selecionada na área superior esquerda da caixa de diálogo.

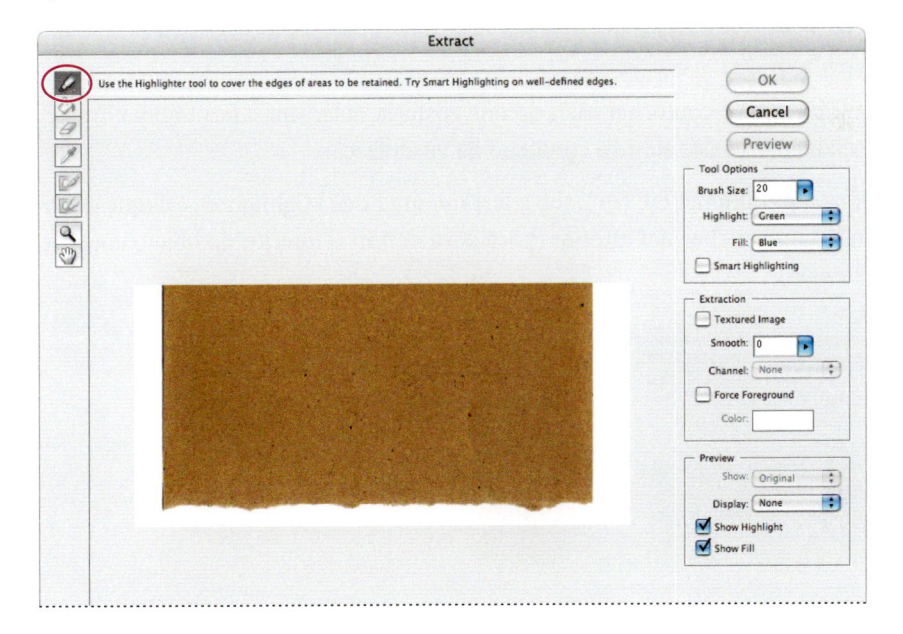

A caixa de diálogo Extract permite destacar as bordas do objeto, definir o interior do objeto e visualizar a extração. Você pode refinar e visualizar a extração quanto quiser.

Se necessário, redimensione a caixa de diálogo arrastando seu canto inferior direito.

3 No lado direito da caixa de diálogo, localize a opção Brush Size e então digite um valor ou arraste o controle deslizante até 97 pixels.

4 Utilizando a ferramenta Edge Highlighter, pinte ao longo da borda branca em torno de todo o pedaço de papel, sobrepondo ligeiramente sua borda. O contorno verde deve resultar em uma forma fechada em torno do pedaço de papel.

Se cometer um erro e contornar mais do que gostaria, selecione a ferramenta Eraser ( ) na caixa de diálogo e arraste sobre o contorno na visualização.

5 Selecione a ferramenta Fill ( ), sob a ferramenta Edge Highlighter, e clique dentro do contorno para preencher seu interior (você deve definir o interior do objeto antes de visualizar a extração).

A cor padrão de preenchimento (azul brilhante) contrasta bem com a cor de contorno (highlight) da borda (verde). Você pode alterar qualquer uma dessas cores se precisar de mais contraste com as cores da imagem utilizando os menus pop-up Highlight e Fill na caixa de diálogo Extract.

6 Clique em OK para aplicar a extração. Layer 0 aparece na paleta Layers, substituindo a camada Background.

A janela de imagem exibe a área extraída contra o padrão xadrez, que indica transparência.

Depois de extrair uma imagem, você também pode utilizar as ferramentas Background Eraser e History Brush para eliminar todas as bordas desnecessárias na imagem.

7 Escolha File > Save para salvar o trabalho até agora.

> *Um método alternativo de criar seleções complexas é selecionar as áreas pela cor. Para fazer isso, escolha Select > Color Range. Então, utilize as ferramentas de conta-gotas da caixa de diálogo Color Range para obter uma amostra das cores para sua seleção. Você pode obter uma amostra na sua janela da imagem ou na janela de visualização.*

Refinando uma seleção na caixa de diálogo Extract

Para refinar sua seleção, edite os limites de extração com estas técnicas:

- Alterne entre as visualizações Original e Extracted utilizando o menu Show.
- Clique em uma área preenchida com a ferramenta Fill para remover o preenchimento.
- Selecione a ferramenta Eraser ( ) e arraste para remover todos os contornos indesejáveis.
- Selecione as opções Show Highlight e Show Fill para visualizar as cores do contorno e preenchimento; desmarque as opções para ocultá-las.
- Amplie sua seleção com a ferramenta Zoom. Então, utilize um tamanho menor de pincel à medida que você edita, alternando entre a ferramenta Edge Highlighter e a ferramenta Eraser conforme necessário para obter um trabalho mais preciso.
- Alterne rapidamente entre as ferramentas Edge Highlighter e Eraser se uma delas estiver selecionada pressionando B (Edge Highlighter) ou E (Eraser).
- Mude para um pincel menor inserindo um tamanho diferente na opção Brush Size e continue a refinar a borda de seleção utilizando a ferramenta Edge Highlighter ou, para apagar, a ferramenta Eraser.

Mova camadas entre documentos

Freqüentemente, você precisará mover camadas entre um documento do Photoshop e outro. É muito fácil fazer isso. Aqui, você moverá a textura do papel que acabou de extrair para a composição da capa do livro a fim de adicionar uma textura de fundo.

1 Com suas imagens 06Working e Paper visíveis na tela, certifique-se de que a imagem Paper está ativa.

2 Arraste Layer 0 a partir da paleta Layers da imagem Paper para o centro da imagem 06Working. A camada é adicionada como Layer 1, um pouco abaixo da camada superior, Buddha.

3 Na paleta Layers, selecione o nome da camada e renomeie-a **Paper**.

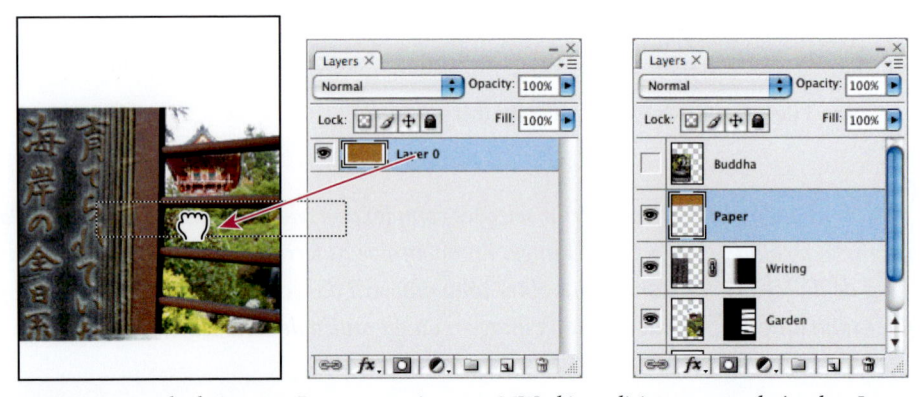

Arrastar a camada da imagem Paper para a imagem 06Working adiciona a camada à paleta Layers.

4 Escolha View > Rulers. Arraste uma guia de régua para baixo da parte superior do documento até 2 ¼".

5 Selecione a ferramenta Move ( ) na caixa de ferramentas. Mova o papel para centralizá-lo na parte superior da capa do livro para que a borda na parte inferior do papel se alinhe com a guia de 2 ¼".

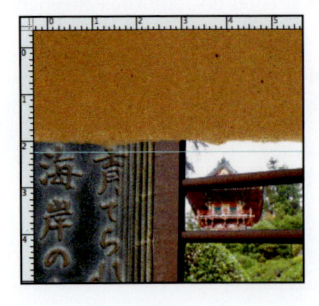

Crie uma camada de ajuste para colorir

Agora você criará uma camada de ajuste para colorir o papel.

1 Na paleta Layers, certifique-se de que a camada Paper está selecionada.

2 Na parte inferior da paleta Layers, clique no botão Create New Fill Or Adjustment Layer (◐) para criar uma camada de ajuste. Escolha Hue/Saturation no menu pop-up.

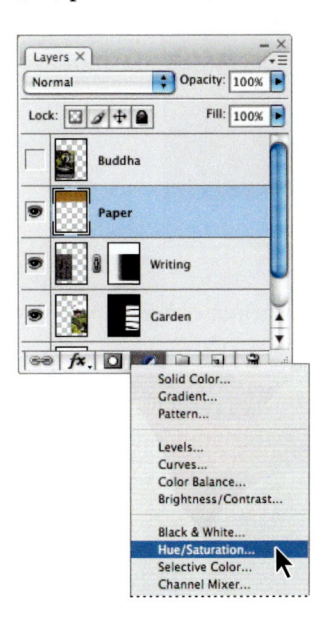

3 Na caixa de diálogo Hue/Saturation, insira estes valores para aplicar uma tonalidade roxa ao papel: Hue: –125, Saturation –56, Lightness –18. Clique em OK.

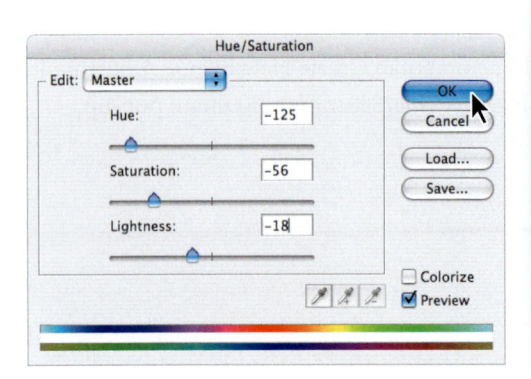

A imagem inteira assume uma tonalidade roxa. Você pode confinar o efeito apenas ao papel criando uma camada de recorte (clipping mask).

4 Com a tecla Alt (Windows) ou Option (Mac OS) pressionada, posicione o cursor entre a camada de ajuste Hue/Saturation e a camada Paper para exibir um ícone de círculo duplo ( ). Clique então para criar uma camada de recorte.

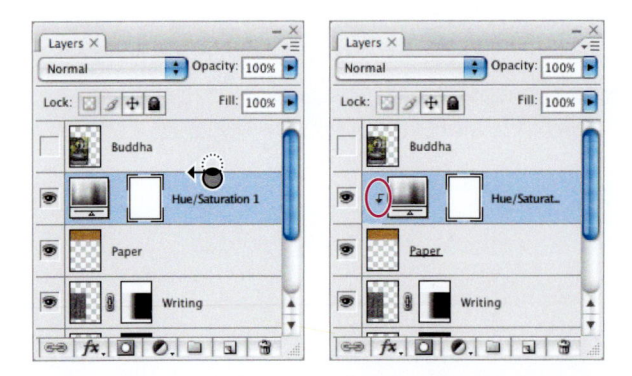

Na paleta Layers, a camada Hue/Saturation recua e exibe uma seta que aponta para a camada abaixo dela, Paper, que agora está sublinhada. Isso mostra que a camada Paper agora está recortada de acordo com a camada de ajuste, significando que o efeito só se aplica a essa camada.

5 Escolha File > Save para salvar seu trabalho até agora.

Agrupe e recorte camadas

Você completará a composição reorganizando algumas camadas e adicionando texto.

1 Na paleta Layers, ative e selecione a camada Buddha. Certifique-se de que ela esteja na parte superior da paleta Layers.

2 Na paleta Layers, selecione a camada Paper e a camada de ajuste Hue/Saturation. Clique no ícone (▼≡) na parte superior direita da paleta Layers para exibir o menu da paleta Layers e escolha New Group From Layers. Nomeie esse grupo **Top Paper**. Clique em OK.

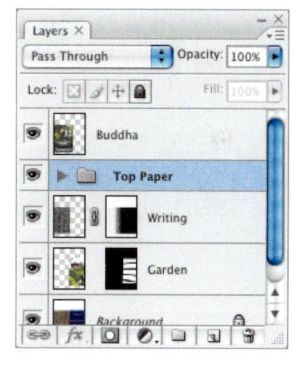

Agora você duplicará esse grupo de camada para a parte inferior da capa do livro.

3 Utilizando o menu da paleta Layers, escolha Duplicate Group.

4 Na caixa de diálogo Duplicate Group, digite **Bottom Paper** para Duplicate As. Clique em OK.

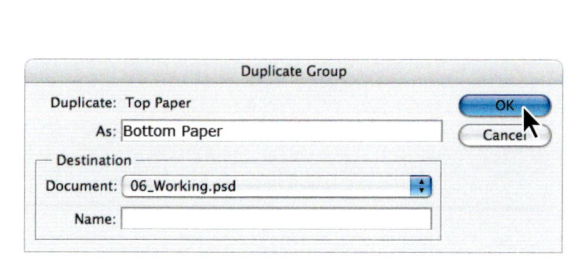

5 Na paleta Layers, clique no triângulo ao lado das camadas Bottom Paper e Top Paper para visualizar seu conteúdo. Como você pode ver, a camada de Bottom Paper agora tem o mesmo conteúdo da camada Top Paper, duplicada na mesma localização na imagem. Clique nos triângulos novamente para ocultar o conteúdo da camada.

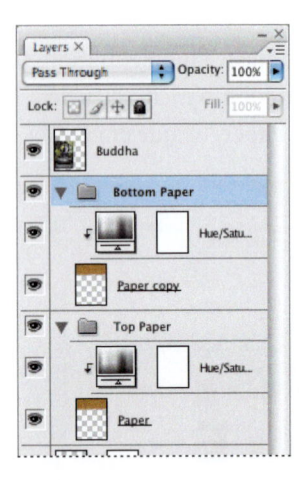

6 Na paleta Layers, clique no ícone de olho ao lado do grupo de camada Top Paper para ocultá-lo.

7 Com a camada Bottom Paper selecionada na paleta Layers, escolha Edit > Transform > Rotate 180º.

8 Utilize a ferramenta Move ( ) para arrastar o papel girado para a parte inferior da composição a fim de que a parte superior da borda inferior esteja a aproximadamente 6 ½" na régua.

9 Na paleta Layers, clique na coluna Show/Hide Visibility ao lado do grupo da camada Top Paper para reexibir esse grupo de camadas.

10 Escolha View > Rulers para ocultar as réguas.

Aplique uma máscara a partir de uma seleção salva

Você se lembra da linda máscara que criou no início desta lição? Está na hora de recuperá-la para mascarar o fundo.

1 Selecione a camada Buddha na parte superior da paleta Layers.

2 Escolha Select > Load Selection. Para Channel, escolha Statue. Selecione Invert para inverter a seleção e clique em OK.

3 Na parte inferior da paleta Layers, clique no botão Add Layer Mask (◻) para mascarar a seleção e ocultar o fundo da estátua.

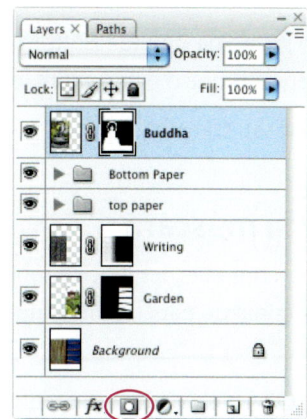

Você pode ver como é útil ter a flexibilidade de aplicar canais alpha salvos em várias etapas do seu fluxo de trabalho.

Lembre-se de que você pode ajustar a imagem dentro da máscara; nesse caso, você moverá a máscara e a imagem mascarada conjuntamente.

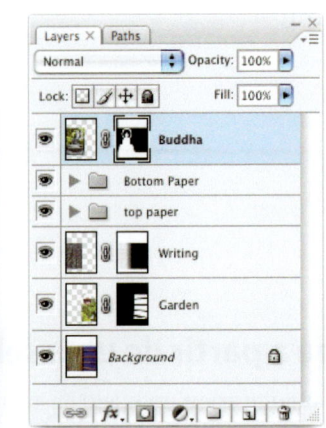

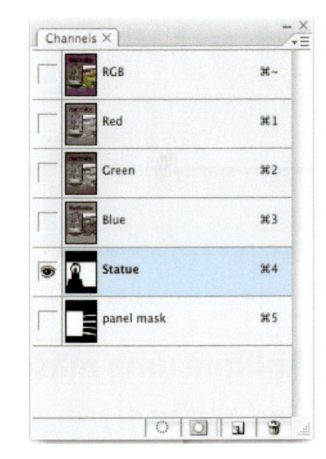

5 Na paleta Layers, com a camada Buddha selecionada, clique na miniatura da máscara de camada para selecionar a máscara. Na paleta Channels, observe que o canal Statue está selecionado. Na janela de documentos, utilize a ferramenta Move para ajustar a imagem mascarada de modo que tanto o halo na parte superior como a base da estátua se estendam mais ou menos ½ polegada no papel.

Agora você ajustará a maneira como a estátua aparece no papel.

6 Na paleta Layers, selecione o grupo da camada Bottom Paper e mova-o arrastando-o acima da camada Buddha. Queremos que o papel cubra a base da estátua do Buda.

7 Escolha File > Save para salvar seu trabalho.

Utilize texto como uma máscara

Assim como é possível mascarar com seleções, você também pode mascarar com texto. Agora, você exibirá a textura original do papel, utilizando texto para mascarar o papel colorido.

1 Selecione a ferramenta Type (T) na caixa de ferramentas. Na barra de opções, configure a fonte como Minion Pro Regular, o alinhamento como Center e o tamanho como 75 pt. Defina preto como a cor do texto.

2 Clique com a ferramenta Type no centro do fundo do papel no topo e digite **Zen Garden**.

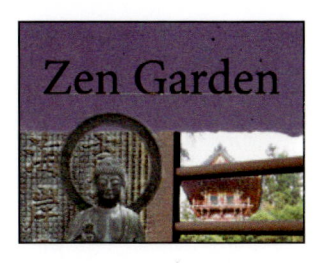

Para adicionar a textura de papel, primeiro você a copiará.

3 Na paleta Layers, clique na seta ao lado do grupo da camada Top Paper para expandir seu conteúdo.

4 Pressione a tecla Alt (Windows) ou Option (Mac OS) e arraste a camada Paper um pouco acima da camada de texto Zen Garden. Isso cria uma cópia da camada Paper na parte superior da camada de texto.

Você precisa mover a camada para fora do grupo de camadas para que possa criar um grupo de recorte (clipping group) no próximo passo. É possível cortar duas camadas em conjunto, mas não é possível cortar um grupo de camadas e uma camada juntos.

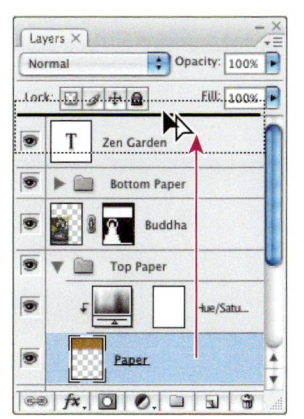

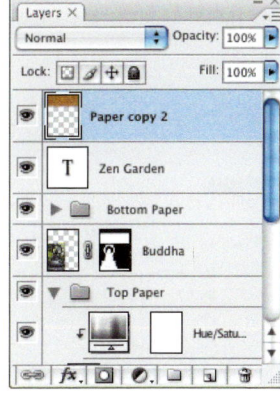

5 Para cortar a camada Paper Copy com a camada de texto Zen Garden, posicione o cursor entre as duas camadas e mantenha Alt (Windows) ou Option (Mac OS) pressionada para exibir o ícone de círculo duplo da camada de corte (⊗); clique quando esse ícone aparecer.

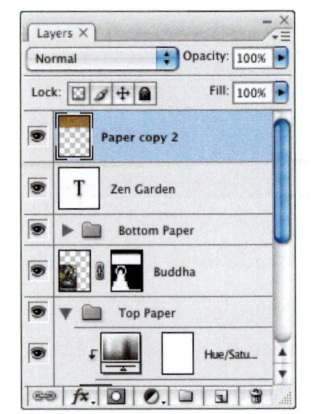

A textura original do papel, dourada, torna-se visível através do texto. Agora você destacará um pouco mais o texto com uma sombra projetada.

6 Para adicionar uma sombra projetada, selecione a camada de texto Zen Garden. Clique no botão Add Layer Style (fx) na parte inferior da paleta Layers e escolha Drop Shadow no menu pop-up. Na caixa de diálogo Layer Style sob as opções Drop Shadow, selecione o modo de mesclagem Multiply; configure Distance como 12, Spread como 5, Size como 29 e clique em OK.

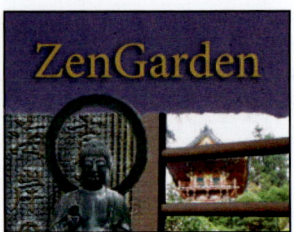

Nota: Se fizer um erro e adicionar inadvertidamente o efeito Drop Shadow à camada Paper Copy, simplesmente arraste o efeito para a camada de texto Zen Garden para aplicá-lo aí.

Para concluir a composição e esta lição, você adicionará seu nome como o autor na parte inferior da textura do papel.

7 Na paleta Layers, certifique-se de que a camada superior está selecionada para que a nova camada de texto possa ser criada acima dela.

8 Para colorir o texto, selecione a ferramenta Eyedropper (✒) na caixa de ferramentas. Clique em uma cor verde clara do arbusto na área do painel para obter uma amostra da cor.

9 Selecione a ferramenta Type (T) na caixa de ferramentas. Nas opções da ferramenta Type, escolha Minion Pro Regular para a fonte e 15 pt para o tamanho.

10 Posicione a ferramenta Type sobre o centro da textura do papel na parte inferior. Digite o nome do autor [**seu nome aqui**].

11 Pressione Ctrl (Windows) ou Command (Mac OS) para abrir a ferramenta Move e arraste para posicionar o texto no centro do papel na parte inferior.

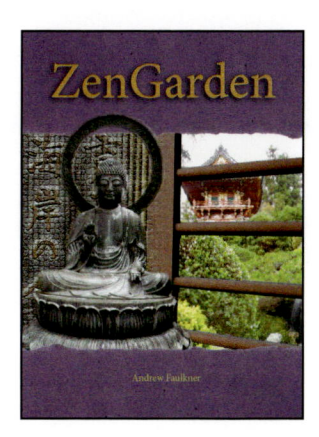

A capa do seu livro está completa.

12 Escolha File > Save.

Você completou esta lição. Embora exija certa prática para se familiarizar com o uso dos canais, você aprendeu todos os conceitos e as habilidades básicas necessárias para começar a utilizar máscaras e canais.

Sobre máscaras e mascaramento

Canais alpha, máscaras de canal, máscaras de corte, máscaras de camada, máscaras vetoriais – qual é a diferença? Em alguns casos, eles são intercambiáveis: uma máscara de canal pode ser convertida em uma máscara de camada, uma máscara de camada pode ser convertida em uma máscara vetorial e vice-versa.

Eis uma breve descrição para ajudá-lo a entender todos esses termos. O que eles têm em comum é que todas armazenam seleções e todas permitem editar uma imagem de uma maneira não-destrutiva e retornar a qualquer momento ao seu original.

- Um **canal alpha** – também chamado máscara ou seleção – é um canal extra adicionado a uma imagem que armazena seleções como imagens em tons de cinza. Você pode adicionar canais alpha para criar e armazenar máscaras.

- Uma **máscara de camada (layer mask)** é como um canal alpha, mas associada a uma camada específica. Uma máscara de camada permite controlar que parte de uma camada é revelada ou ocultada. Uma máscara de camada aparece como uma miniatura em branco ao lado da miniatura da camada na paleta Layers; um contorno preto indica que ela está selecionada.

- Uma **máscara vetorial (vector mask)** é, basicamente, uma máscara de camada composta de vetores, não de pixels. Independentes de resolução, as máscaras vetoriais têm bordas duras e são criadas com as ferramentas Pen ou Shape. Elas não suportam transparência e, portanto, suas arestas não podem ser suavizadas. A miniatura dessas máscaras tem a mesma aparência das miniaturas das máscaras de camada.

- Uma **máscara de corte (clipping mask)** é aplicada a uma camada. Ela permite que a influência de um efeito restrinja-se apenas a camadas específicas, em vez de exibir tudo abaixo da camada na pilha de camadas. O uso de uma máscara de corte permite cortar camadas para uma camada base: apenas essa camada base é afetada. As miniaturas de uma camada cortada são recuadas com uma seta em ângulo direito apontando para a camada abaixo. A camada cortada base é sublinhada.

- Uma **máscara de canal (channel mask)** restringe a edição a um canal específico (por exemplo, um canal Cyan em uma imagem CMYK). Máscaras de canal são úteis para criar seleções complexas com bordas contínuas ou com bordas fragmentadas. Você pode criar uma máscara de canal com base na cor dominante de uma imagem ou em um contraste pronunciado em um canal isolado, por exemplo, entre o tema e o fundo. Uma alternativa ao uso de uma máscara de canal é o comando Extract, que permite cortar temas complexos a partir dos seus fundos.

Revisão

▶ **Perguntas**

1 Qual é o benefício de se utilizar uma máscara rápida?

2 O que acontece com uma máscara rápida quando sua seleção é removida?

3 Quando você salva uma seleção como uma máscara, onde a máscara é armazenada?

4 Como você pode editar uma máscara em um canal depois de salvá-la?

5 Qual é a diferença entre canais e camadas?

6 Como você utiliza o comando Extract para isolar um objeto com bordas complexas em uma imagem?

▶ **Respostas**

1 Máscaras rápidas são úteis para criar seleções rápidas que serão utilizadas uma única vez. Além disso, utilizar uma máscara rápida é uma maneira fácil de editar uma seleção com as ferramentas de pintura.

2 A máscara rápida desaparece quando você a desmarca.

3 As máscaras são salvas nos canais, os quais podem ser imaginados como áreas de armazenamento para informações de cores e de seleção em uma imagem.

4 Você pode pintar em uma máscara em um canal utilizando preto, branco e tons de cinza.

5 Os canais são utilizados como áreas de armazenamento para seleções salvas. A menos que você exiba um canal explicitamente, ele não aparecerá na imagem ou na impressão. As camadas podem ser utilizadas para isolar várias partes de uma imagem de modo que elas possam ser editadas como objetos independentes com as ferramentas de pintura ou edição, ou outros efeitos.

6 Utilize o comando Extract para extrair um objeto e a caixa de diálogo Extract para marcar as bordas do objeto. Em seguida, você define o interior do objeto e visualiza a extração. Aplicar a extração apaga o plano de fundo e o torna transparente, deixando apenas o objeto extraído. Você também pode utilizar a opção Force Foreground para extrair um objeto monocromático ou uniformemente colorido com base em sua cor predominante.

A fotografia digital não é mais apenas para profissionais. Quer você tenha uma coleção de imagens digitais que será utilizada para vários clientes ou em vários projetos, quer você tenha uma coleção pessoal que pretende refinar, arquivar e conservar para a posteridade, o Photoshop tem uma gama de ferramentas para importar, editar e arquivar fotografias digitais.

7 Corrigindo e Aprimorando Fotografias Digitais

Visão geral da lição

Nesta lição, você aprenderá a:

- Processar uma imagem em formato camera raw proprietário e salvá-la como um negativo digital (DNG) padrão da indústria.

- Fazer correções típicas em uma fotografia digital, incluindo remover olhos vermelhos e ruídos e destacar detalhes de sombras e tons claros.

- Ajustar a perspectiva visual dos objetos em uma imagem utilizando o filtro Vanishing Point.

- Aplicar correção de lentes ópticas a uma imagem.

- Preparar uma apresentação em PDF das suas imagens corrigidas.

- Entender as melhores práticas para organizar, gerenciar e salvar suas imagens.

- Aprender sobre o Adobe Photoshop Lightroom™, um novo componente do CS3 que incorpora conversão de formato raw em um único fluxo de trabalho e permite rolar por várias imagens rapidamente e rotulá-las e exibi-las.

Esta lição levará entre uma hora e meia e duas horas para ser concluída. Se necessário, remova a pasta da lição anterior da unidade de disco e copie a pasta Lessons/Lesson07 para ela. Ao trabalhar nesta lição, você preservará os arquivos iniciais. Se precisar restaurar os arquivos iniciais, copie-os novamente do CD do Adobe Photoshop CS3 Classroom in a Book.

Introdução

Nesta lição, você trabalhará com várias imagens para entender o suporte do Photoshop para o processamento e edição de imagens camera raw, bem como explorar muitos recursos que permitem aprimorar e limpar suas fotografias digitais. Depois de concluir, você salvará cada imagem editada em uma pasta Portfolio e, no final desta lição, você irá preparar uma apresentação de slides em PDF com as suas imagens corrigidas. Começaremos analisando as imagens "antes" e "depois" no Adobe Bridge.

1 Inicie o Photoshop e, então, mantenha Ctrl+Alt+Shift (Windows) ou Command+Option+Shift (Mac OS) imediatamente pressionadas para restaurar as preferências padrão. (Consulte "Restaurando preferências padrão", na página 22).

2 Quando solicitado, clique em Yes para confirmar a redefinição das preferências e em Close para fechar a tela Welcome.

3 Clique no botão Go To Bridge ( ) na barra de opções da ferramenta para abrir o Adobe Bridge.

4 No painel Folders, no canto superior esquerdo do Bridge, clique na pasta Lessons e, então, dê um clique duplo na pasta Lesson07 na área de visualização para ver seu conteúdo.

5 Certifique-se de que suas visualizações em miniatura sejam suficientemente grandes para que você possa ter uma boa visão das imagens e localize os arquivos 07A_Start.crw e 07A_End.psd.

Antes   *Depois*

A fotografia original de uma igreja no estilo espanhol é um arquivo camera raw, portanto ele não tem a extensão normal de arquivo .psd com a qual você trabalhou até agora neste livro. Ela foi tirada com uma câmera Canon Digital Rebel e tem a extensão de arquivo bruto .crw, patenteada pela Canon. Você processará essa imagem camera raw proprietária a fim de torná-la mais brilhante, mais nítida e mais clara para depois salvá-la como um arquivo DNG (Digital Negative) padrão da indústria.

6 Localize os arquivos 07B_Start.psd e 07B_End.psd e analise suas visualizações em miniatura.

Antes   *Depois*

Você fará várias correções nesse retrato de mãe e filho, inclusive eliminar áreas muito escuras e muito claras, remover olhos vermelhos e tornar a imagem mais nítida.

7 Localize os arquivos 07C_Start.psd e 07C_End.psd e analise suas visualizações em miniatura.

Antes   *Depois*

Você editará a imagem de uma casa com paredes em madeira pintada de vermelho para adicionar uma janela e remover a guirlanda, preservando a perspectiva do ponto de fuga à medida que faz as correções.

8 Localize os arquivos 07D_Start.psd e 07D_End.psd e analise suas visualizações em miniatura.

Antes   *Depois*

Você corrigirá a distorção de lentes do tipo "barril" nessa imagem.

Sobre o camera raw

Um arquivo *camera raw* contém dados não-processados da imagem provenientes do sensor de imagens de uma câmera digital. Muitas câmeras digitais podem salvar imagens como arquivos no formato camera raw. A vantagem dos arquivos camera raw é que eles permitem que o fotógrafo – em vez da câmera – interprete os dados da imagem e faça ajustes e conversões. (Em comparação, fotografar imagens JPEG com sua câmera faz com que você fique preso ao processamento dela.) Com o camera raw, uma vez que a câmera não faz processamento das imagens, você pode utilizar o Photoshop para configurar o equilíbrio de branco, o intervalo tonal, o contraste, a saturação de cores e a nitidez. Pense nos arquivos camera raw como o negativo da sua foto. Você pode voltar e processar o arquivo novamente quando quiser para alcançar os resultados desejados.

Para criar arquivos camera raw, configure sua câmera digital para salvar arquivos no seu próprio formato de arquivo raw; possivelmente um proprietário. A partir da câmera, você faz o download do arquivo camera raw; ele terá uma extensão de arquivo como .nef (na

Nikon) ou .crw (na Canon). No Bridge ou Photoshop, você pode processar arquivos camera raw a partir de uma quantidade imensa de câmeras digitais suportadas por fabricantes como Canon, Kodak, Leica, Nikon e outros – e até mesmo processar múltiplas imagens simultaneamente. Você pode então exportar os arquivos camera raw proprietários para o formato de arquivo DNG (Digital Negative), o formato não-proprietário da Adobe para padronização dos arquivos camera raw; ou para outros formatos como JPEG, TIFF e PSD.

No Adobe Camera Raw (ACR), você pode processar arquivos camera raw obtidos de câmeras que suportam esse formato. Embora o ACR possa abrir e editar um arquivo de imagem camera raw, ele não pode salvar uma imagem no formato camera raw.

Nota: *O formato Photoshop Raw (extensão .raw) é um formato de arquivo para transferir imagens entre aplicativos e plataformas de computador. Não confunda o Photoshop Raw com formatos de arquivo camera raw.*

Para uma lista completa de câmeras suportadas pelo Adobe Camera Raw, visite www.adobe.com/products/photoshop/cameraraw.html.

Processe arquivos camera raw

Ao fazer ajustes em uma imagem camera raw, como endireitar ou cortar a imagem, o Photoshop e o Bridge preservam os dados no arquivo camera raw. Dessa maneira, você pode editar a imagem como desejar, exportar a imagem editada e manter a original intacta para uso futuro ou outros ajustes.

Abra imagens camera raw

Tanto o Adobe Bridge como o Photoshop CS3 permitem abrir e processar múltiplas imagens camera raw simultaneamente. Eles apresentam uma caixa de diálogo Camera Raw idêntica, a qual fornece vários controles para ajustar o equilíbrio de branco, exposição, contraste, nitidez, curvas tonais e muito mais. Se tiver múltiplas exposições de uma mesma foto, você poderá utilizar a caixa de diálogo Camera Raw para processar uma das imagens e, então, aplicar as configurações a todas as outras fotos. Você fará isso no próximo exercício.

1 No Bridge, vá para a pasta Lessons/Lesson07/Mission, que contém três fotos de uma igreja no estilo espanhol que você visualizou no exercício anterior.

2 Pressione Shift e clique para selecionar todas as imagens – Mission01.crw, Mission02.crw e Mission03.crw – e escolha File > Open In Camera Raw.

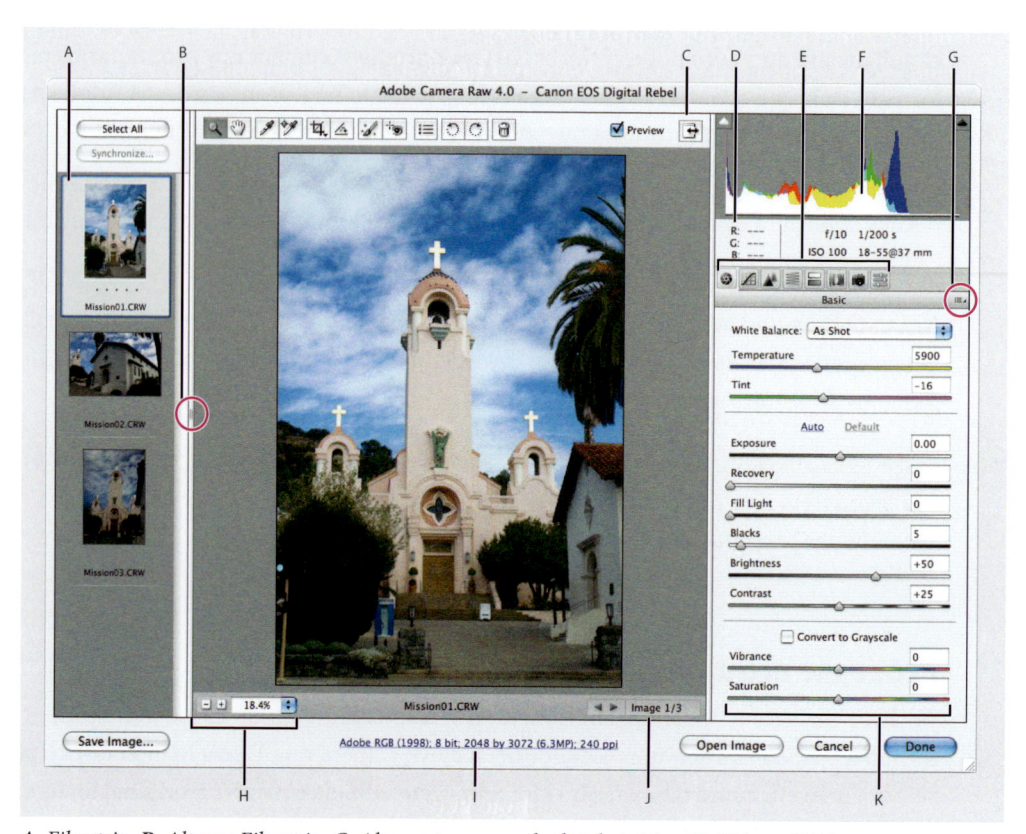

*A. Filmstrip B. Alterna Filmstrip C. Alterna para o modo de tela inteira D. Valores RGB
E. Abas de ajuste de imagem F. Histograma G. Menu de configurações do camera raw
H. Níveis de ampliação I. Clique para exibir as opções de fluxo de trabalho
J. Controles de navegação para múltiplas imagens K. Controles deslizantes de ajuste*

A caixa de diálogo Camera Raw exibe uma grande visualização da primeira imagem bruta, com uma tira de filme no canto esquerdo da caixa de diálogo com todas as imagens camera raw abertas. O histograma à direita na parte superior mostra o intervalo tonal da primeira imagem; as opções de fluxo de trabalho na parte central inferior da caixa de diálogo mostram o espaço de cores, profundidade em bits, o tamanho e a resolução da primeira imagem. Uma gama de ferramentas na parte superior da caixa de diálogo permite utilizar os controles de visualização de zoom e navegação para a imagem, selecionar cores, cortar, girar a imagem e muito mais. Paletas com abas na parte central direita da caixa de diálogo permitem ajustar o equilíbrio de branco da imagem, tons, detalhes, cores, correção de lente e calibração de câmera. Você também pode selecionar um preset com configurações predefinidas.

Vamos explorar esses controles agora, editando o primeiro arquivo de imagem.

3 Clique no botão de seta que aponta para a direita sob a área da visualização principal à direita – ou navegue por cada miniatura pela tira de filme (filmstrip) – para pesquisar as imagens e retornar a Mission 01.crw.

4 Certifique-se de que a caixa Preview está marcada na parte superior da caixa de diálogo para que você possa ver interativamente os ajustes que fará.

Ajuste o equilíbrio de branco e a exposição

O equilíbrio de branco de uma imagem reflete as condições de iluminação sob as quais a foto foi tirada. Uma câmera digital registra o equilíbrio de branco no momento da exposição e é isso o que aparece inicialmente na visualização de imagem da caixa de diálogo Camera Raw.

O equilíbrio de branco abrange dois componentes. O primeiro é a temperatura, medida em kelvins, que determina o nível de "frieza" ou "calor" da imagem – isto é, seus tons azuis-verdes "frios" ou tons amarelos-vermelhos "quentes". O segundo componente é o Tint, que compensa invasões das cores magenta ou verde na imagem.

O equilíbrio de branco de uma câmera normalmente é excelente, mas você pode ajustá-lo se não estiver correto. Ajustar o equilíbrio de branco de uma imagem é uma boa maneira de iniciar suas correções.

1 No lado direito da caixa de diálogo sob o histograma, clique no botão Basic (◉) para exibir o menu pop-up Basic. No menu pop-up White Balance, escolha Cloudy.

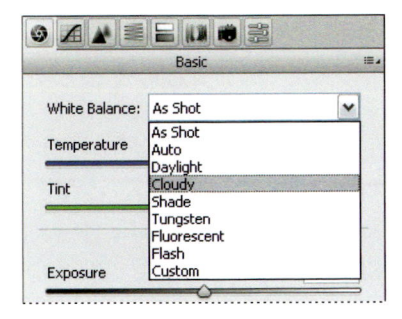

A temperatura Cloudy White Balance é um pouco mais "quente" que a configuração Daylight e é bem adequada para essa imagem tirada em um dia nublado.

> *Para comparar as configurações, mude para Edit > Undo ou pressione Ctrl+Z (Windows) ou Command+Z (Mac OS).*

2 Altere os outros controles deslizantes na paleta Adjust desta maneira:

- Configure Exposure como +1.20.
- Configure Brightness como 50.
- Configure Contrast como + 29.
- Configure Saturation como –5.

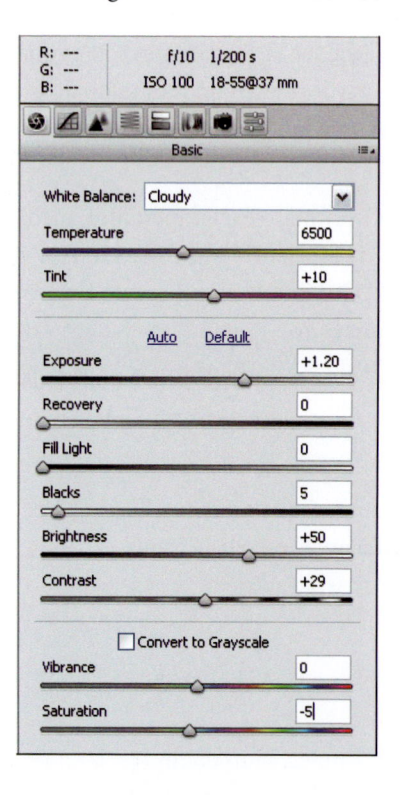

Essas configurações ajudam a dar mais vida aos meios-tons dessa imagem e fazem com que a imagem pareça mais intensa e mais dimensional sem ficar supersaturada.

Sobre o histograma de camera raw

O histograma no canto superior direito da caixa de diálogo Camera Raw mostra simultaneamente os canais Red, Green e Blue da imagem visualizada e é atualizado interativamente à medida que você ajusta qualquer configuração. Além disso, quando você move qualquer ferramenta sobre a imagem visualizada, os valores RGB para a área sob o cursor aparecem acima do histograma.

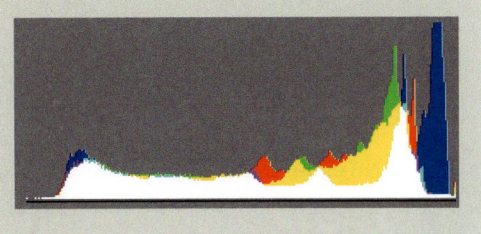

Ajuste a nitidez

Em seguida, você dará maior nitidez à imagem para mostrar mais detalhes.

1 Amplie até a parte superior da torre da capela para poder ver os detalhes (para pelo menos 100%).

2 Clique no botão Detail (■) e arraste o controle deslizante Sharpness para mais ou menos 35.

Quanto maior o valor da nitidez, melhor a definição dos detalhes e bordas nessa imagem da missão.

Fazer ajustes a partir da caixa de diálogo Camera Raw preserva os dados originais do arquivo camera raw. As configurações de ajuste são armazenadas por imagem individual no arquivo de banco de dados Camera Raw ou em arquivos XMP secundários (*sidecar*, arquivos que acompanham o arquivo original da imagem camera raw na mesma pasta). Arquivos XMP permitem reter as configurações de camera raw quando o arquivo de imagem é movido para uma mídia de armazenamento ou para outro computador.

Sincronize configurações em todas as imagens

Agora que melhorou significativamente a imagem da igreja, você pode aplicar automaticamente essas configurações de camera raw às outras duas imagens da igreja, que foram tiradas no mesmo momento e sob as mesmas condições de iluminação. Você faz isso utilizando o comando Synchronize.

1 No canto esquerdo superior da caixa de diálogo Camera Raw, clique no botão Select All para selecionar todas as miniaturas na tira de filme.

2 Clique no botão Synchronize.

A caixa de diálogo Synchronize que aparece permite escolher quais configurações você quer sincronizar em todas as imagens selecionadas. Por padrão, todas as opções (exceto Crop e Spot Removal) permanecem marcadas. Isso é aceitável para nosso projeto, embora não tenhamos alterado todas as configurações.

3 Clique em OK.

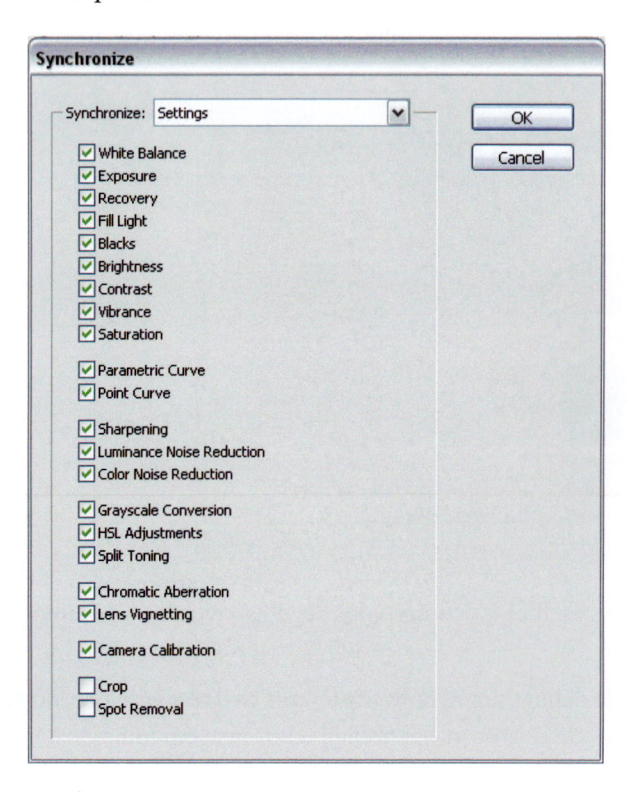

Ao sincronizar as configurações em todas as imagens camera raw selecionadas, as miniaturas são atualizadas para refletir as alterações que você fez. Se quiser, clique nas setas navegacionais abaixo da visualização no painel central para ver uma visualização grande de cada imagem alternadamente e ver os ajustes.

Salve alterações na camera raw

Salvar suas alterações até agora envolve duas tarefas: primeiro, salvar as alterações sincronizadas para as três imagens e, então, salvar uma imagem, Mission01, para o portfólio em PDF que você criará mais tarde nesta lição.

1 Certifique-se de que todas as imagens continuam selecionadas na tira de filme Camera Raw e, então, clique no botão Save Images.

2 Na caixa de diálogo Save Options que aparece, faça o seguinte:

- Escolha a mesma localização (a pasta Lessons/Lesson07/Mission).
- Sob File Naming, deixe *Document Name* no primeiro campo vazio.
- Escolha Format > JPEG na parte inferior da caixa de diálogo.
- Clique em Save.

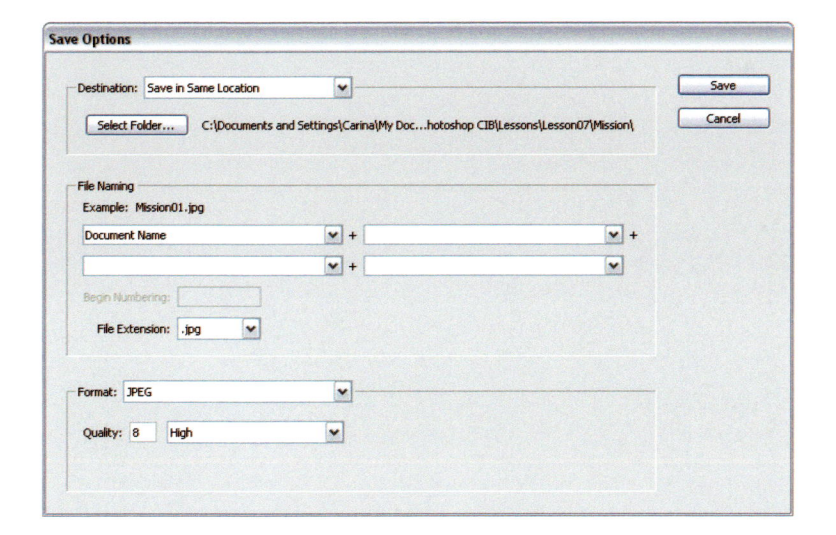

Isso salvará suas imagens corrigidas como JPEGs de 72 ppi, com resolução mais baixa, os quais podem ser compartilhados com colegas e visualizados na Web. Seus arquivos serão nomeados Mission01.jpg, Mission02.jpg e Mission03.jpg.

Nota: *Antes de compartilhar essas imagens pela Web, você provavelmente vai querer abri-las no Photoshop e redimensioná-las para 640 pixels × 480 pixels. Atualmente elas estão bem maiores e as imagens de tamanho completo só poderão ser visualizadas na maioria dos monitores se o espectador rolar a tela.*

O Bridge o leva para a caixa de diálogo Camera Raw e indica quantas imagens foram processadas até todas as imagens terem sido salvas. As miniaturas CRW ainda aparecem na caixa de diálogo Camera Raw – você tem agora versões JPEG e os arquivos de imagem CRW originais não-editados, que você pode continuar a editar agora ou quando quiser.

Agora, você salvará uma cópia da imagem Mission01 na pasta Portfolio em que todas as suas imagens de portfólio serão salvas.

3 Apenas com Mission01.crw selecionado na tira de filme na caixa de diálogo Camera Raw, clique no botão Open Image para abrir a imagem bruta (editada) no Photoshop.

4 Escolha File > Save As. Na caixa de diálogo Save As, escolha Photoshop como seu Format, renomeie o arquivo inserindo **Mission_Final.psd**, navegue até a pasta Lesson07/Portfolio e clique em Save. Então, salve o arquivo.

Sobre salvar arquivos camera raw

Cada modelo de câmera salva a imagem camera raw em um formato único, mas o Adobe Camera Raw pode processar diferentes formatos desse tipo de arquivo. O Adobe Camera Raw processa arquivos camera raw com a imagem padrão configurando os arquivos com base em perfis de câmera predefinidos para câmeras que suportam esses perfis e também em dados EXIF.

As escolhas para salvar arquivos camera raw proprietários a partir da sua câmera incluem DNG (o formato salvo pelo Adobe Camera Raw), JPEG, TIFF e PSD. Todos esses formatos podem ser utilizados para salvar imagens bitmap de tons contínuos, RGB e CMYK; e todos (exceto o DNG) também estão disponíveis nas caixas de diálogo Photoshop Save e Save As.

O formato Adobe DNG (Digital Negative) contém dados brutos da imagem provenientes de uma câmera digital e os metadados que definem o que os dados da imagem significam. O DNG foi concebido como um formato padrão utilizado por toda a indústria para dados de imagem camera raw, ajudando os fotógrafos a gerenciar a variedade de formatos camera raw proprietários e a fornecer um formato de arquivo compatível (você só pode salvar esse formato a partir da caixa de diálogo Camera Raw).

O formato de arquivo JPEG (Joint Photographic Experts Group) é comumente utilizado para exibir fotografias e outras imagens RGB em tom contínuo na Web. O formato JPEG retém todas as informações de cor em uma imagem, mas compacta o tamanho de arquivo descartando seletivamente os dados. Quanto maior a compactação, menor a qualidade da imagem e vice-versa.

O Tagged Image File Format (TIFF) é utilizado para troca de arquivos entre aplicativos e plataformas de computador. TIFF é um formato flexível suportado por praticamente todos os aplicativos de desenho, de edição de imagens e de layout de página. Além disso, praticamente todos os scanners de mesa podem produzir imagens TIFF.

O formato PSD (Photoshop) é o formato de arquivo padrão. Devido à forte integração entre os produtos Adobe, outros aplicativos Adobe como o Adobe Illustrator, o Adobe InDesign e o Adobe GoLive® podem importar arquivos PSD diretamente e preservar muitos recursos do Photoshop.

Depois de abrir um arquivo camera raw no Photoshop, suas escolhas para salvá-lo vão além dos formatos de arquivo JPEG, TIFF e PSD. Você também pode salvar a imagem em formatos compatíveis com o Photoshop como Large Document Format (PSB), Cineon, Photoshop Raw, PNG ou Portable Bit Map. O formato Photoshop Raw (RAW) é um formato de arquivo para transferir imagens entre aplicativos e plataformas de computador – não o confunda com formatos de arquivo camera raw. Para informações adicionais, consulte a ajuda do Photoshop.

Agora que sabe como processar uma imagem câmera raw, você aprenderá a fazer algumas correções comuns em uma fotografia digital diferente.

Corrija fotografias digitais

O Photoshop contém vários recursos que permitem melhorar facilmente a qualidade das suas fotografias digitais. Esses recursos incluem a capacidade de ajustar automaticamente detalhes nas áreas mais escuras e mais claras de uma imagem, remover o efeito de olhos vermelhos, reduzir ruídos indesejáveis em uma imagem e dar maior nitidez a uma imagem. Para explorar esses recursos, agora você editará uma imagem digital diferente: o retrato de uma mãe e seu filho.

Faça ajustes em sombras/realces

O comando Shadow/Highlight é adequado para corrigir fotos de 8 ou 16 bits em RGB, CMYK ou Lab nas quais os temas da foto acabam virando simples silhuetas contra uma forte luz de fundo ou parecem "lavados" por estarem muito próximos do flash da câmera. O ajuste também é útil para tornar mais claras áreas com sombras em uma imagem não tão bem iluminada.

1 Clique no botão Go To Bridge ( ). No painel Folder no Bridge, clique na pasta Lessons (se ainda não estiver selecionada) e, então, dê um clique duplo na pasta Lesson07. Localize a imagem 07B_Start.psd e dê um clique duplo para abri-la no Photoshop.

2 Escolha Image > Adjustments > Shadow/Highlight. O Photoshop aplica automaticamente as configurações padrão à imagem, iluminando o fundo; entretanto, você irá personalizá-las para destacar mais detalhes, tanto nas áreas mais claras como escuras, e aprimorar o pôr-do-sol vermelho (certifique-se de que a caixa Preview na caixa de diálogo Shadow/Highlight está marcada para que você possa ver o efeito na janela da imagem).

3 Na caixa diálogo Shadow/Highlight, marque a caixa Show More Options e faça isto:

- Na área Shadows, configure Amount como **80%** e Tonal Width como **65%**. Deixe Radius em 30 pixels.

- Na área Highlights, configure Amount como **5%**. Deixe Tonal Width em 50% e Radius em 30 pixels.

- Na área Adjustments, arraste o controle deslizante Color Correction para +45.

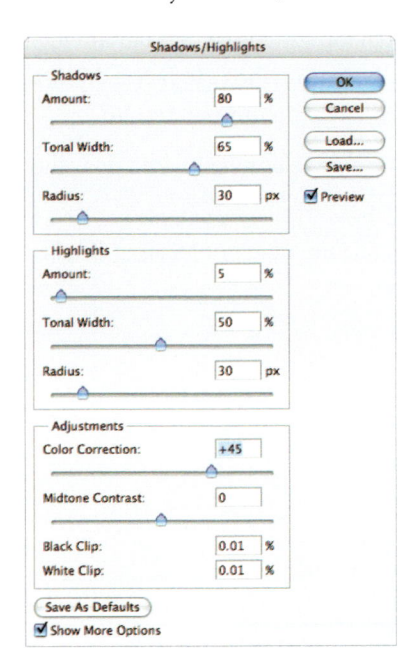

4 Clique em OK para aceitar suas alterações.

5 Escolha File > Save As, renomeie seu arquivo inserindo **07B_Working.psd** e clique em Save para salvar seu trabalho.

Corrija olhos vermelhos

O efeito de *olhos vermelhos* ocorre quando o flash da câmera reflete sobre a retina dos olhos da pessoa fotografada. Isso normalmente acontece em fotografias tiradas em um lugar escuro, porque a íris está completamente aberta. Os olhos vermelhos são fáceis de corrigir no Photoshop. A seguir, você removerá os olhos vermelhos do menino no retrato.

1 Utilizando a ferramenta Zoom, arraste um contorno de seleção em torno dos olhos do menino para ampliá-los.

2 Selecione a ferramenta Red Eye ( ), oculta sob a ferramenta Spot Healing Brush.

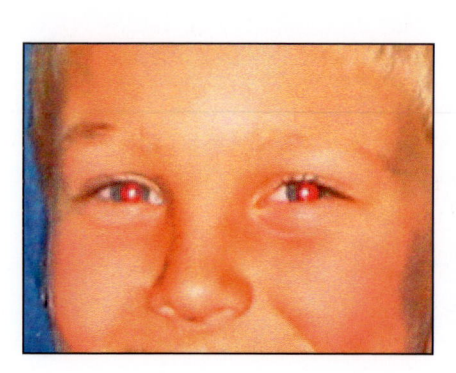

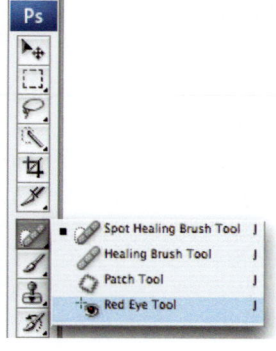

3 Na barra de opções de ferramenta, deixe Pupil Size configurado como 50%, mas mude Darken Amount para 10%. Darken especifica o grau de escuro que a pupila deve ter. Como os olhos desse menino são azuis, queremos que a configuração Darken Amount seja mais clara que o padrão.

4 Clique na área vermelha no olho esquerdo do menino e então clique na área vermelha do olho direito. O reflexo vermelho da retina desaparece.

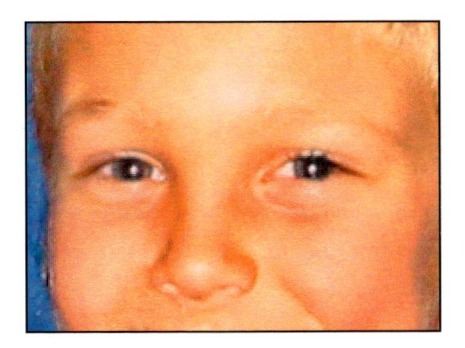

5 Volte o nível de zoom para 100% pressionando a tecla Alt (Windows) ou Option (Mac OS) e clicando na janela de imagem com a ferramenta Zoom.

6 Escolha File > Save para salvar seu trabalho até agora.

Reduza ruídos

A próxima correção a ser feita nessa imagem é reduzir a quantidade de ruídos que ela contém. *Ruído de imagem* são pixels aleatórios, estranhos, que não fazem parte dos detalhes da imagem. O ruído pode resultar do uso de uma configuração ISO alta em uma câmera digital, da subexposição ou de uma foto tirada em ambiente escuro com uma velocidade de obturador longa. Imagens digitalizadas talvez contenham ruídos resultantes do sensor de digitalização ou de um padrão granular do filme digitalizado.

Há dois tipos de ruídos de imagem: ruído de luminosidade, que são dados em tons de cinza que fazem uma imagem parecer granulada ou quadriculada, e ruído de cor, que normalmente é visível como artefatos coloridos na imagem. O filtro Reduce Noise do Photoshop resolve os dois tipos de ruídos nos canais de cores individuais e, ao mesmo tempo, preserva os detalhes das bordas e corrige artefatos da compactação JPEG.

Começaremos ampliando a área entre a cabeça da mãe e o céu para obter uma boa visão do ruído nessa imagem.

1 Utilizando a ferramenta Zoom, clique no centro do céu acima da cabeça da mulher e amplie essa parte para aproximadamente 300%.

O ruído nessa imagem aparece como manchas e rugosidades com uma granulação desigual no céu. Com o filtro Reduce Noise, podemos atenuar e suavizar essa área e dar ao céu mais profundidade.

2 Escolha Filter > Noise > Reduce Noise.

3 Na caixa de diálogo Reduce Noise, faça o seguinte:

• Diminua Strength para 5 (a opção Strength controla a quantidade de ruído de luminosidade).

• Aumente Preserve Details para 70%.

• Deixe o controle deslizante Reduce Color Noise em 45%.

• Aumente Sharpen Details para 35%.

Você não precisa marcar a caixa Remove JPEG Artifact, porque essa imagem não é um JPEG e não tem nenhum artefato JPEG.

Nota: *Para corrigir ruído em canais individuais da imagem, você pode clicar no botão Advanced e na aba Per Channel para ajustar essas mesmas configurações em cada canal.*

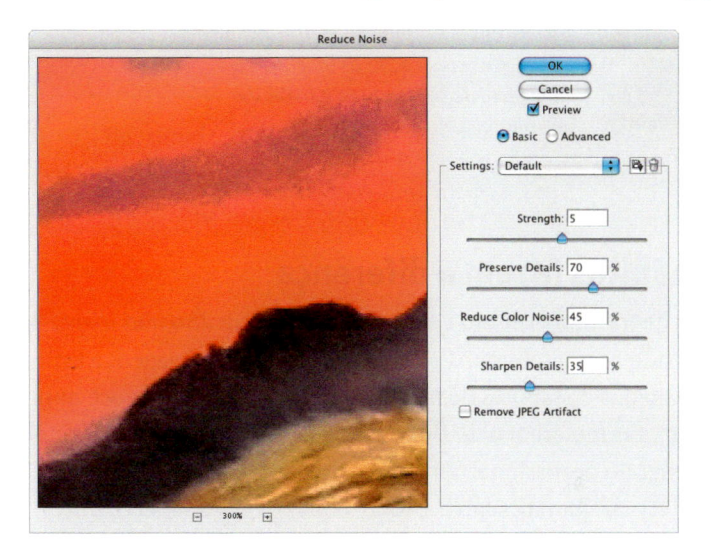

4 Para ver claramente os resultados das suas alterações, clique no botão de sinal de adição na parte inferior da caixa de diálogo para uma ampliação de aproximadamente 300% e, então, arraste a imagem para posicionar o céu na área de visualização. Clique e mantenha o botão do mouse pressionado na área de visualização para ver a imagem "antes" e solte o botão do mouse para ver o resultado corrigido. Alternativamente, certifique-se de que a caixa Preview está marcada e observe os resultados na janela principal da imagem.

5 Clique em OK para aplicar suas alterações e fechar a caixa de diálogo Reduce Noise e dê um clique duplo na ferramenta Zoom para retornar a imagem a 100%.

6 Escolha File > Save para salvar seu trabalho até agora.

Fluxo de trabalho de fotos profissionais*

*Quer você seja um profissional ou um iniciante em fotografia, boa parte das regras são as mesmas.

Fotógrafo por mais de 22 anos, Jay Graham começou sua carreira projetando e construindo casas personalizadas. Hoje, Graham tem clientes nas áreas publicitária, arquitetônica, editorial e em agências de viagem. Veja o portfolio de Jay Graham na Web em jaygraham.com.

Jay Graham

Bons hábitos fazem a diferença

Um fluxo de trabalho sensato e bom hábitos de trabalho irão mantê-lo entusiasmado com a fotografia digital, ajudando suas imagens a brilhar e poupando-o dos dissabores de perder um trabalho do qual você nunca fez um backup. Eis um esboço do fluxo de trabalho básico para imagens digitais de um fotógrafo profissional com mais de 22 anos de experiência. As diretrizes que Jay Graham descreve – sobre como configurar sua câmera e criar um fluxo de trabalho colorido básico; quais formatos de arquivo de captura utilizar; como organizar e gerenciar suas imagens; e como mostrar imagens para clientes, amigos e para a família – o ajudarão a tirar o máximo proveito das imagens que você fotografa.

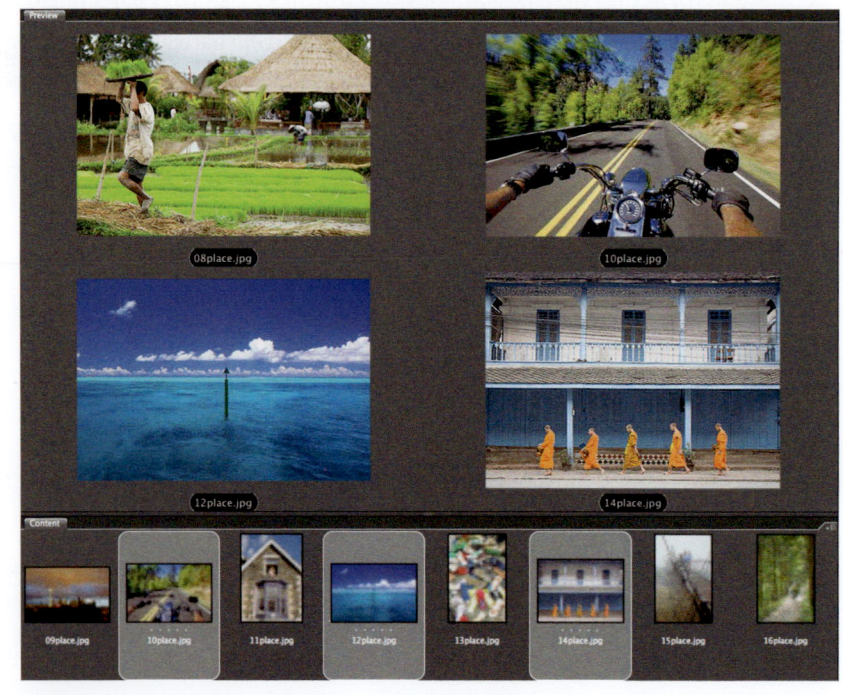

Graham utiliza o Adobe Bridge para organizar milhares de imagens.

"A reclamação mais comum das pessoas é que elas perderam suas imagens; onde elas estão, com que elas se parecem?" diz Graham. "Portanto, é importante nomeá-las."

Comece configurando as preferências da sua câmera
Se sua câmera tiver essa opção, só fotografe no formato de arquivo Camera Raw, que captura todas as informações necessárias sobre a imagem. Com uma foto de camera raw, diz Graham, "você pode passar da luz do dia para uma imagem com iluminação de tungstênio sem degradações" quando ela for reproduzida.

Inicie com o melhor material
Obtenha todos os dados quando você os captura – em uma boa compactação e em uma alta resolução. Não é possível retornar ao local mais tarde.

Transfira as imagens para seu computador
Utilize um leitor de cartões em vez de conectar sua câmera ao computador para fazer o download das imagens. Leitores de cartões não precisam da câmera ligada; utilize múltiplos cartões conforme necessário para armazenar suas imagens.

Organize seus arquivos
Nomeie e catalogue suas imagens assim que terminar de fazer o download delas. Se a câmera nomear os arquivos, ela conseqüentemente redefinirá e produzirá vários arquivos com o mesmo nome, diz Graham. Use o Adobe Bridge para renomear, classificar e adicionar descrições de metadados às fotos que você planeja manter; elimine as que não pretende manter.

Graham nomeia seus arquivos de acordo com a data (e, possivelmente, de acordo com o tema). Ele armazenaria uma série de fotos tiradas em 12 de dezembro de 2006 na praia de Stinson em uma pasta chamada "20061212_Stinson"; dentro dessa pasta, ele nomearia cada imagem de modo seqüencial —"2006_1212_01" ou "001" e assim por diante. "Dessa maneira, elas permanecem ordenadas na unidade de disco e prontamente acessíveis", ele diz. Siga a convenção para atribuição de nomes do Windows a fim de manter os nomes de arquivos utilizáveis em plataformas não-Macintosh (o máximo de 32 caracteres; somente números, letras, sublinhados e hífens).

Converta imagens raw com o Adobe Camera Raw
Salve as imagens camera raw editadas no formato DNG. Esse formato de código-fonte aberto pode ser lido por qualquer dispositivo, diferentemente dos formatos camera raw proprietários de muitas câmeras.

Mantenha uma imagem mestre
Salve sua imagem mestre no formato PS, TIFF ou Adobe Camera Raw, não em JPEG. Toda vez que um JPEG é reeditado e salvo, a qualidade da imagem degrada devido à reaplicação de compactação.

Mostre seu trabalho para os clientes e para os amigos
Selecione o melhor perfil de cores para converter seu trabalho para tela ou impressão e configure a resolução da imagem final de acordo com a qualidade e o tamanho do arquivo. Para uma composição, exibição on-line ou serviço de fotos Web, use sRGB em uma resolução de 72 ppi. Para impressão de jato de tinta, utilize o Adobe 1998 para reproduzir imagens a 180 ppi e imagens em resoluções mais altas.

Faça o backup das suas imagens
Você dedicou bastante tempo e esforço nas suas imagens: não as perca. Utilize um CD ou DVD para fazer o backup. Melhor ainda: utilize uma unidade de disco externa configurada para fazer o backup automaticamente. "A questão não é se sua unidade de disco [interna] irá travar," diz Graham, repetindo um ditado comum, mas "quando".

Ajuste a nitidez das bordas

Reduzir o ruído pode suavizar uma imagem, portanto, como uma correção final para essa fotografia, você irá torná-la mais nítida.

O Photoshop tem vários filtros de nitidez incluindo Sharpen, Unsharp Mask, Sharpen Edges e Smart Sharpen. Todos focalizam imagens desfocadas aumentando o contraste dos pixels adjacentes, mas alguns são melhores do que outros, dependendo, entre outras coisas, se você quer dar maior nitidez a toda a imagem ou a apenas parte dela. Smart Sharpen aumenta a nitidez de uma imagem e, ao mesmo tempo, reduz o ruído, permitindo que você especifique se o filtro deve ser aplicado a toda a imagem, às suas áreas mais escuras ou mais claras.

Para informações adicionais sobre os filtros Sharpen, consulte o Photoshop Help.

1 Escolha Filter > Sharpen > Smart Sharpen.
2 Na caixa de diálogo Smart Sharpen, faça o seguinte:
- Reduza Amount para 40%.
- Configure Radius como 5 pixels.
- Escolha Remove > Lens Blur.
- Selecione a caixa de seleção More Accurate.

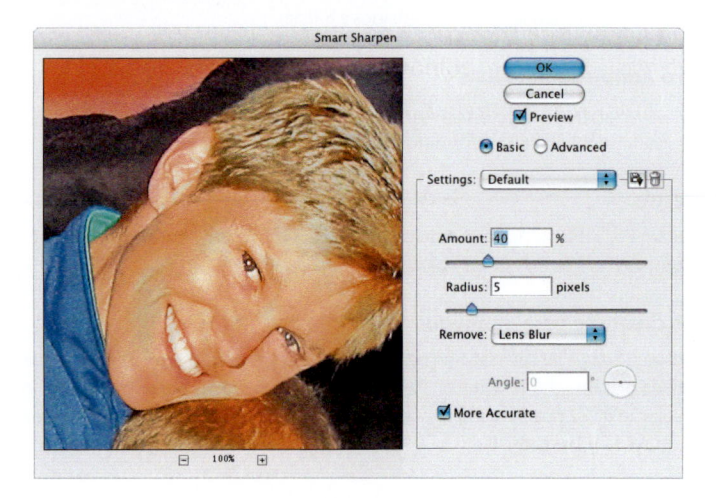

A opção Remove determina o algoritmo utilizado para dar maior nitidez à imagem. Gaussian Blur é o mesmo método utilizado pelo filtro Unsharp Mask. Lens Blur detecta as bordas e os detalhes em uma imagem e torna os detalhes mais nítidos e com menos halos nítidos. Motion Blur reduz o desfoque devido a movimentos da câmera ou do tema e inclui um controle Angle.

Escolher More Accurate produz uma nitidez mais exata, mas leva mais tempo para processar.

3 Para examinar os resultados do Smart Sharpen, clique e mantenha o botão do mouse pressionado na área de visualização e então o solte. Ou ative a caixa de seleção Preview e observe os resultados na janela principal da imagem.

4 Clique em OK para aplicar suas alterações e fechar a caixa de diálogo Smart Sharpen.

5 Escolha File > Save As. Na caixa de diálogo Save As, atribua ao arquivo o nome **Portrait_Final.psd**, navegue para a pasta Lesson07/Portfolio e salve o arquivo. Então, feche a janela de imagem.

Parabéns. Você fez várias correções comuns em uma fotografia digital. Em seguida, você tentará algo um pouco mais incomum – editar uma imagem e, ao mesmo tempo, preservar sua perspectiva.

Edite imagens em perspectiva com o Vanishing Point

O filtro Vanishing Point permite definir os planos de perspectiva em uma imagem e então pintar, clonar e transformar imagens de acordo com essa perspectiva. Você pode até mesmo criar múltiplos planos inter-relacionados separando os planos perpendiculares do plano que você define. Você pode pintar, clonar e transformar em todos os diferentes planos e o Photoshop irá automaticamente dimensionar e orientar suas edições na perspectiva adequada por toda a imagem.

O filtro Vanishing Point funciona com imagens de 8 bits por canal, mas não funciona com dados vetoriais. Para utilizá-lo, primeiro crie uma grade que define a perspectiva e depois edite sua imagem normalmente. O Vanishing Point ajusta sua edição de acordo com a perspectiva definida.

Defina uma grade

Neste exercício, você trabalhará com uma imagem de uma casa coberta por neve. Utilizaremos o filtro Vanishing Point para adicionar uma janela à parede e para remover a guirlanda, tudo isso enquanto mantemos a perspectiva.

1 Clique no botão Go To Bridge ( ). No painel Folder no Bridge, clique na pasta Lessons (se ainda não estiver selecionada) e, então, dê um clique duplo na pasta Lesson07. Localize a imagem 07C_Start.psd e dê um clique duplo nela para abri-la no Photoshop.

Começaremos definindo a grade de perspectiva. Em seguida, você criará uma quarta janela e removerá a guirlanda.

2 Escolha Filter > Vanishing Point. Clique em OK se uma caixa de diálogo de alerta de conversão aparecer alertando de que os planos salvos foram atualizados de acordo com a versão atual e que, depois de salvos, não poderão ser abertos com versões anteriores.

Uma visualização da imagem aparece na caixa de diálogo Vanishing Point, que fornece várias ferramentas e opções para criar uma grade de perspectiva.

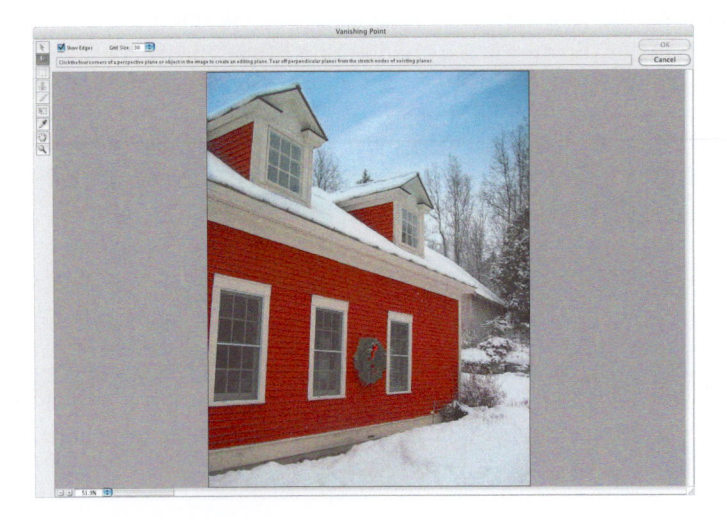

3 Utilizando a ferramenta Create Plane (), clique em cada um dos quatro pontos de canto da parede principal da casa: clique logo abaixo do canto superior direito onde o telhado branco se encontra com a parede vermelha e no canto inferior direito, acima da planta, para definir o tamanho e a forma do plano em perspectiva. À medida que você clica, um esboço azul aparece. Ao terminar, o Photoshop exibe uma grade azul sobre o plano que você acabou de definir.

Nota: *Se cometer um erro – por exemplo, se aparecer uma borda vermelha e não a grade de perspectiva – pressione Delete e tente novamente, ou arraste os pontos para ajustar a grade.*

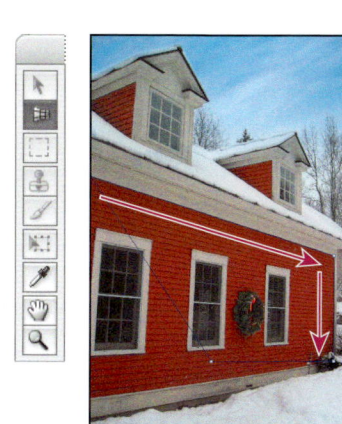

4 Se necessário, arraste um canto ou um ponto lateral para ajustar a grade.

Edite objetos na imagem

Agora que a grade de perspectiva foi criada, você pode selecionar e mover a janela.

1 Selecione a ferramenta Marquee () na paleta Tool da caixa de diálogo Vanishing Point. Observe que a grade detalhada desaparece da janela de visualização, substituída por um esboço azul mais discreto da grade de perspectiva.

2 Para desfocar ligeiramente a borda da seleção que você está para criar, configure a opção Feather como 3 na parte superior da caixa de diálogo. Deixe a configuração Opacity em 100 e Heal configurada como Off. Move Mode, configurado como Destination, deve ser desativado.

Nota: *A opção Heal determina como a seleção, a clonagem ou o traço de pintura se mistura com a cor, a iluminação e o sombreamento dos pixels adjacentes. Off não mistura a seleção nem o traço com a cor, iluminação e sombreamento dos pixels adjacentes. Move Mode determina o comportamento ao mover uma seleção. Destination permite mover o contorno de seleção para qualquer lugar da imagem. Para informações sobre essas opções, consulte a ajuda do Photoshop.*

3 Arraste um contorno de seleção em torno e um pouco além da janela do centro. Então, pressione Alt (Windows) ou Option (Mac OS), mantenha a tecla Shift pressionada para manter o plano alinhado e arraste a área selecionada para a direita. Solte o mouse quando a janela copiada estiver posicionada entre a janela direita e a extremidade da parede. À medida que você arrasta, o Photoshop dimensiona a seleção de acordo com a perspectiva da parede.

4 Para preparar a remoção da guirlanda da parede, selecione a ferramenta Zoom e arraste-a sobre as três janelas mais à esquerda para obter uma visualização mais aproximada.

5 Mude novamente para a ferramenta Marquee ([ ]) e arraste para selecionar a parede vazia entre as duas janelas da esquerda.

6 Mais uma vez, pressione a tecla Alt (Windows) ou Option (Mac OS) e Shift e arraste a seleção da parede entre as janelas do centro e da direita, sobre a coroa de flores.

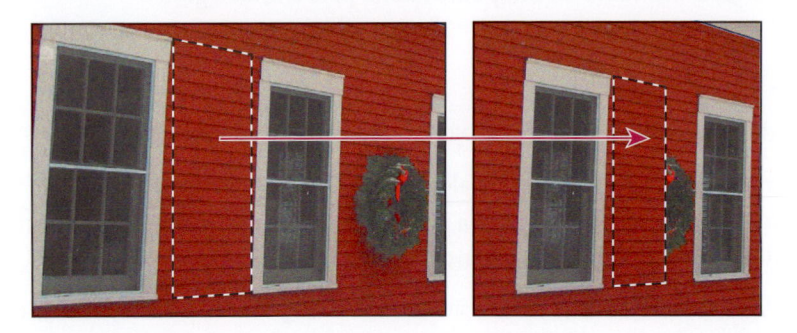

Embora a seleção copiada mantenha a perspectiva na sua nova localização, ela não abrange toda a guirlanda. Parte dela ainda aparece na imagem. Você corrigirá isso a seguir.

7 Selecione a ferramenta Transform (⌘). Observe que o Photoshop agora exibe pontos ao redor da seleção.

8 Arraste esses pontos de transformação para expandir a seleção e cobrir a guirlanda. Se necessário, utilize as teclas de seta para deslocar a seleção e alinhar as tábua de madeira vermelha clonadas.

9 Desmarque a caixa Show Edges e volte para o nível de ampliação anterior a fim de ver os resultados do seu trabalho. Então, clique em OK para aplicar o filtro Vanishing Point.

10 Escolha File > Save As. Na caixa de diálogo Save As, atribua ao arquivo o nome **Farmhouse_Final.psd** e salve-o na pasta Lesson07/Portfolio. Então, feche a janela de imagem.

Nota: *As imagens às quais o filtro Vanishing Point foi aplicado devem ser salvas como PSD, TIFF ou JPEG para preservar as informações do plano de perspectiva na imagem.*

Em seguida, você corrigirá uma imagem que contém uma distorção de lente de câmera.

Assista ao filme Vanishing Point em QuickTime para uma rápida visão geral sobre como utilizar esse recurso para definir a perspectiva e contornar múltiplos planos. O filme está no CD do Adobe Photoshop CS3 Classroom in a Book *em Movies/Vanishing Point. mov. Dê um clique duplo no arquivo desse filme para abri-lo e clique no botão Play.*

Corrija distorções na imagem

O filtro Lens Correction corrige falhas comuns de lente de câmera, como distorções do tipo barril e almofada, aberração cromática e vinhetas. A *distorção barril* é um defeito de lente que faz com que linhas retas curvem-se para fora. A *distorção almofada* tem o efeito oposto, as linhas retas curvam-se para dentro. A *aberração cromática* aparece como um filete de cor ao longo da borda do objeto na imagem. A *vinheta* (ou *vinhetagem*) ocorre quando as bordas de uma imagem, especialmente os cantos, são mais escuras que o centro.

Algumas lentes exibem esses defeitos com base na distância focal ou no f-stop utilizado. O filtro Lens Correction pode aplicar configurações baseadas na câmera, lentes e distância focal utilizadas para criar a imagem. Esse filtro também pode girar uma imagem ou corrigir a perspectiva da imagem causada por uma inclinação vertical ou horizontal da câmera. A grade de imagem do filtro torna esses ajustes mais fáceis e mais exatos do que com o comando Transform.

Neste exercício, você ajustará a distorção de lente em uma imagem de um templo grego.

1 Clique no botão Go To Bridge (). No Bridge, clique na pasta Lessons (se ainda não estiver selecionada) e, então, dê um clique duplo na pasta Lesson07. Localize a imagem 07D_Start.psd e dê um clique duplo para abri-la no Photoshop.

Observe como as colunas se dobram em direção à câmera e parecem distorcidas. Essa distorção foi causada porque a foto foi tirada a uma distância muito próxima com uma lente grande angular.

2 Escolha Filter > Distort > Lens Correction. A imagem aparece na caixa de diálogo Lens Correction com uma grande visualização interativa, uma grade de alinhamento e opções à direita para remover a distorção, corrigir a aberração cromática, remover vinhetas e transformar a perspectiva.

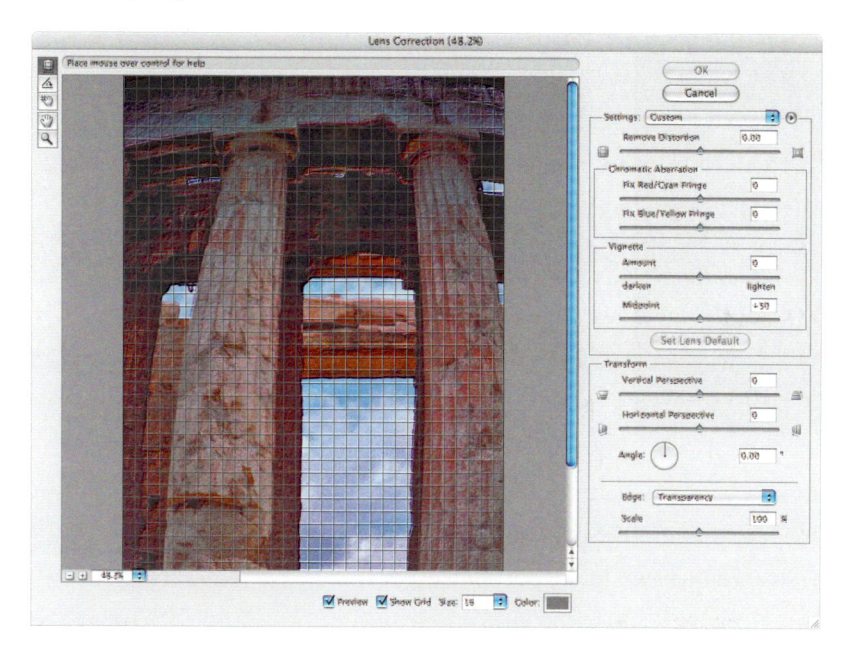

3 Na caixa de diálogo Lens Correction, faça o seguinte:

- Arraste o controle deslizante Remove Distortion para cerca de +52.00 para remover a distorção barril na imagem. Você também pode selecionar a ferramenta Remove Distortion (🖫) e arrastar a área de visualização da imagem, observando o controle deslizante Remove Distortion para ver quando você atinge +52.00.

O ajuste faz com que a imagem curve-se para dentro; você corrigirá isso na próxima configuração.

> 💡 Observe a grade de alinhamento à medida que faz essas alterações para poder ver quando as colunas verticais são endireitadas na imagem.

- Escolha Edge > Transparency se ainda não estiver selecionado.
- Arraste o controle deslizante Scale para 146%.

4 Clique em OK para aplicar suas alterações e fechar a caixa de diálogo Lens Correction. A distorção curva causada pela lente grande angular e pelo baixo ângulo da foto é eliminada.

5 (Opcional) Para ver o efeito da sua alteração na janela principal da imagem, pressione Ctrl+Z (Windows) ou Command+Z (Mac OS) duas vezes para desfazer e refazer o filtro.

Agora, você salvará a imagem do seu portfólio em PDF.

6 Escolha File > Save As. Na caixa de diálogo Save As, nomeie o arquivo **Columns_Final.psd** e salve-o na pasta Lesson07/Portfolio. Então, feche a janela de imagem.

Sobre o Adobe Photoshop Lightroom

Modular e baseado em tarefa, o Adobe Photoshop Lightroom oferece um ambiente simplificado desde a captura digital até a impressão.

Incorporando conversão de formatos nativos em um único fluxo de trabalho, o Adobe Photoshop Lightroom acelera o trabalho do fotógrafo profissional. Pense no Lightroom como uma caixa de luz digital – e vitaminada. Clique para fazer painéis de controle e ferramentas desaparecerem gradualmente no segundo plano no modo Lights-Out e colocar a imagem no centro da área de visualização. Utilize o recurso Identity Plate para personalizar o aplicativo e sua saída e faça uma demonstração do seu trabalho. Role rapidamente por centenas de imagens ou amplie instantaneamente pontos mais detalhados de uma imagem.

O Lightroom se beneficia da tecnologia Adobe Camera Raw para suportar mais de 125 formatos de arquivo nativos de câmera, incluindo os últimos modelos. Você pode utilizar o Lightroom com as novas câmeras, sabendo que os arquivos de imagem serão reconhecidos hoje e no futuro.

Apenas alguns recursos do Lightroom:

- Recursos intuitivos de correção de imagem, incluindo ajustes de curva de tom para ajustar visualmente meios-tons, áreas escuras demais ou claras demais. Controles de divisão tonal permitem criar imagens em preto-e-branco mais ricas e com maior controle para fazer ajustes e trabalhar com áreas precisas de imagem no histograma.
- Capacidade de economizar tempo para converter e renomear arquivos importados para o formato Digital Negative (DNG) ou renomeá-los e segmentá-los por pasta ou data.
- Rápida recuperação de imagens com filtros de pesquisa e configurações predefinidas, além de opções de organização.
- Recursos para exibir imagens em uma apresentação de slides com sombras projetadas, bordas, padrões de identidade visual e diferentes planos de fundo coloridos. O tamanho e a posição das imagens podem ser manipulados e distribuídos em formatos como Adobe Flash®, Portable Document Format (PDF) ou HTML.
- Modelos de folhas de contatos que podem ser personalizadas para adicionar padrões de identidade visual ou produzir uma impressão sofisticada.

Para uma demonstração do funcionamento do Lightroom feita pela comunidade on-line que a Adobe hospeda, veja a apresentação de slides sobre o Lightroom em http://www.adobe.com/products/photoshoplightroom/.

Crie um portfólio em PDF

Você pode criar uma apresentação de slides em PDF ou um documento PDF de várias páginas a partir de um conjunto de arquivos do Photoshop aplicando o comando PDF Presentation no Photoshop ou no Bridge e configurando as opções desejadas. Você pode selecionar quais arquivos dentro de uma pasta você quer incluir ou simplesmente selecionar uma pasta para incluir todos os arquivos armazenados nela. Agora que criou um portfólio das imagens (na pasta Portfolio), você pode transformá-lo facilmente em uma apresentação de slides em PDF para compartilhá-la com clientes e colegas.

1 Clique no botão Go To Bridge (▣). No Bridge, clique na pasta Lessons (se já não estiver selecionada do exercício anterior) e vá para a pasta Lesson07/Portfolio. A pasta Portfolio deve conter os seguintes arquivos de imagem: Mission_Final.psd, Portrait_Final.psd, Farmhouse_Final.psd e Columns_Final.psd.

2 Escolha Tools > Photoshop > PDF Presentation.

A caixa de diálogo Photoshop PDF Presentation se abre. Observe que os quatro arquivos na pasta Portfolio já aparecem na área Source Files.

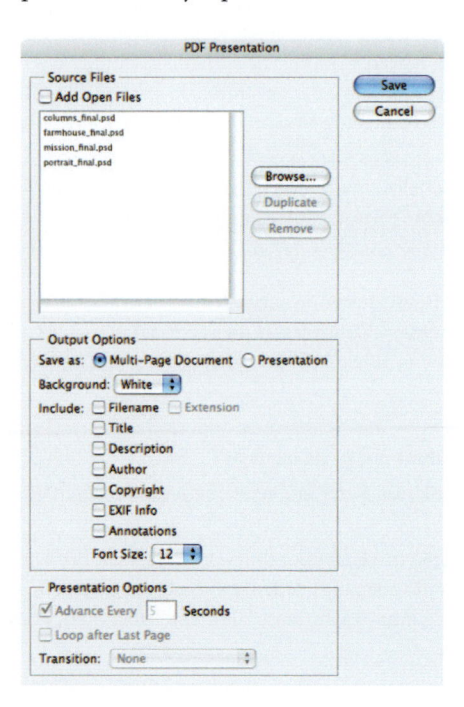

3 Na caixa de diálogo PDF Presentation, faça o seguinte:

- Sob Output Options, selecione Presentation.
- Sob Presentation Options, marque a caixa Advance Every e aceite o padrão de intervalo de exibição de 5 segundos.
- Marque a caixa Loop after Last Page.
- Escolha Wipe Right no menu pop-up Transition.
- Clique em Save.

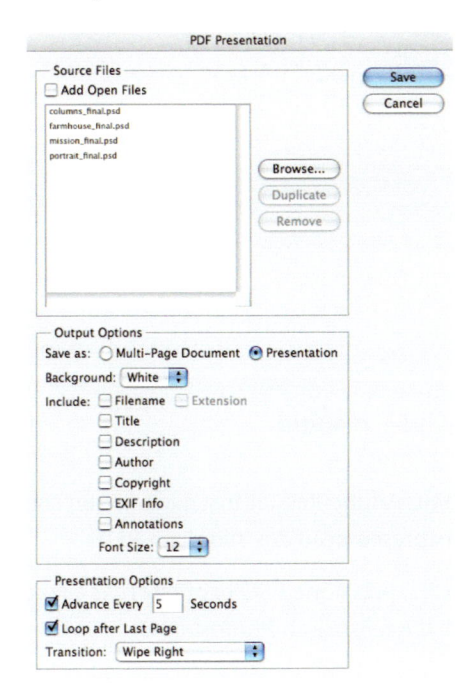

4 Na caixa de diálogo Save que aparece, digite **Photography_portfolio.pdf** como o nome de arquivo e especifique a localização como a pasta Lesson07 (*não* selecione a pasta Portfolio). Então clique em Save.

5 Na caixa de diálogo Save Adobe PDF, faça o seguinte:

- Escolha Adobe PDF Preset > Smallest File Size para criar um documento PDF adequado à exibição na tela.
- Sob Options, marque View PDF After Saving.
- Clique em Save PDF.

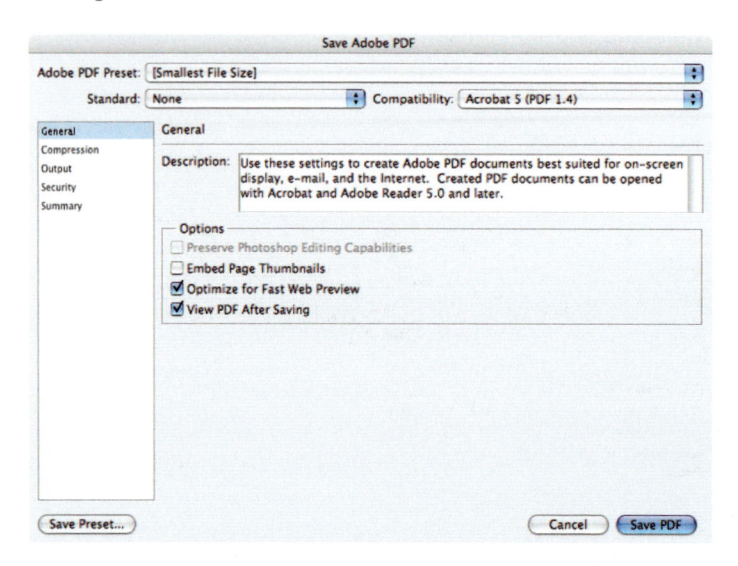

Se você tiver uma versão do Adobe Acrobat ou do Adobe Reader instalada no seu computador, ela é carregada automaticamente e inicia a apresentação dos slides em PDF.

6 Depois da conclusão da apresentação dos slides, pressione ESC para retornar à janela Acrobat padrão. Então feche o aplicativo Acrobat e retorne ao Photoshop.

Excelente trabalho! Você montou e exibiu com sucesso um portfólio de trabalho.

Revisão

▶ **Perguntas**

1 O que acontece com as imagens camera raw ao editá-las no Photoshop ou Bridge?

2 Qual é a vantagem do formato de arquivo Adobe Digital Negative?

3 Como corrigir olhos vermelhos no Photoshop?

4 Descreva como corrigir defeitos comuns de lente de câmera no Photoshop. O que provoca esses defeitos?

▶ **Respostas**

1 Um arquivo camera raw contém dados não-processados da imagem provenientes dos sensores de imagens de uma câmera digital. Arquivos camera raw dão aos fotógrafos controle sobre a interpretação dos dados na imagem, em vez de deixar que a câmera faça os ajustes e conversões. Quando você faz ajustes em uma imagem camera raw, o Photoshop e o Bridge preservam os dados no arquivo camera raw original. Dessa maneira, você pode editar a imagem como quiser, para exportá-la, e manter a original intacta para uso futuro ou outros ajustes.

2 O formato de arquivo DNG (Adobe Digital Negative) contém os dados da imagem bruta provenientes de uma câmera digital bem como os metadados que definem o que os dados da imagem significam. DNG é um padrão amplamente utilizado pela indústria para dados de imagens camera raw e que ajuda fotógrafos a gerenciar formatos de arquivos camera raw proprietários e a fornecer um formato de arquivo compatível.

3 O efeito de olhos vermelhos ocorre quando o flash da câmera reflete sobre a retina da pessoa fotografada. Para corrigir olhos vermelhos no Adobe Photoshop, amplie a área dos olhos da pessoa, selecione a ferramenta Red Eye e, então, clique nos olhos vermelhos. O reflexo vermelho desaparece.

4 O filtro Lens Correction corrige defeitos comuns de lente de câmera, como distorções do tipo barril e almofada, nas quais linhas retas curvam-se para fora na direção das bordas da imagem (barril) ou curvam-se para dentro (almofada); aberração cromática, em que um desvio de cor aparece ao longo das bordas dos objetos na imagem; e vinheta (ou vinhetagem) nas bordas de uma imagem, especialmente nos cantos, que são mais escuras que o centro. Esses defeitos podem ocorrer devido à configuração incorreta da distância focal da lente ou do f-stop, ou pela inclinação vertical ou horizontal da câmera.

Imagens podem expressar mil palavras, mas às vezes as composições das imagens precisam de algumas palavras. Felizmente, o Photoshop tem poderosas ferramentas de texto que permitem adicionar texto a suas imagens com excelente flexibilidade e controle.

8 | Design Tipográfico

Visão geral da lição

Nesta lição, você aprenderá a:

- Utilizar guias para posicionar texto em uma composição.
- Criar um demarcador de corte no texto.
- Mesclar texto a outras camadas.
- Utilizar estilos de camada com texto.
- Visualizar e selecionar interativamente as famílias de fonte para uma composição.
- Controlar e posicionar texto utilizando os recursos avançados da paleta Type.
- Distorcer uma camada em torno de um objeto em 3D.

Esta lição levará mais ou menos uma hora para ser concluída. Se necessário, remova a pasta da lição anterior da unidade de disco e copie a pasta Lesson08 para ela. Ao trabalhar nesta lição, você preservará os arquivos iniciais. Se precisar restaurar os arquivos originais, copie-os do CD do *Adobe Photoshop CS3 Classroom in a Book*.

Sobre texto

Texto (ou fonte) no Photoshop consiste em formas matematicamente definidas que descrevem letras, números e símbolos de uma família de fontes. Há muitas fontes disponíveis em mais de um formato, sendo os formatos mais comuns Type 1 ou PostScript, TrueType e OpenType (para informações adicionais sobre OpenType, consulte a página 282).

Quando você adiciona texto a uma imagem no Photoshop, os caracteres são compostos de pixels e têm a mesma resolução do arquivo de imagem – a ampliação dos caracteres revela bordas serrilhadas. Entretanto, o Photoshop preserva os contornos da fonte com base em vetores e os utiliza quando você modifica a escala ou redimensiona o texto, salva um arquivo PDF ou EPS ou imprime a imagem em uma impressora PostScript. Como resultado, você pode criar texto com bordas nítidas independentes da resolução, aplicar efeitos e estilos ao texto e transformar suas respectivas formas e tamanhos.

Introdução

Nesta lição, você irá trabalhar no layout do rótulo de uma garrafa de azeite de oliva. Você começará com a ilustração de uma garrafa, criada no Adobe Illustrator, depois adicionará e formatará o texto no Photoshop, incluindo sua quebra automática de linha, para que ele entre em conformidade com a forma 3D. Você começa com um rótulo branco em uma camada acima da camada background da garrafa.

Você iniciará a lição visualizando uma imagem da composição final.

1 Inicie o Photoshop e imediatamente pressione e mantenha pressionadas Ctrl+Alt+Shift (Windows) ou Command+Option+Shift (Mac OS) para restaurar as preferências padrão (consulte "Restaurando preferências padrão", na página 22).

2 Quando solicitado, clique em Yes para confirmar a redefinição das preferências e em Close para fechar a tela Welcome.

3 Clique no botão Go To Bridge (■) na barra de opções da ferramenta para abrir o Adobe Bridge.

4 No painel Favorites no lado esquerdo do Bridge, clique no favorito Lessons e dê um clique duplo na pasta Lesson08 no painel Content.

5 Selecione o arquivo 08End.psd para que ele apareça no painel Content central. Se necessário, expanda esse painel para obter uma boa visualização ampliada arrastando a barra divisora direita para a direita.

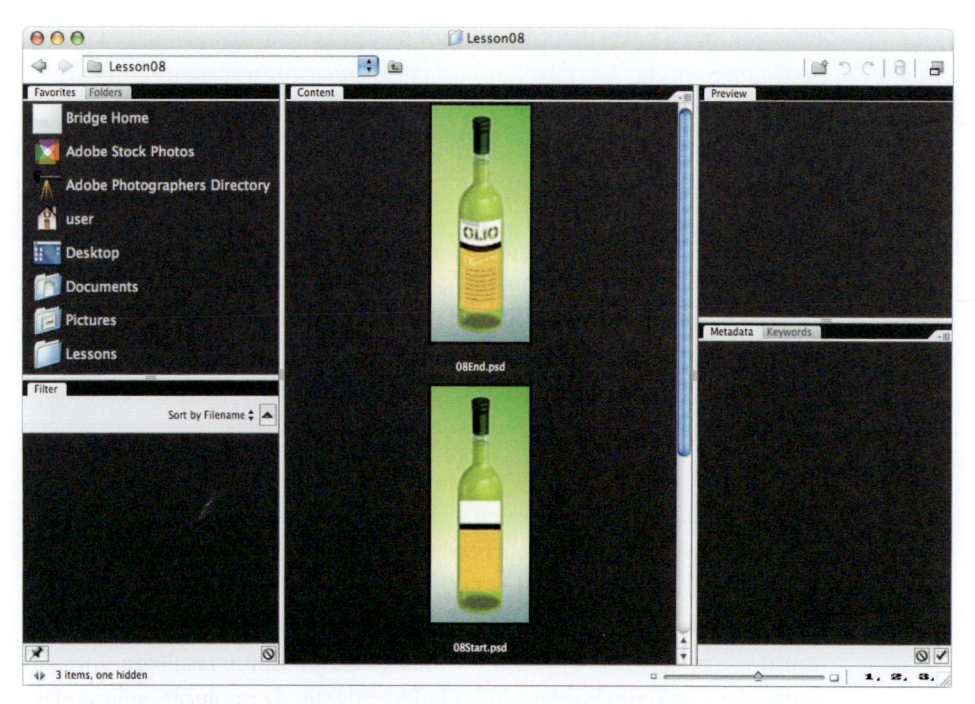

Essa composição em camadas representa a composição de um rótulo para uma nova marca de azeite de oliva. Para esta lição, você é o designer que cria a composição para o produto. A forma da garrafa foi criada por outro designer no Adobe Illustrator. Seu trabalho é aplicar o tratamento de texto no Photoshop, prepará-lo e apresentá-lo para que o cliente possa revisá-lo. Todos os controles de texto necessários estão disponíveis no Photoshop e você não precisa utilizar outro aplicativo para completar esse projeto.

6 Selecione o arquivo 08Start.psd e dê um clique duplo para abri-lo no Photoshop.

7 Escolha File > Save As, renomeie o arquivo inserindo o nome **08Working.psd** e clique em Save.

Crie uma máscara de corte do texto

Uma *máscara de corte* (*clipping mask*) é um objeto ou um grupo de objetos cuja forma mascara outras artes-finais para que somente áreas dentro da forma do objeto mascarador permaneçam visíveis. Na realidade, você corta a arte-final para que ela se adapte à forma do objeto (ou máscara). No Photoshop, você pode criar uma máscara de corte a partir de formas ou letras. Neste exercício, você utilizará letras como uma máscara de corte para que uma imagem em outra camada transpareça através das letras.

Adicione guias para posicionar texto

O arquivo 08Working.psd contém uma camada de fundo, a garrafa, e uma camada Blank Label, que será a base da sua tipologia. A Blank Label é a camada ativa em que você começará a trabalhar. Comece ampliando a área de trabalho e utilize guias de régua para ajudá-lo a posicionar o texto.

1 Selecione a ferramenta Zoom (🔍) e arraste-a sobre a área em preto e branco do rótulo em branco para ampliá-la e centralizá-la na janela de imagem. Repita até conseguir uma boa visualização da área e expanda a janela da imagem se necessário.

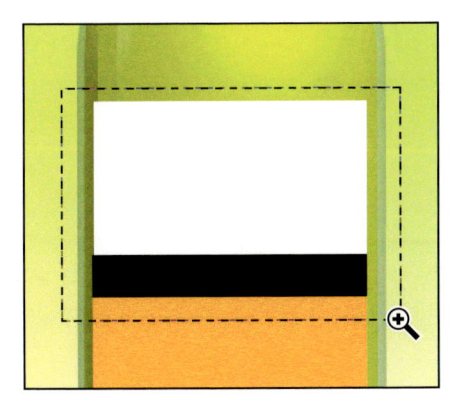

2 Escolha View > Rulers para ativar as réguas de guia ao longo da bordas superior e esquerda da janela da imagem. Então, arraste uma guia vertical a partir da régua esquerda até o centro do rótulo (3½ polegadas) e solte-a.

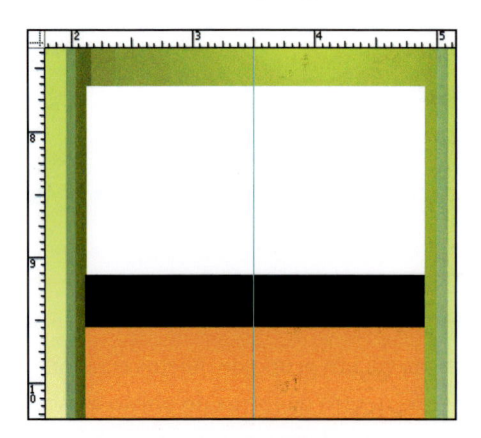

Adicione texto pontual

Agora, você está pronto para adicionar texto à composição. O Photoshop permite criar texto horizontal ou vertical em qualquer lugar de uma imagem. Você pode inserir *texto pontual* (*point type*, uma única letra, palavra ou linha) ou *texto de parágrafo* (*paragraph type*). Faremos ambos nesta lição, iniciando com um texto pontual.

1 Certifique-se de que Blank Layer está selecionada na paleta Layers. Então, selecione a ferramenta Horizontal Type (T) e, na barra de opções da ferramenta, faça o seguinte:

- Escolha uma fonte sem serifas, como Myriad Pro, no menu pop-up Font Family, e escolha Bold no menu pop-up Font Style.

- Digite **79 pt** no campo Size e pressione Enter ou Return.

- Clique no botão de alinhamento Center text.

2 Clique na guia central na área em branco do rótulo para configurar um ponto de inserção e digite **OLIO** em letras maiúsculas. Então clique no botão Commit Any Current Edits (✔) na barra de opções da ferramenta.

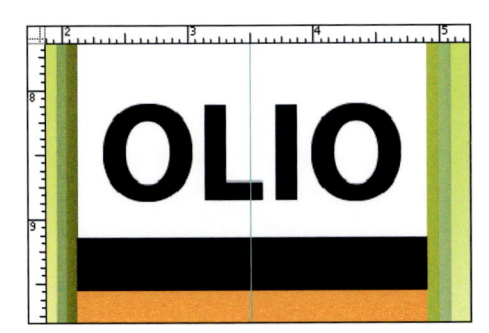

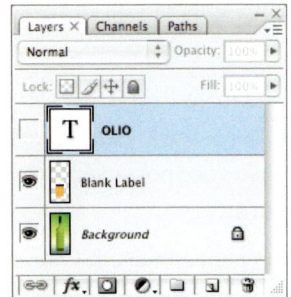

A palavra "Olio" é adicionada ao seu rótulo e aparece na paleta Layers como uma nova camada de texto, OLIO. Você pode editar e gerenciar a camada de texto como faria com qualquer outra camada. Você pode adicionar ou alterar o texto, alterar a orientação do texto, aplicar suavização de serrilhado (anti-aliasing), aplicar estilos e transformações de camada e criar máscaras. Pode mover, reempilhar, copiar e editar as opções de camada de uma camada de texto como faria com qualquer outra camada.

3 Pressione Ctrl (Windows) ou Command (Mac OS) e arraste o texto OLIO para centralizá-lo verticalmente na caixa branca.

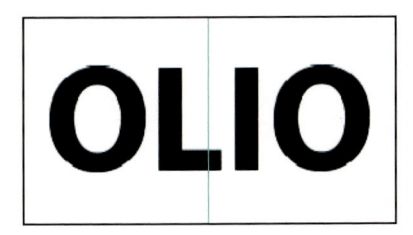

4 Escolha File > Save para salvar seu trabalho até agora.

Crie uma máscara de corte e aplique uma sombra

O Photoshop escreveu as letras em preto, a cor padrão de texto. Queremos que as letras pareçam preenchidas com uma imagem das azeitonas. Portanto, a seguir você utilizará as letras para criar uma máscara de corte que permitirá que outra camada de imagem seja exibida.

1 Clique no botão Go To Bridge ( ) ou utilize File > Open para abrir o arquivo Olives.psd (localizado na pasta Lesson08) no Photoshop. No Photoshop, organize as janelas de imagem na tela para que você possa ver ambas de uma só vez e certifique-se de que Olives.psd é a janela de imagem ativa.

2 Na paleta Layers para a imagem Olives.psd, pressione a tecla Shift e arraste a camada Background para o centro do arquivo 08Start.psd e, então, solte o mouse. Pressionar Shift à medida que você arrasta centraliza a imagem Olives.psd na composição.

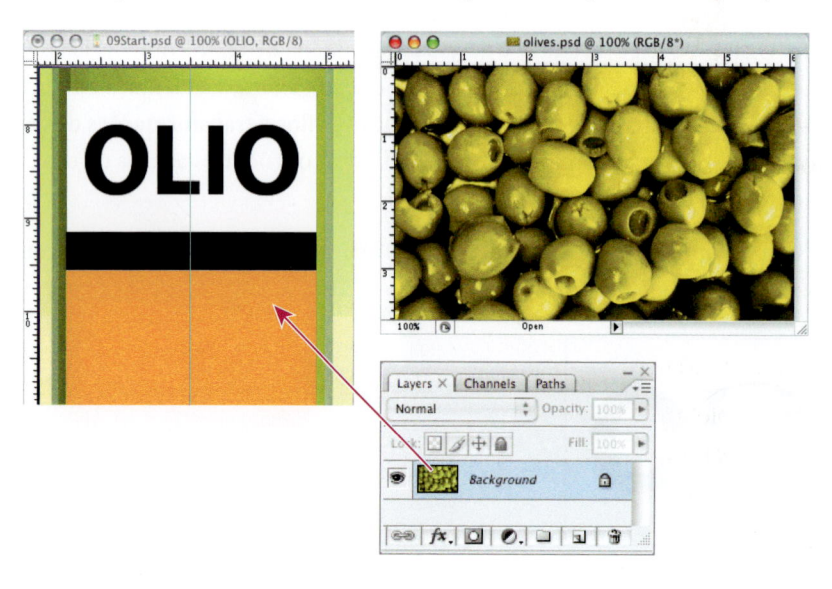

Uma nova camada aparece na paleta 08Working.psd, Layer 1. Essa nova camada contém a imagem das azeitonas que você exibirá através do texto. Mas antes de criar a máscara de corte para ele, você precisa diminuir a imagem das azeitonas, uma vez que ela é muito grande para a composição.

3 Com Layer 1 selecionada, escolha Edit > Transform > Scale.

4 Clique em um dos pontos laterais da caixa delimitadora para as azeitonas e com a tecla Shift pressionada arraste-a para reduzi-la. Talvez você precise mover o cursor para dentro da caixa e arrastar para reposicionar as azeitonas a fim que a imagem permaneça centralizada no rótulo. Redimensione a imagem das azeitonas para que ela tenha aproximadamente a mesma largura do rótulo branco.

5 Pressione Enter ou Return para aplicar a transformação.

6 Dê um clique duplo no nome Layer 1 e mude-o para **Olives**. Em seguida, pressione Enter ou Return, ou clique fora do nome na paleta Layers, para aplicar a alteração.

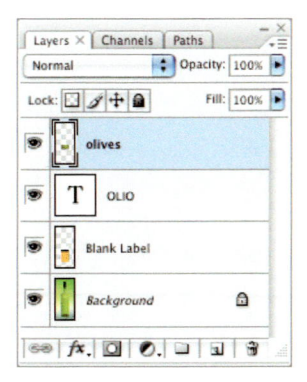

7 Com a camada de azeitonas ainda selecionada, escolha Create Clipping Mask no menu da paleta Layers.

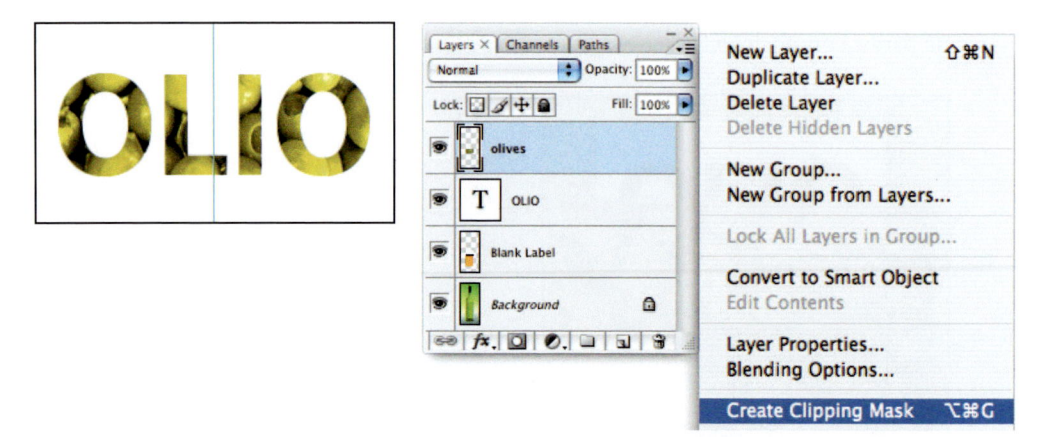

> Você também pode criar uma máscara de corte mantendo a tecla Alt (Windows) ou Option (Mac OS) pressionada e clicando entre as camadas de texto Olives e OLIO.

As azeitonas agora transparecem através das letras OLIO. Uma pequena seta na camada Olives e a camada Type sublinhada indicam a máscara de corte. Em seguida, você adicionará uma sombra projetada para dar profundidade às letras.

8 Selecione a camada de texto OLIO para torná-la ativa e, então, clique no botão Add a Layer Style (*fx*), na parte inferior da paleta Layers, e escolha Drop Shadow no menu pop-up.

9 Na caixa de diálogo Layer Style, altere Opacity para 35%, aceite todas as outras configurações padrão e então clique em OK.

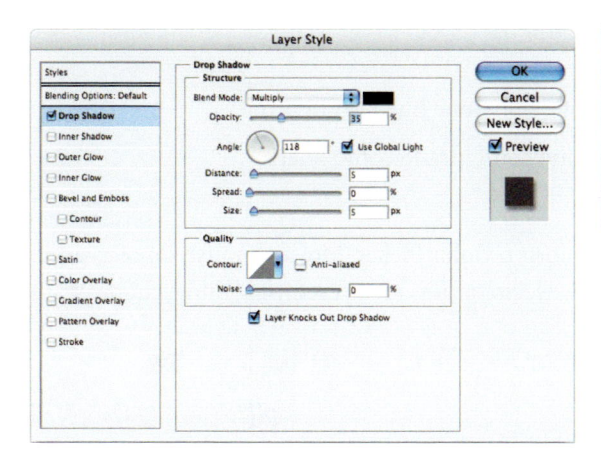

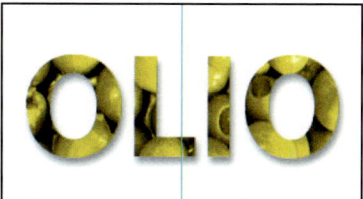

10 Escolha File > Save para salvar seu trabalho atual e feche o arquivo de imagem Olives.psd sem salvar as alterações.

Crie um elemento de design a partir da fonte

Em seguida, você adicionará as linhas verticais que aparecem na parte superior do rótulo utilizando um truque de texto. Essas linhas verticais precisam estar perfeitamente alinhadas, assim você utilizará a letra maiúscula "I" de uma fonte sem serifa em vez de criar, copiar e mover linhas individuais. Você também ajustará facilmente o tamanho e espaçamento das "linhas" utilizando a paleta Character.

1 Na paleta Layers, arraste o canto direito inferior para expandir a paleta até que alguma área em branco esteja visível na parte inferior. Clique nessa área em branco para remover a seleção de todas as camadas.

2 Selecione a ferramenta Horizontal Type (T). Na barra de opções de ferramenta, faça o seguinte:

• Escolha uma fonte sem serifas, de preferência uma condensada como Myriad Pro Condensed.

• Configure o tamanho como **36 pt** e pressione Enter ou Return.

• Deixe o menu pop-up Anti-aliasing configurado como Sharp.

• Escolha Left alignment.

• Clique na amostra de cores para abrir o Color Picker. Mova o mouse sobre as azeitonas que aparecem nas letras OLIO para selecionar um verde escuro na foto e clique em OK.

3 Clique com o cursor no canto superior esquerdo da caixa branca e, mantendo a tecla Shift pressionada, digite **I** 12 vezes.

Isso cria uma nova camada de texto na paleta Layers.

4 Selecione a ferramenta Move (⊕), posicione-a dentro da caixa e arraste as letras para que sua parte superior toque a borda superior da caixa branca.

Nota: *Digitar texto em uma janela de imagem do Photoshop coloca a ferramenta Type no modo de edição. Antes de realizar outras ações ou utilizar outras ferramentas, você deve confirmar sua edição na camada – como fez no texto OLIO utilizando o botão Commit Any Current Edits. Selecionar outra ferramenta ou camada tem o mesmo efeito que clicar no botão Commit Any Current Edits na barra de opções da ferramenta. Você não pode confirmar as edições atuais pressionando Enter ou Return; essa ação apenas cria uma nova linha para digitar.*

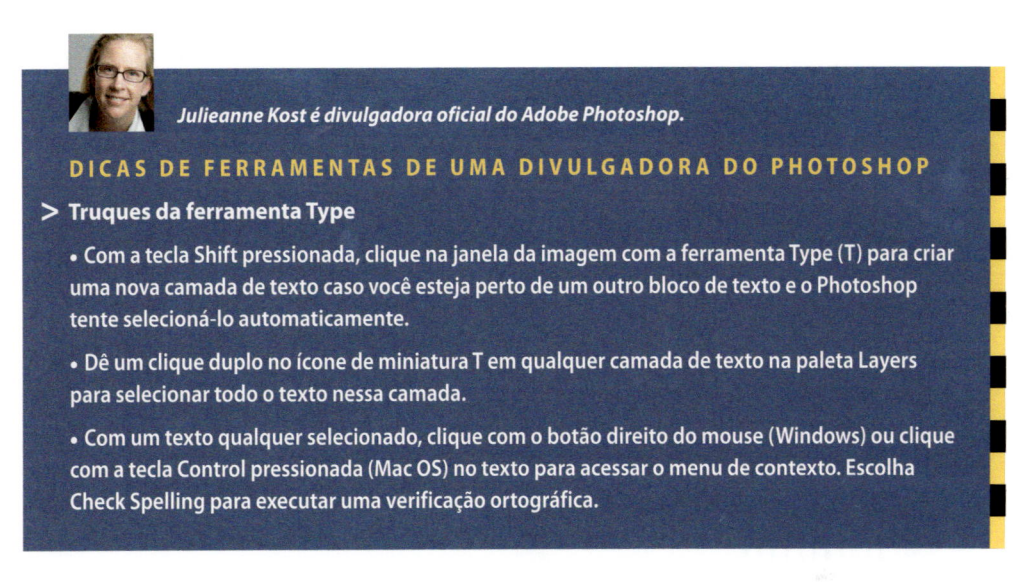

Julieanne Kost é divulgadora oficial do Adobe Photoshop.

DICAS DE FERRAMENTAS DE UMA DIVULGADORA DO PHOTOSHOP

> **Truques da ferramenta Type**

- Com a tecla Shift pressionada, clique na janela da imagem com a ferramenta Type (T) para criar uma nova camada de texto caso você esteja perto de um outro bloco de texto e o Photoshop tente selecioná-lo automaticamente.

- Dê um clique duplo no ícone de miniatura T em qualquer camada de texto na paleta Layers para selecionar todo o texto nessa camada.

- Com um texto qualquer selecionado, clique com o botão direito do mouse (Windows) ou clique com a tecla Control pressionada (Mac OS) no texto para acessar o menu de contexto. Escolha Check Spelling para executar uma verificação ortográfica.

Agora, você ajustará o tracking para aumentar um pouco o espaçamento entre as "linhas".

5 Abra a paleta Character escolhendo Window > Character.

6 Digite **40** na caixa Tracking ou deslize o cursor pelo ícone Tracking para configurar o valor.

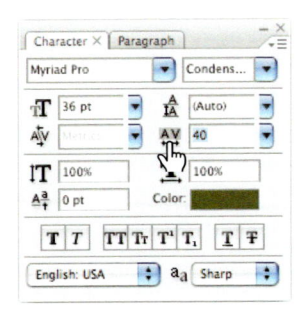

É hora de ajustar o posicionamento das letras OLIO a fim de que elas não fiquem muito perto das linhas verticais. Para fazer isso, você precisa vincular a camada de texto OLIO e a camada de máscara da imagem das azeitonas e movê-las como uma unidade.

7 Clique para selecionar a camada Olives e depois clique com a tecla Shift pressionada na camada do texto OLIO para selecioná-la também. Então, escolha Link Layers no menu pop-up de paleta Layers. Um ícone de link aparece ao lado dos nomes das duas camadas.

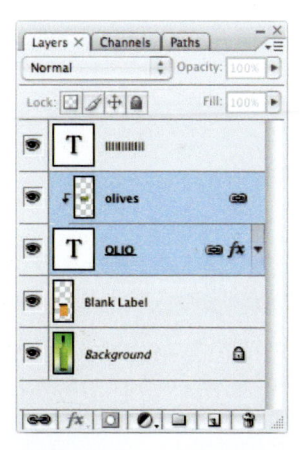

8 Selecione a ferramenta Move ( ) e arraste o texto para baixo como desejado.

9 Escolha File > Save para salvar seu trabalho até agora.

Utilize controles de formatação interativos

A paleta Character no Photoshop contém muitas opções para ajudá-lo a definir um texto perfeito, mas nem todas as escolhas e controles são óbvios – como no truque de deslizar o ícone Tracking para selecionar um valor de tracking. Neste exercício, você criará uma seleção de texto utilizando outro truque avançado para visualizar o texto na paleta Character.

1 Clique em uma área em branco da paleta Layers para remover a seleção de todas as camadas.

2 Selecione a ferramenta Horizontal Type (T). Na barra de opções da ferramenta, faça o seguinte:

- Clique no botão de alinhamento Center text.
- Clique na caixa de cores e escolha uma cor vermelha brilhante. Clique em OK para fechar o Color Picker.

Por enquanto, não se preocupe com a família de fontes ou o tamanho que você está usando.

3 Clique com o cursor na guia central na listra preta no rótulo. Para garantir que você não comece a editar o texto OLIO acidentalmente, certifique-se de que o cursor tem uma linha fina pontilhada em torno dele (I) ao clicar. Isso significa que você criará uma nova camada de texto ao digitar.

4 Digite **EXTRA VIRGIN** em maiúsculas.

O Photoshop escreve o texto com a fonte (e tamanho) especificada anteriormente. E se você quiser utilizar uma fonte diferente? E se não estiver seguro de qual fonte quer utilizar?

5 Selecione o texto EXTRA VIRGIN na janela da imagem e, então, na paleta Character, clique no nome da fonte no menu pop-up Font Family. O nome é destacado.

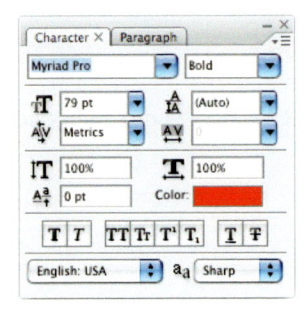

6 Pressione a tecla de seta para cima ou para baixo para examinar as fontes disponíveis e observar como o Photoshop visualiza cada uma interativamente nas letras EXTRA VIRGIN em destaque na tela.

7 Depois de experimentar, escolha a fonte sem serifas que você utilizou nas letras OLIO – Myriad Pro, no nosso exemplo – e então utilize a tecla Tab para pular para caixa Font Style.

8 Mais uma vez, utilize as teclas de seta para cima e para baixo a fim de examinar os estilos disponíveis (se houver algum) e escolha um (escolhemos Bold) e observe como os estilos são visualizados interativamente na janela de imagem.

9 Na caixa Size, utilize as teclas de seta para cima ou para baixo para configurar o texto com 11 pontos.

> Pressione Shift à medida que utiliza essas teclas de seta para alterar o incremento de Size em 10 pontos.

10 No campo Tracking, configure Tracking com 280: digite o valor, utilize a tecla de seta para cima (pressione Shift enquanto você pressiona a tecla para aumentar o incremento em 100) ou deslize para configurá-lo.

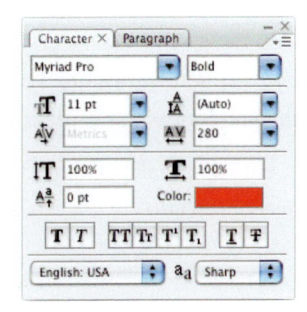

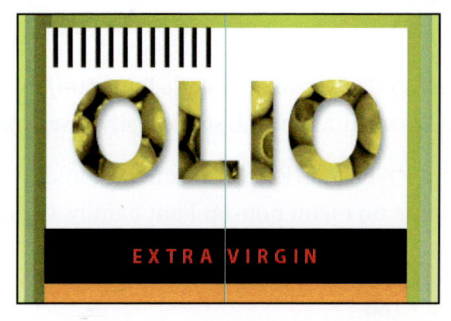

11 Selecione a ferramenta Move ( ) e arraste o texto EXTRA VIRGIN de modo que ele fique centralizado na barra preta do rótulo.

12 Escolha File > Save para salvar seu trabalho até agora.

Distorça texto pontual

Agora você adicionará as palavras "Olive Oil" ao rótulo e então irá distorcê-las para torná-las mais divertidas. A **distorção** (*warping*) permite fazer o texto se conformar a uma variedade de formas, como um arco ou uma onda. O estilo de distorção que você seleciona é um atributo da camada de texto – você pode alterar o estilo de distorção de uma camada a qualquer momento para modificar a forma geral da distorção. As opções de distorção fornecem um controle preciso sobre a orientação e perspectiva do efeito de distorção.

1 Role ou utilize a ferramenta Hand ( ) para mover a área visível da janela da imagem de modo que a parte laranja do rótulo, abaixo da barra preta, permaneça no centro da tela. Expanda a janela da imagem arrastando o canto direito inferior, se necessário.

2 Clique em uma área em branco da paleta Layers para remover a seleção de todas as camadas.

3 Selecione a ferramenta Horizontal Type (T) e, na paleta Character, faça isto:

- Escolha uma fonte serifada tradicional, como Adobe Garamond.
- Configure o tamanho como 40 pontos.
- Configure tracking como 0.
- Mude a cor para branco.

4 Clique e arraste uma caixa de texto na área superior da caixa laranja e digite **Olive Oil**. Em seguida, clique no botão Commit Any Current Edits ( ) na barra de opções de ferramenta.

As palavras aparecem no rótulo e uma nova camada Olive Oil, aparece na paleta Layers.

5 Clique com o botão direito do mouse (Windows) ou com a tecla Control pressionada (Mac OS) na camada Olive Oil na paleta Layers e escolha Warp Text no menu de contexto.

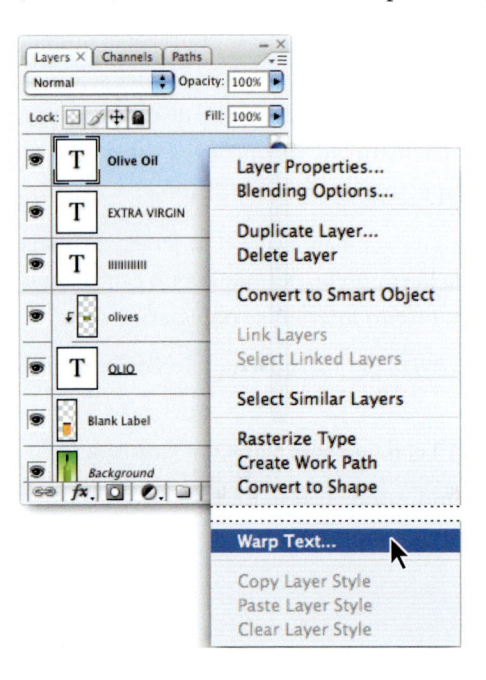

6 Na caixa de diálogo Warp Text, escolha Style > Wave e clique no botão de opção Horizontal. Para Bend, especifique **+77%**, para Horizontal Distortion **−7%** e para Vertical Distortion **−24%**. Então clique em OK.

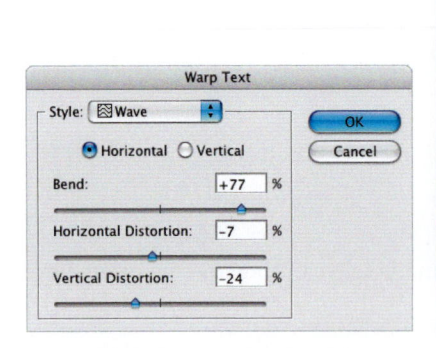

As palavras Olive Oil parecem flutuar como uma onda sobre o rótulo.

Adicione as duas últimas linhas

Você quase terminou de adicionar texto ao rótulo. Agora, é preciso adicionar mais duas linhas.

1 Com a camada Like fine wine… selecionada, clique dentro do parágrafo do texto e então arraste o ponto do meio da borda inferior da caixa de texto para baixo até a parte inferior da borda do rótulo.

2 Posicione o cursor de texto no final do parágrafo do texto e pressione Enter ou Return.

3 Digite **16 FL Ounces**.

4 Dê um clique triplo para selecionar "16 FL Ounces". Na paleta Character, configure o tamanho da fonte como 13 pontos e configure Baseline Shift como −10; essa opção move os caracteres para cima ou para baixo em relação à linha de base do texto adjacente.

5 Na caixa de ferramentas, clique no botão Switch Colors para mudar a cor do texto para branco.

6 Na paleta Paragraph, clique no botão de alinhamento Center text (![]). Então, clique no botão Commit Any Current Edits (✓) na barra de opções da ferramenta.

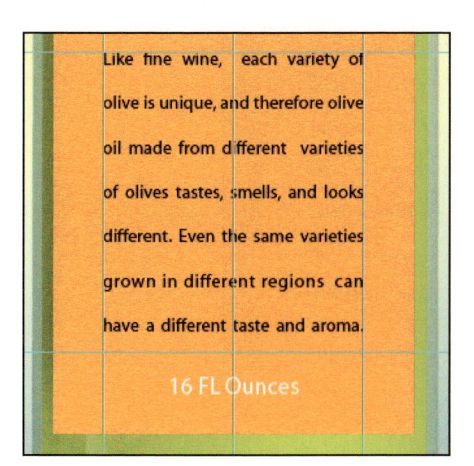

Adicione texto vertical

A última linha será vertical.

1 Desmarque todas as camadas na paleta Layers. Clique e, ainda na paleta Horizontal Type, selecione a ferramenta Vertical Type (IT), que está oculta sob a paleta Horizontal Type.

2 Arraste a área laranja do rótulo para a direita do texto descritivo a fim de criar uma longa e estreita caixa de texto. Inicie do canto superior ou inferior direito para não selecionar acidentalmente o texto do parágrafo.

3 Digite **PRODUCT OF ITALY** em letras maiúsculas.

4 Selecione as letras arrastando ou dando um clique triplo nelas e então, na paleta Character, faça o seguinte:

- Escolha uma fonte serifada, como Adobe Garamond.
- Configure o tamanho como 8 pontos.
- Configure tracking como 300.
- Mude a cor para vermelho.

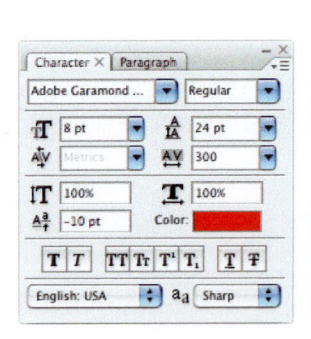

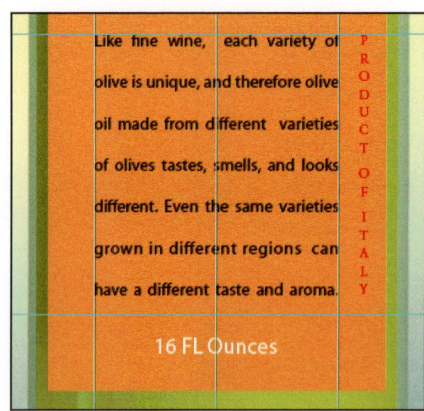

5 Clique no botão Commit Any Current Edits (✓) na barra de opções da ferramenta. Seu texto vertical agora aparece como a camada chamada PRODUCT OF ITALY. Utilize a ferramenta Move (⊕) e, se necessário, arraste para centralizá-la.

Agora, você fará um pouco de limpeza.

6 Clique para selecionar a anotação e, então, clique com o botão direito do mouse (Windows) ou clique com a tecla Control (Mac OS) pressionada e escolha Delete Note no menu contextual para excluir a anotação; clique em OK no alerta para excluir a anotação.

7 Oculte as guias escolhendo a ferramenta Hand (✋) e pressione Ctrl+; (Windows) ou Command+; (Mac OS). Em seguida, reduza para ter uma visão do seu trabalho.

8 Escolha File > Save para salvar seu trabalho até agora.

Distorça uma camada

Todo o texto agora está no rótulo, mas há um problema: a garrafa tem uma aparência tridimensional e o rótulo está muito artificial na sua superfície. Portanto, seu efeito final será distorcer o rótulo e seu conteúdo a fim de que eles tenham uma aparência que se adapte à forma da garrafa.

Anteriormente nesta lição, você distorceu as palavras Olive Oil para que as letras parecessem onduladas. Neste exercício, porém, você aplicará a transformação da distorção a uma camada, em vez de às letras individuais. Para fazer isso, agrupe o rótulo e as camadas de texto e aplique a transformação à nova camada agrupada utilizando o recurso Smart Objects. O recurso Smart Objects permite que você continue a editar o conteúdo da camada (o texto) e a distorção depois de ter aplicado a transformação.

Agrupe camadas em um Smart Object

Criar o Smart Object é um processo de dois passos. Primeiro você tem de mesclar a camada de texto OLIO e sua máscara de corte para então agrupar todas as camadas do rótulo no Smart Object.

1 Clique para selecionar a camada OLIO na paleta Layers e pressione Shift e clique para também selecionar a camada Olives. Escolha Merge Layers no menu pop-up da paleta Layers. O Photoshop combina essas camadas em uma única camada, Olives.

2 Clique para selecionar a camada Blank Label na paleta Layers e depois pressione Shift e clique na camada superior da pilha de camadas, PRODUCT OF ITALY. O Photoshop seleciona as duas camadas e todas as camadas intermediárias. Em seguida, escolha Convert To Smart Object no menu pop-up da paleta Layers.

> Clique com o botão direito do mouse (Windows) ou com a tecla Control pressionada (Mac OS) para exibir o menu contextual com os comandos Merge Layers e Convert To Smart Objects.

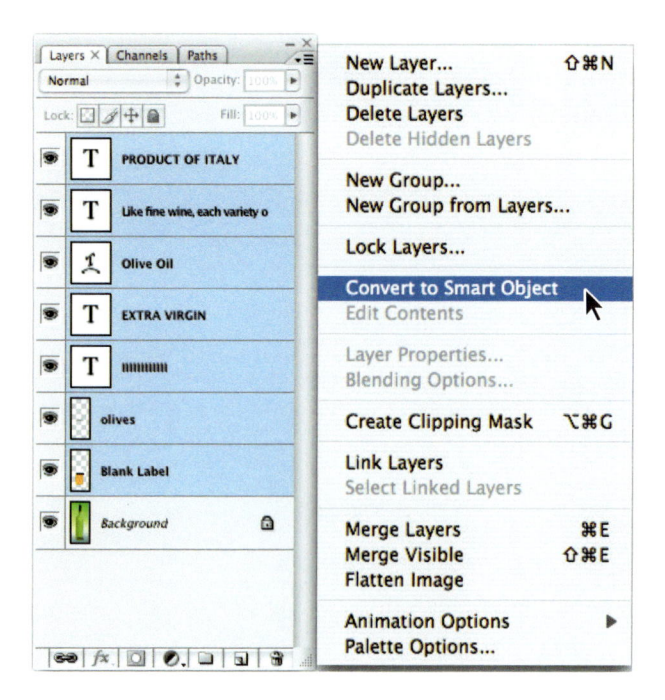

O Photoshop agrupa as camadas selecionadas em uma camada Smart Object. O nome dessa nova camada é o nome da camada no topo da antiga pilha, PRODUCT OF ITALY.

Distorça com Smart Objects

Agora, você distorcerá a camada Smart Objects a fim de que ela corresponda ao contorno da garrafa. Esse processo torna-se mais fácil se as guias estiverem visíveis.

1 Se as guias ainda não estiverem visíveis, escolha View > Show > Guides para exibi-las. Então, amplie até o rótulo.

2 Com a camada PRODUCT OF ITALY selecionada, escolha Edit > Transform > Warp.

O Photoshop posiciona uma grade 3-x-3 sobre a camada na janela da imagem, com pontos e linhas que você pode arrastar para distorcer a camada como quiser.

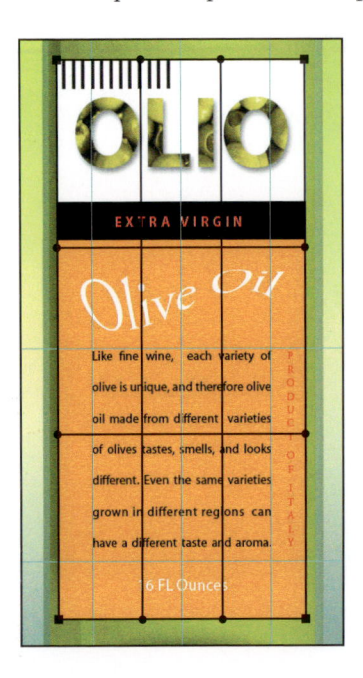

3 Para ajudá-lo a aplicar a distorção, arraste quatro guias horizontais, como a seguir: posicione uma guia na parte superior do rótulo e outra na parte inferior do rótulo. Posicione então as duas outras guias um quarto de polegada abaixo de cada uma dessas guias.

4 Uma por vez, clique no centro de cada linha horizontal da grade e arraste-a para baixo um quarto de polegada a fim de criar o rótulo curvo.

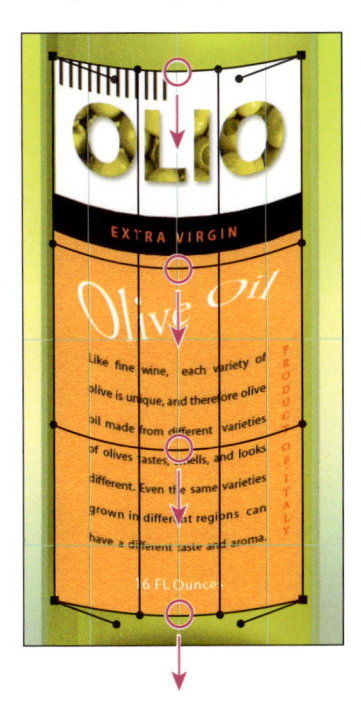

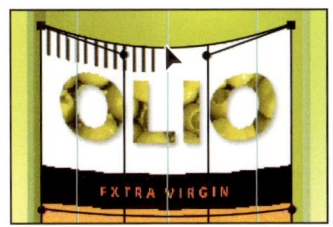

5 Depois de terminar, pressione Enter ou Return para aplicar a transformação de distorção.

6 Oculte as guias visíveis escolhendo a ferramenta Hand ( ) e pressione Ctrl-; (Windows) ou Command-; (Mac OS). Então, dê um clique duplo na ferramenta Hand para ver toda a composição da garrafa na tela.

Parabéns! Você adicionou e formatou todo o texto da garrafa de óleo de oliva Olio. Se quiser experimentar ainda mais as capacidades dos Smart Objects, consulte "Crédito Extra", na página ao lado. Na prática você achataria, salvaria esse arquivo de imagem para impressão e o enviaria para a gráfica.

7 Escolha File > Save As, renomeie para 08Start_flattened. Manter uma versão com camadas permite retornar ao arquivo para que você possa editá-lo posteriormente – como você fará se completar a seção de créditos extras.

8 Escolha Layer > Flatten Image.

9 Escolha File > Save e, então, feche a janela de imagem.

★ **CRÉDITO EXTRA** *Agora, você pode tirar proveito total do seu Smart Object editando o conteúdo do rótulo e deixando que o Photoshop atualize automaticamente a composição da garrafa.*

1 Dê um clique duplo na miniatura do Smart Object PRODUCT OF ITALY na paleta Layers (se aparecer uma caixa de diálogo de alerta no Smart Object, simplesmente clique em OK). O Photoshop abre o Smart Object em uma janela própria.

2 Selecione a paleta Horizontal Type (T) e, na janela de imagem do Smart Object, mude o texto "16 FL Ounces" para **32 fl. ounces**. Clique então no botão Commit Any Current Edits (✓).

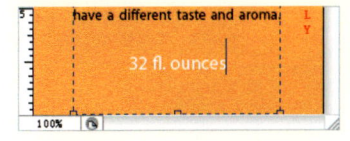

3 Clique no botão de fechar vermelho e, quando solicitado, clique em Save para salvar suas alterações.

O Photoshop retorna ao arquivo da imagem 08Start.psd e aplica atualizações do Smart Object ao rótulo. Você pode repetir esse processo para fazer mais edições, quantas vezes quiser, sem comprometer a qualidade da imagem ou a transformação. Para editar o efeito de distorção, simplesmente escolha Edit > Transform > Warp no arquivo de imagem 08Working.psd e continue a editar de maneira não-destrutiva a transformação do tipo distorção.

Dançando com texto*

*Um extrato do Power Hour de Russell Brown: Adobe Photoshop Tips and Techniques

Russell Brown

A bailarina antes

A bailarina contornada com texto

Aplique texto a um demarcador complexo

Nesse belo quadro, demonstro como posicionar texto ao longo de um demarcador, ou caminho. Começamos com a imagem de uma bailarina. Criamos uma seleção em torno dos contornos do corpo dela que, então, convertemos em um demarcador. Aplicamos o texto ao demarcador, o refinamos e *voilà* – você aplica o texto a um demarcador complexo. À medida que você segue os passos, assista ao filme em QuickTime deste tutorial incluído no CD do *Adobe Photoshop CS3, Classroom in a Book*.

— *Russell Brown*

Assista ao filme!
Veja os passos detalhados desse tutorial no filme do QuickTime no CD do Adobe Photoshop CS3, Classroom in a Book. Navegue até Movies/DancingWithType/DancingWithType.mov. Dê um clique duplo no arquivo e clique no botão Play.

© Digital Vision

Passo 1: Selecione a bailarina

O fundo uniformemente colorido faz da Magic Wand uma boa ferramenta de seleção para utilizar nessa imagem. Com a camada Dancer ativa, clique com a Magic Wand no fundo para selecionar os pixels coloridos semelhantes e, então, pressione Shift e continue clicando até que tudo, exceto a bailarina, seja selecionado. Em seguida, simplesmente inverta a seleção pressionando Ctrl+Shift+I (Windows) ou Command+Shift+I (Mac OS).

Passo 2: Converta em um demarcador

Converta a seleção em um demarcador escolhendo Make Work Path no menu pop-up da paleta Paths. Na caixa de diálogo Make Work Path, configure Tolerance como 1.0 e clique em OK. Quanto menor a tolerância, maior o detalhe e mais pontos de controle você terá no demarcador. Como esse é um demarcador complexo, queremos nos certificar de que haja detalhes suficientes.

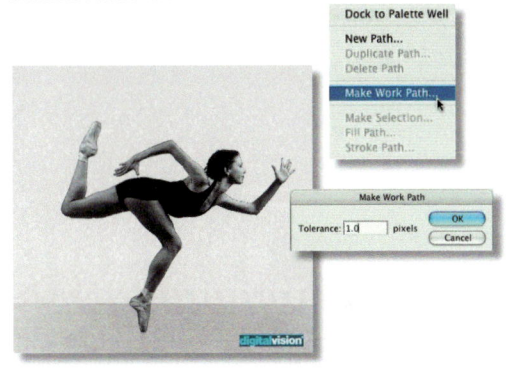

Passo 3: Posicione o texto no demarcador

Selecione a camada Dancing with Type, que contém o texto. Utilize a ferramenta Type para selecionar e copiar o texto para a área de transferência. Em seguida, oculte a camada de texto, selecione a camada Dancer, clique no demarcador e pressione Ctrl+V (Windows) ou Command+V várias vezes para colar o texto ao redor do demarcador da bailarina.

Passo 4: Oculte as descendentes internas

Para terminar, ocultamos as descendentes que escurecem a bailarina. Na paleta Path, pressione Ctrl (Windows) ou Command (Mac OS) e clique no ícone do demarcador Dancer para converter o demarcador em uma seleção. Na paleta Layers, selecione a camada type-on-a-path e pressione Alt (Windows) ou Options (Mac OS) e clique no botão Add Layer Mask. Perfeito – as descendentes estão ocultas!

Revisão

▶ Perguntas

1 Como o Photoshop trata o texto?

2 O que torna uma camada de texto idêntica ou diferente de outras camadas no Photoshop?

3 O que é uma máscara de corte e como ela é criada a partir do texto?

4 Descreva duas maneiras pouco conhecidas de controlar a formatação de texto no Photoshop.

▶ Respostas

1 Texto (ou fonte) no Photoshop consiste em formas matematicamente definidas que descrevem letras, números e símbolos de uma família de fontes. Quando você adiciona texto a uma imagem no Photoshop, os caracteres são compostos de pixels e têm a mesma resolução do arquivo de imagem. Entretanto, o Photoshop preserva os contornos da fonte com base em vetores e os utiliza quando você modifica a escala ou redimensiona o texto, salva um arquivo PDF ou EPS ou imprime a imagem em uma impressora PostScript.

2 O texto que é adicionado a uma imagem aparece na paleta Layers como uma camada de texto que pode ser editada e gerenciada da mesma maneira que qualquer outro tipo de camada. Você pode adicionar e editar o texto, alterar sua orientação e aplicar suavização de serrilhado (anti-aliasing) bem como mover, reposicionar na pilha, copiar e editar opções de camada.

3 Uma *máscara de corte* é um objeto ou grupo de objetos cuja forma mascara outra arte-final de modo que somente áreas dentro da forma sejam visíveis. As letras em qualquer camada de texto podem ser convertidas em uma máscara de corte selecionando tanto a camada de texto como a camada que você quer que seja exibida através das letras e, então, escolhendo Create Clipping Mask no menu pop-up da paleta Layers.

4 Selecione o texto na janela de imagem, na paleta Character ou na barra de opções da ferramenta Type para fazer o seguinte:

- Use os controles deslizantes para definir os valores de Size, Leading, Tracking, Kerning, Scaling e Baseline Shift.

- Selecione uma parte do texto na janela de imagem, clique na fonte exibida no menu pop-up Font Family e pressione as teclas de seta para cima e para baixo para examinar as fontes disponíveis e observar como elas podem ser visualizadas interativamente na janela de imagem.

Diferentemente de imagens bitmap, os elementos gráficos vetoriais conservam suas bordas nítidas em qualquer ampliação. Você pode desenhar formas e demarcadores vetoriais nas suas imagens no Photoshop e adicionar máscaras vetoriais para controlar o que é mostrado em uma imagem. Esta lição introduzirá os usos avançados de formas e máscaras vetoriais.

9 | Técnicas de Desenho Vetorial

Visão geral da lição

Nesta lição, você aprenderá a fazer o seguinte:

- Diferenciar entre imagens bitmap e elementos gráficos vetoriais.
- Desenhar demarcadores retos e curvos com a ferramenta Pen.
- Converter um demarcador em uma seleção e converter uma seleção em um demarcador.
- Salvar demarcadores.
- Desenhar e editar formas nas camadas.
- Desenhar formas em camadas personalizadas.
- Importar e editar um Smart Object no Adobe Illustrator.

Esta lição levará aproximadamente 90 minutos para ser concluída. Se necessário, remova a pasta da lição anterior da unidade de disco e copie a pasta Lesson09 sobre ela. Ao trabalhar nesta lição, você preservará os arquivos iniciais. Se precisar restaurar os arquivos originais, copie-os do CD do *Adobe Photoshop CS3 Classroom in a Book*.

Sobre imagens bitmap e elementos gráficos vetoriais

Antes de trabalhar com formas e demarcadores vetoriais, é importante entender as diferenças básicas entre as duas principais categorias de imagens gráficas computadorizadas: imagens bitmap e elementos gráficos vetoriais. Você pode utilizar o Photoshop para trabalhar com esses dois tipos de imagens; na realidade, você pode combinar bitmaps e dados vetoriais em um arquivo individual de imagem do Photoshop.

Imagens bitmap, tecnicamente chamadas *imagens rasterizadas*, baseiam-se em uma grade de cores conhecida como pixels. A cada pixel é atribuído um local específico e um valor de cor. Ao trabalhar com imagens bitmap, você edita grupos de pixels em vez de objetos ou formas. Como imagens bitmap podem representar graduações sutis de sombra e cores, elas são apropriadas para imagens de tons contínuos como fotografias ou arte-final criadas em programas de desenho. Uma desvantagem das imagens bitmap é que elas contêm um número fixo de pixels. Como resultado, podem perder detalhes e parecer serrilhadas quando ampliadas na tela ou impressas em uma resolução inferior àquela com a qual foram criadas.

Os elementos gráficos vetoriais são compostos de linhas e curvas definidas por objetos matemáticos chamados vetores. Eles conservam a nitidez mesmo se movidos, redimensionados ou se sofrerem alteração de cor. Elementos gráficos vetoriais são apropriados para ilustrações, texto e elementos gráficos como logotipos que podem ser dimensionados em diferentes tamanhos.

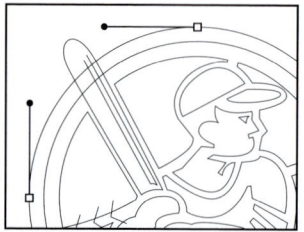

Logotipo desenhado como arte vetorial

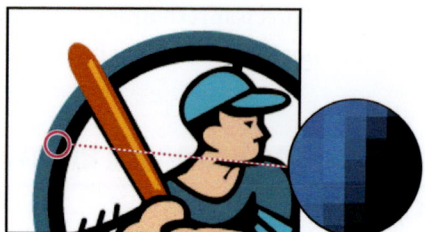

Logotipo rasterizado como arte de bitmaps

Sobre demarcadores e a ferramenta Pen

No Photoshop, o contorno de uma forma vetorial é um demarcador (*path*). Um demarcador é um segmento de linha curvo ou reto que você desenha utilizando a ferramenta Pen, a ferramenta Magnetic Pen ou a Freeform Pen. Entre elas, a ferramenta Pen é a que desenha com a maior precisão; as ferramentas Magnetic Pen e a Freeform Pen desenham demarcadores como se você estivesse desenhando com um lápis em uma folha de papel.

LIÇÃO 9 | 299
Técnicas de Desenho Vetorial

Julieanne Kost é divulgadora oficial do Adobe Photoshop.

DICAS DE FERRAMENTAS DE UMA DIVULGADORA DO PHOTOSHOP

> Qualquer ferramenta na caixa de ferramentas pode ser selecionada com uma única tecla de letra de atalho. Digite a letra e a ferramenta aparece. Por exemplo, pressione P para selecionar a ferramenta Pen. Pressionar Shift com a tecla alterna por todas as ferramentas aninhadas em um grupo. Portanto, pressionar Shift-P alterna entre as ferramentas Pen e Freeform Pen.

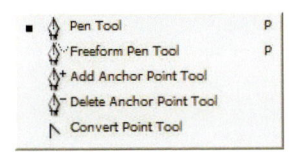

- Pen Tool — P
- Freeform Pen Tool — P
- Add Anchor Point Tool
- Delete Anchor Point Tool
- Convert Point Tool

Demarcadores podem ser do tipo aberto ou fechado. Demarcadores abertos (como uma linha ondulada) têm duas extremidades distintas. Demarcadores fechados (como um círculo) são contínuos. O tipo de demarcador que você desenha afeta a maneira como ele pode ser selecionado e ajustado.

Demarcadores que não foram preenchidos ou traçados não são impressos quando você imprime seu trabalho. Isso ocorre porque os demarcadores são objetos vetoriais que não contêm pixels, diferentemente de formas bitmap desenhadas pela ferramenta Pencil e por outras ferramentas de pintura.

Introdução

Começamos esta lição visualizando uma cópia da imagem final que você criará – um pôster para uma empresa fictícia de brinquedos.

1 Inicie o Adobe Photoshop, mantendo as teclas Ctrl+Alt+Shift (Windows) ou Command+Option+Shift (Mac OS) pressionadas para restaurar as preferências padrão. (Consulte "Restaurando preferências padrão", na página 22.)

2 Quando solicitado, clique em Yes para confirmar a redefinição das preferências e em Close para fechar a tela Welcome.

3 Clique no botão Go To Bridge ( ) na barra de opções da ferramenta para abrir o Adobe Bridge.

4 Na paleta Favorites no canto superior esquerdo do Bridge, clique no favorito Lessons e, então, dê um clique duplo na pasta Lesson9 na área de visualização em miniatura.

5 Selecione o arquivo 9End.psd para que ele apareça na janela de visualização central. Se necessário, expanda a visualização para obter uma boa visão ampliada arrastando o controle deslizante de miniatura na parte inferior da janela.

Para criar esse pôster, você abrirá a imagem do disco voador e praticará a criação de demarcadores e seleções utilizando a ferramenta Pen. No decorrer deste capítulo, você aprenderá os usos avançados de demarcadores e máscaras vetoriais e a utilizar Smarts Objects enquanto cria as formas e o texto do fundo.

Nota: Se abrir o arquivo 9End.psd no Photoshop, talvez você seja solicitado a atualizar as camadas de texto. Se for, clique em Update. Esse alerta às vezes aparece quando os arquivos são transferidos entre computadores, especialmente entre o Windows e o Mac OS.

6 Depois de examinar 9End.psd, dê um clique duplo no arquivo Saucer.psd para abri-lo no Photoshop.

7 Escolha File > Save As, renomeie o arquivo para **09Working.psd** e clique em Save.

Utilize path's em seus trabalhos

Começaremos utilizando a ferramenta Pen para criar seleções na imagem do disco voador. O disco voador tem longas bordas curvas e suaves que seriam difíceis de selecionar utilizando outros métodos.

Você desenhará um demarcador em torno do disco voador e criará dois demarcadores dentro dele. Depois de desenhar os demarcadores, você irá convertê-los em seleções. Em seguida, você subtrairá uma das seleções para que apenas o disco voador, e nenhuma parte do céu estrelado, seja selecionada. Por fim, você criará uma nova camada na imagem do disco voador e modificará a imagem que aparece atrás dele.

Ao desenhar um demarcador à mão com a ferramenta Pen, utilize o mínimo possível de pontos para criar a forma que você quer. Quanto menor o número de pontos que você utiliza, mais suaves serão as curvas e mais eficiente será o seu arquivo.

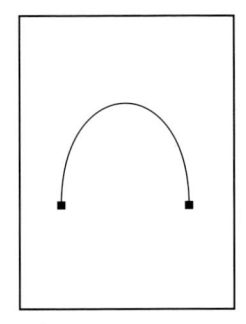

Número correto de pontos

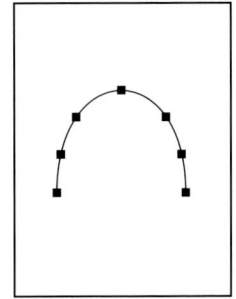

Pontos em excesso

Criando demarcadores com a ferramenta Pen

Você pode utilizar a ferramenta Pen para criar demarcadores retos ou curvos, abertos ou fechados. Se não estiver familiarizado com a ferramenta Pen, você poderá achar difícil utilizá-la no começo. Entender os elementos de um demarcador e a maneira como criá-los com a ferramenta Pen torna muito mais fácil desenhar os demarcadores.

Para criar um demarcador reto, clique no botão do mouse. No primeiro clique, você configura o ponto inicial. Todos os cliques subseqüentes desenham uma linha reta entre o ponto anterior e o ponto atual. Para desenhar demarcadores complexos de segmentos retos com a ferramenta Pen, simplesmente continue a adicionar pontos.

Para criar um demarcador curvo, clique para posicionar um ponto de ancoragem, arraste para criar uma linha de direção para esse ponto e, então, clique para posicionar o próximo ponto de ancoragem. Cada linha de direção acaba em dois pontos de direção; as posições das linhas e dos pontos de direção determinam o tamanho e a forma do segmento curvo. Mover as linhas e os pontos de direção remodela as curvas em um demarcador.

Curvas suaves são unidas por pontos de ancoragem chamados pontos suaves. Demarcadores curvos precisos são ligados por pontos de canto. Ao mover uma linha de direção sobre um ponto suave, os segmentos curvos nos dois lados do ponto se ajustam simultaneamente, mas, ao mover uma linha de direção sobre um ponto de canto, somente a curva no mesmo lado do ponto da linha de direção é ajustada.

Os segmentos de demarcador e pontos de ancoragem podem ser movidos depois de serem desenhados, individualmente ou como um grupo. Quando um demarcador contém mais de um segmento, você pode arrastar pontos de ancoragem individuais para ajustar segmentos individuais do demarcador ou selecionar todos os pontos de ancoragem em um demarcador para editar todo o demarcador. Utilize a ferramenta Direct Selection (↖) para selecionar e ajustar um ponto de ancoragem, um segmento de demarcador ou um demarcador inteiro.

Criar um demarcador fechado é diferente de criar um demarcador aberto na maneira como você termina o demarcador. Para terminar um demarcador aberto, clique na ferramenta Pen (♦) na caixa de ferramentas. Para criar um demarcador fechado, posicione o cursor da ferramenta Pen sobre o ponto inicial e clique. Fechar um demarcador termina automaticamente o demarcador. Depois de o demarcador fechar, o cursor da ferramenta Pen parece com um pequeno x, indicando que seu próximo clique iniciará um novo demarcador.

À medida que você desenha demarcadores, uma área de armazenamento temporário chamada Work Path aparece na paleta Paths. Uma boa idéia é salvar os demarcadores de trabalho – e isso é essencial se você utiliza múltiplos demarcadores independentes no mesmo arquivo de imagem. Se desmarcar um Work Path existente na paleta Paths e começar a desenhar novamente, um novo Work Path substituirá o original, que será perdido. Para salvar um Work Path, dê um clique duplo nele na paleta Paths, digite um nome na caixa de diálogo Save Path e clique em OK para renomear e salvar o demarcador. O demarcador permanece selecionado na paleta Paths.

Desenhe o contorno de uma forma

Neste exercício, você utilizará a ferramenta Pen para unir os pontos a partir do ponto A até os pontos N e, então, de volta ao ponto A. Você configurará alguns segmentos retos, alguns pontos de curvas suaves e alguns pontos de canto (corner point).

Começaremos configurando as opções da ferramenta Pen e sua área de trabalho e depois você rastreará o contorno de um disco voador utilizando um modelo (*template*).

1 Na caixa de ferramentas, selecione a ferramenta Pen ( ).

2 Na barra de opções da ferramenta, selecione ou verifique as configurações a seguir:

- Selecione a opção Path ( ).

- Clique na seta para Geometry Options e certifique-se de que a caixa de seleção Rubber Band *não* está selecionada na paleta pop-up Pen Options.

- Certifique-se de que a opção Auto Add/Delete está selecionada.

- Selecione a opção Add To Path Area ( ).

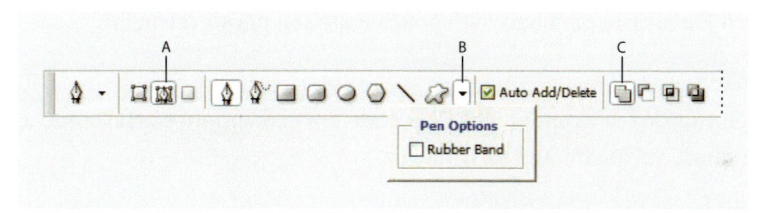

A. Opção Paths *B.* Menu Geometry Options *C.* Opção Add To Path Area

3 Clique na aba Paths para exibir essa paleta no grupo de paletas Layer.

A paleta Paths exibe visualizações em miniatura dos demarcadores que você desenha. No momento, a paleta está vazia porque você ainda não começou a desenhar.

4 Se necessário, amplie a imagem para ver facilmente os pontos com letras e os pontos vermelhos no modelo da forma que foi criada para você. Certifique-se de que todo o modelo pode ser visualizado na janela da imagem e também de que você selecionou novamente a ferramenta Pen depois de ampliar.

5 Posicione o cursor no ponto A. Clique no ponto e arraste para seu ponto vermelho a fim de configurar o primeiro ponto de ancoragem e a direção da primeira curva. Faça o mesmo no ponto B.

No canto do cockpit (ponto B), você precisará produzir um ponto de canto para criar uma transição nítida entre o segmento curvo e o reto.

6 Clique com a tecla Alt (Windows) ou Option (Mac OS) pressionada no ponto B para converter o ponto suave em um ponto de canto e remover uma das linhas de direção.

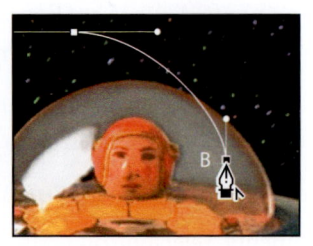

Configurando um ponto suave em B

Convertendo o ponto suave em um ponto de canto

7 Clique no ponto C para configurar um segmento reto (não arraste).

Se cometer um erro ao desenhar, escolha Edit > Undo para desfazer o procedimento. Então recomece a desenhar.

8 Clique no ponto D e arraste para cima a partir do ponto D até seu ponto vermelho. Então, clique no ponto E e arraste para baixo do ponto E até seu ponto vermelho.

9 Clique no ponto F.

10 Configure os pontos de curva em G, H e I clicando em cada ponto e arrastando a partir do ponto para seu ponto vermelho, um de cada vez.

11 Clique no ponto J.

12 Configure os pontos de curva em K e L clicando em cada ponto e arrastando a partir de cada um até seu respectivo ponto vermelho.

13 Clique no ponto M.

14 Clique no ponto N e não solte o botão do mouse. Pressione Alt (Windows) ou Option (Mac OS) e arraste o ponto N até o ponto vermelho a fim de adicionar uma linha de direção ao ponto de ancoragem em N. Então, solte o botão do mouse e a tecla Alt ou Option.

15 Mova o cursor sobre o ponto A de modo que um pequeno círculo apareça no ícone de cursor, indicando que você está para fechar o demarcador (talvez seja difícil de ver o pequeno círculo porque a imagem é escura e o círculo é quase imperceptível). Arraste do ponto A para o ponto vermelho e então solte o botão do mouse para desenhar a última linha curva.

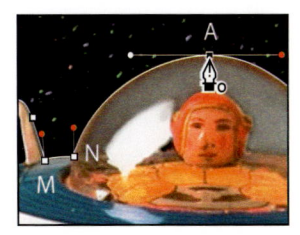

16 Na paleta Paths, dê um clique duplo em Work Path, digite **Saucer** na caixa de diálogo Save Path e clique em OK para salvá-la.

17 Escolha File > Save para salvar seu trabalho.

Converta seleções em demarcadores

Agora, você criará um segundo demarcador utilizando um método diferente. Primeiro, você utilizará uma ferramenta de seleção para selecionar uma área com cores semelhantes e, então, você converterá a seleção em um demarcador. (Você pode converter qualquer seleção feita com uma ferramenta de seleção em um demarcador.)

1 Clique na aba Layers para exibir a paleta Layers e arraste a camada Template para o botão Trash na parte inferior da paleta. Você não precisa mais dessa camada.

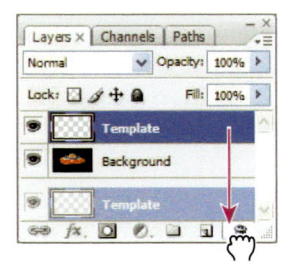

2 Selecione a ferramenta Magic Wand ( ) na caixa de ferramentas, oculta sob a ferramenta Quick Selection.

3 Na barra de opções da ferramenta Magic Wand, certifique-se de que o valor de Tolerance é **32**.

4 Clique cuidadosamente na área preta dentro de um dos estabilizadores verticais do disco voador.

5 Com a tecla Shift pressionada clique dentro do outro estabilizador vertical para adicionar essa área preta à seleção.

6 Clique na aba Paths para exibir a paleta Paths. Então, clique no botão Make Work Path From Selection ( ) na parte inferior da paleta.

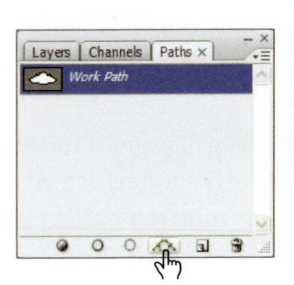

As seleções são convertidas em demarcadores e uma nova Work Path é criada.

7 Dê um clique duplo na Work Path, atribua o nome **Fins** a ela e então, clique em OK para salvar o demarcador.

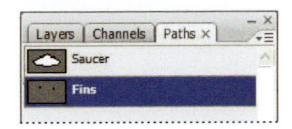

8 Escolha File > Save para salvar seu trabalho.

Converta demarcadores em seleções

Da mesma maneira que é possível converter contornos de seleção em demarcadores, também é possível converter demarcadores em seleções. Com seus contornos suaves, demarcadores permitem criar seleções precisas. Agora que desenhou demarcadores para o disco voador e para os estabilizadores verticais, você converterá esses demarcadores em uma seleção e aplicará um filtro à seleção.

1 Na paleta Paths, clique no demarcador Saucer para torná-lo ativo.

2 Converta o demarcador Saucer em uma seleção fazendo um dos dois passos a seguir:

- No menu da paleta Paths, escolha Make Selection e clique em OK para fechar a caixa de diálogo que aparece.

- Arraste o demarcador Saucer até o botão Load Path As Selection (○) na parte inferior da paleta Paths.

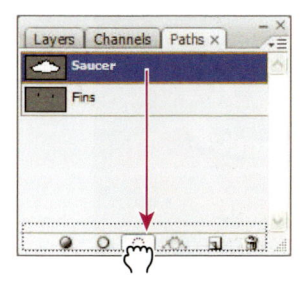

Simplesmente clique no botão Load Path As Selection (○) na parte inferior da paleta Paths para converter o demarcador ativo em uma seleção.

A seguir, você subtrairá a seleção Fins da seleção Saucer para ver o fundo através das áreas vazias nos estabilizadores verticais.

3 Na paleta Paths, clique no demarcador Fins para torná-lo ativo. Então, no menu da paleta Paths, escolha Make Selection.

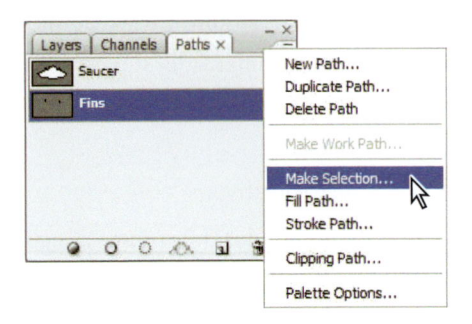

4 Na área Operation da caixa de diálogo Make Selection, selecione Subtract from Selection e clique em OK.

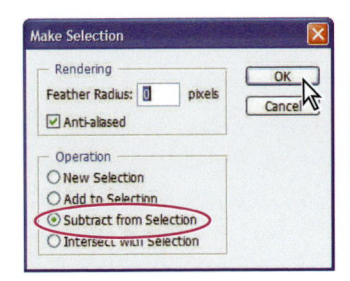

Subtraindo a seleção Fins da seleção Saucer   *Resultado*

O demarcador Fins é simultaneamente convertido em uma seleção e subtraído da seleção Saucer.

Deixe os demarcadores selecionados, pois você utilizará a seleção no próximo procedimento.

Converta a seleção em uma camada

Agora, você verá como criar a seleção com a ferramenta Pen para ajudá-lo a alcançar efeitos interessantes. Já que isolou o disco voador, você poderá criar uma duplicata dele em uma nova camada. Você pode copiá-lo para outro arquivo de imagem – especificamente para a imagem que é o fundo do pôster da loja de brinquedos.

1 Certifique-se de que ainda pode ver o contorno de seleção na janela da imagem. Se não puder, ele foi desmarcado e você precisará repetir o exercício anterior, "Converta demarcadores em seleções".

2 Escolha Layer > New > Layer Via Copy.

Uma nova camada aparece na paleta Layers, Layer 1. A miniatura de Layer 1 mostra que a camada só contém a imagem do disco voador, não as áreas do céu da camada original.

3 Na paleta Layers, dê um clique duplo em Layer 1, digite **Saucer** para renomeá-la e pressione Enter ou Return.

4 Utilize o Adobe Bridge ou o comando File > Open para abrir o arquivo 9Start.psd, localizado na pasta Lessons/Lesson9.

Essa é uma imagem do Photoshop de um fundo azul graduado com um planeta na parte inferior da imagem.

5 Se necessário, mova as janelas da imagem para que você possa ver simultaneamente pelo menos a parte da janela Saucer.psd e a janela 9Start.psd na tela. Certifique-se de que nenhuma camada está selecionada na paleta Layers do arquivo 09Working.psd, então torne a janela de imagem Saucer.psd ativa e selecione a camada Saucer na paleta Layers.

6 Na caixa de ferramentas, selecione a ferramenta Move ( ) e arraste da janela da imagem 09Working.psd para a janela da imagem 09Start.psd de modo que o disco voador apareça no céu.

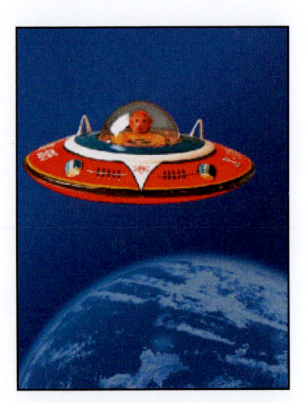

7 Feche a imagem 09Working.psd sem salvar as alterações, deixando o arquivo 9Start.psd aberto e ativo.

Agora, você posicionará o disco voador mais precisamente no plano de fundo do pôster.

8 Selecione a camada Saucer na paleta Layers e escolha Edit > Free Transform.

Uma caixa delimitadora aparece em torno do disco voador.

9 Posicione o cursor próximo de qualquer ponto lateral até que ele se transforme em um cursor de rotação (↻) então arraste para girar o disco voador até ele estar com uma indicação de cerca de 20 graus. Quando estiver satisfeito, pressione Enter ou Return.

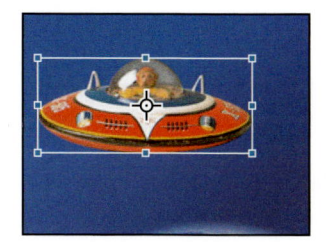

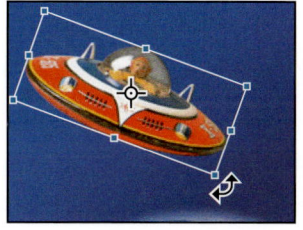

Nota: Se você distorcer acidentalmente o disco voador em vez de girá-lo, pressione Ctrl+. [ponto] (Windows) ou Command+. [ponto] (Mac OS) e recomece.

10 Para melhorar o posicionamento do disco voador, certifique-se de que a camada Saucer continua selecionada e utilize a ferramenta Move para arrastar o disco voador de modo que ele cubra ligeiramente a parte superior do planeta, como na imagem a seguir.

11 Escolha File > Save As, renomeie o arquivo para **09B_Working.psd** e clique em Save.

Crie objetos vetoriais para o fundo

Muitos pôsteres são concebidos para serem escalonáveis, para mais ou para menos, enquanto conservam uma aparência nítida. Esse é um bom uso das formas vetoriais. A seguir, você criará formas vetoriais com demarcadores e utilizará máscaras para controlar o que aparece no pôster. Como elas são vetores, as formas podem ser escalonadas nas futuras revisões do design sem perda de qualidade ou de detalhes.

Desenhe uma forma escalonável

Começaremos criando um objeto branco na forma de um rim para a parte de trás do pôster.

1 Escolha View > Rulers para exibir as réguas horizontais e verticais.

2 Arraste a aba da paleta Paths para fora do grupo da paleta Layer de modo que ela flutue independentemente. Como neste exercício você utilizará as paletas Layers e Paths com freqüência, é conveniente mantê-las separadas.

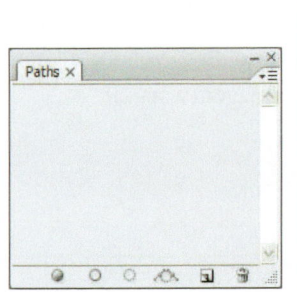

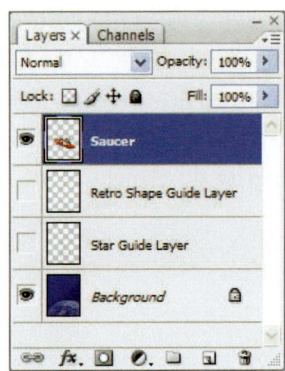

3 Oculte todas as camadas exceto as camadas Retro Shape Guide e Background clicando nos ícones de olho na paleta Layers. Selecione a camada Background para ativá-la.

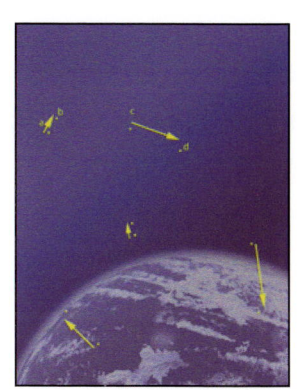

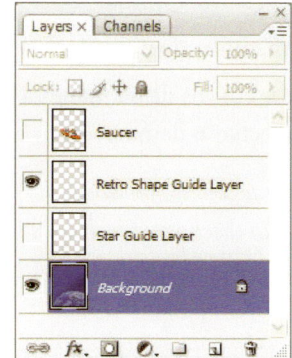

A camada-guia servirá como um modelo à medida que você desenha a forma do rim.

4 Configure as cores do primeiro plano e do fundo de acordo com os padrões (preto e branco, respectivamente) clicando no botão Default Foreground And Background Colors (▪) na caixa de ferramentas (ou digite o atalho pelo teclado D) e então troque as cores do primeiro plano e do fundo clicando no botão Switch Foreground And Background Colors (↱) (ou digite X). Agora a cor do primeiro plano é branca.

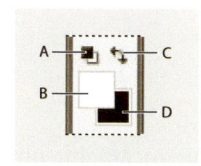

A. Botão Default Foreground And Background Colors
B. Botão Foreground Color
C. Botão Switch Foreground And Background Colors
D. Botão Background Color

5 Na caixa de ferramentas, selecione a ferramenta Pen (♦). Então, na barra de opções da ferramenta, certifique-se de que a opção Shape Layers esteja selecionada.

6 Crie a forma clicando e arrastando desta maneira:

- Clique no ponto A e arraste uma linha de direção para cima e para a esquerda do ponto B e então solte.

- Clique no ponto C e arraste uma linha de direção para frente e acima do ponto D e solte.

- Continue a desenhar segmentos curvos dessa maneira em torno da forma até retornar ao ponto A e então clique nele para fechar o demarcador.

Nota: *Se tiver problemas, abra a imagem do disco voador novamente e pratique desenhar o demarcador em torno da forma do disco voador até se sentir mais confortável com o processo de desenhar segmentos de demarcador curvos. Além disso, leia o quadro "Criando demarcadores com a ferramenta Pen", na página 302.*

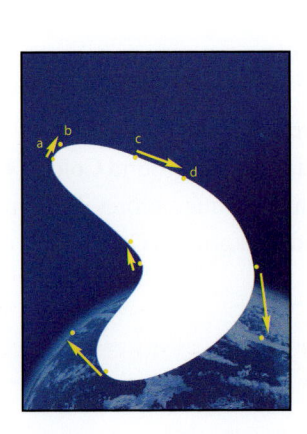

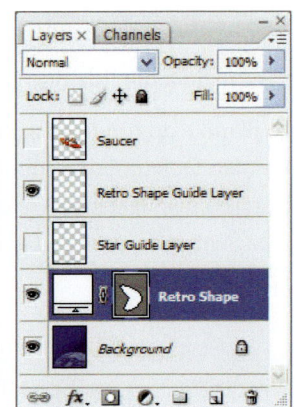

Observe que, à medida que você desenhava, o Photoshop criava automaticamente uma nova camada, Shape 1, na paleta Layers.

7 Dê um clique duplo no nome Shape 1, renomeie a camada Shape para **Retro Shape** e pressione Enter ou Return.

8 Oculte a camada Retro Shape Guide clicando no seu ícone de olho na paleta Layers.

9 Escolha File > Save para salvar seu trabalho.

Desmarque demarcadores

Às vezes é necessário desmarcar demarcadores para ver a barra de opções da ferramenta apropriada ao selecionar uma ferramenta de vetor. Desmarcar demarcadores também pode ajudá-lo a visualizar certos efeitos que podem estar ocultos se um demarcador estiver destacado. Antes de prosseguir ao próximo exercício, certifique-se de que todos os demarcadores estão desmarcados.

1 Selecione a ferramenta Path Selection ( ), que pode estar oculta sob a ferramenta Direct Selection ( ).

2 Na barra de opções da ferramenta, clique no botão Dismiss Target Path ( ).

Nota: Você também pode desmarcar demarcadores clicando na área em branco abaixo dos demarcadores na paleta Paths.

Observe que a borda entre a forma branca do rim e o fundo azul tem uma qualidade granulada. Na verdade, o que você vê é o próprio demarcador, que é um item que não pode ser impresso. Isso é uma indicação visual de que a camada Retro Shape continua selecionada.

Sobre camadas de forma

Uma camada de forma (shape layer) tem dois componentes: um preenchimento e uma forma. As propriedades de preenchimento determinam a cor (ou cores), o padrão e a transparência da camada. A forma é uma máscara de camada que define as áreas em que o preenchimento pode ser visto e as áreas em que o preenchimento permanece oculto.

Na camada que você acabou de criar, o preenchimento é branco. A cor de preenchimento é visível dentro da forma que você desenhou e não é visível no restante da imagem, portanto o céu na camada Background pode ser visto em torno dela.

Na paleta Layers, sua camada Retro Shape está sobre a camada Background porque o fundo foi selecionado quando você começou a desenhar. A camada da forma tem três itens e também o nome da camada: duas imagens em miniatura e um ícone de link entre elas.

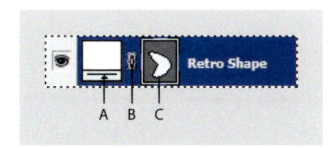

A. Miniatura do preenchimento
B. Ícone de link da máscara de camada
C. Miniatura da máscara

A miniatura esquerda mostra que toda a camada está preenchida com a cor branca do primeiro plano. O pequeno controle deslizante não-funcional abaixo da miniatura simboliza que a camada é editável.

A miniatura Mask à direita mostra a máscara vetorial da camada. Nessa miniatura, branco indica a área em que a imagem está exposta e cinza indica as áreas em que a imagem está bloqueada.

O ícone entre as duas miniaturas mostra que a camada e a máscara vetorial estão vinculadas.

Subtraia formas de uma camada de forma

Depois de criar uma camada de forma (gráfico vetorial), você pode configurar opções para subtrair novas formas a partir do gráfico vetorial. Você também pode utilizar as ferramentas Path Selection e Direct Selection para mover, redimensionar e editar formas. Adicionaremos alguns efeitos interessantes à forma retrô subtraindo dela a forma de uma estrela e fazendo com que o plano de fundo do espaço sideral possa transparecer através dela. Para ajudá-lo a posicionar a estrela, examine a camada Star Guide criada para você. No momento, essa camada está oculta.

1 Na paleta Layers, à esquerda da camada Star Guide, clique na coluna Show/Hide Visibility para exibir o ícone de olho (👁) dessa camada (mas deixe a camada Retro Shape selecionada). A camada Star Guide agora está visível na janela de imagem.

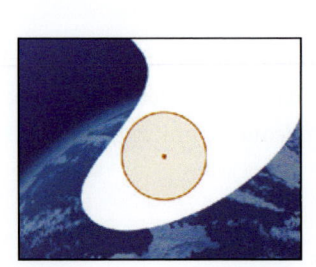

LIÇÃO 9 | **317**
Técnicas de Desenho Vetorial

2 Na paleta Paths, selecione a máscara vetorial Retro Shape.

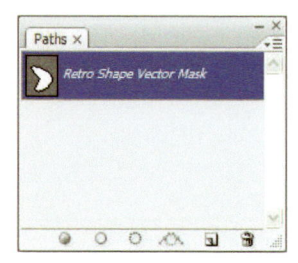

3 Na caixa de ferramentas, selecione a ferramenta Polygon (⬡), oculta sob a ferramenta Rectangle (▢).

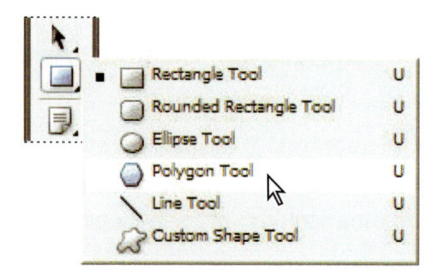

4 Na barra de opções de ferramenta, faça o seguinte:

- Para Sides, digite 11.

- Clique na seta Geometry Options (à esquerda da opção Sides) para abrir Polygon Options. Marque a caixa de seleção Star e digite 50% na opção Indent Sides By. Então, clique em qualquer lugar fora de Polygon Options para fechá-las.

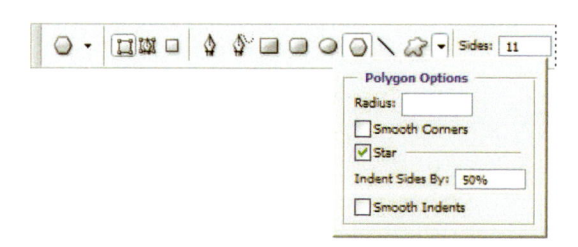

- Selecione a opção Subtract From Shape Area (⌐) ou pressione o sinal de hífen ou subtração para selecioná-la com um atalho pelo teclado. O cursor agora aparece como cruz com um pequeno sinal de subtração (+-).

5 Na janela da imagem, mova o cursor de cruz sobre o ponto laranja no centro do círculo laranja e arraste para fora até que as pontas da estrela toquem o perímetro do círculo.

Nota: À *medida que arrasta, você pode girar a estrela arrastando o cursor para o lado.*

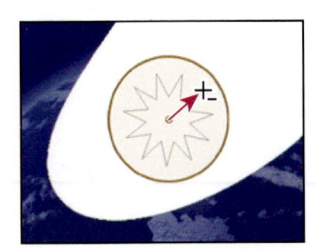

Ao soltar o mouse, a forma da estrela torna-se um recorte, permitindo que o planeta seja exibido através dela. Se a camada Background fosse outra imagem, padrão ou cor, você iria vê-la dentro da forma da estrela.

Observe que a estrela tem um contorno serrilhado, lembrando-o de que a forma está selecionada. Outra indicação de que a forma está selecionada é que a miniatura da máscara vetorial Retro Shape permanece em destaque (com uma moldura branca) na paleta Layers.

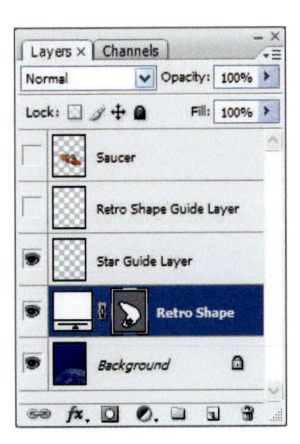

6 Na paleta Layers, clique no ícone de olho ao lado da camada Star Guide para ocultá-la.

Observe como as miniaturas mudaram nas paletas. Na paleta Layers, a miniatura esquerda para a camada Retro Shape permanece inalterada, mas as miniaturas da máscara, tanto na paleta Layers como na paleta Paths, mostram a Retro Shape com o recorte na forma de estrela.

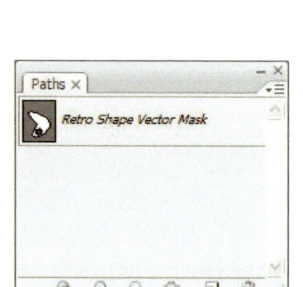

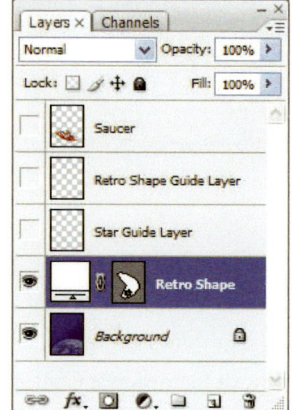

7 Desmarque os demarcadores star e retro shape selecionando a ferramenta Path Selection (▶) e clicando no botão Dismiss Target Path (✓) na barra de opções da ferramenta.

Seus demarcadores estão agora desmarcados e as linhas serrilhadas do demarcador desapareceram, deixando uma borda precisa entre as áreas azul e branca. Além disso, Retro Shape Vector Mask não está mais destacada na paleta Paths.

8 Escolha File > Save para salvar seu trabalho.

Trabalhe com formas personalizadas definidas

Uma outra maneira de utilizar formas na sua arte-final é desenhar uma forma personalizada ou predefinida. Isso é tão fácil quanto selecionar a ferramenta Custom Shape, escolher uma forma no seletor Custom Shape e desenhar na sua janela de imagem. Faremos isso agora para adicionar padrões de tabuleiro de xadrez ao fundo do seu pôster de loja de brinquedos.

1 Certifique-se de que a camada Retro Shape está selecionada na paleta Layers. Clique no botão New Layer ( ) para adicionar uma camada acima dela. Dê um clique duplo em Layer 1 padrão e renomeie-a **Pattern** e, então, pressione Enter ou Return.

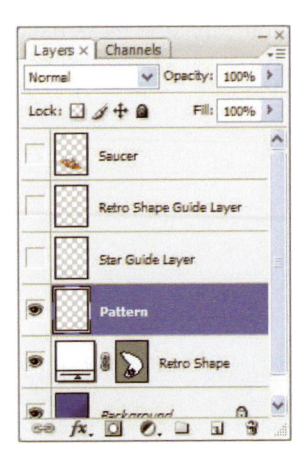

2 Na caixa de ferramentas, selecione a ferramenta Custom Shape ( ), oculta sob a ferramenta Polygon ( ).

3 Na barra de opções da ferramenta, clique na seta pop-up da opção Shape para abrir o seletor Custom Shape.

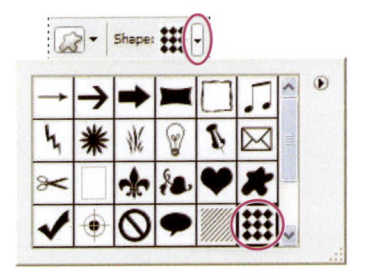

4 Localize a configuração predefinida de tabuleiro de xadrez na parte inferior do seletor de formas personalizadas (talvez você precise rolar ou arrastar o canto do seletor para vê-lo) e dê um clique duplo para selecioná-lo e simultaneamente fechar o seletor.

5 Na barra de opções de ferramenta, selecione a opção Fill Pixels.

6 Certifique-se de que a cor do primeiro plano é branca (ou selecione branco agora). Pressione então Shift e arraste diagonalmente na janela de imagem para desenhar e dimensionar a forma de modo que ela tenha mais ou menos 2 polegadas quadradas. (pressionar Shift limita a forma de acordo com suas proporções originais).

7 Adicione outros cincos tabuleiros de xadrez de vários tamanhos até que seu pôster fique parecido com a imagem a seguir.

8 Na paleta Layers, reduza a opacidade da camada Pattern para **20%**.

O fundo do seu pôster agora está completo.

9 Clique na coluna Show/Hide Visibility ao lado da camada Saucer para reexibir essa camada e ver toda a composição.

10 Escolha File > Save para salvar seu trabalho.

Importe um Smart Object

O Photoshop oferece suporte a Smarts Objects, o que permite importar objetos vetoriais do Adobe Illustrator e editá-los no Photoshop sem perda de qualidade. Independentemente do quanto você dimensiona, gira, distorce ou transforma um Smart Object, ele conserva suas bordas precisas. Além disso, você pode editar o objeto original no Illustrator e as alterações serão refletidas no Smart Object importado no seu arquivo de imagem do Photoshop. Você aprendeu um pouco sobre Smarts Objects na Lição 8. Agora, vamos explorá-los mais detalhadamente posicionando o texto criado no Illustrator no pôster da loja de brinquedos.

Adicione o título

Criamos o nome da loja de brinquedos no Illustrator. Vamos adicioná-lo ao pôster.

1 Selecione a camada Saucer e escolha File > Place. Navegue até a pasta Lessons/Lesson9, selecione o arquivo Title.ai e clique em Place. Clique em OK na caixa de diálogo Place PDF que aparece.

O texto Retro Toys é adicionado ao centro da sua composição, dentro de uma caixa delimitadora com pontos ajustáveis. Uma nova camada, Title, aparece na paleta Layers.

2 Arraste o objeto Retro Toys até o canto superior direito do pôster e então pressione Shift e arraste um canto para tornar o objeto do texto proporcionalmente maior – de modo que ele preencha a parte superior do pôster, como na imagem a seguir. Quando terminar, pressione Enter ou Return ou clique no botão Commit Transform (✓) na barra de opções da ferramenta.

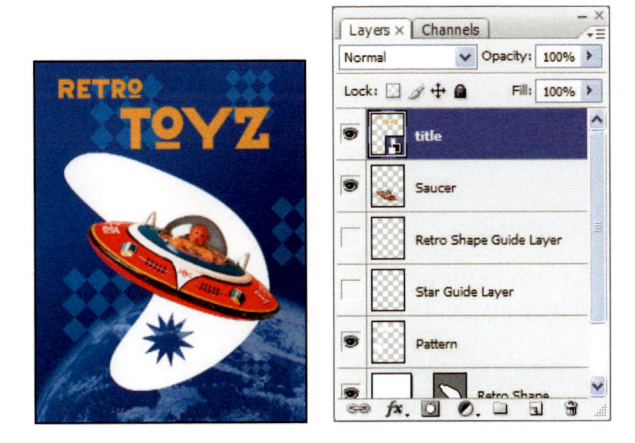

Quando você confirma a transformação, o ícone da miniatura de camada muda para refletir que a camada de título é um Smart Object.

Como o título Retro Toys é um Smart Object, você pode continuar a editar seu tamanho e forma se quiser. Simplesmente selecione sua camada e escolha Edit > Free Transform para acessar pontos laterais e arraste para ajustá-los. Ou, selecione a ferramenta Move (▶⊕) e marque Show Transform Controls na barra de opções de ferramenta. Então ajuste os pontos.

Finalize

Como um último procedimento, vamos limpar a paleta Layers excluindo suas camadas de modelo de guia.

1 Certifique-se de que as camadas Title, Saucer, Pattern, Retro Shape e Background são as únicas camadas visíveis na paleta Layers.

2 Escolha Delete Hidden Layers no menu pop-up da paleta Layers e clique em Yes para confirmar a ação de exclusão.

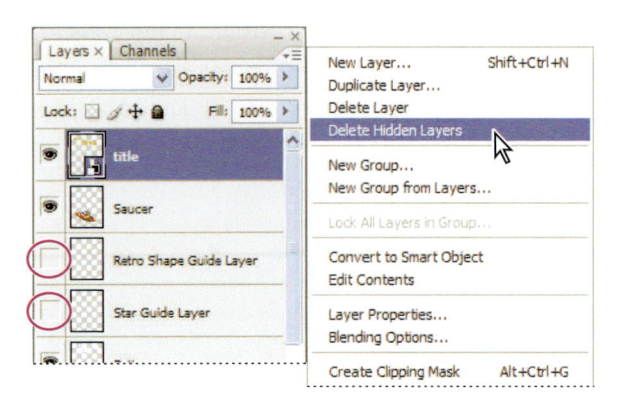

3 Escolha File > Save para salvar seu trabalho.

Parabéns! Você terminou o pôster. Ele deve ser parecido com a figura a seguir. (O texto do título só será traçado se você completar a tarefa Crédito Extra.)

CRÉDITO EXTRA Se você tiver o Adobe Illustrator CS ou versão superior, você poderá avançar ainda mais com o Smart Object no texto Retro Toys – você pode editá-lo no Illustrator que ele será automaticamente atualizado no Photoshop. Experimente:

1 Dê um clique duplo na miniatura do Smart Object na camada do título. Se uma caixa de diálogo de alerta aparecer, clique em OK. O Illustrator se abre e exibe o Retro Toys Smart Object em uma janela de documentos.

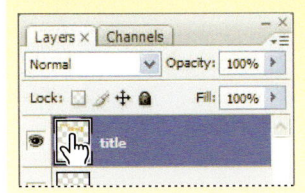

2 Utilizando a ferramenta Direct Selection (), arraste um contorno de seleção em torno do texto para selecionar todas as letras.

3 Selecione o botão Stroke () no painel Tools.

4 Mova o mouse sobre o painel Color (escolha Window > Color se o painel ainda não estiver aberto na tela), até o cursor se transformar em um conta-gotas. Utilize o conta-gotas para escolher preto na paleta Color e então, na paleta Stroke, especifique uma largura de 0,5 ponto.

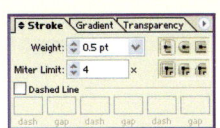

Um traço preto de 0,5 ponto aparece em torno do texto Retro Toys.

No Adobe Illustrator CS3, você pode selecionar o atributo Stroke e as cores, as largura e as outras opções no painel Control acima da janela de documentos.

5 Feche o documento Vector Smart Object e clique em Save quando solicitado.

6 Volte ao Photoshop. A janela de imagem do pôster Retro Toys é atualizada para refletir o texto traçado.

Revisão

▶ Perguntas

1 De que modo a ferramenta Pen pode ser útil como uma ferramenta de seleção?

2 Qual é a diferença entre uma imagem bitmap e um gráfico vetorial?

3 O que faz uma camada de forma (shape layer)?

4 Quais ferramentas você pode utilizar para mover e redimensionar demarcadores e formas?

5 O que são Smarts Objects e quais são as vantagens de utilizá-los?

▶ Respostas

1 Se precisar criar uma seleção complexa, pode ser mais fácil desenhar o demarcador com a ferramenta Pen e depois converter o demarcador em uma seleção.

2 Imagens bitmap ou *imagens rasterizadas* são baseadas em uma grade de pixels e são apropriadas para imagens em degradê, como fotografias ou arte-final, criadas em programas de desenho. Elementos gráficos vetoriais são compostos de formas baseadas em expressões matemáticas e apropriados para ilustrações, texto e desenhos, que requerem linhas suaves e definidas.

3 Uma camada de forma armazena o contorno de uma forma na paleta Paths. Você pode alterar o contorno de uma forma editando seu demarcador.

4 Utilize a ferramenta Path Selection (▶) e a ferramenta Direct Selection (▶) para mover, redimensionar e editar formas. Você também pode modificar e dimensionar uma forma ou demarcador escolhendo Edit > Free Transform Path.

5 Smarts Objects são objetos vetoriais que você pode importar do Adobe Illustrator e posicionar e editar no Photoshop sem perda de qualidade. Independentemente do quanto você dimensiona, rotaciona, distorce ou transforma um Smart Object, ele retém bordas nítidas e precisas. Uma excelente vantagem do uso de Smarts Objects é que você pode editar o objeto original no Illustrator e as alterações serão refletidas no Smart Object posicionado no seu arquivo de imagem do Photoshop.

Depois de aprender as técnicas básicas de camada, você pode criar efeitos mais complexos na arte-final utilizando máscaras de camada, camadas de ajuste, filtros e mais estilos de camada. Você também pode adicionar camadas a partir de outros documentos.

10 | Camadas Avançadas

Visão geral da lição

Nesta lição, você aprenderá a:

- Importar uma camada de outro arquivo.
- Recortar uma camada.
- Criar e editar uma camada de ajuste.
- Utilizar os efeitos Vanishing Point 3D com camadas.
- Configurar diferentes composições de camada para exibir seu trabalho.
- Gerenciar camadas.
- Achatar uma imagem em camadas.
- Mesclar e carimbar camadas.

Esta lição levará menos de uma hora para ser concluída. Se necessário, remova a pasta da lição anterior da unidade de disco e copie a pasta Lesson10 para ela. Ao trabalhar nesta lição, você preservará o arquivo inicial. Entretanto, se precisar restaurar o arquivo inicial, copie-o do CD do *Adobe Photoshop CS3 Classroom in a Book*.

Introdução

Nesta lição, você combinará uma imagem de duas camadas com uma que tem quatro para criar a embalagem de um celular. Você criará três designs diferentes em várias camadas que poderá exibir seletivamente utilizando composições de camada. Você irá adquirir mais experiência com camadas de ajuste, efeitos de camada, máscaras de camada e filtros de camada. Além desta lição, a melhor maneira de aprender a trabalhar com camadas é testando e sendo criativo em combinar os muitos filtros, efeitos, as máscaras de camada e propriedades de camada de novas maneiras.

1 Inicie o Photoshop e imediatamente pressione e mantenha pressionadas Ctrl+Alt+Shift (Windows) ou Command+Option+Shift (Mac OS) para restaurar as preferências padrão. (Consulte "Restaurando preferências padrão" na página 22.)

2 Quando solicitado, clique em Yes para confirmar a redefinição das preferências e em Close para fechar a tela Welcome.

3 Clique no botão Go To Bridge ( ) na barra de opções da ferramenta para abrir o Adobe Bridge.

4 No painel Favorites, no canto esquerdo superior do Bridge, clique no favorito Lessons e, então, dê um clique duplo na pasta Lesson10 para ver seu conteúdo no painel Content.

5 Selecione o arquivo 10End.psd e o analise. Se necessário, arraste o controle deslizante da miniatura na parte inferior da janela para expandir a visualização e obter uma boa visão.

Seu objetivo nesta lição é criar o protótipo de uma embalagem montando a arte-final a partir de vários arquivos, dividindo-a em camadas, adicionando perspectiva e, então, refinando o design. Você criará várias composições de camada para mostrar o design ao seu cliente.

6 Dê um clique duplo na miniatura 10Start.psd para abri-la no Photoshop. Escolha File > Save As, renomeie o arquivo atribuindo o nome **10Working.psd** e clique em Save.

7 Arraste a paleta Layers pela aba a fim de movê-la fora do seu grupo para a parte superior da área de trabalho. Arraste o canto do grupo de paleta Layers alongando-o para poder ver quase dez camadas sem rolar.

Essa paleta tem três camadas, duas das quais estão visíveis – a caixa tridimensional cinza exibida na janela da imagem e o fundo empilhado abaixo dela. A camada Full Art está oculta.

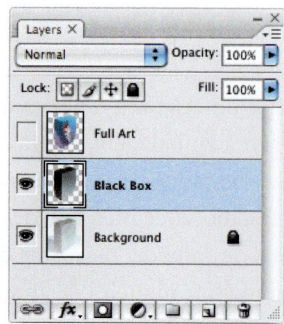

8 Na paleta Layers, selecione a camada Full Art. Observe que, mesmo se a camada for selecionada, ela permanecerá oculta.

Recorte uma camada usando formas vetoriais

Você começará a construir uma imagem composta abrindo o arquivo que contém algumas das artes gráficas que utilizaremos para criar o design da caixa.

1 Mude para o Adobe Bridge clicando no botão Go To Bridge (■) na barra de opções de ferramenta.

2 No painel Bridge Content, dê um clique duplo no arquivo Phone_art.psd para abri-lo. Essa é parte da arte que será colocada na sua caixa.

Esse arquivo tem duas camadas, uma rotulada Phone Art e outra chamada Mask. Você recortará a imagem do telefone para que ela se ajuste dentro da forma livre na camada Mask abaixo dela.

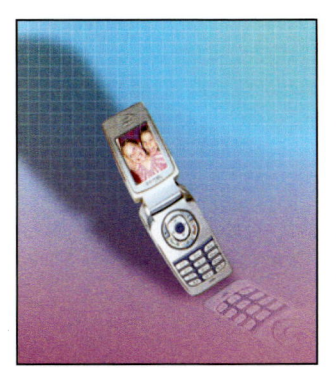

3 Na paleta Layers, certifique-se de que a camada Mask está embaixo da camada Phone Art. Uma forma de recorte precisa estar embaixo da imagem que você recortará.

4 Certifique-se de que a camada Phone Art esteja selecionada. Então com a tecla Alt (Windows) ou Option (Mac OS) pressionada, posicione o cursor entre a camada Phone Art e a camada Mask para exibir um ícone de círculo duplo (•⑧) e clique.

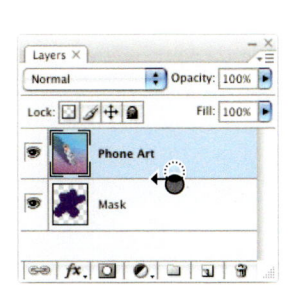

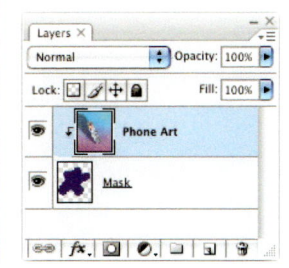

A miniatura da camada recortada, Phone Art, está recuada na paleta Layers e uma seta de ângulo direito aponta para a camada abaixo dela, que agora está sublinhada.

Você importará essa nova imagem para o arquivo Start. Mas antes, você precisa achatar a imagem em uma única camada.

5 Com a camada Phone Art selecionada, clique no ícone (▾≡) na parte superior direita da paleta Layers para exibir o menu da paleta. Então escolha Merge Down no menu da paleta.

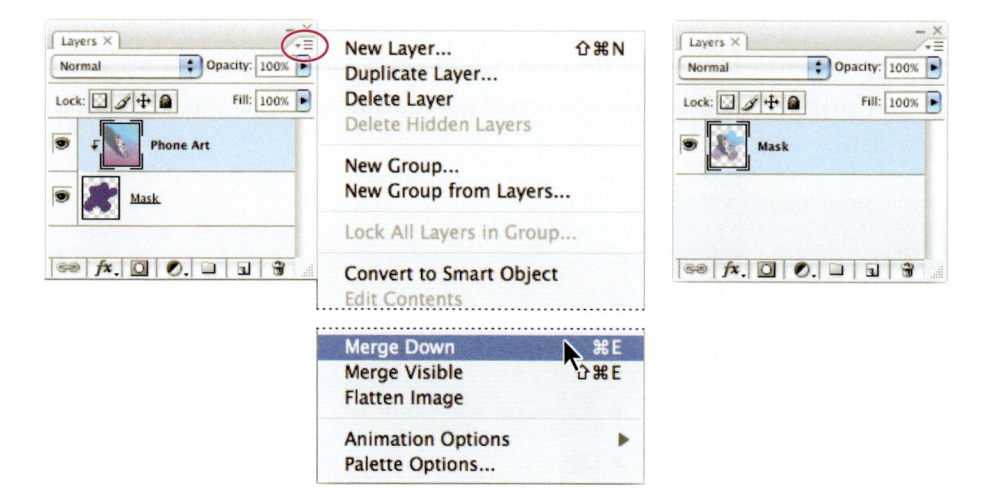

Você pode mesclar as camadas de outras maneiras, por exemplo, escolhendo o comando Merge Visible no menu Layer ou do menu da paleta Layers. Mas não escolha Layer > Flatten Image, pois isso removeria a transparência já especificada no arquivo.

Agora você verá como é fácil adicionar uma arte-final a partir de outro arquivo simplesmente arrastando e soltando.

6 Arraste a camada Mask mesclada da paleta Layers para a janela da imagem 10Working.psd. A camada aparece acima da camada selecionada (Full Art, que você selecionou no final do procedimento anterior) e na parte superior da paleta Layers 10Working.psd. A arte-final abrange a caixa.

7 Na paleta Layers do arquivo 10Working.psd, selecione o nome da camada Mask e digite **Shape Art** para renomeá-la.

8 Escolha File > Save para salvar seu trabalho até agora.

9 Feche o arquivo Phone_Art.psd sem salvar suas alterações.

Configure uma grade de Vanishing Point

O trabalho gráfico que você adicionou encontra-se na parte superior da caixa – e esse não é exatamente o efeito que você quer. Você corrigirá isso fazendo com que essa composição gráfica apareça em perspectiva, em torno da caixa.

1 Com a camada Shape Art selecionada na paleta Layers, pressione Ctrl+A (Windows) ou Command+A (Mac OS) para selecionar todo o conteúdo da camada.

2 Pressione Ctrl+X (Windows) ou Command+X (Mac OS) para recortar o conteúdo para a área de transferência. Agora somente a caixa está visível, não o trabalho gráfico.

3 Escolha Filter > Vanishing Point. A caixa de diálogo Vanishing Point aparece onde você pode desenhar um plano em perspectiva que corresponde às dimensões da caixa.

4 Utilizando a ferramenta Create Plane (), clique no canto direito superior da frente da caixa para começar a definir o plano. É mais fácil definir planos quando você pode utilizar um objeto retangular na imagem como um guia.

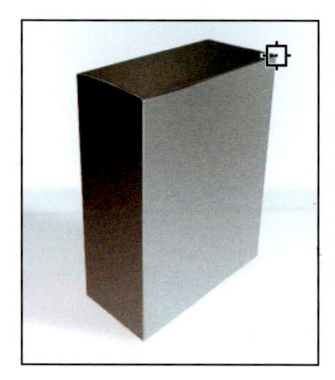

5 Continue desenhando o plano clicando em cada canto da frente da caixa. Clique no último canto para completar o plano. Depois de completar o plano, uma grade aparece na face frontal e a ferramenta Edit Plane () é automaticamente selecionada. Você pode ajustar o tamanho dessa grade na parte superior da caixa de diálogo utilizando a ferramenta Edit Plane.

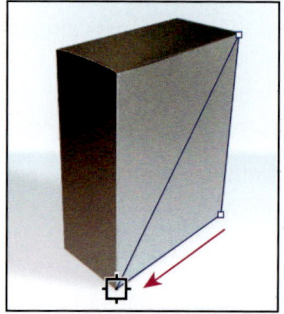

6 Utilize o cursor Edit Plane para ajustar pontos de canto para refinar seu plano, conforme necessário.

Agora você estenderá a grade até a parte superior e até as laterais da caixa para completar a perspectiva.

7 Com a ferramenta Edit Plane selecionada, pressione Ctrl (Windows) ou Command (Mac OS) e arraste para selecionar o ponto superior central ao longo da borda superior do plano e mova-o novamente para cima, na parte de trás da caixa. Isso estende o plano de perspectiva ao longo da parte superior da caixa e exibe uma grade nessa área; a grade na face frontal desaparece, mas a borda azul permanece.

8 Utilize o cursor Edit Plane para ajustar os pontos de canto na parte superior, conforme necessário.

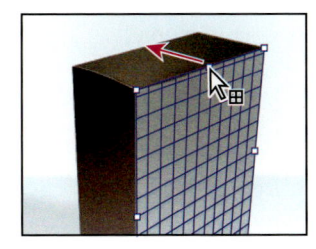

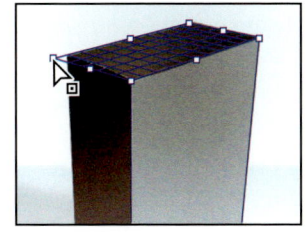

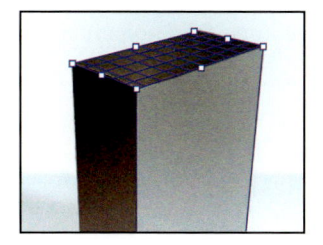

9 Se estiver satisfeito com o posicionamento da grade, repita os Passos 7 e 8 para estender a grade para baixo do painel lateral.

Nota: A grade final não precisa corresponder exatamente às dimensões da caixa.

Se você fosse aplicar perspectiva a vários planos, seria melhor criar uma camada separada para cada plano. Colocar os resultados do Vanishing Point (ponto de fuga) em uma camada separada preserva sua imagem original e permite utilizar o controle de opacidade, estilos e modos de mesclagem da camada.

Você está pronto para adicionar a composição gráfica e acrescentar perspectiva.

10 Pressione Ctrl+V (Windows) ou Command+V (Mac OS) para colar o conteúdo da área de transferência sobre a grade. Essa ação seleciona automaticamente a ferramenta Marquee na caixa de diálogo Vanishing Point.

11 Utilizando a ferramenta Marquee ( ), selecione o conteúdo e arraste-o para o centro do plano de perspectiva frontal para que a maior parte da composição apareça no painel frontal, mas contorne também a lateral e a parte superior da caixa. É importante posicionar a composição no painel frontal para que ela contorne a caixa corretamente.

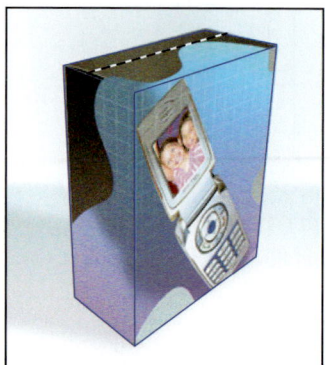

12 Quando estiver satisfeito com os resultados, clique em OK.

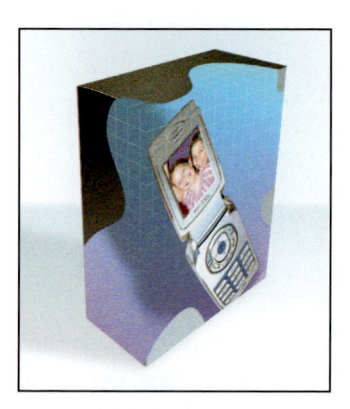

13 Escolha File > Save para salvar seu trabalho até agora.

Crie seus próprios atalhos pelo teclado

À medida que você criar, nesta lição, sua imagem composta, você adicionará várias imagens criadas no Adobe Illustrator CS3. Para tornar seu trabalho mais eficiente, você começará criando um atalho pelo teclado para a função Place (inserir).

1 Escolha Editar > Atalhos do teclado. A caixa de diálogo Keyboard Shortcuts aparece.

2 Na caixa de diálogo sob Application Menu Command, clique no triângulo à esquerda de File para expandir seu conteúdo. Role até Place e o selecione.

3 Pressione a tecla F13 para atribuir essa tecla como um novo atalho. Um alerta aparece, informando que a tecla F13 pode ser atribuída a ações, substituindo esse comando.

4 Clique em Accept e, então, clique em OK.

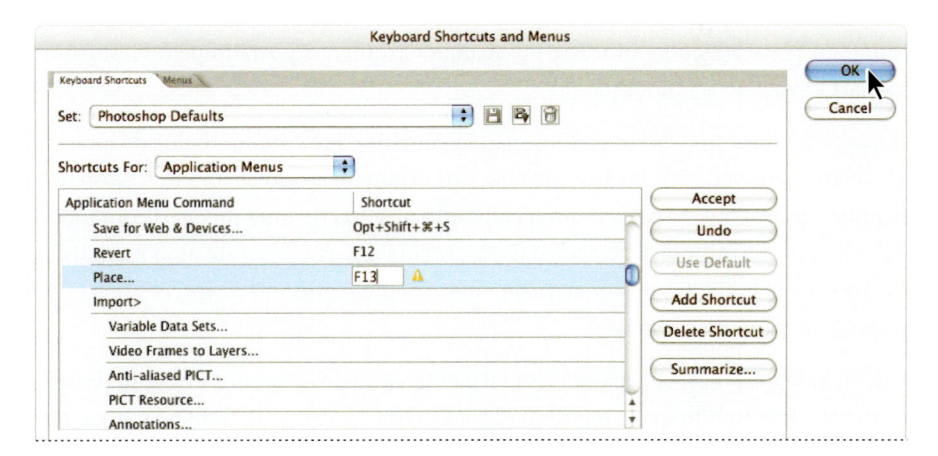

Insira arte-final importada

Agora você irá tirar proveito dos atalhos pelo teclado que configurou no começo desta lição para adicionar mais arte-final à sua embalagem. A arte-final importada contém as palavras *ZX-Tel cellular,* originalmente criadas com a ferramenta Type no Illustrator e então convertidas em um elemento gráfico. Por um lado, agora não mais é possível editar o texto com a ferramenta Type; por outro lado, a vizualização correta do texto não será afetada caso outras pessoas trabalhando no arquivo não tenham a mesma fonte instalada.

1 Pressione F13 para abrir a caixa de diálogo Place.

2 Selecione o arquivo ZX-Tel logo.ai na pasta Lesson10. Clique em Place. A caixa de diálogo Place PDF aparece.

3 Deixe as configurações nos respectivos padrões e clique em OK para posicionar o arquivo.

O comando Place adiciona foto, arte ou qualquer arquivo suportado pelo Photoshop como um Smart Object ao seu documento.

Na Lição 9 já vimos que os Smart Objects são camadas que contêm dados de imagem a partir de imagens vetoriais ou rasterizadas, por exemplo, arquivos do Photoshop ou do Illustrator. Smart Objects preservam o conteúdo original de uma imagem com todas as suas características, permitindo que você edite a camada Smart Object de uma maneira não-destrutiva. Você pode dimensionar, posicionar, inclinar, girar ou distorcer Smart Objects sem afetar suas bordas precisas.

4 Arraste o logotipo sobre o painel frontal e então arraste os pontos de canto para redimensionar o logotipo mais ou menos de acordo com a largura da frente da caixa. Não se preocupe em ser preciso: você utilizará o filtro Vanishing Point para posicionar o logotipo na perspectiva um pouco mais adiante.

5 Se estiver satisfeito com o posicionamento, pressione Enter ou Return para posicionar o arquivo.

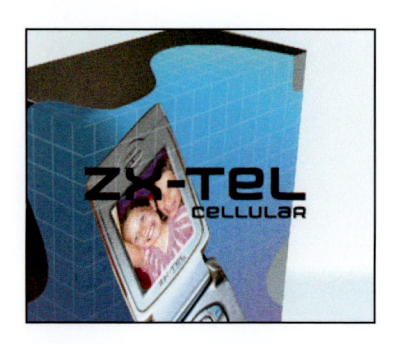

A imagem inserida aparece como a camada ZX-Tel na parte superior da paleta Layers. O ícone na parte inferior direita da miniatura da camada indica que ela é um Smart Object.

6 Escolha File > Save para salvar seu trabalho até agora.

Aplique filtros em Smart Objects

Você aplicará o texto à caixa tridimensional e o transformará e formatará para que ele pareça realista e em perspectiva. Você começará convertendo os dados vetoriais na camada Smart Object em pixels. Rasterizar o Smart Object permite aplicar filtros ou ferramentas de desenho a ele.

1 Na paleta Layers, clique com o botão direito do mouse (Windows) ou clique com a tecla Control pressionada (Mac OS) no nome da camada ZX-Tel e escolha Rasterize Layer no menu contextual. Isso converte o Smart Object em uma camada rasterizada plana.

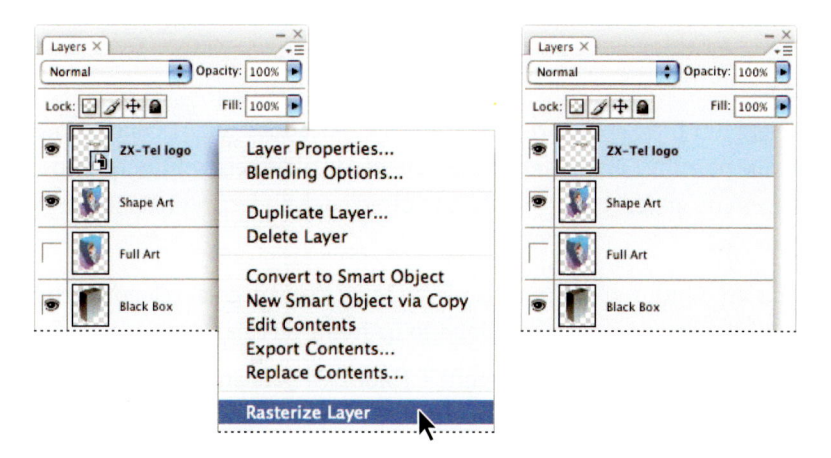

2 Pressione Ctrl+I (Windows) ou Command+I (Mac OS) para inverter a cor de preto para cinza. Isso facilitará a leitura do texto quando ele for adicionado à caixa.

3 Na paleta Layers, clique com a tecla Ctrl (Windows) ou Command (Mac OS) pressionada no ícone da camada ZX-Tel para selecioná-la.

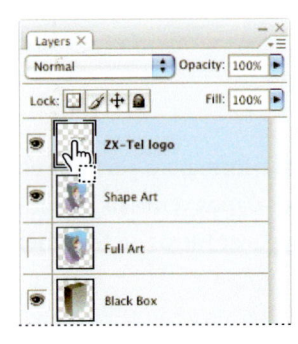

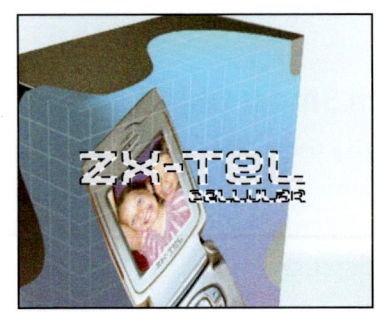

4 Pressione Ctrl+X (Windows) ou Command+X (Mac OS) para cortar o conteúdo da camada e inseri-lo na área de transferência.

5 Escolha Filter > Vanishing Point para retornar ao plano de perspectiva com a caixa tridimensional com a arte-final do celular.

Agora você aplicará um filtro ao Smart Object. Filtros aplicados a Smart Objects tornam-se Smart Filters, o que permite continuar editando efeitos de filtro sem sobrescrever os dados originais da imagem ou afetar sua qualidade. Se quiser, você poderá reverter aos dados originais da imagem.

6 Pressione Ctrl+V (Windows) ou Command+V (Mac OS) para colar o logotipo sobre o plano de perspectiva e arraste-o para posicioná-lo na frente da caixa.

7 Pressione Ctrl+T (Windows) ou Command+T (Mac OS) para ativar os pontos laterais livres. Arraste esses pontos para ajustar o logotipo de modo que ele corresponda à perspectiva da caixa.

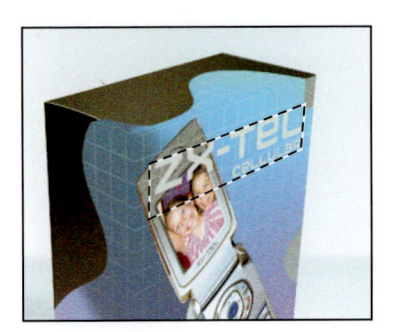

8 Pressione a tecla Alt (Windows) ou Option (Mac OS) e arraste uma cópia (clonada) do logotipo diretamente para cima e sobre a caixa. Quando estiver satisfeito com os resultados, clique em OK.

9 Escolha File > Save para salvar seu trabalho.

Adicione um estilo de camada

Agora você adicionará um estilo de camada para dar ao logotipo alguma profundidade. Os estilos de camada são efeitos automatizados que podem ser aplicados a uma camada.

1 Na paleta Layers, selecione a camada do logotipo ZX-Tel.

2 Escolha Layer > Layer Style Bevel and Emboss. Deixe as configurações em seus padrões e clique em OK.

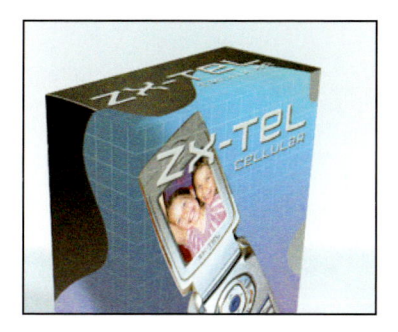

Agora o logotipo tem bordas nítidas e pronunciadas, dando à caixa a aparência de mais profundidade.

Insira a arte-final do painel lateral

Para completar a embalagem, você adicionará uma cópia do produto ao painel lateral da caixa.

1 Pressione F13 e selecione o arquivo Side Box Copy.ai. Clique em Place. Na caixa de diálogo Place PDF, deixe as configurações em seus respectivos padrões e clique em OK.

2 Pressione a tecla Shift e arraste para que a imagem inserida tenha aproximadamente o tamanho do painel lateral. Pressione então Enter ou Return para inserir a arte-final.

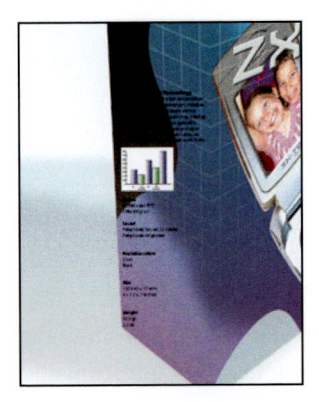

3 Na paleta Layers, clique com o botão direito do mouse (Windows) ou clique com a tecla Control pressionada (Mac OS) no nome da camada Side Box Copy e escolha Rasterize Layer no menu de contexto.

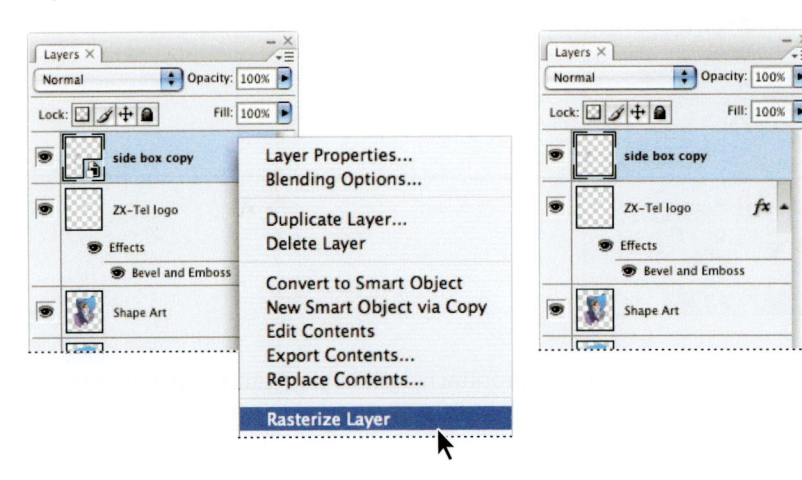

Você irá selecionar o texto e mudar a cor para torná-lo mais legível.

4 Escolha a ferramenta Polygonal Lasso ( ) na caixa de ferramentas, oculta sob a ferramenta Lasso.

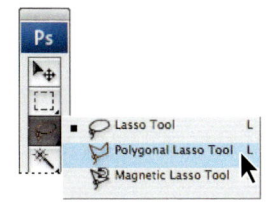

5 Clique com o cursor Polygonal Lasso para desenhar uma caixa em torno do bloco superior de texto. Então, com a tecla Shift pressionada, desenhe outra caixa em torno do bloco inferior de texto para adicioná-lo à seleção. Não inclua o gráfico.

Você utilizou a ferramenta Polygonal Lasso porque as linhas do texto criam uma forma ligeiramente irregular. Você também poderia utilizar a ferramenta Rectangular Marquee.

6 Pressione Ctrl+I (Windows) ou Command+I (Mac OS) para inverter a cor de preto para branco.

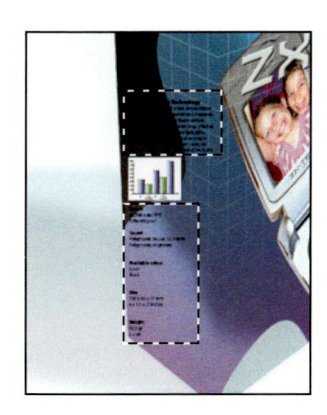

Adicione mais elementos gráficos em perspectiva

Agora, você adicionará a cópia do painel lateral à sua caixa tridimensional.

1 Com a camada Side Box Copy selecionada, pressione Ctrl+A (Windows) ou Command+A (Mac OS) para selecionar todo o conteúdo de Box Copy.

2 Pressione Ctrl+X (Windows) ou Command+X (Mac OS) para cortar o conteúdo e posicioná-lo na área de transferência.

3 Escolha Filter > Vanishing Point.

4 Pressione Ctrl+V (Windows) ou Command+V (Mac OS) para colar a arte-final da cópia do texto da lateral no plano de perspectiva.

5 Posicione a arte-final de modo que ela se ajuste ao painel lateral. Se necessário, pressione Ctrl+T (Windows) ou Command+T (Mac OS) e utilize os pontos laterais para ajustar a arte-final adequadamente.

6 Se estiver satisfeito com a aparência da arte-final da cópia lateral, clique em OK.

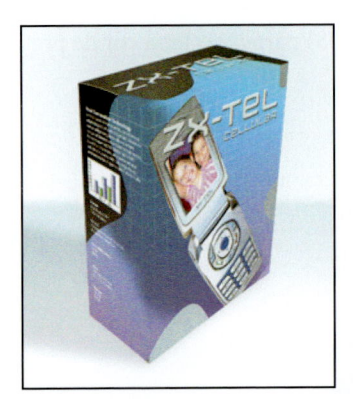

Agora você repetirá esse procedimento mais uma vez para inserir a última parte da arte-final e adicioná-la à caixa em perspectiva.

7 Pressione F13, selecione e insira o arquivo Special Offer.ai. Clique em OK para fechar a caixa de diálogo. Reduza o tamanho da arte-final para que ela se ajuste ao canto esquerdo inferior da frente da caixa e, então, pressione Enter ou Return para inserir o arquivo. Posicione a arte-final no canto esquerdo inferior do painel frontal.

8 Na paleta Layers, clique com o botão direito do mouse (Windows) ou clique com a tecla Control pressionada (Mac OS) no nome da camada Special Offer e escolha Rasterize Layer no menu contextual.

9 Insira a Special Offer na caixa em perspectiva seguindo o mesmo procedimento já utilizado para adicionar a arte-final da caixa, o texto e a cópia lateral:

- Na paleta Layers, clique com a tecla Ctrl pressionada (Windows) ou clique com a tecla Command pressionada (Mac OS) na miniatura da camada Special Offer para selecionar todo o seu conteúdo.
- Pressione Ctrl+X (Windows) ou Ctrl+X (Mac OS) para cortar o conteúdo e posicioná-lo na área de transferência.
- Escolha Filter > Vanishing Point.
- Pressione Ctrl+V (Windows) ou Ctrl+V (Mac OS) para colar o conteúdo a partir da área de transferência.
- Posicione a arte-final no canto inferior esquerdo do painel frontal e clique em OK.

10 Escolha File > Save para salvar seu trabalho.

Adicione uma camada de ajuste

Para aprimorar o realismo da embalagem, você adicionará uma camada de ajuste para criar uma sombra sobre o painel lateral.

As camadas de ajuste podem ser adicionadas a uma imagem para aplicar ajustes de cores e tonais sem alterar permanentemente os valores de pixel na imagem. Por exemplo, se você adicionar uma camada de ajuste Color Balance a uma imagem, você pode experimentar cores diferentes repetidamente, porque a alteração só ocorre na camada de ajuste. Se decidir retornar aos valores de pixel originais, você pode ocultar ou excluir a camada de ajuste.

Aqui, você adicionará uma camada de ajuste Levels para aumentar o intervalo tonal da seleção, na verdade aumentando o contraste geral. Uma camada de ajuste afeta todas as camadas abaixo dela na ordem de empilhamento da imagem.

1 Na paleta Layers, selecione a camada Side Box Copy.

2 Selecione a ferramenta Polygonal Lasso (⌁) na caixa de ferramentas e desenhe uma forma retangular em torno do painel lateral.

3 Escolha Layer > New Adjustment Layer > Levels. Digite **Shadow** para atribuir um nome a essa camada de ajuste e clique em OK.

4 Na caixa de diálogo, certifique-se de que a opção Preview está selecionada. Sob Output Levels, arraste o controle deslizante direito até aproximadamente 210 para diminuir o brilho e clique em OK.

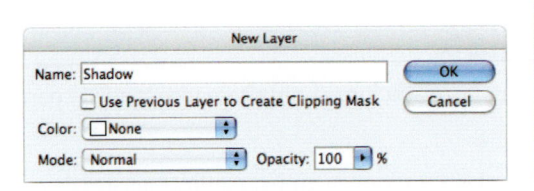

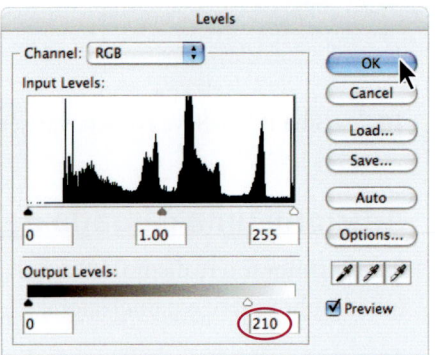

5 Escolha File > Save para salvar seu trabalho.

6 Experimente clicar no botão Show/Hide Visibility da camada Side Copy para ativá-la e desativá-la e ver o efeito da camada de ajuste nas outras camadas. Quando terminar, certifique-se de que todas as camadas estão visíveis.

Cópia de Side Box *Camada de ajuste Shadow adicionada*

Trabalhe com composições de camadas

A seguir, você salvará essa configuração como uma composição de camada. Composições de camadas permitem alternar facilmente entre várias combinações de camadas e de efeitos dentro do mesmo arquivo Photoshop. Uma composição de camadas é um instantâneo (snapshot) de um estado da paleta Layers.

1 No lado direito da tela, perto do encaixe da paleta, observe a linha de ícones de paleta. Clique no ícone Layers Comp (▣) para exibir a paleta Layers Comp ou escolha Window > Layer Comps.

2 Na parte inferior da paleta Layer Comps, clique no botão New Layer Comp. Atribua o novo nome **Black Box** à nova composição de camada e digite uma descrição da sua aparência: **3D box, black top and side shape with full-color art** (caixa 3D, tampa preta e forma lateral preta com arte colorida). Clique em OK.

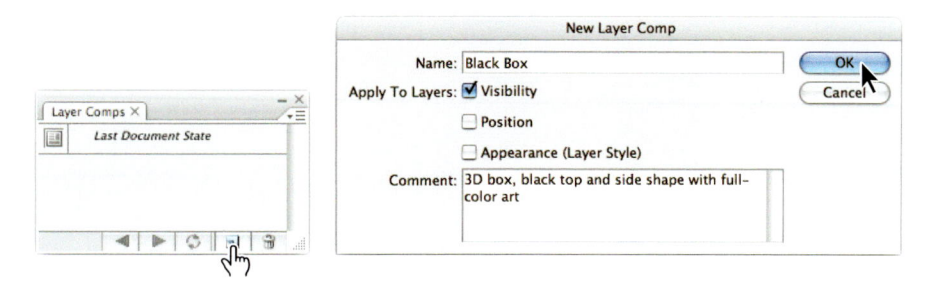

Agora você fará algumas alterações e salvará o novo visual como uma composição de camada diferente.

3 Na paleta Layers, clique no ícone de olho ao lado da camada Black Box para desativar sua visibilidade. Clique na coluna Show/Hide Visibility ao lado da camada Full Art para exibir essa camada.

4 Na paleta Layers, clique no ícone de olho ao lado da camada Shape Art para desativar sua visibilidade. Clique na coluna Show/Hide Visibility ao lado da camada Full Art para exibir essa camada.

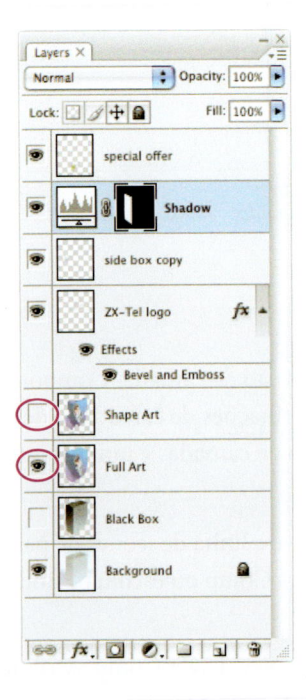

Você salvará essa versão como uma nova composição de camada.

5 Na parte inferior da paleta Layer Comps, clique no botão New Layer Comp. Digite **Full Image** e insira uma descrição, semelhante à do item 2.5. Clique em OK.

6 Na paleta Layer Comps, ative os ícones de visibilidade para exibir e ocultar suas duas composições de camadas e verifique as diferenças.

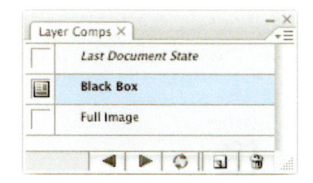

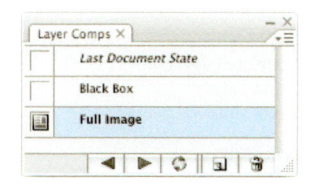

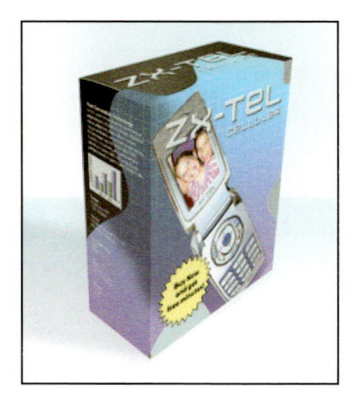

Você também pode utilizar composições de camadas para registrar a posição da camada no documento ou a aparência da camada – seja um estilo de camada aplicado ou não à camada e ao modo de mesclagem da camada.

7 Escolha File > Save para salvar seu trabalho.

Gerencie camadas

Com composições de camada, você aprendeu uma excelente maneira de apresentar diferentes opções de design para uma embalagem. Também é útil poder agrupar suas camadas por conteúdo. Nos próximos passos, você organizará seu texto e elementos artísticos criando um grupo separado para cada um.

1 Na paleta Layers, clique com a tecla Ctrl pressionada (Windows) ou clique com a tecla Command pressionada (Mac OS) para selecionar as camadas Special Offer, Side Box Copy e ZX-Tel Logo.

2 Na parte superior direita da paleta Layers, clique no ícone para exibir o menu de paleta e escolha New Group From Layers. Digite **Box Type** para nomear esse grupo e clique em OK.

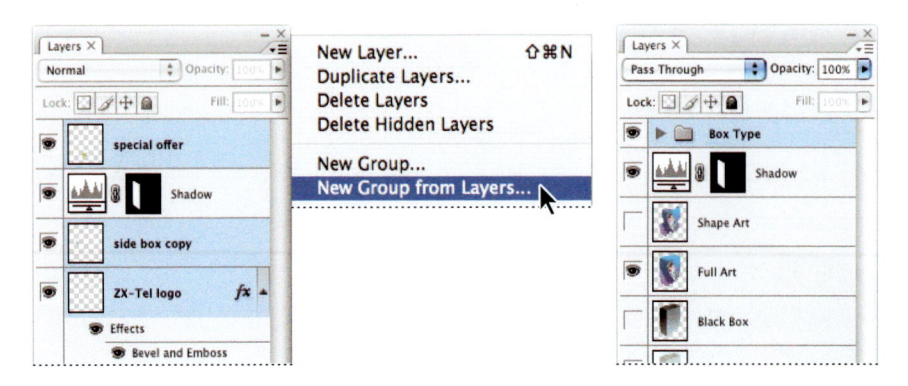

3 Com Shift pressionada clique na camada de ajuste Shadow, na camada Shape Art e na camada Full Art para selecioná-las e, então, repita o Passo 2. Na caixa de diálogo New Group From Layers, atribua a esse grupo o nome **Box Artwork**. Então clique em OK.

Os conjuntos de camada ajudam a organizar e gerenciar camadas individuais agrupando-as. Você então pode expandir o conjunto de camada para visualizar as camadas contidas nele ou recolher o conjunto para simplificar sua visão. Você pode alterar a ordem de empilhamento de camadas dentro de um conjunto de camada.

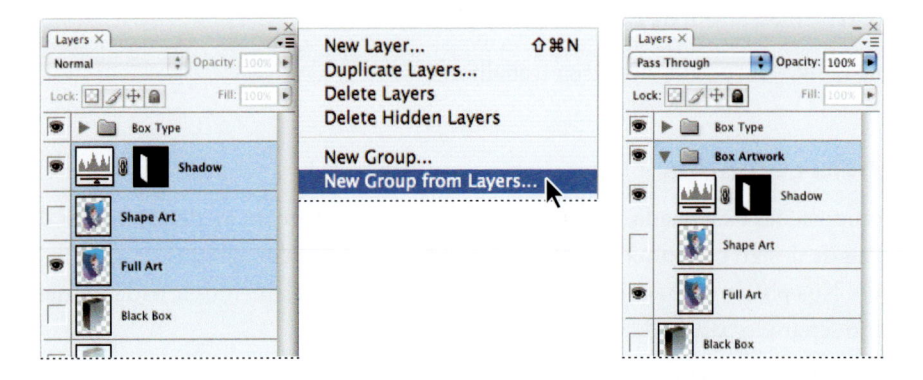

4 Clique no ícone de olho ao lado de cada grupo de camada para desativar sua visibilidade e testar a maneira como as camadas são agrupadas. Clique na coluna Show/Hide Visibility mais uma vez para ativar os grupos de camada.

Os conjuntos de camadas podem funcionar como camadas de várias maneiras, assim você seleciona, duplica e move os conjuntos inteiros de camadas, bem como aplica atributos e máscaras a todo o conjunto de camadas. Qualquer alteração feita no nível do conjunto de camadas é aplicada a todas as camadas dentro do conjunto.

Achate uma imagem em camadas (Flatten Image)

Como fez nas lições anteriores deste livro, você agora achatará a imagem em camadas. Quando você achata um arquivo, todas as camadas são mescladas em um único fundo, reduzindo significativamente o tamanho do arquivo. Se você planeja enviar um arquivo para provas, é uma boa idéia salvar duas versões do arquivo – uma contendo todas as camadas de modo que você possa editar o arquivo se necessário e outra achatada para enviar para o fornecedor de impressão.

1 Primeiro, observe os valores no canto inferior esquerdo da imagem ou janela do aplicativo. Se a exibição não mostrar o tamanho do arquivo (como "Doc: 5.01M/31.8M"), clique na seta e escolha Show > Document Sizes.

O primeiro número é o tamanho de impressão da imagem, que é aproximadamente o tamanho que o arquivo achatado salvo teria no formato do Adobe Photoshop. O número à direita indica o tamanho aproximado do documento do arquivo como ele está agora, incluindo camadas e canais.

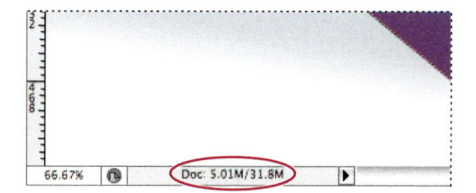

2 Escolha Image > Duplicate, atribua o nome **10Final.psd** ao arquivo duplicado e clique em OK.

3 A partir do menu de paleta Layers, escolha Flatten Image. As camadas do arquivo 10Final.psd são combinadas em uma única camada de fundo.

Agora, a área inferior esquerda da área de trabalho ou a janela da imagem mostram tamanhos de arquivo quase iguais, em que o tamanho final do arquivo se aproxima do tamanho menor que você viu no item 1 (nossos arquivos têm 5.01M/5.99M). Observe que o achatamento preenche as áreas transparentes com branco.

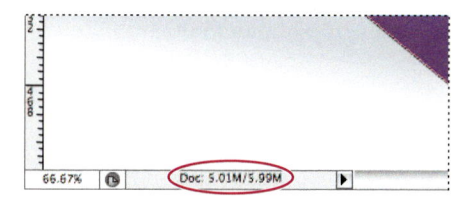

4 Escolha Edit > Undo.

Você tentará outra maneira de mesclar camadas e reduzir o tamanho do arquivo.

Mescle camadas e grupos de camadas (Merge Layers)

Diferentemente de achatar uma imagem em camadas, mesclar camadas permite selecionar o número de camadas que você quer achatar ou deixar não-achatadas.

Você mesclará todos os elementos da caixa e, ao mesmo tempo, manterá o grupo de camada Box Type e a camada Background intactos. Dessa maneira, você pode retornar ao arquivo e reutilizar as camadas Background e Box Type a qualquer hora.

1 Na paleta Layers, clique no ícone de olho ao lado de Box Type Group para ocultar essas camadas.

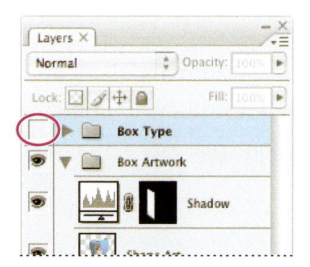

2 Selecione o grupo de camadas Box Art na paleta Layers.

3 Escolha Layer > Merge Visible. Quaisquer camadas que não estão visíveis no grupo de camadas permanecerão não-mescladas na paleta Layers.

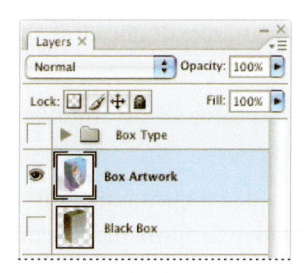

4 Escolha Edit > Undo.

Você tentará outra maneira de mesclar camadas e reduzir o tamanho do arquivo.

Carimbe camadas

Você pode agregar as vantagens do achatamento de uma imagem e ainda manter algumas camadas intactas carimbando-as. Carimbar achata duas ou mais camadas e insere a imagem achatada em uma nova camada, deixando as outras camadas intactas. Isso é útil quando você precisa utilizar uma imagem achatada e também precisa manter algumas camadas intactas para seu trabalho.

1 Na paleta Layers, selecione as camadas que você quer achatar marcando o grupo Box Artwork.

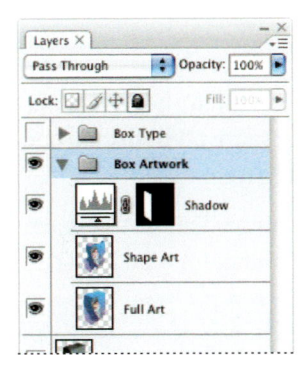

2 Com a tecla Alt (Windows) ou Option (Mac OS) pressionada, escolha Layer > Merge Group. A paleta Layers exibe uma nova camada que inclui sua imagem mesclada.

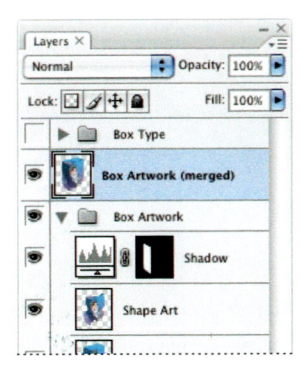

3 Escolha File > Save. Na caixa de diálogo Save As que aparece, clique em Save para salvar o arquivo no formato Photoshop.

Bom trabalho! Você criou uma imagem composta tridimensional e testou várias maneiras de salvar a arte-final final para concluir esta lição.

Clone Movie Source*

*Destaques da demonstração em vídeo de Russell Brown do recurso Clone Source

Assista ao filme!
Veja os passos detalhados deste tutorial no filme CloneSource em QuickTime no CD do *Adobe Photoshop CS3 Classroom in a Book*. Acesse Movies/CloneSource/CloneSource.mov. Dê um clique duplo no arquivo de filme para abri-lo e clique no botão Play.

Agora, use o Photoshop para criar efeitos de animação!

Ei, entusiastas do Photoshop!

Aqui é Russell Brown, o Professor Pardal oficial do Photoshop. De volta ao meu laboratório, maquinei alguns tutoriais divertidos sobre o Photoshop que interessarão aos cineastas e professores pardal do mundo todo.

Nesse quadro, apresentaremos os destaques da minha demonstração em um breve vídeo localizado neste CD. Você aprenderá a pintar em uma janela de linha do tempo (timeline) Animation.

Os arquivos de imagem utilizados neste exercício estão na pasta Movies/CloneSource/Video Assets no CD do *Adobe Photoshop CS3 Classroom in a Book*.

Passo 1: Crie uma nova camada de vídeo

No Bridge, navegue até a pasta Movies/CloneSource/Video Assets e dê um clique duplo em Spray Paint Start.psd para abri-lo. Esse arquivo Photoshop contém um filme do QuickTime importado. No Photoshop, crie uma nova camada de vídeo escolhendo Layer > Video Layers > New Blank Video Layers. Com essa nova camada selecionada, defina um pincel personalizado abrindo o arquivo Custom Brush.jpg na pasta Video Assets. Escolha Edit > Define Brush Presets e clique em OK.

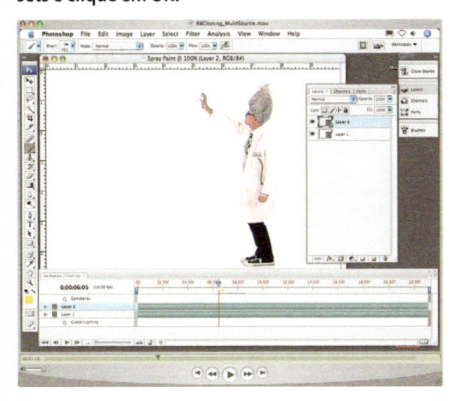

Passo 2: Selecione uma origem para clonar

Escolha um momento na linha do tempo em que você quer começar a pintar, escolhendo Window > Animation e selecionando um quadro na paleta Animation (Timeline). Escolha Window > Close Source para abrir a paleta Clone Source e selecione a ferramenta Clone na caixa de ferramentas. Agora você abrirá uma segunda janela a partir da qual irá clonar: abra a imagem Dr. Brown na sua pasta Video Assets. Pressione Alt (Windows) ou Option (Mac OS) e clique na imagem para armazená-la na paleta Clone Source.

Passo 3: Exiba sobreposição e aplique spray

Você está pronto para começar a clonagem. Na paleta Clone Source, selecione a opção Show Overlay. Na imagem, mova seu cursor para a posição em que você começará a aplicar spray à imagem. Clique para configurar seu primeiro ponto de spray.

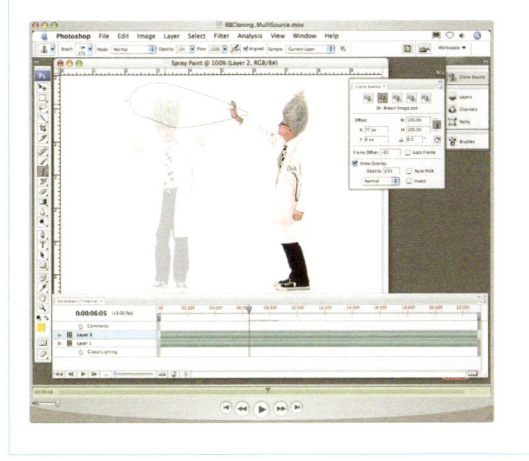

Passo 4: Copie os quadros e aplique spray

Retorne à paleta Clone Source e desmarque a opção Show Overlay. Agora você irá duplicar o quadro e aplicar spray, e continuará a repetir esse passo até que a imagem esteja completa. Escolha Layer > Video Layers > Duplicate Frame para adicionar um novo quadro e, então, clique para aplicar spray na imagem; continue a repetir esse processo de duplicar o quadro e aplicar spray até que a imagem esteja completa.

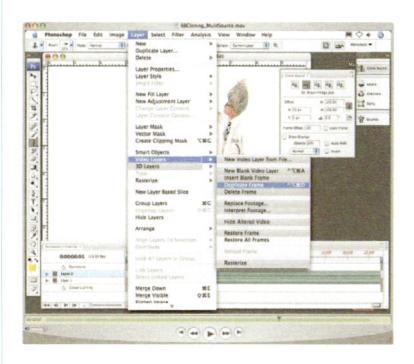

Revisão

▶ Perguntas

1 Por que você utilizaria conjuntos de camadas?

2 Quais são as camadas de demarcador de corte?

3 Como as camadas de ajuste funcionam e qual o benefício de utilizá-las?

4 O que são os estilos de camada e por que você os utilizaria?

5 Qual é a diferença entre achatar, mesclar e carimbar camadas?

▶ Respostas

1 Os conjuntos de camadas permitem organizar e gerenciar camadas. Por exemplo, você pode mover todas as camadas em um conjunto de camadas como um grupo e, então, aplicar-lhes os atributos ou uma máscara como um grupo.

2 Um demarcador de corte é usado ao configurar a arte-final na camada base como uma máscara para a camada acima dela. Nesta lição, você utilizou a camada Mask (que tinha uma forma livre) como um demarcador de corte para a camada Phone Art a fim de que a imagem do celular só aparecesse na forma livre.

3 Uma camada de ajuste é um tipo especial de camada do Photoshop que funciona especificamente com ajustes de cor e tonais. Ao aplicar uma camada de ajuste, você pode editar uma imagem repetidamente sem tornar uma alteração permanente no intervalo de cores ou tonal da imagem.

4 Os estilos de camada são efeitos personalizáveis que podem ser aplicados a camadas. Você pode utilizá-los para aplicar alterações em uma camada e pode modificá-los ou removê-los a qualquer hora.

5 Achatar uma imagem (Flatten Image) mescla todas as camadas em um único fundo, reduzindo significativamente o tamanho do arquivo. Mesclar camadas (Merge Layers) permite escolher quais camadas achatar; essa técnica une todas as camadas selecionadas ou visíveis em uma só camada. Carimbar agrega as vantagens do achatamento de uma imagem e ao mesmo tempo mantém algumas camadas intactas; esse processo achata duas ou mais camadas e insere a imagem achatada em uma nova camada, deixando as demais intactas.

Com a enorme variedade de filtros disponíveis no Adobe Photoshop, você pode transformar imagens comuns em extraordinárias artes-finais digitais. Também pode selecionar filtros que simulam uma mídia artística tradicional – uma aquarela, por exemplo – ou escolher entre os filtros de desfoque, distorção, aumento de nitidez ou fragmentação de imagens. Além de utilizar filtros para alterar imagens, você pode utilizar camadas de ajuste e modos de pintura para variar a aparência da arte-final.

11 | Composição Avançada

Visão geral da lição

Nesta lição, você aprenderá a fazer o seguinte:

- Gravar e reproduzir uma ação para automatizar uma série de passos.
- Adicionar guias para ajudar a inserir e alinhar precisamente as imagens.
- Salvar seleções e carregá-las como máscaras.
- Aplicar efeitos de cor apenas às áreas não mascaradas de uma imagem.
- Adicionar uma camada de ajuste para corrigir a cor de uma seleção.
- Aplicar filtros a seleções para criar vários efeitos.
- Adicionar estilos de camada para criar efeitos especiais editáveis.

Esta lição levará aproximadamente 90 minutos para ser concluída. Se necessário, remova a pasta da lição anterior da unidade de disco e copie a pasta Lessons/Lesson11 para ela. Ao trabalhar nesta lição, você preservará os arquivos iniciais. Se precisar restaurar os arquivos originais, copie-os do CD do *Adobe Photoshop CS3 Classroom in a Book*.

Introdução

Você começará a lição visualizando o arquivo da lição final, para ver o que você realizará.

1 Inicie o Photoshop e imediatamente pressione e mantenha pressionadas Ctrl+Alt+Shift (Windows) ou Command+Option+Shift (Mac OS) para restaurar as preferências padrão. (Consulte "Restaurando preferências padrão", na página 22.)

2 Quando solicitado, clique em Yes para confirmar a redefinição das preferências e em Close para fechar a tela Welcome.

3 Clique no botão Go To Bridge (📷) na barra de opções de ferramenta para abrir o Adobe Bridge.

4 Na paleta Favorites no canto esquerdo superior do Bridge, clique no favorito Lessons e, então, dê um clique duplo na pasta Lesson11 na área de visualização.

5 Selecione a miniatura 11A_End.psd e a examine-a no painel Content. Se necessário, expanda a paleta Content para que você tenha uma boa visão.

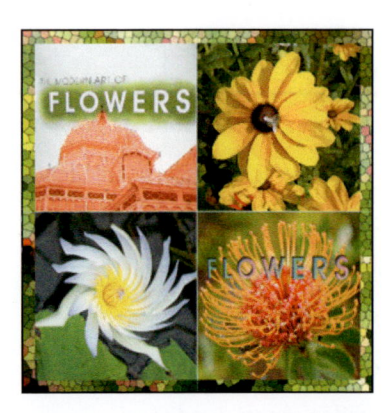

Esse arquivo final é uma montagem que contém quatro figuras. Um filtro ou efeito específico foi aplicado a cada quadrante.

6 Dê um clique duplo na miniatura 11Start.jpg para abri-la no Photoshop.

Automatize uma tarefa de múltiplos passos

Uma *ação* (action) é um conjunto de um ou mais comandos que você grava e, então, reproduz para aplicar a um único arquivo ou a um lote de arquivos. Neste exercício, você verá como as ações podem ajudar a economizar tempo por meio da aplicação de um processo de múltiplos passos às quatro imagens que você utilizará nesse projeto.

Utilizar ações é uma das várias maneiras de automatizar tarefas no Adobe Photoshop. Para aprender mais sobre como gravar ações, veja o Photoshop Help.

Abra e corte as imagens

Você começará redimensionando quatro arquivos. Visto que essa parte da tarefa envolve escolhas estéticas sobre onde e quanto da imagem cortar, você fará esses passos manualmente em vez de gravá-los com a paleta Actions.

1 Clique na aba Info no grupo de paleta Navigator para trazer essa paleta para frente.

2 Na caixa de ferramentas, selecione a ferramenta Crop (⊟). Mantenha a tecla Shift pressionada para prender a forma a um quadrado e arraste o cursor em torno da palavra "Flowers". Quando terminar de arrastar, tenha cuidado para primeiro soltar o botão do mouse e depois a tecla Shift.

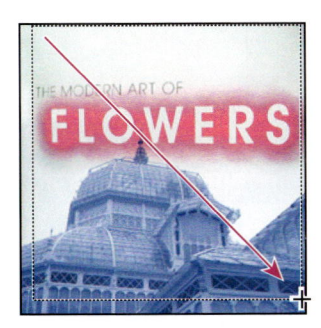

Arraste e pressione Shift

3 Examine os valores de largura (W) e altura (H) na paleta Info. Se você desenhar um quadrado perfeito, as contagens de pixel serão idênticas.

4 Se necessário, faça qualquer ajuste necessário na seleção para que a palavra "Flowers" esteja selecionada e o contorno de seleção de corte esteja alinhado com a parte superior da imagem.

- Se a largura e a altura não forem iguais, arraste um canto até que os valores W e H na paleta Info sejam idênticos. (Não mantenha a tecla Shift pressionada.)
- Para mover o contorno de seleção, clique dentro dele e arraste-o até posicioná-lo adequadamente.
- Para redimensionar o contorno de seleção, mantenha Shift pressionada e arraste um dos cantos para aumentá-lo ou diminuí-lo.
- Para reiniciar, pressione ESC ou clique no botão Cancel (⊘) na barra de opções e então repita os Passos 2 a 4.

5 Quando estiver satisfeito com a seleção de corte, dê um clique duplo dentro da área de corte ou pressione Enter ou Return para aplicar o corte.

Imagem cortada

Como você está trabalhando com vários arquivos, você renomeará o arquivo 11Start.jpg com um nome descritivo para facilitar sua identificação. Você também salvará o arquivo no formato do Photoshop, porque toda vez que você edita um arquivo JPEG e o salva novamente, sua qualidade degrada.

6 Escolha File > Save As, escolha Photoshop em Format e salve a imagem cortada para **Museum.psd** na sua pasta Lesson11.

7 Utilizando o Adobe Bridge, abra estas três imagens JPEG na pasta Lesson11: Flower_orange.jpg, Flower_white.jpg e Flower_yellow.jpg.

8 Escolha File > Save As, marque Photoshop como o formato, renomeie o arquivo Flower_orange.jpg atribuindo a ele o nome **Orange.psd** e salve-o na pasta Lesson 11. Repita esse passo para os arquivos Flower_white.jpg e Flower_yellow.jpg, renomeando-os como **White.psd** e **Yellow.psd**, respectivamente.

9 Repita os Passos 2 a 5 para cada arquivo que você acabou de abrir. Escolha File > Save para salvar cada um dos arquivos.

Nota: *Não é necessário deixar todas as imagens com o mesmo tamanho. Você ajustará seus tamanhos novamente mais tarde nesta lição.*

Versões cortadas dos arquivos JPEG da flor amarela, da flor branca e da flor laranja

Deixe todos os arquivos recentemente cortados abertos para os próximos procedimentos.

Prepare para gravar uma ação

Você utiliza a paleta Actions para gravar, reproduzir, editar e excluir ações individuais. Você também utiliza a paleta Actions para salvar e carregar arquivos de ação. Você iniciará essa tarefa abrindo um novo documento e preparando-se para gravar nova ação na paleta Actions.

1 Clique na aba Actions no grupo de paleta History para trazer a paleta Actions para frente, ou escolha Window > Actions para realizar a mesma coisa.

2 Na parte inferior da paleta Actions, clique no botão Create New Set (). Ou então crie um novo conjunto escolhendo New Set a partir do menu de paleta Actions.

3 Na caixa de diálogo New Set, digite **My Actions** e clique em OK.

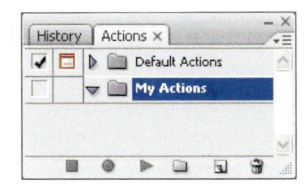

4 Escolha Window > White.psd para ativar esse arquivo.

5 Selecione a ferramenta de contorno de seleção (marquee tool) na caixa de ferramentas. Isso fecha a ferramenta Crop, que não é mais necessária.

Grave um novo conjunto de ações

Para esse projeto, você quer que cada imagem tenha o mesmo tamanho e uma borda branca estreita. Você realizará essas tarefas agora na imagem da flor branca. O ponto de partida aqui é configurar as dimensões de imagem com um número específico de pixels e, então, aplicar um traço à imagem. Enquanto trabalha, você irá configurar a paleta Actions para gravar todos os passos do processo.

Nota: Nesse procedimento, é importante concluir todos os passos sem interrupção. Se cometer um erro e precisar reiniciar, pule para o Passo 10 para parar a gravação e, então, exclua a ação arrastando-a sobre o botão Trash ( ) na paleta Actions. Para remover todas as ações aplicadas à imagem, utilize a paleta History para excluir quaisquer estados depois do corte. Então, reinicie no Passo 1.

1 Na paleta Actions, clique no botão New Action ( ) ou escolha New Action do menu de paleta Actions.

2 Na caixa de diálogo New Action, digite **Size & Stroke** no campo Name e certifique-se de que My Actions está selecionado no menu pop-up Set. Depois, clique em Record.

Nota: Dedique todo o tempo que precisar para fazer esse procedimento com precisão. A velocidade com que você trabalha não influencia na quantidade de tempo necessária para reproduzir uma ação gravada.

3 Escolha Image > Image Size.

4 Certifique-se de que ambas as caixas de seleção Constrain Proportions e Resample Image estão selecionadas na parte inferior da caixa de diálogo Image Size. Para a largura, Width, digite **500** e certifique-se de que os pixels estão selecionados como a unidade de medida. Então clique em OK.

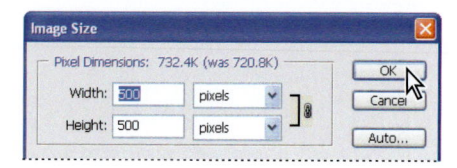

5 Escolha Select > All.

6 Escolha Edit > Stroke.

7 Na caixa de diálogo Stroke, certifique-se de que as seguintes opções estão selecionadas ou selecione-as agora:

- A largura (width) deve ser de 1 pixel.
- Em Color, utilize branco ou selecione essa cor clicando na amostra para abrir o Color Picker, selecionando branco (C, M, Y e K = 0) e clicando em OK para fechar o seletor.
- Para Location, deixe Center selecionado.
- Para Blending, deixe Mode configurado como Normal e Opacity em 100%.

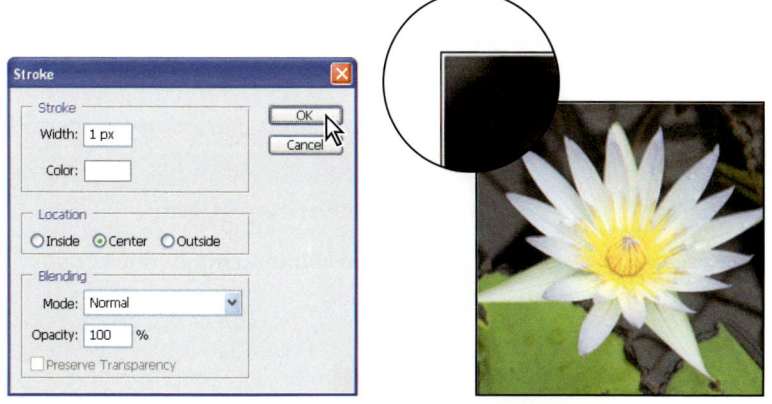

As configurações da caixa de diálogo Stroke e a borda resultante na imagem

8 Clique em OK para aplicar as alterações e fechar a caixa de diálogo Stroke.

9 Escolha Select > Deselect.

10 Na paleta Actions, clique no botão Actions (■) na parte inferior da paleta para parar os passos da gravação. Salve o trabalho.

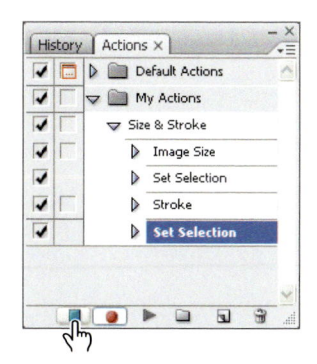

A ação agora está salva na paleta Actions. Você pode clicar nas setas à esquerda do conjunto My Actions, na ação Size & Stroke, e ao lado de cada passo dessa ação para expandi-los e recolhê-los como quiser. Com esses expandidos, você pode examinar cada passo gravado e as seleções específicas que você fez. Quando terminar de revisar a ação, clique nas setas para recolher os passos.

Reproduza uma ação em um arquivo individual

Agora que gravou o processo de configuração do tamanho de imagem e das características de traço da imagem da flor branca, você pode utilizar a ação como uma tarefa automatizada. Você aplicará a ação Stroke & Size a um dos outros três arquivos de imagem que cortou anteriormente nesta lição.

1 Se os arquivos Yellow.psd, Museum.psd e Orange.psd ainda não estiverem abertos, use o Adobe Bridge ou escolha File > Open e abra-os agora.

2 Escolha Window > Document > Orange.psd para ativar essa imagem.

3 Na paleta Actions, selecione a ação Stroke & Size no conjunto My Actions e clique no botão Play (▶) ou escolha Play no menu de paleta Actions.

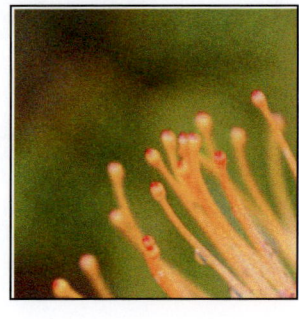

A imagem Orange.psd é automaticamente redimensionada e recebe um traçado para que agora corresponda às propriedades da imagem White.psd.

4 Escolha File > Save.

Reproduza uma ação por lote

Aplicar ações é um processo que economiza tempo para realizar tarefas de rotina em arquivos, mas você pode simplificar ainda mais seu trabalho aplicando ações a todos os arquivos abertos. É necessário redimensionar e aplicar traços a mais dois arquivos nesse projeto, então você aplicará a eles sua ação automatizada simultaneamente.

1 Feche os arquivos White.psd e Orange.psd, salvando as alterações se isso for solicitado. Certifique-se de que apenas os arquivos Museum.psd e Yellow.psd estão abertos.

2 Escolha File > Automate > Batch.

3 Na seção Play na caixa de diálogo Batch, certifique-se de que My Actions foi escolhido para Set e de que Size & Stroke foi escolhido para Action.

4 No menu pop-up Source, escolha Opened Files.

5 Deixe Destination como None e clique em OK.

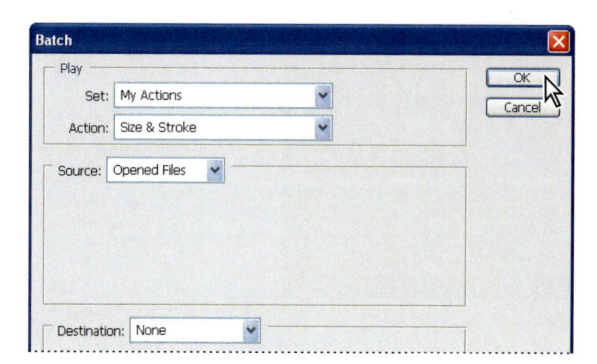

A ação é aplicada a ambas as imagens, do museu e da flor amarela, e os arquivos agora têm dimensões e traçados idênticos.

6 Escolha File > Save e depois File > Close para cada um dos dois arquivos abertos.

Neste exercício, você processou dois arquivos em lote em vez de fazer as mesmas alterações em cada um deles. Nesse caso, essa foi uma pequena vantagem, mas criar e aplicar ações pode economizar quantidades significativas de tempo, além de evitar o tédio quando há dezenas ou até centenas de arquivos que exigem algum trabalho rotineiro e repetitivo.

7 Clique no botão Close, na parte superior da paleta Actions, para fechar a paleta.

Aplique Smart Filters

Ao contrário dos filtros comuns, cujas alterações em uma imagem não podem ser revertidas, os Smart Filters são não-destrutivos: eles podem ser ajustados, desativados e excluídos. Porém, eles só podem ser aplicados a uma camada Smart Object, de modo que a camada em si não possa mais ser editada – apenas seus efeitos Smart Filter.

1 Utilizando o Adobe Bridge, abra a imagem Background.jpg na pasta Lesson11.

Você começará transformando a imagem que será utilizada como o fundo em um Smart Object e, então, aplicará vários filtros a ela.

2 Escolha Filter > Convert For Smart Filters. Clique em OK no alerta para que a camada seja convertida em um Smart Object.

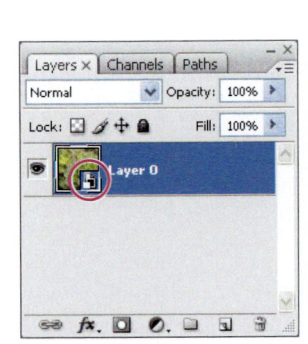

Na paleta Layers, observe o ícone no canto direito inferior da miniatura de camada. Esse ícone indica que a camada agora é um Smart Object. Você agora tem liberdade de aplicar o número de filtros que quiser à imagem e ajustá-los a qualquer momento.

3 Com a camada da imagem ainda selecionada na paleta Layers, escolha Filter > Texture > Stained Glass. Selecione Cell Size: 11; Border Thickness: 1; e Light Intensity: 3. Clique em OK.

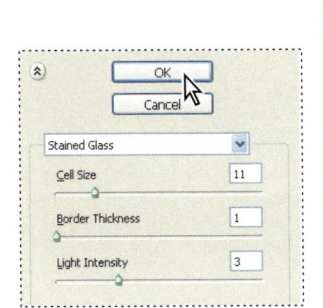

Os Smart Filters aparecem na paleta Layers abaixo da camada Smart Object à qual eles são aplicados. As camadas que contêm efeitos de filtro exibem um ícone à direita do nome da camada.

4 Aplique outro filtro de sua preferência. (Escolhemos Filter > Distort > Glass, com Distortion: 9, Smoothness: 3, Texture: Frosted, Scaling: 100%.) Quando estiver satisfeito com os resultados, clique em OK.

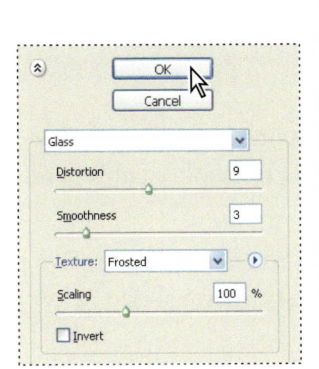

Você pode misturar e combinar, ativar e desativar os Smart Filters.

5 Na paleta Layers, dê um clique duplo no efeito Glass Smart Filter. Na caixa de diálogo Filter, clique na miniatura Ocean Ripple para selecionar o filtro, ajuste as configurações como desejado e, então, clique em OK. (Configuramos o tamanho da ondulação e a magnitude como 9.)

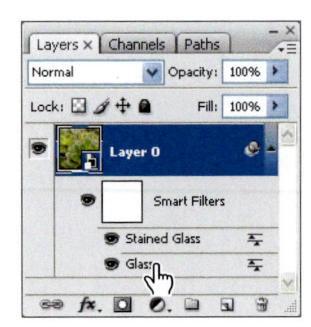

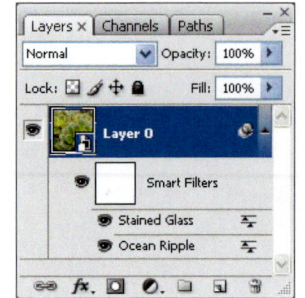

Observe que o nome do efeito do filtro na paleta Layers mudou para o filtro que você acabou de aplicar, Ocean Ripple.

6 Na paleta Layers, arraste o smart filter Stained Glass sobre o Ocean Ripple para ver como esse efeito muda.

7 Clique no ícone de olho (👁) ao lado do efeito Stained Glass para desativar esse efeito.

Você pode aplicar um filtro qualquer (inclusive filtros de terceiros) – exceto Extract, Liquify, Pattern Maker e Vanishing Point – como um Smart Filter. Você também pode aplicar o ajuste Shadow/Highlight como um Smart Filter.

8 Teste os filtros até encontrar um de sua preferência.

9 Depois de terminar os testes, exiba novamente o efeito Stained Glass Smart Filter clicando na coluna Show/Hide Visibility à esquerda do nome para reexibi-lo e também seu ícone de olho.

10 Escolha File > Save As, escolha Photoshop como o formato, renomeie o arquivo para **11Working.psd** e salve-o na sua pasta Lesson11. Mantenha o arquivo aberto. Você continuará a utilizá-lo no próximo exercício.

> *Assista ao filme em QuickTime para uma rápida visão geral do funcionamento desses filtros não-destrutivos. O filme está no CD do Adobe Photoshop CS3, Classroom in a Book em Movies/Smart Filters.mov. Dê um clique duplo no arquivo desse filme para abri-lo e clique no botão Play.*

Configure uma montagem de quatro imagens

Agora que você terminou de preparar o fundo e as quatro imagens, você irá agrupá-las em uma nova imagem composta. Utilizando guias, você poderá alinhar as imagens com precisão sem muito esforço.

Adicione guias

As guias são linhas não-imprimíveis que ajudam a alinhar, horizontal ou verticalmente, elementos no documento. Você pode escolher um comando Snap To para que as guias comportem-se como ímãs: quando você arrastar um objeto perto de uma guia, ele se ajustará a ela assim que você soltar o botão do mouse.

1 Com o arquivo 11Working.psd ativo, escolha View> Rules. Uma régua vertical aparece junto ao lado esquerdo da janela e uma régua horizontal, ao longo da parte superior da janela.

Nota: Se as unidades de régua não forem polegadas, escolha Edit > Preferences > Units And Rulers (Windows) ou Photoshop > Preferences > Units And Rulers (Mac OS); escolha Rulers > Inches e clique em OK*.

2 Se a paleta Info não estiver visível, clique na aba Info ou escolha Window > Info para trazê-la para frente no seu grupo de paletas.

3 Arraste a régua horizontal para baixo, descendo para o meio da janela da imagem, observando a paleta Info para ver a coordenada Y ao arrastar. Solte o mouse quando Y = 3.000 polegadas. Uma linha guia azul que atravessa o meio da janela aparece.

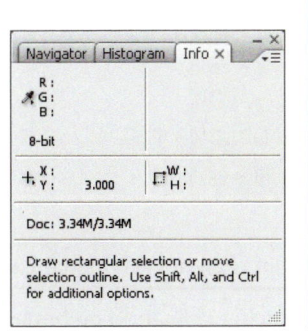

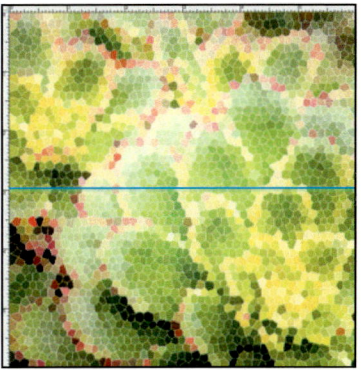

---

* N. de T.: Outras unidades de medida podem ser escolhidas por esse procedimento. Depois de abrir a janela Units And Rulers escolha, por exemplo, Rulers > Centimentrs.

4 Arraste outra guia a partir da régua vertical para o meio da imagem e solte o mouse quando X = 3.000 polegadas.

5 Escolha View > Snap To e certifique-se de que o comando Guides está marcado, ou selecione-o agora.

6 Escolha View > Rulers para ocultar as réguas novamente.

Posicione as imagens

Suas guias estão posicionadas, então você está pronto para organizar suas quatro imagens cortadas na montagem.

1 Escolha File > Open Recent > Museum.psd. A imagem do museu se abre em uma janela separada de imagem.

2 Na caixa de ferramentas, selecione a ferramenta Move (▶⊕).

3 Clique com a ferramenta Move em qualquer lugar na imagem do museu e arraste da janela dessa imagem para a janela maior 11Working.psd e, então, solte o botão do mouse. Se um alerta de não-correspondência de perfil de cor aparecer, clique em OK.

4 Ainda com a ferramenta Move, arraste a imagem do museu para o quadrante superior esquerdo da imagem de montagem de modo que o canto inferior direito se encaixe na intersecção das duas guias, no centro da janela.

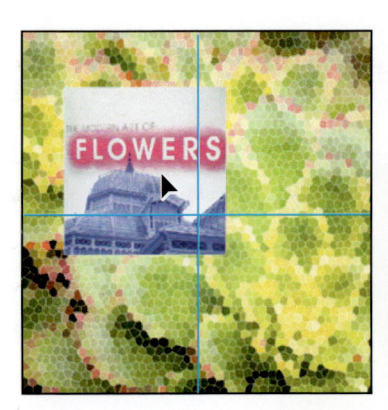

Na paleta Layers, você notará que a imagem do museu está em uma nova camada, Layer 1.

5 Escolha Window > Museum.psd para reativá-la e, então, feche-a clicando no botão vermelho de fechar ou escolhendo File > Close.

6 Repita os Passos 1 a 5 para os três outros arquivos cortados, posicionando a imagem da flor amarela no quadrante superior direito, a flor branca no quadrante inferior esquerdo e a flor laranja no quadrante inferior direito. Todas as imagens devem fixar-se na intersecção das guias no centro da janela.

7 Escolha View > Show > Guides para ocultar as guias.

8 Na paleta Layers, dê um clique duplo no nome da camada na parte superior da paleta e atribua um nome de acordo com a imagem (por exemplo, "Yellow Flower"). Repita o passo para cada imagem. Renomeie Layer 0 como **Background**.

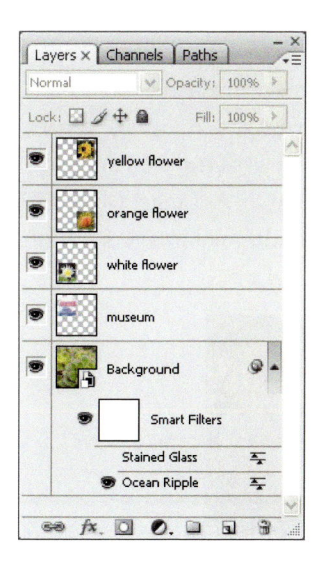

⭐ **CRÉDITO EXTRA** Foi fácil alinhar as quatro imagens utilizando guias centralizadas, mas, para uma precisão ainda maior, os Smart Guides são uma excelente maneira de alinhar fotos e objetos. Utilizando o arquivo de trabalho como ele está agora, depois do exercício "Posicione as imagens", você pode experimentar outra maneira de alinhar essas fotos; ou pode continuar a lição e tentar essa técnica em outro momento.

1 Selecione a camada Flower na paleta Layers. Na janela de imagem, utilize a ferramenta Move para mover a imagem para fora do alinhamento. Repita isso para as camadas Yellow Flower e Orange Flower.

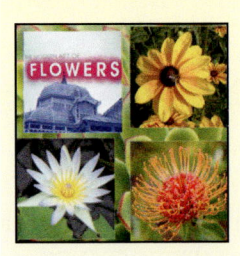

2 Escolha View Show > Smart Guides.

3 Selecione a camada Orange Flower na paleta Layers e (ainda com a ferramenta Move) arraste a imagem para alinhar a borda esquerda da flor laranja à borda direita da imagem da flor branca. Smart Guides cor-de-rosa aparecem quando as imagens são alinhadas.

4 Em seguida, selecione a camada White Flower na paleta Layers; com Shift pressionada, clique para também selecionar a camada Orange Flower. Utilize a ferramenta Move na janela da imagem para movê-las em conjunto e alinhar a parte superior da imagem da flor branca com a parte inferior da imagem do selo.

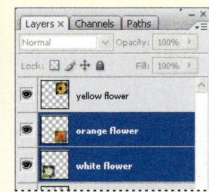

5 Selecione a camada Yellow Flower na paleta Layers. Arraste a imagem para alinhá-la com as outras três imagens, como mostrado abaixo. As Smart Guides irão mostrar quando cada imagem é alinhada nos Passos 3, 4 e 5.

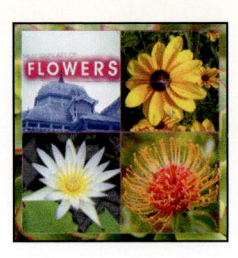

6 Escolha View > Show > Smart Guides para desativar os Smart Guides depois de terminar.

Salve seleções

Em seguida, você selecionará as duas fachadas do museu e salvará as seleções. Mais adiante nesta lição você utilizará as seleções salvas para colorir as fachadas do museu e adicionar um efeito especial.

1 Na paleta Layers, selecione a camada Museum.

2 Na caixa de ferramentas, selecione a ferramenta Zoom (🔍) e arraste um contorno de seleção em torno do texto "Flowers" para ampliar sua visão. Certifique-se de que todas as letras na janela da imagem estão visíveis.

3 Na caixa de ferramentas, selecione a ferramenta Magic Wand (✨), oculta sob a ferramenta Quick Selection. Configure a tolerância como 20 e certifique-se de que as opções Anti-alias e Contiguous estão marcadas.

4 Clique na letra "f" em "Flowers".

5 Com a tecla Shift pressionada, clique na letra "l" em "Flowers". Continue clicando com Shift pressionada em cada letra até que todas as letras na palavra "Flowers" sejam selecionadas.

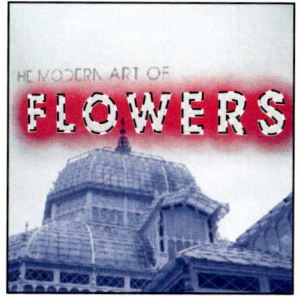

6 Escolha Select > Save Selection. Use **Letters** como o nome para a seleção e clique em OK para salvar a seleção em um novo canal.

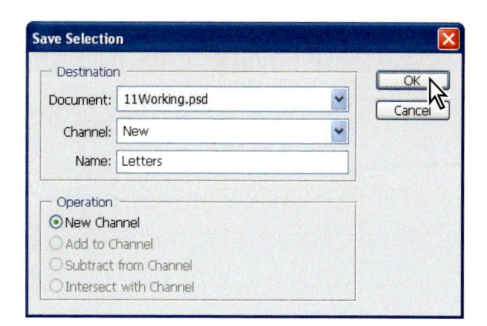

7 Escolha Select > Deselect para remover a seleção de "Flowers" na imagem.

8 Para ver sua seleção salva, clique na aba Channels para abrir a paleta. Se necessário, role para baixo até o canal Letters. Clique em cada nome de canal para exibir as máscaras de canal na janela da imagem.

9 Quando estiver pronto para continuar a trabalhar, role até a parte superior da paleta Channels e clique no canal RGB para selecioná-lo. Se necessário, clique no ícone de olho (👁) ao lado do canal Letters para ocultá-lo e dê um clique duplo na ferramenta Hand (✋) para reduzir.

Dê cores manualmente às seleções em uma camada

Você começará a adicionar efeitos especiais à sua montagem colorindo manualmente a fachada do museu, começando com as letras sobrepostas. Para selecionar a fachada, você criará uma seleção chamada "wall". Em seguida, removerá a cor da seleção de modo que possa colori-la manualmente. Você então adicionará uma nova camada acima da fachada que será utilizada para aplicar a cor. Dessa maneira, você pode simplesmente apagar a camada e começar tudo de novo se não gostar dos resultados.

Dessature uma seleção

Você utilizará o comando Desaturate para remover a cor da fachada do museu. A saturação é a presença ou ausência de cor em uma seleção. Ao dessaturar uma seleção dentro de uma imagem, você cria um efeito do tipo tons de cinza sem afetar as cores em outras partes da imagem.

1 Clique na aba Layers para abrir essa paleta. Na paleta, selecione a camada Museum, que contém a imagem do museu.

2 Você pode criar rapidamente um contorno de seleção em torno da camada do museu clicando com a tecla Ctrl (Windows) ou tecla Command (Mac OS) pressionada na miniatura de camada na paleta Layers.

3 Para evitar a seleção do contorno branco da imagem, escolha Select > Modify > Contract. Clique em OK para reduzir o tamanho da seleção de acordo com a quantidade padrão de 1 pixel. Você não quer colorir acidentalmente o contorno ao pintar a camada.

Agora, você protegerá as áreas que não quer dessaturar carregando a seleção Letters e isolando-a da seleção do fundo.

4 Escolha Select > Load Selection. Na caixa de diálogo Load Selection, escolha Letters do menu pop-up Channel, selecione Subtract From Selection e clique em OK.

Você atribuirá um novo nome a essa seleção.

5 Escolha Select > Save Selection, atribua ao canal o nome **Wall** e clique em OK.

6 Escolha Image > Adjustments > Desaturate. A cor é removida da seleção.

7 Escolha Select > Deselect.

8 Escolha File > Save para salvar seu trabalho. Se receber uma alerta de compatibilidade, clique em OK.

Crie uma camada e escolha um modo de mesclagem

Agora, você irá adicionar uma camada e especificar um modo de mesclagem de camada para pintar a imagem dessaturada da fachada do museu. Pintando uma camada separada, você não mudará a imagem permanentemente. Isso facilita recomeçar, caso você não fique satisfeito com os resultados.

Os modos de mesclagem de camada determinam como os pixels em uma camada se mesclam com pixels subjacentes em outras camadas. Aplicando modos a camadas individuais, você pode criar uma variedade de efeitos especiais.

1 Na paleta Layers, clique no botão New Layer (￼) para adicionar uma camada à imagem, logo acima da camada Museum na paleta. Selecione o novo nome de camada na paleta e renomeie-a **Paint**.

2 Na paleta Layers, com a camada Paint ativa, escolha Color no menu pop-up Blending Mode à esquerda da caixa de texto Opacity.

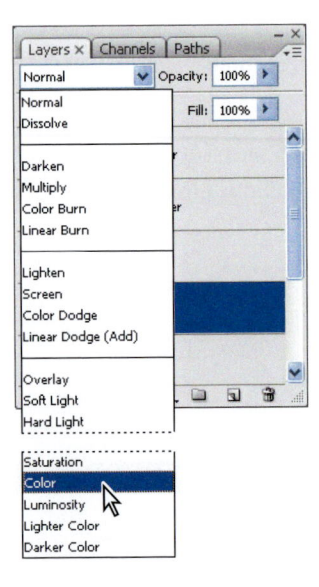

Nota: *Se quiser excluir uma camada, você pode arrastá-la para o botão Trash (￼) na parte inferior da paleta Layers. Ou simplesmente selecione a camada que quer excluir e, então, clique no botão Trash e, quando solicitado, confirme que você quer excluir a camada.*

Você pode utilizar o modo Color para alterar o tom de uma seleção sem afetar as regiões claras e sombras. Isso significa que você pode aplicar uma variedade de tintas coloridas sem alterar as áreas mais claras e mais escuras do fundo.

Aplique efeitos de pintura

Para começar a pintar, você deve carregar a seleção criada anteriormente. Carregando o canal Wall, você protege as áreas não selecionadas da imagem durante a aplicação de cores, facilitando a pintura dentro das linhas.

1 Com a camada Paint ativa na paleta Layers, escolha Select > Load Selection.

Na caixa de diálogo Load Selection, observe que a alteração do modo de cor que você acabou de fazer também foi salva como uma seleção, chamada Paint Transparency. Na caixa de diálogo, escolha Wall no menu pop-up Channel e clique em OK.

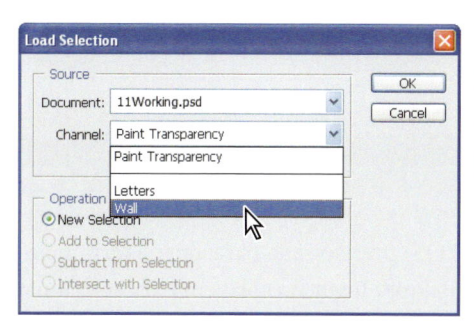

2 Selecione a ferramenta Brush ( ) na caixa de ferramentas. Em seguida, na barra de opções dessa ferramenta, configure Opacity como aproximadamente 50%.

> 💡 *Altere a opacidade do pincel pressionando um número de 0 a 9 no teclado (em que 1 é 10%, 9 é 90% e 0 é 100%).*

3 Na paleta pop-up Brush, selecione um pincel grande de pontas macias, como o pincel Soft Round de 35 pixels. Feche a paleta clicando em uma área em branco na barra de opções dessa ferramenta.

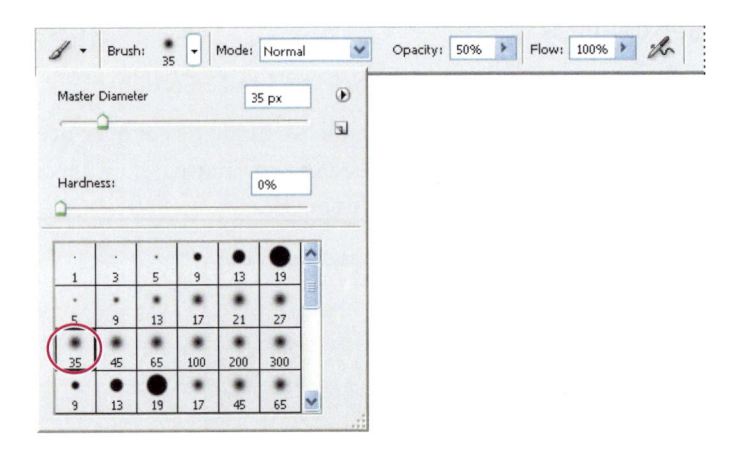

4 Mantenha Alt (Windows) ou Option (Mac OS) pressionada para abrir a ferramenta Eyedropper e clique em uma amostra verde de qualquer lugar na colagem para selecionar a cor com a qual pintar.

5 Arraste o pincel sobre as letras "E", "R" e "S".

6 Utilizando a ferramenta Eyedropper novamente, clique com Alt/Option pressionada em uma cor entre amarelo e laranja nas pétalas da flor amarela para selecionar as cores. Arraste o pincel sobre as letras "O" e "W".

7 Agora, selecione uma cor forte entre laranja e vermelho na imagem da flor laranja clicando com Alt/Option pressionada mais uma vez. Arraste o pincel sobre as letras "F" e "L". Depois de terminar de colorir as letras, escolha uma cor para pintar a imagem do prédio, e pinte-a.

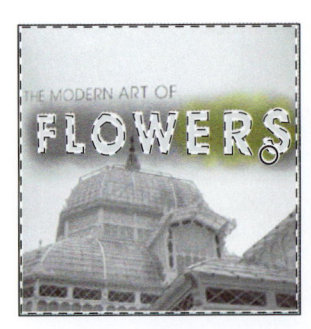

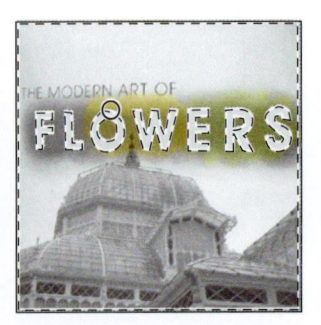

8 Quando estiver satisfeito com os resultados, escolha Select > Deselect e, então, File > Save.

Mescle camadas

A próxima tarefa, mesclar camadas, ajuda a manter o tamanho do arquivo relativamente pequeno. Entretanto, depois de mesclar, não é mais possível restaurar facilmente a imagem ou reiniciar o processo; portanto, antes de escolher um comando de mesclagem, certifique-se de que está satisfeito com os resultados.

1 Na paleta Layers, certifique-se de que a camada Paint está selecionada.

2 Escolha Layer > Merge Down para mesclar a camada Paint com a camada Museum abaixo dela.

Agora, as duas camadas estão fundidas como uma camada só, Museum.

3 Dê um clique duplo na ferramenta Hand ( ) para que toda a imagem se ajuste na janela da imagem ou dê um clique duplo na ferramenta Zoom ( ) para obter uma visualização de 100%.

4 Escolha File > Save.

Altere o equilíbrio de cor

Agora, você utilizará uma camada de ajuste para ajustar o equilíbrio de cor na imagem das folhas.

Mudar a cor de um canal ou de uma camada regular altera permanentemente os pixels nessa camada. Com uma camada de ajuste, entretanto, as alterações de tons e de cor residirão apenas dentro da camada de ajuste e não alterarão nenhum pixel das camadas abaixo dela. É como se você estivesse vendo as camadas visíveis através da camada de ajuste acima delas. Utilizando as camadas de ajuste, você pode experimentar ajustes de cores e ajustes tonais sem alterar permanentemente os pixels da imagem. Você também pode utilizar camadas de ajuste para afetar múltiplas camadas de uma só vez.

1 Na paleta Layers, pressione Ctrl (Windows) ou Command (Mac OS) e clique na camada da flor amarela para selecionar seu conteúdo.

2 Escolha Select > Modify > Contract. Aceite o valor padrão de 1 px e clique em OK. Isso isola a borda branca da imagem da seleção.

3 Escolha Layer > New Adjustment Layer > Color Balance.

4 Na caixa de diálogo New Layer, selecione a caixa de seleção Use Previous Layer To Create Clipping Mask, que assegura que a camada de ajuste afete apenas a imagem da flor amarela, não das outras três seções da montagem. Então clique em OK para criar a camada de ajuste com o nome padrão, Color Balance 1.

A caixa de diálogo Color Balance se abre e você pode alterar a mesclagem de cores em uma imagem colorida e fazer correções de cor gerais. Ao ajustar o equilíbrio de cor, você pode manter o mesmo equilíbrio tonal, que é o que você fará aqui. Também pode focalizar alterações de sombras (áreas mais escuras), meios tons ou altas luzes (áreas mais claras).

5 Mova a caixa de diálogo para poder ver a flor na janela da imagem e certifique-se de que a caixa de seleção Preview está selecionada.

6 Em Color Levels, experimente diferentes níveis de cores para a imagem, como 12, 1 e –59.

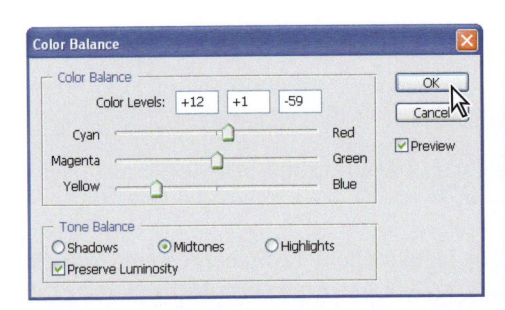

7 Quando estiver satisfeito com o resultado, clique em OK.

As camadas de ajuste atuam como máscaras de camada, que podem ser editadas repetidas vezes sem afetar permanentemente a imagem subjacente. Você pode dar um clique duplo na miniatura de uma camada de ajuste para exibir as últimas configurações utilizadas e pode ajustar camadas de ajuste o quanto quiser. Você pode excluir uma camada de ajuste arrastando-a para o botão Trash ( ) na parte inferior da paleta Layers.

8 Escolha Select > Deselect e então salve seu trabalho.

Aplique filtros

Em seguida, você aplicará dois filtros às imagens da flor amarela e flor branca. Como existem muitos filtros para criar efeitos especiais, a melhor maneira de conhecê-los é experimentando os diferentes filtros e opções de filtros.

Aprimorando o desempenho com filtros

Alguns efeitos de filtro podem usar muita memória, especialmente quando aplicados a uma imagem de alta resolução. Você pode utilizar essas técnicas para melhorar o desempenho:

- Experimente filtros e configurações em uma pequena parte de uma imagem.

- Aplique o efeito aos canais individuais – por exemplo, a cada canal RGB – se a imagem for grande e surgirem problemas por insuficiência de memória (com alguns filtros, os efeitos variam se aplicados ao canal individual em vez de ao canal composto, especialmente se o filtro modifica os pixels de maneira aleatória).

- Libere memória antes de executar o filtro utilizando os comandos Purge.

- Aloque mais RAM para o Photoshop (Mac OS). Você também pode fechar outros aplicativos abertos para disponibilizar mais memória para o Photoshop.

- Tente mudar as configurações para melhorar a velocidade de filtros que fazem intenso uso de memória, como os filtros Lighting Effects, Cutout, Stained Glass, Chrome, Ripple, Spatter, Sprayed Strokes e Glass. Por exemplo, com o filtro Stained Glass, aumente o tamanho de célula. Com o filtro Cutout, aumente Edge Simplicity, diminua Edge Fidelity, ou ambos.

- Se você planeja imprimir para uma impressora de tons de cinza, converta uma cópia da imagem em tons de cinza antes de aplicar os filtros. Entretanto, aplicar um filtro a uma imagem colorida e, em seguida, converter em tons de cinza pode não ter o mesmo efeito do que aplicar o filtro a uma versão de tons de cinza da imagem.

Aplique o filtro Paint Daubs

O filtro Paint Daubs (Toques de Tinta) permite escolher vários tamanhos e tipos de pincéis – como rough (áspero), sharp (nítido), blurry (borrão) ou sparkle (cintilação) – para um efeito de pintura.

1 Na paleta Layers, pressione Ctrl (Windows) ou Command (Mac OS) e clique na miniatura da imagem da flor amarela para selecionar o conteúdo dessa camada. Certifique-se de selecionar a própria camada, não a camada de ajuste.

Agora você excluirá o contorno do traçado branco de 1 pixel da imagem a partir do efeito de filtro.

2 Escolha Select > Modify > Contract. O padrão é 1 pixel. Clique em OK para subtrair o contorno do traçado branco de 1 pixel da seleção.

3 Escolha Filter > Artistic > Paint Daubs. No canto superior direito da caixa de diálogo Paint Daubs, configure Brush Size como 8, Sharpness como 7 e Brush Type como Simple. Então clique em OK para fechar a caixa de diálogo.

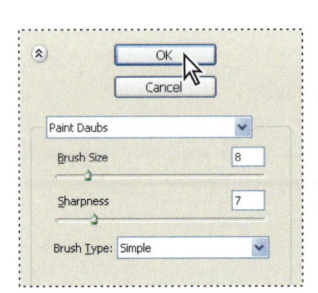

Utilizando filtros

- Para utilizar um filtro, escolha o comando apropriado a partir do submenu do menu Filter. Essas diretrizes podem ajudá-lo na escolha dos filtros:
- O último filtro escolhido aparece na parte superior do menu Filter.
- Os filtros são aplicados à camada ativa, visível.
- Os filtros não podem ser aplicados a imagens no modo bitmap ou a imagens indexadas por cor.
- Alguns filtros só funcionam em imagens RGB.
- Alguns filtros são inteiramente processados na RAM.
- Veja "Using filters" no Photoshop Help para consultar uma lista de filtros que podem ser utilizados com imagens de 16 e de 32 bits por canal.

Aplique o filtro Twirl

Em seguida, você utilizará o filtro Twirl para dar a impressão de que a flor branca está girando.

1 Na paleta Layers, selecione a camada da flor branca.

2 Na caixa de ferramentas, selecione a ferramenta Elliptical Marquee (◯), que está oculta atrás da ferramenta Rectangular Marquee (▯).

3 Comece arrastando o cursor pela imagem da flor branca e então mantenha as teclas Shift+Alt (Windows) ou Shift+Option (Mac OS) pressionadas para manter a seleção circular à medida que as pétalas brancas são selecionadas. Não estenda a seleção além das bordas da imagem.

A seleção restringe a área que o filtro afetará dentro da camada da imagem da flor branca. Se a seleção for muito grande, a borda também se ondulará e começará a se sobrepor aos outros quadrantes da montagem.

4 Escolha Filter > Distort > Twirl.

5 Na caixa Angle, insira 100. Ajuste a ampliação para que possa ver a flor.

6 Quando você estiver satisfeito com o resultado, clique em OK.

7 Escolha Select > Deselect e então File > Save para salvar o trabalho.

Para obter informações específicas sobre filtros individuais, veja o Photoshop Help.

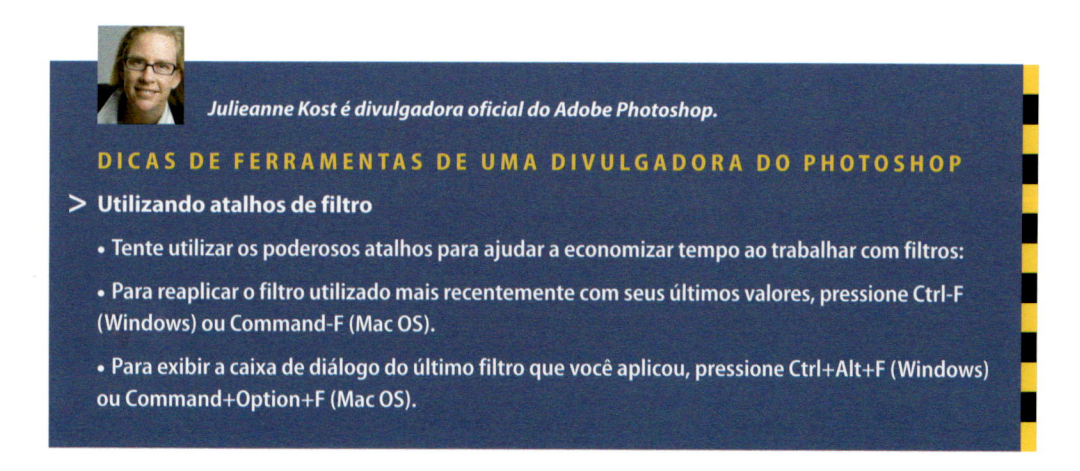

Julieanne Kost é divulgadora oficial do Adobe Photoshop.

DICAS DE FERRAMENTAS DE UMA DIVULGADORA DO PHOTOSHOP

> **Utilizando atalhos de filtro**

- Tente utilizar os poderosos atalhos para ajudar a economizar tempo ao trabalhar com filtros:
- Para reaplicar o filtro utilizado mais recentemente com seus últimos valores, pressione Ctrl-F (Windows) ou Command-F (Mac OS).
- Para exibir a caixa de diálogo do último filtro que você aplicou, pressione Ctrl+Alt+F (Windows) ou Command+Option+F (Mac OS).

Mova uma seleção

Sua próxima tarefa é simples: mover a seleção das letras para outra área da imagem. Isso prepara o caminho para o trabalho final, criando um efeito diferente na forma das letras.

1 Escolha Select > Load Selection. Na caixa de diálogo Load Selection, escolha Letters no menu pop-up Channel. Clique em OK.

2 Utilize a ferramenta Zoom (🔍) para reduzir a área de visualização para que você possa ver toda a imagem.

3 Selecione a ferramenta Rectangular Marquee (▱), que pode estar oculta embaixo da ferramenta Elliptical Marque (◯).

4 Mova o cursor dentro da seleção Letters e arraste o contorno de seleção (não as letras) no quadrante inferior direito, centralizando-o na imagem da flor laranja.

Se quiser mover a seleção a um ângulo de 45 graus exato, comece arrastando e então mantenha a tecla Shift pressionada. Solte primeiro o botão do mouse e depois a tecla Shift.

Tenha cuidado para não remover a seleção ainda, porque você precisará dela no próximo exercício.

Crie um efeito de recorte

Em seguida, você utilizará sua seleção e alguns estilos de camada para criar a ilusão de um recorte na imagem da flor laranja. Certifique-se de que a seleção do molde das letras ainda está ativa. Se você removeu a seleção acidentalmente, terá de reiniciar esse processo, começando com "Mova uma seleção" na página anterior.

1 Na paleta Layers, selecione a camada Orange Flower.

2 Escolha Layer > New > Layer Via Copy para criar uma nova camada acima da camada Orange Flower original com base na seleção combinada. A nova camada, chamada Layer 1, torna-se automaticamente a camada ativa na paleta Layers e o contorno de seleção com a forma combinada de letras desaparece.

> *Você pode criar um contorno de seleção em torno de uma camada rapidamente clicando com a tecla Ctrl (Windows) ou tecla Command (Mac OS) pressionada na miniatura de camada na paleta Layers. Você pode tentar isso com a nova Paint para fazer o contorno de seleção das letras reaparecer. Antes de continuar esta lição, escolha Select > Deselect.*

3 Na parte inferior da paleta Layers, clique no botão Add Layer Style ( ) e escolha Pattern Overlay no menu pop-up.

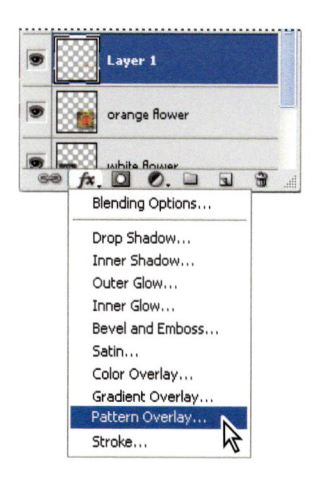

4 Arraste a caixa de diálogo Layer Style para o lado, distanciando-a o bastante para poder ver tanto a caixa de diálogo como a janela da imagem.

5 Ao lado da miniatura Pattern, clique na seta à direita dessa miniatura para abrir o seletor de padrão. O seletor exibe miniaturas menores para os vários padrões.

6 Clique no botão de seta (⏵) para abrir o menu de paleta do seletor padrão e escolha Load Patterns.

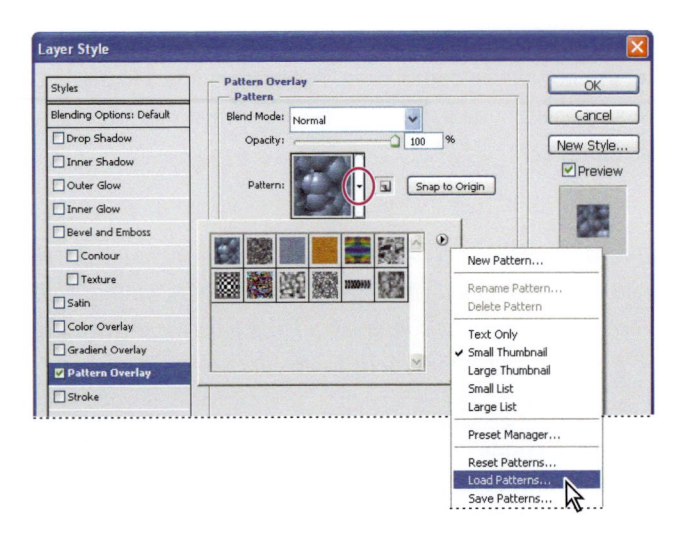

7 Na caixa de diálogo Load, vá para a pasta Lessons/Lesson11 e selecione o arquivo Effects.pat. Clique em Load. Observe o novo padrão que aparece como a última miniatura no seletor de padrão.

8 Selecione a miniatura padrão que você adicionou no Passo 7. O padrão (pattern) substitui o padrão default dentro de sua seleção Letters. Nesse ponto, você pode arrastar o padrão na janela da imagem para ajustar a área do padrão que aparece na seleção – mesmo com a caixa de diálogo Layer Style aberta.

9 No lado esquerdo da caixa de diálogo Layer Style, sob Styles, selecione Inner Shadow para adicionar esse efeito à seleção e ajuste as opções Inner Shadow da maneira como quiser. (O exemplo utiliza Multiply para Blend Mode, 100% para Opacity, 120 para Angle, 5 px para Distance, 0% para Choke e 5 px para Size.)

10 Continue experimentando outros estilos e configurações até alcançar resultados que achar interessantes. Quando estiver satisfeito, clique em OK.

11 Escolha File > Save para salvar seu trabalho.

Corresponda esquemas de cores em diferentes imagens

Nesta tarefa final, você harmonizará os esquemas de cores nas quatro imagens correspondendo a imagem alvo com as cores dominantes.

1 Role a paleta Layers até a camada Background e clique no ícone de olho (👁) para ocultar essa camada. Se a camada Background estiver selecionada, selecione alguma outra camada.

2 A partir do menu de paleta Layers, escolha Merge Visible.

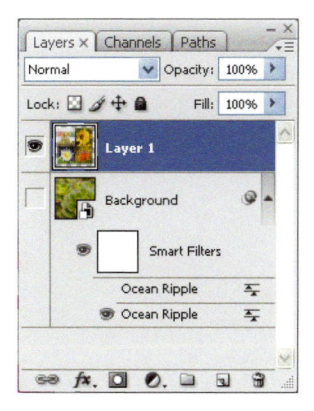

A paleta Layers é reduzida a duas camadas: a camada do fundo e uma camada mesclada com o mesmo nome da camada que foi selecionada no final do Passo 1.

Em seguida, você tem de abrir o documento que será a origem do ajuste de correspondência de cores – o arquivo 11A_End.psd que você visualizou no começo da lição. Ele tem todas as camadas não-mescladas intactas.

3 Utilize o Adobe Bridge ou o comando File > Open para abrir o arquivo 11End.psd, localizado na pasta Lesson11.

4 Ative o arquivo 11Working.psd e, então, escolha Image > Adjustments > Match Color. Na caixa de diálogo Match Color, faça o seguinte:

- Selecione a opção Preview, se já não estiver selecionada.
- Escolha 11A_End.psd no menu pop-up Source.
- No menu pop-up Layer, escolha a camada Museum que contém a imagem do museu; examine a miniatura à direita do menu para identificá-la. Observe o efeito de sua seleção na janela da imagem 11Working.psd.

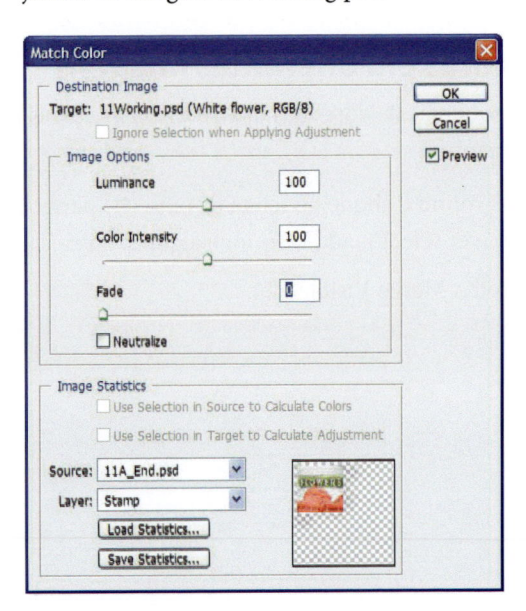

- Escolha as outras camadas individualmente e estude os resultados de cada uma na janela da imagem. Você também pode experimentar as Image Options ajustando os controles deslizantes para Luminance, Color Intensity e Fade, com ou sem a caixa de seleção Neutralize selecionada.

5 Quando você encontrar o esquema de cores que achar mais apropriado para unificar e fornecer à imagem a aparência esperada, clique em OK para fechar a caixa de diálogo Match Color. (Utilizamos a camada Museum e as configurações Image Options padrão.)

6 Na paleta Layers, torne a camada Background visível novamente clicando na coluna Visibility.

7 Escolha File > Save.

Você pode utilizar Match Color com qualquer arquivo de origem para criar efeitos interessantes e diferentes. O recurso Match Color também é útil para certas correções de cores (como tons de pele) em algumas fotografias. Esse recurso também pode corresponder cores entre diferentes camadas na mesma imagem. Consulte o Photoshop Help para obter informações adicionais.

Você completou a Lição 11 e pode fechar os arquivos 11Working.psd e 11A_End.psd.

⭐ **CRÉDITO EXTRA** Eis uma maneira fácil de enquadrar uma imagem. Você transformará a imagem que concluiu no final da lição 11 (ou a do arquivo 11A_End.psd), em um selo (para visualizar a imagem final, abra o arquivo 11B_End.psd localizado na pasta Lesson11).

1 Clique no botão Default Foreground e Background Colors na caixa de ferramentas para redefini-las para preto e branco, respectivamente.

2 Escolha Layer > Flatten Image.

3 Escolha File > Save As e renomeie arquivo para **11Stamp.psd**.

4 Escolha Image > Canvas Size. Selecione Relative para adicionar área da tela de pintura para imagem existente e configure Width e Height como 2 polegadas (inches). Clique em OK.

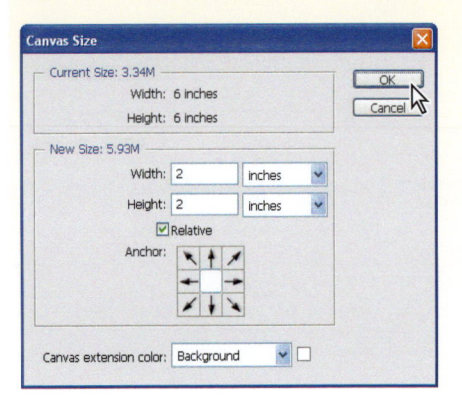

5 Na paleta Layers, com Alt ou Option pressionada, clique no botão New Layer e crie uma nova camada chamada **Border**; clique em OK. Dê um clique duplo em Background para convertê-la em uma camada, renomeie-o **Montage** e clique em OK. Arraste a camada Border acima da camada Montage vazia.

6 Com a camada Montage ainda selecionada, marque a ferramenta Magic Wand na caixa de ferramentas. Clique para selecionar a área branca da tela de pintura em torno da imagem da montagem. Pressione Delete para que apenas a imagem da montagem permaneça. Remova a seleção.

7 Na paleta Layers, selecione a camada Border vazia. Escolha View > Rulers para exibir as réguas. Utilizando a ferramenta Rectangular Marquee e as réguas como guias, arraste uma seleção quadrada em torno da montagem que seja ½ polegada maior que a arte-final. Escolha View > Rulers para ocultar as réguas.

8 Escolha Edit > Fill, marque White para Contents e clique em OK para preencher a seleção com tinta branca.

9 Na paleta Layers, clique no botão Add Layer Style e escolha Drop Shadow no menu pop-up para aplicar uma sombra projetada à camada. As configurações para a sombra não são importantes, contanto que alguma sombra apareça em torno de toda a imagem. Clique em OK.

Para criar a borda do selo, você criará um demarcador e um traçado na forma de recortes semicirculares.

10 Selecione o objeto na camada Border pressionando Ctrl (Windows) ou Command (Mac OS) e clicando na miniatura da camada Border na paleta Layers.

11 Selecione a ferramenta Pen na caixa de ferramentas. Clique na paleta Paths para exibi-la. Clique no ícone no canto superior direito da paleta para exibir o menu dessa paleta. Escolha Make Work Path. Na caixa de diálogo, configure o demarcador como 1 pixel e clique em OK.

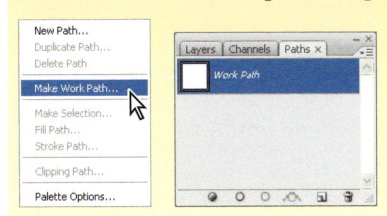

12 Selecione a ferramenta Eraser na caixa de ferramentas. Na barra de opções dessa ferramenta, clique na seta ao lado do seletor Brush Preset. Configure Master Diameter como 50 px e Hardness como 100%.

Você irá configurar as opções de pincel para criar a separação.

13 No lado direito da janela de imagem, clique no ícone da paleta Brushes para expandi-la. No menu dessa paleta, escolha Expanded View. No lado esquerdo da paleta expandida, clique em Brush Tip Shape para exibir as opções adicionais; na parte inferior direita, configure Spacing como aproximadamente 200%.

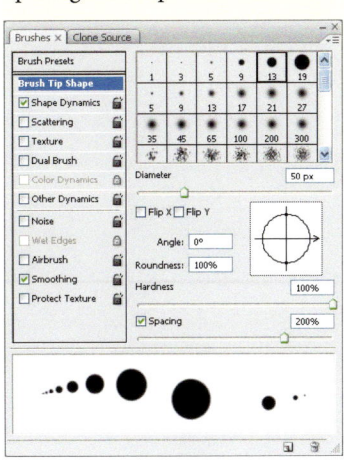

14 Na paleta Paths, escolha Stroke Path no menu de paleta. Na caixa de diálogo Stroke Path, escolha Eraser. Certifique-se de que Simulate Pressure não está selecionado. Clique em OK.

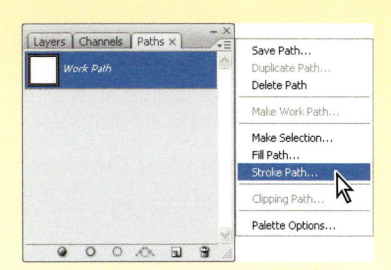

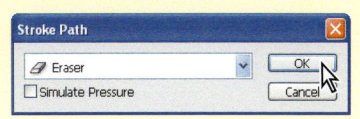

Os semicírculos são vazados em torno da camada Border branca, na forma de borda de selo.

15 Na paleta Paths, clique em uma área vazia dessa paleta para remover a seleção de Work Path e ocultar o traçado preto em torno da ilustração.

16 Escolha File > Save para salvar seu trabalho.

Revisão

Perguntas

1 Qual é o objetivo de salvar seleções?

2 Descreva uma maneira de isolar ajustes de cor para uma imagem.

3 Descreva uma maneira de remover a cor de uma seleção ou de uma imagem para obter um efeito de tons de cinza.

4 Quais são as diferenças entre o uso de um Smart Filter e um filtro comum para aplicar efeitos a uma imagem?

5 Descreva um uso do recurso Match Color.

▶ Respostas

1 Salvando uma seleção, é possível criar e reutilizar seleções demoradas e selecionar uniformemente a arte-final em uma imagem. Você também pode combinar seleções ou criar novas seleções adicionando a ou subtraindo de seleções existentes.

2 Você pode utilizar camadas de ajuste para experimentar alterações de cores antes de aplicá-las permanentemente a uma camada.

3 Você pode escolher Image > Adjustments > Desaturate para dessaturar ou remover a cor de uma seleção.

4 Smart Filters são não-destrutivos: eles podem ser ajustados, desativados e excluídos a qualquer momento. Em comparação, filtros comuns alteram permanentemente uma imagem; depois de aplicados, eles não podem ser removidos. Smart Filters só podem ser aplicados a uma camada Smart Object; portanto, a própria camada não poderá mais ser editada – somente os efeitos Smart Filter aplicados nessa camada.

5 Você pode utilizar o recurso Match Color para correspondência de cores entre diferentes imagens, por exemplo, para ajustar os tons faciais de pele nas fotografias – ou para fazer correspondência de cores entre diferentes camadas na mesma imagem. Você também pode utilizar esse recurso para criar efeitos de cores diferentes.

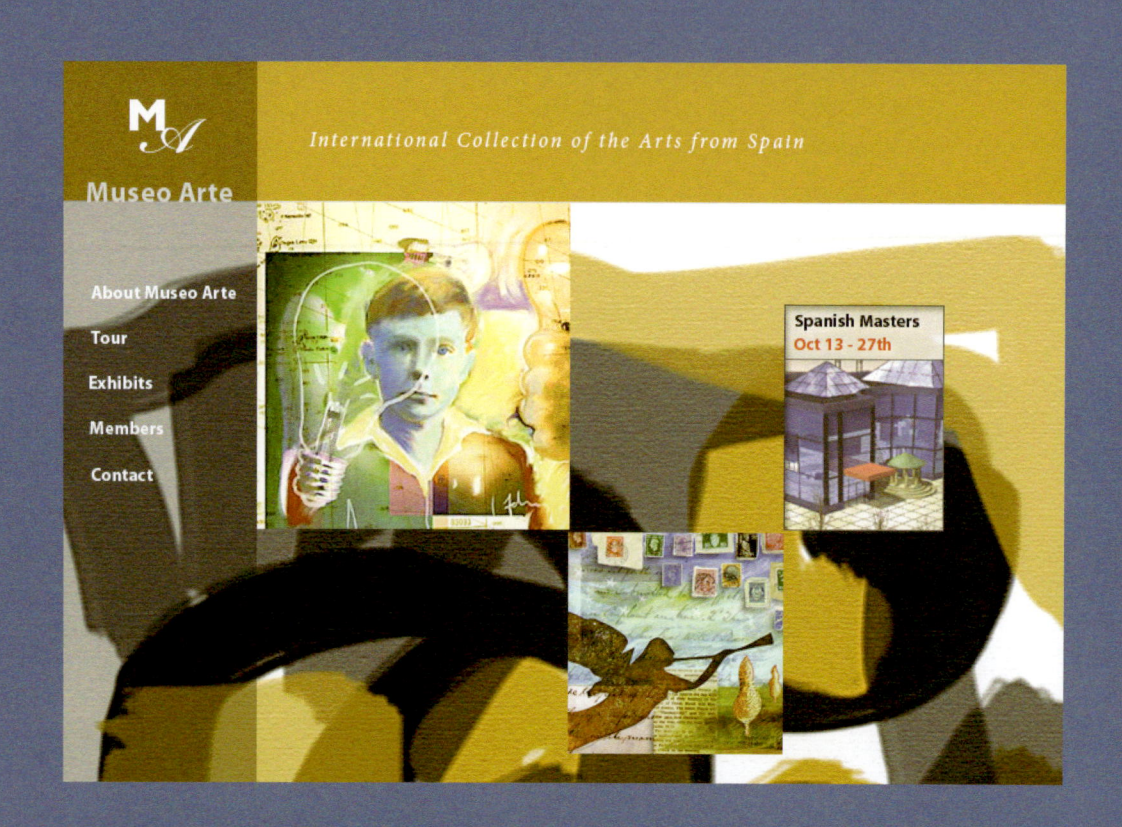

Parte da diversão de navegar por sites e páginas Web é clicar em elementos gráficos vinculados para ir para outro site ou página e ativar animações predefinidas. Esta lição mostra como preparar arquivos para a Web no Photoshop adicionando fatias para vincular outras páginas ou sites e criando rollovers e animações.

12 Preparando Arquivos para a Web

Visão geral da lição

Nesta lição, você aprenderá a fazer o seguinte:

- Cortar uma imagem em fatias no Photoshop
- Distinguir entre fatias de usuário e fatias automáticas.
- Vincular fatias de usuário com outras páginas HTML ou localizações.
- Definir estados de rolagem (rollover) para que eles reflitam ações do mouse.
- Visualizar efeitos de rolagem.
- Criar GIFs animados simples utilizando um arquivo em camadas.
- Utilizar as paletas Layers e Animation para criar seqüências de animação.
- Criar animações baseadas em alterações na posição, visibilidade e efeitos de camada.
- Utilizar o comando Tween para criar transições suaves entre diferentes configurações de opacidade e posição de camada.
- Visualizar animações em um navegador da Web.
- Otimizar imagens para a Web e fazer boas escolhas de compactação.
- Distinguir entre otimização GIF e JPEG.
- Exportar grandes arquivos de alta resolução dispostos na tela de forma interativa para ampliação e deslocamento da área ampliada.

Esta lição levará aproximadamente 90 minutos para ser concluída. Se necessário, remova a pasta da lição anterior da unidade de disco e copie a pasta Lessons/Lesson12 para ela. Ao trabalhar nesta lição, você preservará os arquivos iniciais. Se precisar restaurar os arquivos iniciais, copie-os novamente do CD do *Adobe Photoshop CS3 Classroom in a Book*.

Além disso, para esta lição, você precisará utilizar um aplicativo de navegador da Web como o Netscape, o Internet Explorer ou o Safari. Não é preciso estar conectado à Internet.

Introdução

Nesta lição você fará o ajuste fino de elementos gráficos para a home page do site de um museu de artes espanhol.

Adicionaremos links de hipertexto aos tópicos para vinculá-los a diferentes páginas do site. Os visitantes desse site poderão clicar em um link para abrir uma página diferente. Também adicionaremos rolagens (*rollovers*) para alterar o visual da página da Web sem fazer com que o usuário precise alternar para uma página da Web diferente e criaremos a animação do logotipo Museo Arte no canto superior esquerdo.

Vamos começar visualizando a página HTML final que você criará com base em um único arquivo PSD. Várias áreas da arte-final reagem às ações de mouse. Por exemplo, algumas áreas da imagem mudam quando o cursor "rola sobre" elas ou quando você clica em um dos links.

1 Inicie o Adobe Photoshop mantendo pressionadas as teclas Ctrl+Alt+Shift (Windows) ou Command+Option+Shift (Mac OS) para restaurar as preferências padrão. (Consulte "Restaurando preferências padrão" na página 22.)

2 Quando solicitado, clique em Yes para confirmar a redefinição das preferências e em Close para fechar a tela Welcome.

3 Clique no botão Go To Bridge (![]) na barra de opções de ferramenta para abrir o Adobe Bridge.

4 No Bridge, clique em Lessons no painel Favorites no canto superior esquerdo da janela do navegador. Dê um clique duplo na pasta Lesson12 na área de visualização; dê um clique duplo na pasta 12End e, então, dê um clique duplo na pasta site.

5 Clique com o botão direito do mouse (Windows) ou com a tecla Control (Mac OS) pressionada no arquivo home.html e escolha Open With no menu de contexto. Escolha um navegador Web para abrir o arquivo HTML.

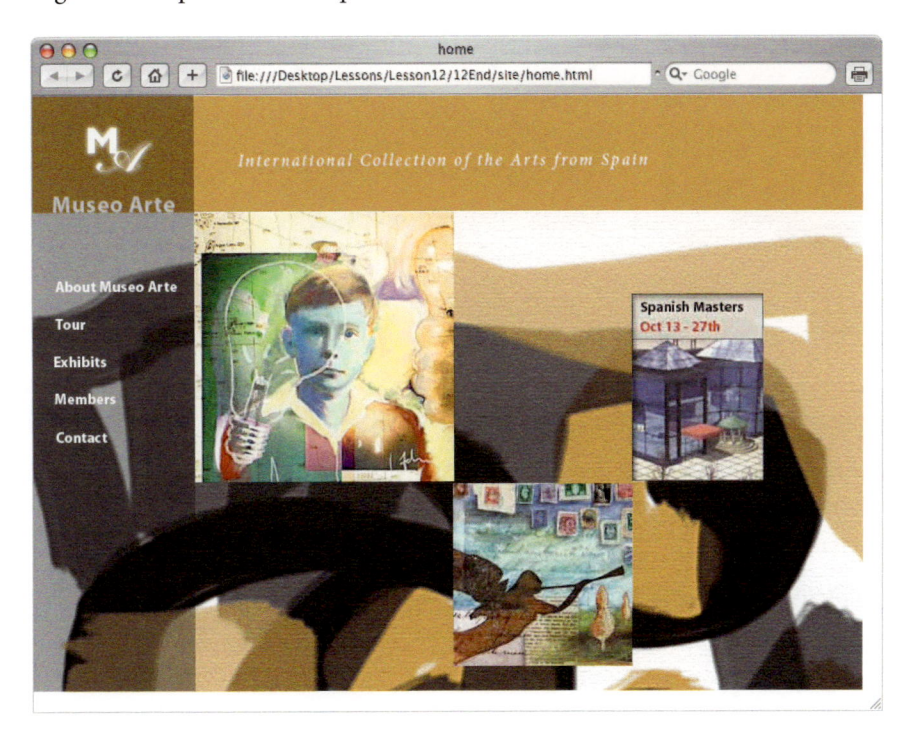

6 Observe a animação do logotipo no canto superior esquerdo. A animação do logotipo é ativada uma vez, quando o navegador abre.

Nota: Se você não vir a animação do logotipo ao abrir o navegador, utilize os controles do navegador para atualizar ou recarregar a página.

7 Mova o cursor do mouse sobre os tópicos no lado esquerdo da página da Web e sobre as imagens. Procure alterações na aparência do cursor, de uma seta para uma mão indicadora.

8 Clique no anjo na parte inferior central da imagem para visualizar a janela Zoomify. Teste os controles Zoomify clicando neles para ver como eles ampliam e reduzem a imagem.

9 Retorne à home page, feche a janela Zoomify.

10 Clique em uma das outras imagens para vê-la mais detalhadamente em uma janela própria. Feche as janelas do navegador depois de terminar.

11 Na home page, clique nos tópicos para acessar suas respectivas páginas vinculadas. Retorne à home page, clique em "Museo Art" um pouco abaixo do logotipo na parte superior esquerda da janela.

12 Quando terminar de examinar a página Web, feche o navegador e retorne ao Bridge.

Nos passos anteriores, você experimentou dois tipos de links diferentes: fatias (nos tópicos no lado esquerdo da página) e imagens (o menino, página Spanish Masters e anjo).

Fatias são áreas retangulares em uma imagem que você define com base em camadas, guias ou seleções precisas na imagem, ou utilizando a ferramenta Slice. Quando você define fatias em uma imagem, o Photoshop cria uma tabela HTML ou uma folha de estilo em cascata (Cascading Style Sheet – CSS) para conter e alinhar as fatias. Se quiser, você pode gerar e visualizar um arquivo HTML que contém a imagem cortada em fatias junto com a tabela ou folha de estilo em cascata.

Você também pode adicionar links de hipertexto a imagens. Um visitante desse site pode então clicar na imagem para abrir uma página vinculada. Diferentemente das fatias, que são sempre retangulares, as imagens podem ter qualquer forma.

Configure um espaço de trabalho Web Design

Como o principal aplicativo para preparar imagens para sites, o Photoshop também tem algumas ferramentas básicas de criação de HTML predefinidas. Para tornar mais fácil o acesso a essas ferramentas nas suas tarefas de design Web, você pode personalizar a disposição padrão das paletas, das barras de ferramentas e das janelas utilizando um dos espaços de trabalhos predefinidos no Photoshop.

1 No Bridge, clique no botão Go Up ( ) duas vezes para subir um nível até a pasta 12Start e, então, dê um clique duplo na miniatura 12Start.psd para abri-la no Photoshop.

Você personalizará seu espaço de trabalho agora e o transformará em uma página da Web funcional.

2 Escolha Window > Workspace > Web Design. Na caixa de diálogo de alerta indicando que alterações afetarão os menus e os atalhos pelo teclado, clique em Yes.

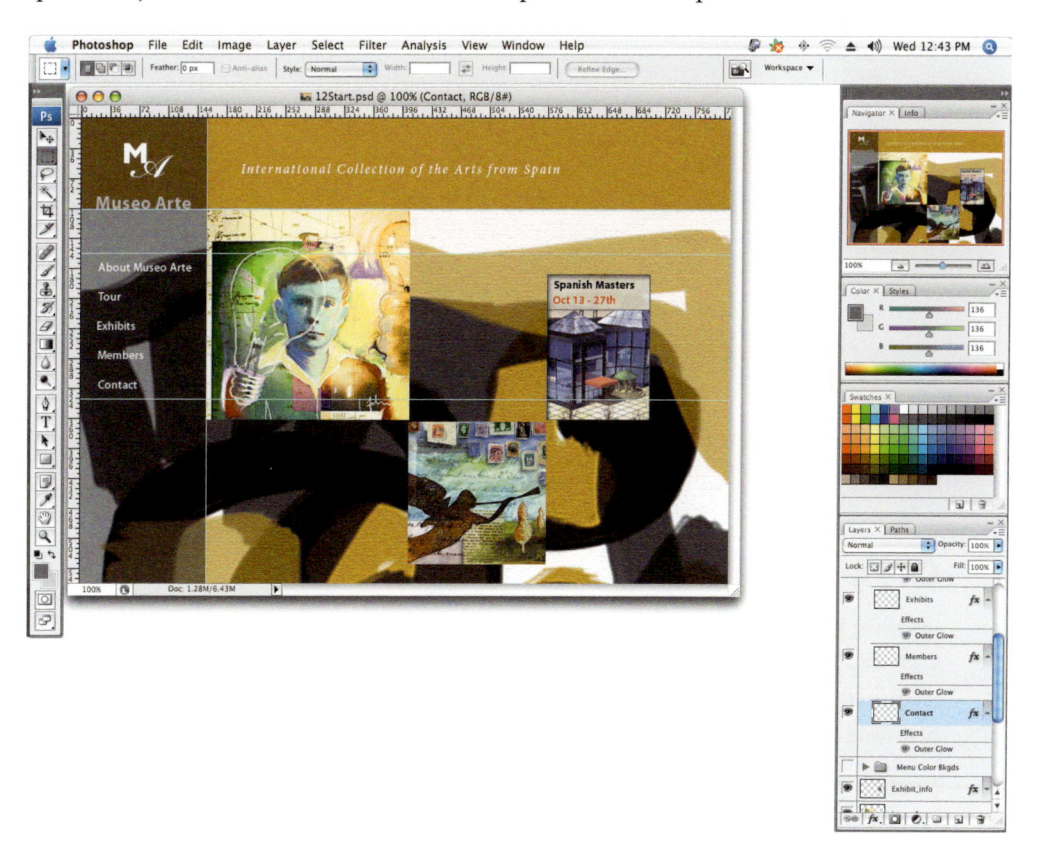

3 No menu principal, clique em diferentes itens de menu para exibir suas opções e visualizar as opções que estão destacadas em roxo. Essas são as opções que em geral você utilizaria no modo Web Design.

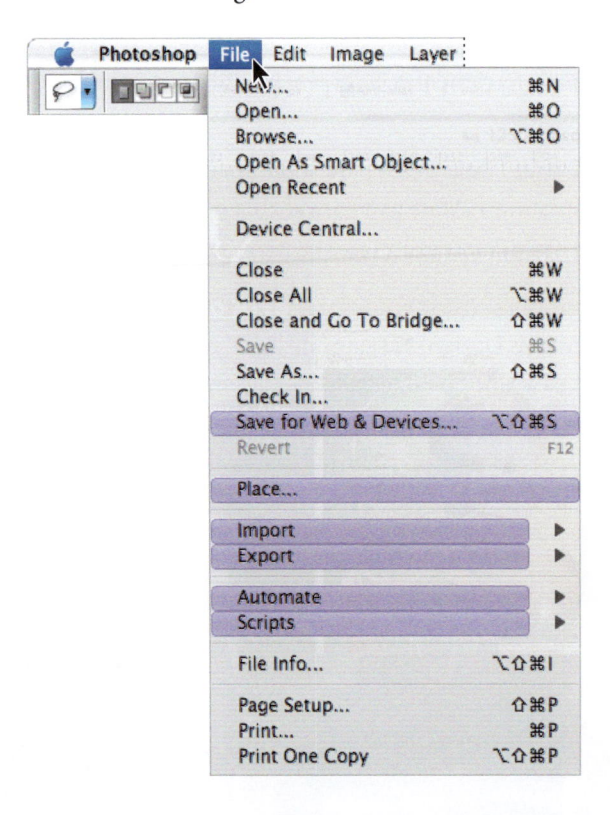

4 Escolha File > Save As e renomeie o arquivo para **12Working.psd** a fim de salvar seu espaço de trabalho. Clique em OK na caixa de diálogo Maximize Compatibility.

Crie fatias

Quando você define uma área retangular em uma imagem como uma fatia, o Photoshop cria uma tabela HTML para conter e alinhar a fatia. Depois de criar uma fatia, você pode transformar fatias em botões e programar esses botões para fazer com que a página da Web funcione.

Você não pode criar uma fatia apenas – a menos que crie uma fatia que inclua toda a imagem, o que não seria muito útil. Qualquer fatia nova que você cria dentro de uma imagem (uma *fatia de usuário*) cria automaticamente outras fatias (*fatias automáticas*) que cobrem toda a área da imagem fora da fatia de usuário.

Selecione fatias e configure opções de fatia

Você começará selecionando uma fatia pré-criada no arquivo Start. Já criamos a primeira fatia para você a fim de que ela corresponda exatamente ao tamanho em pixels da animação que você adicionará à fatia no final da lição.

1 Na caixa de ferramentas, selecione a ferramenta Slice Select (✂), oculta sob a ferramenta Slice.

2 No canto superior esquerdo da imagem, clique na fatia de número 01, com o pequeno retângulo azul. Uma caixa delimitadora dourada aparece indicando que a fatia está selecionada.

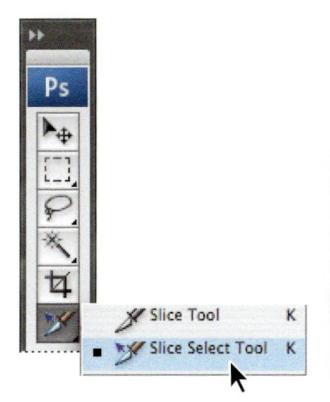

O retângulo de número 01 inclui o canto superior esquerdo da imagem; ele também tem um pequeno ícone ou *símbolo* semelhante a uma pequena montanha. A cor azul informa que a fatia é uma fatia do usuário, criada no arquivo Start.

Observe também as fatias cinzas – 02 à direita e 03 logo abaixo da fatia 01. A cor cinza informa que essas são fatias automáticas, criadas automaticamente após a criação de uma fatia de usuário. O símbolo indica que a fatia contém conteúdo de imagem. Consulte "Sobre símbolos de fatia", a seguir, para uma descrição dos vários símbolos de fatia.

Sobre símbolos de fatia

Os símbolos de fatia azuis e cinzas na janela de imagem do Photoshop e a caixa de diálogo Save For Web And Devices podem ser lembretes úteis quando você aprender a lê-los. Cada fatia pode conter a quantidade de símbolos que for apropriada. Os seguintes símbolos aparecem sob as condições declaradas:

- (01) O número da fatia. Os números se estendem seqüencialmente da esquerda para a direita e de cima para baixo da imagem.
- (☒) A fatia contém o conteúdo da imagem.
- (☒) A fatia não contém nenhum conteúdo de imagem.
- (🗂) A fatia está baseada em camada; isto é, ela foi criada a partir de uma camada.
- (8) A fatia é vinculada a outras fatias (para propósitos de otimização).

3 Utilizando a ferramenta Slice Select, dê um clique duplo na fatia 01. A caixa de diálogo Slice Options aparece. Por padrão, o Photoshop atribui um nome a cada fatia com base no nome do arquivo e no número da fatia —nesse caso, 12Start_01.

As fatias não são particularmente úteis até você configurar opções para elas. As opções de fatia incluem o nome da fatia e o URL que se abre quando o usuário clica nela.

Nota: Você pode configurar opções para uma fatia automática, mas isso altera a fatia automática para uma fatia de usuário.

4 Na caixa de diálogo Slice Options, digite **Logo Animation** para nome. Para URL, digite #. O sustenido permite visualizar as funcionalidades de um botão sem que se programe um link de verdade. Ele é muito útil nas etapas iniciais do design de um site quando você quer ver como será a aparência e o comportamento de um botão.

5 Clique em OK para aplicar as alterações. Mais adiante nesta lição, você criará uma versão animada dessa imagem dividida em fatias a fim de substituí-la no site final.

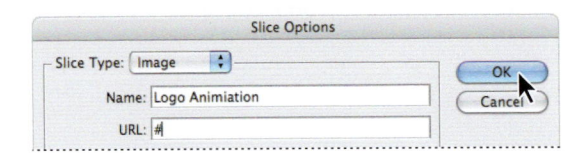

Crie botões de navegação

Agora você dividirá em fatias os botões de navegação no lado esquerdo da página para que possa transformá-los em rolagens. É possível selecionar um botão por vez e adicionar propriedades de navegação a ele. Mas você pode fazer a mesma coisa de uma maneira mais rápida.

1 Na caixa de ferramentas, mude para a ferramenta Slice ( ) ou pressione Shift+K para utilizar o atalho.

Note as guias especificadas acima e abaixo das palavras no lado esquerdo da imagem.

2 Utilizando as guias no lado esquerdo da imagem, desenhe diagonalmente a partir do canto superior esquerdo de "About MuseoArt" até a guia inferior abaixo de "Contact" para incluir todas as cinco palavras.

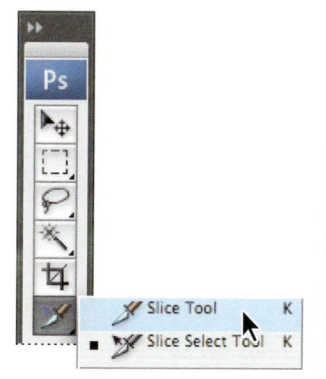

Um retângulo azul, semelhante ao da fatia 01, aparece no canto superior esquerdo da fatia que você acabou de criar, numerada como a fatia 04. A cor azul informa que essa é uma fatia de usuário, não uma fatia automática.

O retângulo cinza original para a fatia automática 03 permanece inalterado, mas a área incluída na fatia 03 é menor, cobrindo apenas um pequeno retângulo acima do texto.

A caixa delimitadora dourada indica os limites da fatia, também mostrando que ela está selecionada.

3 Com a ferramenta Slice ainda selecionada, pressione Shift+K para mudar para a ferramenta Slice Select. As opções Slice na barra de ferramentas acima da janela da imagem mudam e uma série de botões de alinhamento aparece.

Agora você fatiará sua seleção em cinco botões separados.

4 Clique no botão Divide na barra de opções da ferramenta acima da janela de imagem.

5 Na caixa de diálogo Divide Slice, selecione Divide Horizontally Into e digite **5** para Slices Down, Evenly Spaced. Clique em OK.

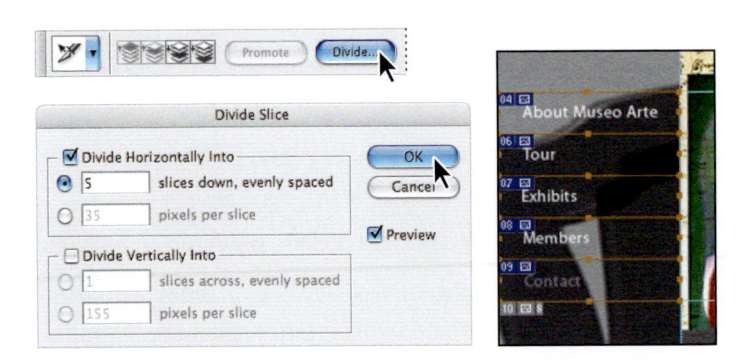

Agora você dará um nome para cada fatia e adicionará um link correspondente.

6 Utilizando a ferramenta Slice Select, dê um clique duplo na fatia do alto, rotulada About Museo Arte, para abrir a caixa de diálogo Slice Options.

7 Na caixa de diálogo Slice Options, digite o nome About em Name, para nomear a fatia; digite **about.html** em URL e digite **_self** em Target. (Certifique-se de incluir o sublinhado antes da letra *s*.) Clique em OK.

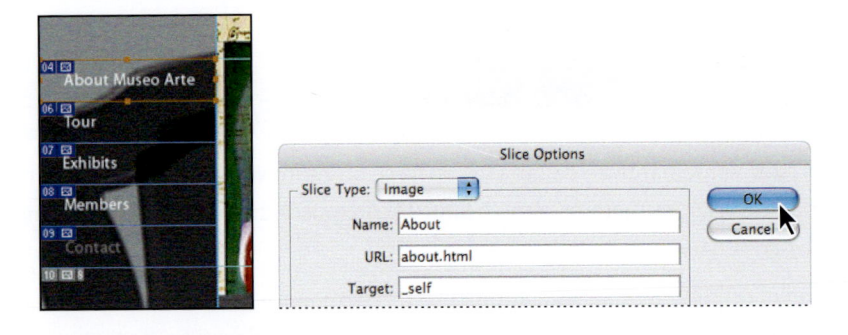

A opção Target controla como um arquivo vinculado se abre quando o link é clicado. A opção _self exibe o arquivo vinculado no mesmo quadro do arquivo original.

8 Repita sucessivamente os Passos 6 e 7 para as fatias restantes, começando pela segunda fatia na parte superior, como mostrado:

- Nomeie a segunda fatia como **Tour**; digite **tour.html** para URL; e **_self** para Target.
- Nomeie a terceira fatia como **Exhibits**; digite **exhibits.html** para URL; e **_self** para Target.
- Nomeie a quarta fatia como **Members**; digite **members.html** para URL; e **_self** para Target.
- Nomeie a quinta fatia como **Contact**; digite **contacto.html** em URL; e **_self** para Target.

Importante: *Nomeie páginas HTML exatamente como mostrado a fim de corresponder as páginas pré-criadas com esses nomes, aos quais você vinculará os botões.*

9 Escolha File > Save para salvar seu trabalho até agora.

Se achar que os indicadores das fatias automáticas desviam muito sua atenção, selecione a ferramenta Slice Select e clique no botão Hide Auto Slices na barra de opções de ferramenta. Você também pode ocultar as guias escolhendo View > Show > Guides, pois não precisará mais delas.

Crie fatias com base em camadas

Você também pode criar fatias com base em camadas em vez de usar a ferramenta Slice. A vantagem do uso de camadas para criar fatias é que o Photoshop cria a fatia com base nas dimensões da camada e inclui todos os dados de pixels. [Quando você edita, move ou aplica um efeito de camada à camada, a fatia baseada em camada se ajusta para incluir os novos pixels.]

1 Na paleta Layers, selecione a camada Image 1. Se você não puder ver todo o conteúdo da paleta Layers, arraste essa paleta a partir do seu encaixe e a expanda arrastando o canto inferior direito.

2 Escolha Layer > New Layer Based Slice. Na imagem, aparece um retângulo azul com o número 04. Ele é numerado de acordo com a posição nas fatias, a partir do canto superior esquerdo da imagem.

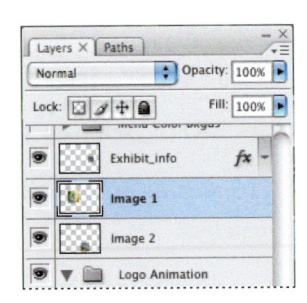

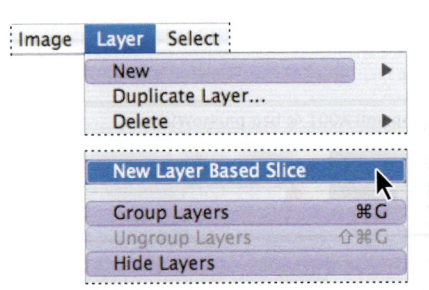

3 Utilizando a ferramenta Slice Select, dê um clique duplo na fatia e nomeie-a **Image 1**. Para URL, digite **image1.html** para URL. Digite **_blank** para Target. A opção Target _blank abre a página vinculada em uma nova instância do navegador Web. Clique em OK.

Certifique-se de inserir essas opções exatamente como indicado para que elas correspondam às páginas que criamos com links para essa fatia.

Agora você criará outra fatia para a camada Exhibit Info.

4 Na paleta Layers, selecione a camada Exhibit Info.

5 Escolha Layer > New Layer Based Slice; a nova fatia é numerada 08. Na janela de imagem, dê um clique duplo nessa nova camada utilizando a ferramenta Slice Select. Na caixa de diálogo Slice Options, nomeie-a **Exhibit Info**; para URL, digite **exhibitinfo.html** para URL e digite **_blank** para Target. Clique em OK.

6 Repita os Passos 4 e 5 para a camada Image 2. (A nova fatia é numerada 18.) Digite **card.html** em Name; em URL digite **card.html** e, em Target, **_blank**. Clique em OK.

Você pode ter notado que a caixa de diálogo contém mais opções do que as três que você especificou para essas fatias. Para obter informações adicionais sobre como utilizar essas opções, consulte o Photoshop Help.

7 Escolha File > Save para salvar seu trabalho até agora.

Sobre a criação de fatias

Há outros métodos de criar fatias que você pode tentar por conta própria.

- Você pode criar fatias do tipo No Image e, então, adiciona texto ou código-fonte HTML a elas. As fatias No Image podem ter uma cor de fundo e são salvas como parte do arquivo HTML. A principal vantagem de utilizar fatias No Image para texto é que ele pode ser editado em qualquer editor HTML, poupando você do problema de ter de voltar para o Photoshop para editá-lo. Entretanto, se o texto ficar muito grande para a fatia, ele irá quebrar a tabela HTML e introduzir lacunas indesejáveis.

- Se utilizar guias personalizadas no design, você pode instantaneamente dividir uma imagem inteira em fatias com o botão Slices From Guides na barra de opções da ferramentas Slice. Mas utilize essa técnica cautelosamente, porque ela descarta todas as fatias criadas anteriormente e todas as opções associadas com essas fatias. Além disso, ela só cria fatias de usuário e você pode não precisar de tantas delas.

- Quando você quiser criar fatias com tamanhos, espaçamento e alinhamento idênticos, tente criar uma única fatia de usuário que abranja precisamente a área inteira. Então, utilize o botão Divide na barra de opções da ferramenta Slice Select para dividir a fatia original em quantas linhas de fatias verticais ou horizontais você quiser.

- Se quiser desvincular uma fatia baseada em camada a partir de sua camada, você pode convertê-la em uma fatia de usuário. Simplesmente dê um clique duplo nela com a ferramenta Slice Select e selecione opções para ela.

Adicione animação

No Photoshop, você cria animações a partir de uma imagem utilizando arquivos GIF animados. Um *GIF animado* é uma seqüência de imagens ou quadros. Cada quadro varia ligeiramente do quadro anterior, criando a ilusão de movimento quando os quadros são vistos em uma seqüência rápida – exatamente como em filmes. Você pode criar a animação de várias maneiras:

- Utilizando o botão Duplicate Current Frame na paleta Animation para criar os quadros de animação e depois utilizando a paleta Layers para definir o estado de imagem associado a cada quadro.

- Utilizando o recurso Tween para criar rapidamente novos quadros que distorcem o texto ou variam a opacidade, posição ou efeitos de uma camada para criar a ilusão de um elemento em um quadro movendo-se ou aparecendo ou desaparecendo gradualmente.

- Abrindo um arquivo Adobe Photoshop ou Adobe Illustrator de múltiplas camadas para uma animação, em que cada camada torna-se um quadro.

Nesta lição, você testará as duas primeiras técnicas.

Os arquivos para animações devem ser salvos no formato GIF ou como filmes do QuickTime. Não é possível criar animações como arquivos JPEG ou PNG.

Crie um GIF animado

Para tornar a página da Web mais interessante, você criará a animação do logotipo Museo Arte de modo que ele pareça dançar pelo canto esquerdo da página. Você animará o texto utilizando as paletas Animation e Layers em seqüência ao trabalhar no espaço de trabalho Web Design (Window > Workspace > Web Design).

1 Na paleta Layers, clique no triângulo ao lado do grupo Logo Animation para expandir seu conteúdo. Esse grupo consiste em três componentes – um *M*, um *A* e o texto *Museo Arte* – em camadas separadas.

Você criará uma animação que mostra as duas letras aparecendo e se movendo para a posição final. No final, elas irão brilhar e o título Museo Arte aparecerá gradualmente.

2 Escolha Window > Animation para exibir a paleta Animation na parte esquerda inferior da janela da imagem. Arraste o canto inferior direito da paleta Animation para expandi-la de modo que você tire proveito do espaço horizontal disponível na área de trabalho.

(Opcional) Você também pode mover a paleta Animation perto da janela da imagem para manter os elementos na área de trabalho bem próximos.

3 Na paleta Animation, clique no botão Duplicate Selected Frame. Isso cria um novo quadro com base no anterior.

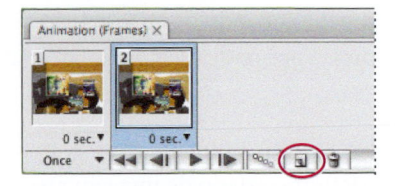

4 Na paleta Layers, selecione a camada M.

5 Selecione a ferramenta Move (⊕) na caixa de ferramentas. Arraste o *M* para o lado esquerdo da janela da imagem com a tecla Shift pressionada para manter o movimento em linha reta. Pressione a tecla de seta para a esquerda no teclado para deslocar o *M* para a esquerda até ele quase desaparecer.

Tenha cuidado para não arrastar a letra completamente para fora da janela da imagem.

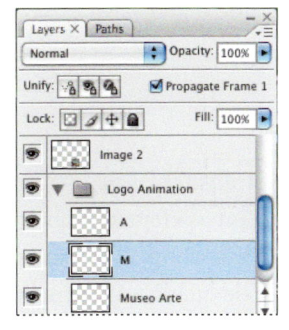

6 Na paleta Layers, selecione a camada A.

7 Na janela de imagem, utilize a ferramenta Move para arrastar o **A** diretamente para cima – se necessário, mantenha pressionada a tecla Shift para restringir o movimento – até a letra estar fora do quadro.

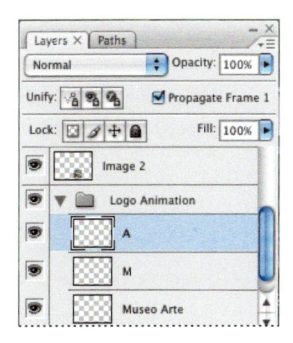

Uma outra maneira de animar objetos é alterando a opacidade; com o tempo, eles desaparecem gradualmente.

8 Na paleta Layers, selecione a camada Museo Arte. Reduza Opacity para 0%.

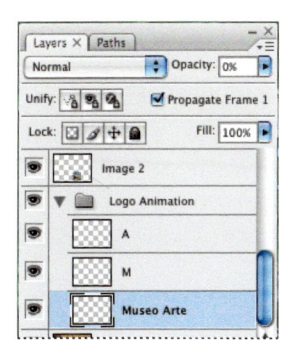

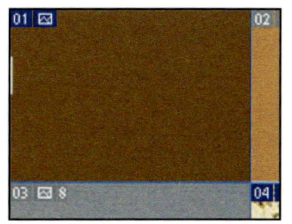

9 Na paleta Layers, selecione a camada M e reduza sua opacidade para 10%. Então selecione a camada A e reduza sua opacidade para 10%.

10 Escolha File > Save para salvar seu trabalho até agora.

Intermedie a posição e a opacidade de camadas

Em seguida, você adicionará quadros que representam estados transitórios da imagem entre os dois quadros existentes. Ao alterar a posição, a opacidade ou os efeitos de qualquer camada entre dois quadros de animação, você pode instruir o Photoshop a fazer uma *intermediação* (*tweening*), o que cria automaticamente a quantidade de quadros intermediários que você especifica.

Você começará tornando o quadro 2 o estado inicial da animação.

1 Na paleta Animation, arraste o quadro 2 para a esquerda do quadro 1. Os quadros são instantaneamente renomeados em seqüência.

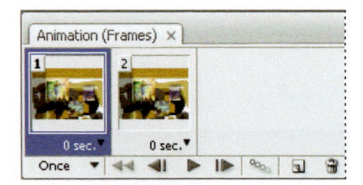

Agora você adicionará quadros intermediários entre esses dois quadros.

2 Na paleta Animation, certifique-se de que o quadro 1 está selecionado e depois clique no botão Tween ( ) na parte inferior da paleta.

3 Na caixa de diálogo Tween, configure as seguintes opções (se já não estiverem selecionadas):

- Escolha Tween With: Next Frame.
- Em Frames to Add, digite **5**.
- Sob Layers, selecione All Layers.
- Sob Parameters, certifique-se de que todas as opções estão selecionadas.

4 Clique em OK para fechar a caixa de diálogo.

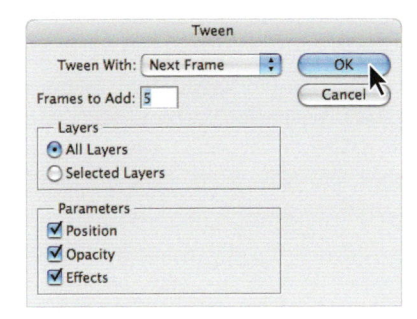

5 Para testar a animação, clique no botão Play na parte inferior da paleta Animation. Isso abre a visualização da animação; ela pode parecer um pouco tremida, mas será bem reproduzida no seu navegador.

Intermediando quadros

Você utiliza o comando Tween para adicionar ou modificar automaticamente uma série de quadros entre dois quadros existentes – variando os atributos de camada (posição, opacidade ou parâmetros de efeito) igualmente entre os novos quadros para criar a ilusão de movimento. Por exemplo, se quiser atenuar uma camada, configure a opacidade da camada no quadro inicial como 100% e, então, a opacidade da mesma camada no quadro final como 0%. Quando você aplica interposição entre os dois quadros, a opacidade da camada é reduzida uniformemente nos novos quadros.

O termo *tweening* (intermediação) é derivado de "in betweening", termo utilizado na animação tradicional para descrever esse processo. A interposição reduz significativamente o tempo necessário para criar efeitos de animação como o *fade in* ou *fade out*, ou o movimento de um elemento por um quadro. Você pode editar quadros interpolados individualmente depois de criá-los.

Se selecionar apenas um quadro, você escolhe se aplica interposição no quadro com o quadro anterior ou com o quadro seguinte. Se selecionar dois quadros contínuos, novos quadros são adicionados entre os quadros. Se selecionar mais de dois quadros, os quadros existentes entre o primeiro e o último quadros selecionados são alterados pela operação de interposição. Se selecionar o primeiro e último quadros em uma animação, esses quadros são tratados como contíguos e os quadros interpolados são adicionados depois do último quadro. (Esse método de interposição é útil quando a animação está configurada para fazer loop múltiplas vezes.)

Nota: *Você não pode selecionar quadros descontínuos para a aplicação de interposição.*

Anime um estilo de camada

Ao fazer a intermediação para criar os quatro novos quadros no procedimento anterior, você pode ter notado a caixa de seleção Effects na caixa de diálogo Tween. Nesse procedimento, você animará um efeito, ou *estilo de camada*. O resultado final será um pequeno flash de luz que aparece e desaparece atrás das letras *M* e *A*.

1 Na paleta Animation, selecione o quadro 7 e clique no botão Duplicate Selected Frame para criar um novo quadro com todas as mesmas configurações do quadro 7. Deixe o quadro 8 selecionado.

2 Na paleta Layers, selecione a camada M. No menu pop-up Layer Style (*fx*), na parte inferior da paleta, escolha Outer Glow. Na caixa de diálogo Layer Style, faça o seguinte:

- Selecione Screen para Blend Mode.
- Configure Opacity como 55. Configure Spread como 0%.
- Configure o tamanho como 5.

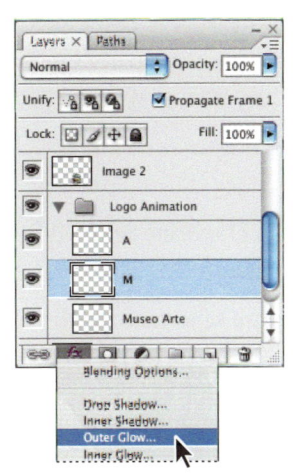

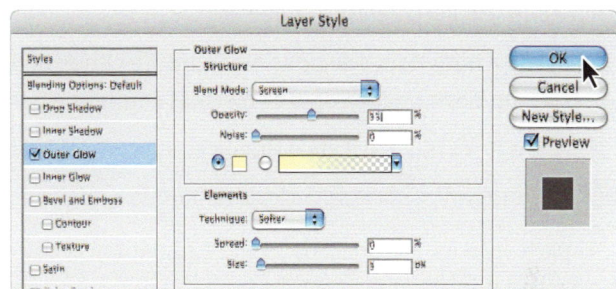

- Para cor, clique na amostra de cores e escolha um amarelo claro no seletor de cores.

3 Clique em OK para aplicar o estilo à camada M. Agora você copiará esse efeito para a camada A.

4 Na paleta Layers, pressione a tecla Alt (Windows) ou Option (Mac OS) e arraste o ícone Effect da camada M para a camada A. Isso copia o efeito para a camada A.

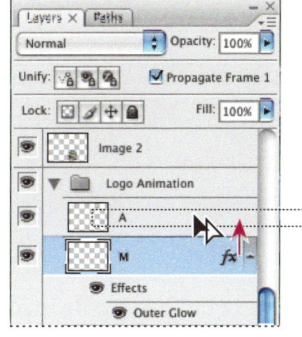

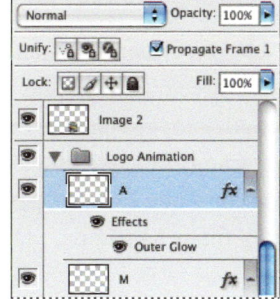

Agora você intermediará esse efeito copiado para que as letras brilhem no final da animação.

5 Na paleta Animation, selecione o quadro 7. Clique no botão Tween na parte inferior dessa paleta.

6 Na caixa de diálogo Tween, digite **2** em Frames To Add. Certifique-se de que Effects está selecionado sob Parameters e clique em OK.

7 Na paleta Animation, selecione o quadro 7 e clique no botão Duplicate Selected Frame para criar um novo quadro com as mesmas configurações do quadro 7.

8 Arraste o novo quadro 8 até o fim da animação, onde ele agora se torna o quadro 11.

Você irá configurar essa animação para que ela só reproduza uma vez no site.

9 Na parte inferior esquerda da paleta Animation, certifique-se de que Once está selecionado no menu pop-up.

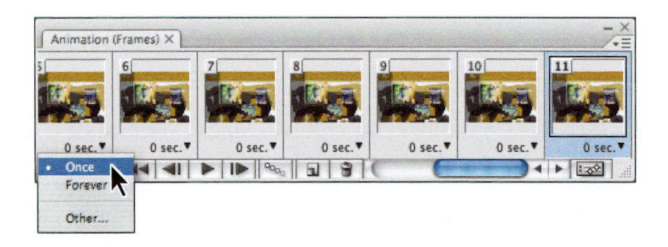

10 Clique no botão Play na parte inferior da paleta Animation para visualizar o filme de teste.

11 Escolha File > Save para salvar seu trabalho.

Exporte HTML e imagens

Como ocorre com um carpinteiro que risca um pedaço de madeira antes de fazer o corte final, você está pronto para criar suas fatias finais, definir seus links e exportar seu arquivo de modo que ele crie uma página HTML que exibirá todas as suas fatias como uma unidade.

É importante manter imagens para a Web com o menor tamanho possível para que as páginas Web abram rapidamente. O Photoshop tem ferramentas integradas para ajudá-lo a estimar em que tamanho exportar cada fatia sem comprometer a qualidade da imagem. Uma boa regra geral é utilizar a compactação JPEG para imagens fotográficas em degradê e a compactação GIF para amplas áreas de cor – que é o caso, para o site desta lição, de todas as áreas em torno das três principais artes-finais na página.

LIÇÃO 12 | 417
Preparando Arquivos para a Web

Você utilizará a caixa de diálogo Photoshop Save For Web and Devices a fim de comparar configurações e compactação para diferentes formatos da imagem.

1 Escolha File > Save For Web And Devices.

2 Na caixa de diálogo Save For Web And Devices, selecione a aba 2-Up na parte superior.

3 Escolha a ferramenta Slice Select ( ) na caixa de diálogo e marque a fatia 4 a partir das fatias no lado esquerdo da janela. Observe o tamanho do arquivo do elemento gráfico na parte inferior esquerda da janela.

4 Se necessário, utilize a ferramenta Hand na caixa de diálogo para mover a imagem para dentro da janela e ajustar a visualização.

5 No menu pop-up Preset à direita da caixa de diálogo, escolha JPEG Medium. Observe o tamanho do elemento gráfico exibido no canto inferior esquerdo da aba.

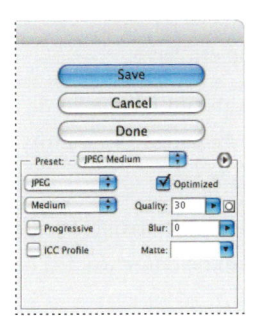

Agora você examinará a configuração de um GIF para a mesma fatia no lado direito da aba 2-Up.

6 Com a ferramenta Slice Select, selecione a fatia 04 (o retrato do menino). No lado direito da caixa de diálogo no menu Preset, escolha GIF 32 No Dither.

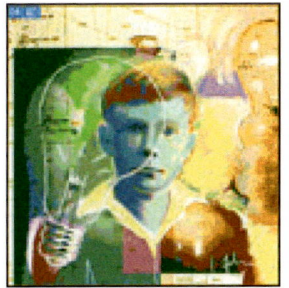

Observe como a área colorida à direita do retrato parece menos definida e mais posterizada, mas o tamanho das imagens é aproximadamente o mesmo.

Com base no que você acabou de aprender, escolha a compactação a ser atribuída a todas as fatias nessa página.

7 Selecione a guia Optimized no canto superior esquerdo da caixa de diálogo.

8 Com a ferramenta Slice Select, clique com Shift pressionada para selecionar as três principais imagens das artes na visualização. No menu Preset, escolha JPEG Medium.

9 Na janela Preview, com Shift pressionada, clique para selecionar todas as fatias restantes e, no menu Preset, escolha GIF 64 Dithered.

10 Clique em Save e navegue até a pasta Lesson12/12Start/Museo que contém o restante do site e das páginas às quais suas fatias serão vinculadas.

11 Para o formato, escolha HTML e Images. Utilize as configurações padrão e escolha All Slices para Slices. Atribua ao arquivo o nome **home.html** e clique em Save.

12 No Bridge, clique em Lessons no painel Favorites no canto superior esquerdo da janela do navegador. Dê um clique duplo na pasta Lesson12 na área de visualização; dê um clique duplo na pasta 12Start e, então, dê um clique duplo na pasta Museo.

13 Clique com o botão direito do mouse (Windows) ou com a tecla Control (Mac OS) pressionada no arquivo home.html e escolha Open With no menu de contexto. Escolha um navegador Web para abrir o arquivo HTML.

14 No navegador da Web, movimente o arquivo HTML e teste seus recursos:

- Posicione o mouse sobre algumas das fatias que criou. Observe que o cursor transforma-se em um dedo indicador para indicar um botão.

- Clique no retrato do menino para exibir uma janela pop-up com a imagem completa.

- Clique no link Spanish Masters e exiba a janela pop-up.

- Clique nos links de texto à esquerda para pular para outras páginas no site.

15 Quando tiver terminado de explorar o arquivo, feche o navegador.

Otimizando imagens para a Web

Otimizar é o processo de selecionar as configurações de formato, resolução e qualidade para tornar uma imagem eficiente, atraente e útil para páginas dos navegadores da Web. Em termos simples, trata-se de um equilíbrio entre tamanho do arquivo e boa aparência. Uma única coleção de configurações não pode maximizar a eficiência de todos os tipos de arquivo de imagem; otimizar requer julgamento humano e um bom olho.

As opções de compactação variam de acordo com o formato de arquivo utilizado para salvar a imagem. JPEG e GIF são os dois formatos mais comuns. O formato JPEG foi concebido para conservar o amplo intervalo de cores e sutis variações de brilho de imagens de tons contínuos como fotografias. Ele pode representar imagens utilizando milhões de cores. O formato GIF é eficiente na compactação de imagens de cores sólidas e imagens com áreas de cores repetitivas, como traços, logotipos e ilustrações com fontes. Ele utiliza uma paleta de 256 cores para representar a imagem e suporta a transparência do fundo.

O Photoshop oferece uma série de controles para compactar o tamanho de arquivo de uma imagem e, ao mesmo tempo, otimizar a qualidade na tela. Em geral, você otimiza as imagens antes de salvá-las em um arquivo HTML. Utilize a caixa de diálogo Save For Web And Devices para comparar a imagem original a uma ou mais alternativas compactadas, ajustando as configurações à medida que você compara. Para mais informações sobre como otimizar imagens GIF e JPEG, consulte o Photoshop Help.

1 Com um arquivo JPEG ou GIF aberto no Photoshop, escolha File > Save For Web And Devices

2 Na caixa de diálogo Save For Web And Devices, clique na aba 4-Up. A visualização do quadro superior esquerdo mostra a imagem original. O Photoshop mostra automaticamente três alternativas: uma visualização JPEG de qualidade alta, média e baixa ou três opções GIF.

3 Compare as diferenças de qualidade e tamanho e clique em qualquer versão otimizada para experimentar configurações de formato e qualidade, continuando a julgar qualidade vs. tamanho do arquivo.

4 Se estiver satisfeito, clique em Cancel ou em Save para atribuir um nome e salvar seu arquivo.

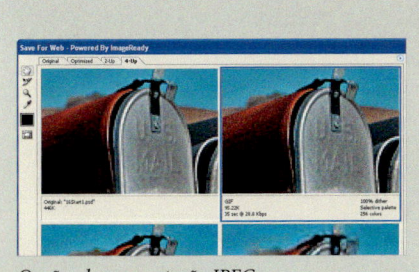

Opções de compactação JPEG   *Opções de compactação GIF*

Adicione interatividade

Se alguma vez você quis poder ampliar uma imagem e áreas que o interessavam, agora você pode fazer isso. É possível criar uma imagem interativa com capacidades de zoom, novas no Photoshop CS3, que podem ser utilizadas em qualquer navegador Web.

Com o recurso Zoomify, é possível publicar imagens de alta resolução na Web que os usuários podem ampliar para ver mais detalhes. O tempo de download de uma imagem de tamanho básico é mesmo de um arquivo JPEG de tamanho equivalente. O Photoshop exporta os arquivos JPEG e o arquivo HTML que você pode carregar para seu site

1 No Bridge, dê um clique duplo na pasta Lesson12 na área de visualização; dê um clique duplo na pasta 12Start e, então, dê um clique duplo no arquivo Card.jpg para abri-lo.

Essa é uma imagem bitmap grande que você exportará para HTML utilizando o recurso Zoomify.

Agora, você converterá a imagem do anjo em um arquivo que será vinculado a um dos links que você acabou de criar na home page.

2 Escolha File > Export > Zoomify.

3 Na caixa de diálogo Zoomify Export, selecione a pasta Lesson12/12Start/Museo. Em Base Name, digite **Card**. Configure a qualidade como 12; configure Width como 600 e Height como 400 para a imagem de base no navegador do usuário. Certifique-se de que a opção Open In Web Browser está selecionada.

4 Clique em OK para carregar a HTML e as imagens no seu navegador da Web.

Agora, verifique seu trabalho uma última vez no navegador.

5 No Bridge, dê um clique duplo na pasta Lesson12 na área de visualização; dê um clique duplo na pasta 12Start e, então, dê um clique duplo na pasta Museo.

6 Clique com o botão direito do mouse (Windows) ou com a tecla Control (Mac OS) pressionada no arquivo Card.html e escolha Open With no menu de contexto. Escolha um navegador Web para abrir o arquivo HTML.

7 Utilize os controles na janela Zoomify para testar seu link com o recurso zoomify na imagem do anjo.

Parabéns! Você aprendeu a adicionar animação e interatividade a sua página da Web com fatias, rolagens e Zoomify.

⭐ **CRÉDITO EXTRA:** *Criar fatias para rolagens é um modo fácil de tornar os botões mais evidentes. Ao criar conteúdo para a Web, uma boa prática é sempre comunicar claramente aos usuários onde encontrar um botão. Nesta lição, a única dica para a existência de botões é que o cursor se transforma de um ponteiro em um dedo indicador quando o usuário move o mouse sobre eles. Essa dica não é muito óbvia para a maioria das pessoas.*

Eis como destacar os botões: crie um segundo estado para as fatias de navegação para que ele apareça quando o mouse for posicionado sobre cada fatia. Você fará isso aqui tornando as camadas visíveis, exportando-as para uma pasta separada e soltando-as em um arquivo com código HTML já escrito para fazer com que as rolagens funcionem.

1 Retorne ao arquivo 12Working.psd.

2 Na paleta Layers, clique no triângulo para abrir o grupo Menu Color Bkgds e exibir suas camadas.

3 Clique em Toggle Visibility à esquerda das camadas Menu Color Bkgds para ativar e desativar as camadas cell_1 a cell_5.

Agora, observe o que acontece nas fatias do botão de navegação: elas adquirem um tom cinza mais escuro quando selecionadas. Essa é a aparência que os botões devem ter quando o mouse é posicionado sobre eles.

4 Com as camadas Menu Color Bkgd visíveis, escolha File > Save For Web And Devices.

5 Na janela de imagem, utilize a ferramenta Slice Select (🔪) com Shift pressionada para selecionar os cinco botões de navegação.

6 Na caixa de diálogo Save For Web And Devices, certifique-se de que o tipo de arquivo GIF está selecionado. Clique em Save.

7 Na caixa de diálogo Save Optimized As, navegue até a pasta Lesson12 e clique em New Folder. Atribua à nova pasta o nome Over States. Para formato, selecione Images Only. Deixe as configurações padrão como estão e escolha Selected Slices. Clique em Save.

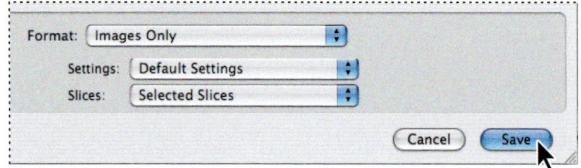

8 Navegue até a pasta Over States que você acabou de criar e abra um dos arquivos de imagem que você acabou de exportar.

Se estivesse criando uma página da Web real, você importaria esses arquivos para um editor HTML como o Adobe® Dreamweaver® CS3. No Dreamweaver, você programaria a página para que as imagens na pasta Over States fossem trocadas pelas fatias da primeira imagem sempre que o mouse passasse sobre essas fatias.

Criamos um modelo para demonstrar a aparência que uma versão final dessa página da Web poderia ter.

9 No Bridge, dê um clique duplo na pasta Lesson12 na área de visualização; dê um clique duplo na pasta 12End e, então, dê um clique duplo na pasta site para abri-la.

10 Clique com o botão direito do mouse (Windows) ou com a tecla Control pressionada (Mac OS) no arquivo home.html e escolha Open With no menu de contexto. Escolha um navegador Web para abrir o arquivo HTML.

Revisão

▶ Perguntas

1 O que são fatias? Como você as cria?

2 Descreva um rollover (rolagem) e os estados de rollover Over.

3 Descreva uma maneira simples de criar uma animação.

4 Que formatos de arquivo podem ser utilizados para animações?

5 O que é otimização de imagem e como otimizar imagens para a Web?

▶ Respostas

1 Fatias são áreas retangulares de uma imagem que você define para otimização individual para a Web e às quais você pode adicionar GIFs animados, links de URL e rollovers. Você pode criar fatias de imagem com a ferramenta Slice ou convertendo camadas em fatias utilizando o menu Layer.

2 Um rollover é um efeito que altera a aparência de uma página Web sem levar o usuário para uma página da Web diferente – como um botão que muda de cor quando o mouse passa por cima dele. O estado Over indica quando o cursor do mouse está dentro da área definida, sem que o usuário pressione o botão do mouse.

3 Uma maneira simples de criar uma animação é iniciar com um arquivo do Photoshop em camadas. Utilize o botão Duplicate Selected Frame na paleta Animation para criar um novo quadro e então utilize a paleta Layers para alterar a posição, a opacidade ou efeitos de um dos quadros selecionados. Adicione manualmente quadros intermediários entre dois quadros utilizando a botão Duplicate Selected Frame, ou automaticamente utilizando o comando Tween.

4 Os arquivos para animações devem ser salvos no formato GIF ou como filmes do QuickTime. Você não pode criar animações como arquivos JPEG ou PNG.

5 A otimização de imagem é o processo de escolher um formato de arquivo, resolução e configurações de qualidade para uma imagem a fim de torná-la pequena, útil e visualmente atraente quando publicada na Web. Em geral, as imagens de tons contínuos são otimizadas no formato JPEG; imagens de cores sólidas e aquelas com áreas de cor repetida geralmente são otimizadas como GIF. Para otimizar imagens, escolha File > Save For Web And Devices

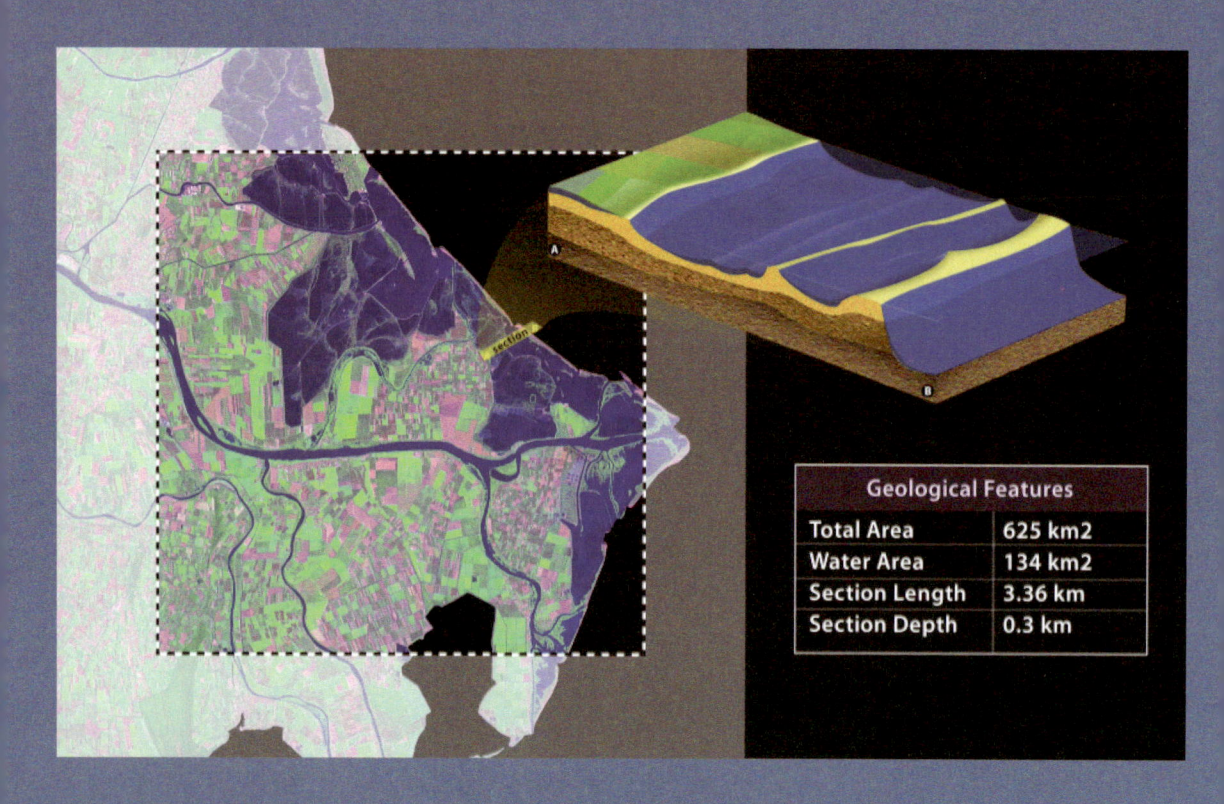

Geological Features	
Total Area	625 km2
Water Area	134 km2
Section Length	3.36 km
Section Depth	0.3 km

É muito fácil criar infográficos com as ferramentas do Photoshop e as capacidades organizacionais do Adobe Bridge – mesmo com imagens muito grandes. O Bridge economiza seu tempo com recursos que organizam e classificam imagens de modo que você possa ver e pesquisar exatamente o que você precisa. As ferramentas de medição e análise de imagens no Photoshop Extended fornecem as suas imagens uma dimensão extra.

13 | Trabalhando com Imagens Científicas

Visão geral da lição

Nesta lição, você aprenderá a fazer o seguinte:

- Utilizar o Adobe Bridge para adicionar metadados e palavras-chave.
- Pesquisar em uma coleção de arquivos com o Adobe Bridge.
- Rotular e classificar imagens no Bridge.
- Aprimorar as imagens para análise e apresentação.
- Criar uma borda personalizada com linhas tracejadas.
- Adicionar notas às imagens.
- Utilizar a ferramenta Measurement.
- Registrar dados de medição na paleta Measurement Log.
- Exportar dados de planilhas a partir da paleta Measurement Log.
- Medir em perspectiva utilizando o recurso Vanishing Point.
- Animar uma apresentação.

Esta lição levará aproximadamente 90 minutos para ser concluída. Se necessário, remova a pasta da lição anterior da unidade de disco e copie a pasta Lesson13 para ela. Ao trabalhar nesta lição, você preservará o arquivo inicial. Se precisar restaurar o arquivo inicial, copie-o do CD *do Adobe Photoshop CS3 Classroom in a Book*.

Introdução

Muitos profissionais utilizam o Photoshop para trabalhos altamente técnicos e precisos. Nesta lição, você montará um gráfico informativo sobre os níveis de água e massas de terra utilizando as imagens fornecidas pelo U.S. Geological Survey. Você entenderá que o Bridge é uma ferramenta valiosa para organizar e identificar imagens e também para criar uma apresentação.

1 Inicie o Photoshop e imediatamente pressione e mantenha pressionadas Ctrl+Alt+Shift (Windows) ou Command+Option+Shift (Mac OS) para restaurar as preferências padrão. (Consulte "Restaurando preferências padrão", na página 22.)

2 Quando solicitado, clique em Yes para confirmar a redefinição das preferências e em Close para fechar a tela Welcome.

3 Escolha File > Browse para abrir o Adobe Bridge.

Seu objetivo nesta lição é trabalhar com arquivos muito grandes, selecionando apenas a área necessária para fazer medições e comparações entre os dados. Você aprenderá que trabalhar com arquivos muito grandes no Photoshop não é diferente de editar outras imagens menores.

Esta lição também introduz o Photoshop Extended, uma versão do Photoshop CS3 com todos os recursos da versão padrão e mais as funções para mercados especializados – análise de imagens técnicas, cinema, vídeo e design tridimensional. Esta lição mostra como utilizar as ferramentas de medição e análise de dados do Photoshop Extended. Se você não tiver o Photoshop Extended, complete os exercícios apenas até "Meça objetos e dados" na página 448 e apenas leia o restante da lição.

Assista ao filme Measurement em QuickTime para ter uma rápida visão geral da ferramenta Measurement no Photoshop Extended. O filme está no CD do Adobe Photoshop CS3, Classroom in a Book em Movies/Measurement.mov. Dê um clique duplo no arquivo desse filme para abri-lo e clique no botão Play.

Visualize e edite arquivos no Adobe Bridge

Como vimos nas lições anteriores do Guia Autorizado Adobe, o Adobe Bridge ajuda a navegar pelos arquivos e pastas de imagens. O Bridge é muito mais que um navegador. Sendo um aplicativo para diversas plataformas que inclui componentes do Adobe® Creative Suite® 3, o Bridge também o ajuda a organizar e navegar pelos recursos de que você precisa para criar conteúdo baseado em vídeo e áudio, material impresso e Web. Você pode iniciar o Bridge a partir de qualquer componente do Creative Suite (exceto o Adobe Acrobat) e utilizá-lo para acessar recursos Adobe e não-Adobe.

Você testará algumas dessas capacidades de gerenciamento à medida que explora e personaliza a janela do navegador Bridge. Também organizará seções de mapas para uso no seu projeto de infográfico.

Personalize visualizações e espaços de trabalho do Adobe Bridge

Os painéis no Adobe Bridge ajudam a navegar, visualizar, pesquisar e gerenciar informações dos arquivos e pastas de imagens. O arranjo ideal e os tamanhos relativos dos itens e das áreas do Adobe Bridge dependem do seu estilo de trabalho e preferências. Dependendo das tarefas que você faz, é importante verificar quais imagens estão em um arquivo; em outras ocasiões, visualizar informações sobre o arquivo pode ser a prioridade. Você pode personalizar o Bridge para aumentar sua eficiência nessas diferentes situações.

Neste procedimento, experimentaremos algumas visualizações personalizadas que você pode utilizar no Adobe Bridge. A figura a seguir mostra a configuração padrão das áreas do Adobe Bridge, embora você ainda não possa ver essas miniaturas específicas na tela.

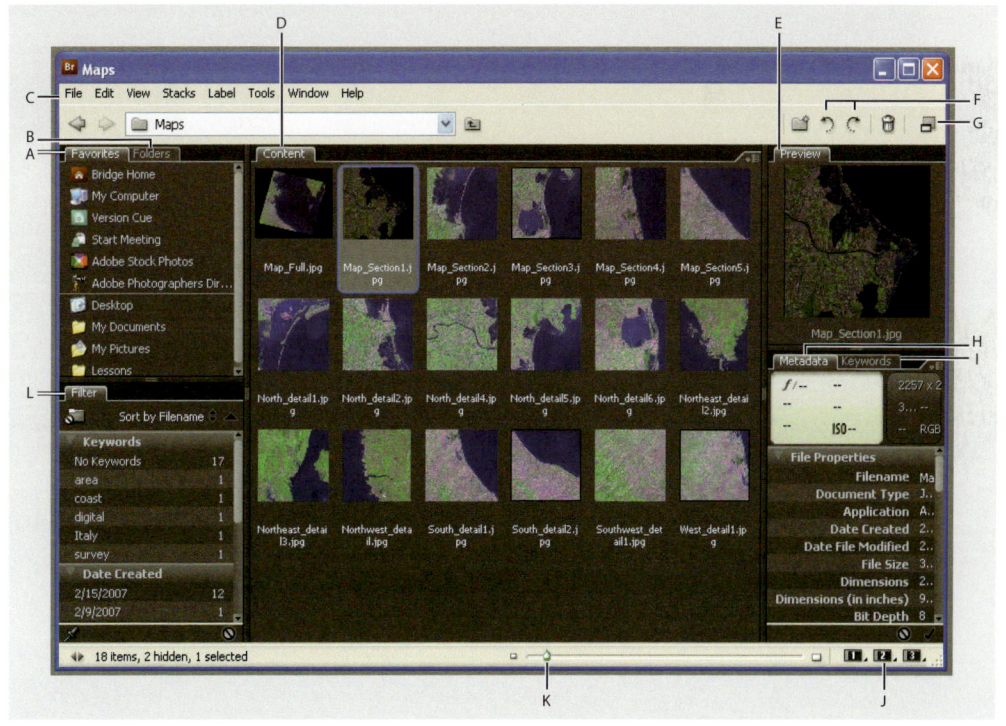

A. Painel Favorites   B. Painel Folder   C. Barra de menus   D. Painel Content   E. Painel Preview para visualizar miniaturas   F. Botões de rotação   G. Botão Compact mode   H. Painel Metadata   I. Painel Keywords   J. Botões de opções de visualização   K. Controle deslizante de miniaturas   L. Painel Filter

1 No canto superior esquerdo da janela do navegador do Bridge, clique na aba Folders para exibir essa paleta e vá para a pasta Lessons/Lesson13/Maps que você copiou para a sua unidade de disco no CD do *Adobe Photoshop CS3 Classroom in a Book*. Para navegação, clique nas setas para abrir as pastas aninhadas no painel Folders no lado esquerdo da janela do navegador ou dê um clique duplo nos ícones de miniatura de pasta no painel Folders.

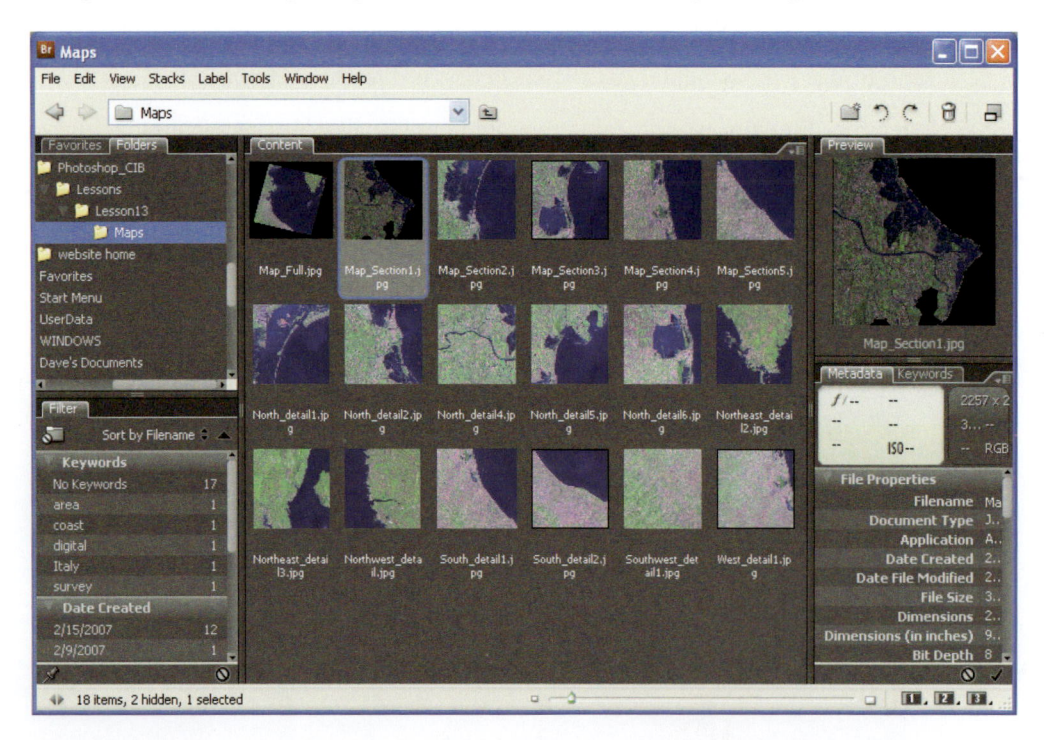

2 No canto inferior esquerdo da janela do Bridge, clique no botão de mostrar/ocultar painéis ( ) à esquerda. Isso expande o painel Content e oculta a série de painéis à esquerda e à direita para que apenas as visualizações das imagens apareçam.

3 Clique de novo no botão de mostrar/ocultar painéis à direita ( ) para exibir novamente a janela do Bridge com painéis à esquerda e à direita do painel Content.

O painel Bridge Preview é atualizado interativamente, mostrando as visualizações das miniaturas dos arquivos de imagens. O Adobe Bridge exibe as visualizações dos arquivos de imagens nos formatos PSD, TIFF e JPEG, bem como arquivos vetoriais do Adobe Illustrator, arquivos Adobe PDF de múltiplas páginas e documentos do Microsoft Office.

4 No painel Content, clique na miniatura Map_Full.jpg para selecioná-la.

Essa é uma das séries de fotografias aéreas tiradas no nordeste da costa italiana, próximo à Veneza. Outras imagens mostram detalhes de seção desse mapa.

5 No lado direito da janela do navegador, se necessário clique na aba Metadata para exibir esse painel. Na parte superior da seção Metadata, observe os dados sobre a imagem e seu tamanho.

6 Clique no triângulo ao lado de File Properties para expandir seu conteúdo. Esse painel exibe informações adicionais sobre a imagem, incluindo o tipo de arquivo, a data em que foi criada e modificada, dimensões, profundidade em bits e modo de cor.

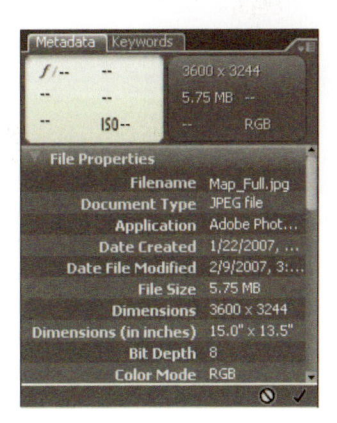

O tamanho do arquivo dessa imagem, 3600 x 3244 pixels, é relativamente compacto (5,75 MB), mas fisicamente muito grande: a imagem mede 50 pol. (1,27 m) por 45,1 pol. (1,14 m). Veremos como é fácil trabalhar com imagens muito grandes utilizando as ferramentas de precisão no Photoshop.

7 Na parte inferior da janela do navegador, arraste o controle deslizante da miniatura para a direita para expandir as visualizações da miniatura. Expandir a visualização tem o efeito de uma lupa, permitindo ampliar e inspecionar uma imagem mais de perto.

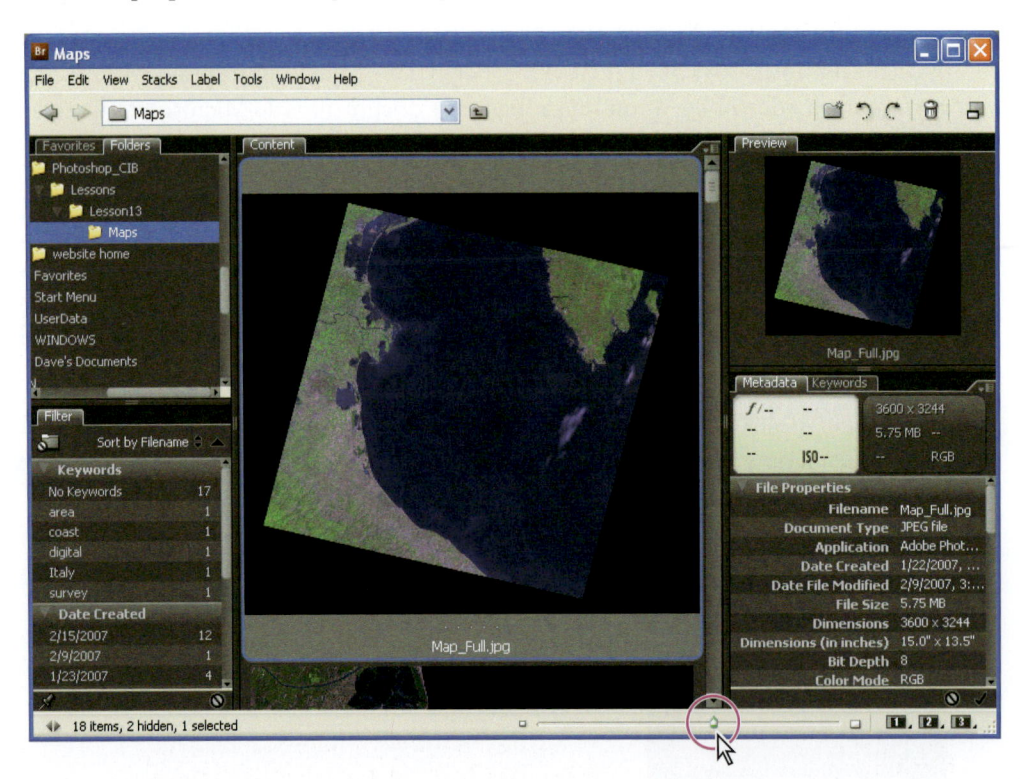

8 Arraste para a esquerda para diminuir a visualização.

9 No canto inferior direito da janela do navegador, clique no botão de visualização 2 para exibir as imagens na visualização Horizontal Filmstrip e, então, clique no botão de visualização 3 para mostrá-las na visualização Metadata Focus. Clique no botão de visualização 1 para retornar à visualização padrão.

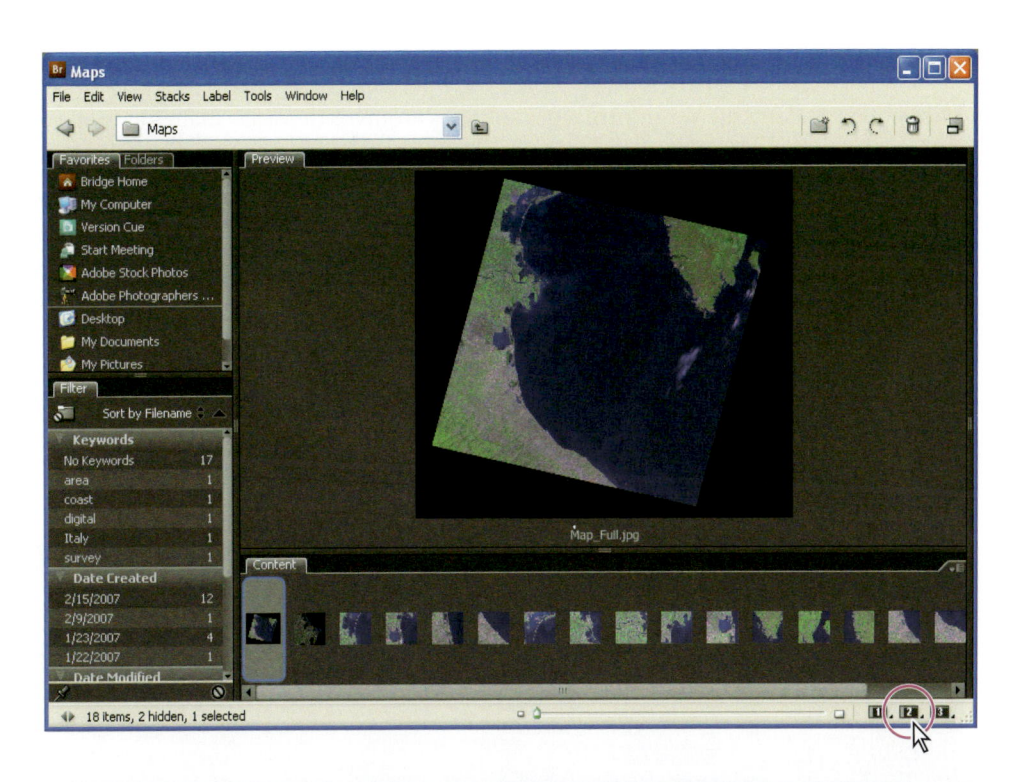

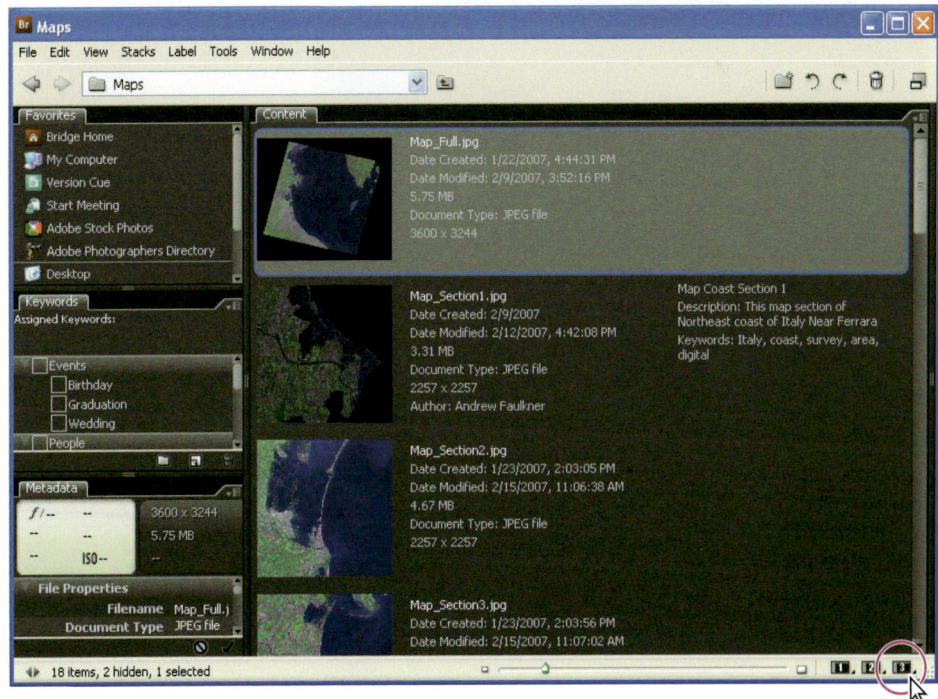

LIÇÃO 13 | **433**
Trabalhando com Imagens Científicas

Utilize o Bridge para organizar e pesquisar seus elementos

Você pode rapidamente ver informações sobre os arquivos de várias maneiras: por palavras-chave, por informações filtradas ou por metadados. Agora, você examinará mais de perto as informações dos metadados. Metadados são um conjunto de informações padronizadas sobre um arquivo, como o nome do autor, resolução, espaço de cores, direitos autorais e palavras-chave aplicadas ao arquivo. Você pode utilizar metadados para simplificar seu fluxo de trabalho e organizar seus arquivos.

1 Certifique-se de que você está na visualização Default (1).

2 No painel Content, clique para selecionar a miniatura Map_Section1.jpg.

3 Arraste a barra divisora do painel direito para a esquerda para expandir os painéis Preview e Metadata.

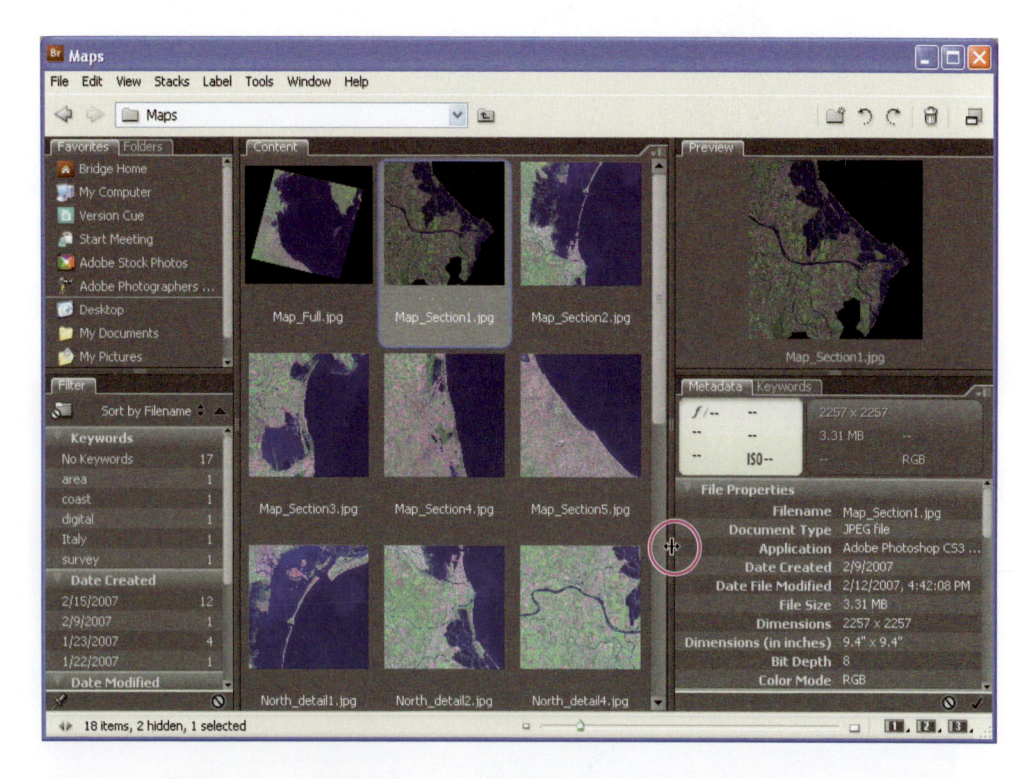

> *Quando houver grande quantidade de metadados, expanda o painel Metadados, mesmo que isso reduza ou elimine os painéis Preview, Favorites e Folders. Isso pode diminuir a quantidade de rolagem necessária para revisar e editar informações.*

4 Role no painel Metadata até o título IPTC Core.

As informações no painel Metadados são aninhadas sob títulos que você pode expandir ou ocultar clicando na seta ao lado de um título. Três títulos estão relacionados às imagens: File Properties, IPTC Core e Camera Data (EXIF). Há títulos adicionais disponíveis para imagens de fotos de bancos de imagens. No Bridge, você pode editar diretamente somente alguns metadados IPTC.

5 Clique no triângulo (▶) ao lado da seção IPTC Core para expandir seu conteúdo a fim de ver os itens listados sob ela. Como você pode ver, foram inseridas informações sobre o criador do arquivo, incluindo nome e endereço, cargo, descrição e palavras-chave. Os ícones de lápis (✐) à esquerda indicam os itens que você pode editar.

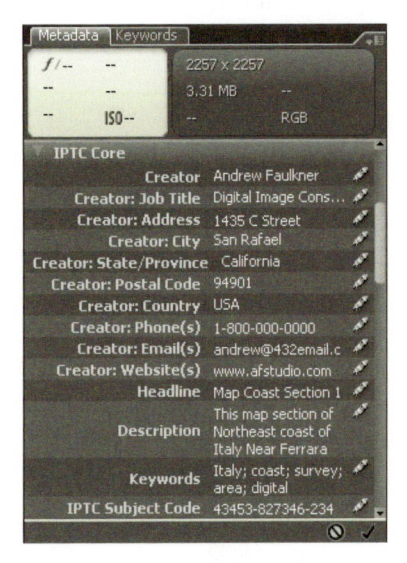

Agora, você adicionará seus próprios metadados a uma imagem.

6 No painel Content, clique na miniatura Map_Section3.jpg para selecioná-la.

7 Na seção IPTC Core, clique no ícone de lápis (✐) ao lado do campo Creator na parte superior. Aparecem campos em branco, indicando que você pode inserir informações.

8 Em Creator, digite seu nome. Insira então informações nos campos a seguir, pressionando Tab para avançar para a próxima caixa de texto:

- Para Job Title, digite o seu cargo ou a sua função.
- Em Address, digite seu endereço.
- Em Keywords, digite **coast**.

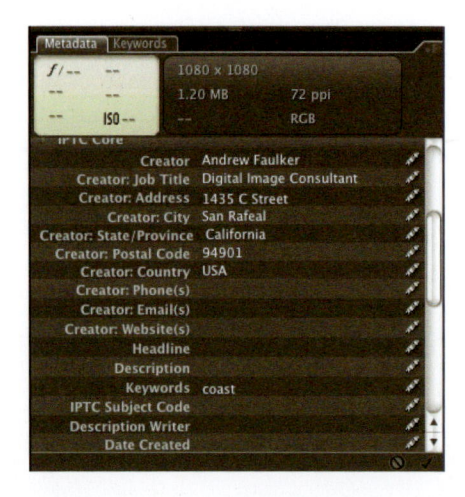

9 Clique no botão Apply no canto inferior direito da janela de navegador para aplicar essas alterações.

Você procurará outras imagens contendo a mesma palavra-chave.

10 Para pesquisar todas as imagens com a palavra-chave "coast" escolha Edit > Find. Na caixa de diálogo Find, para Source Look In, escolha Maps; para Criteria, escolha Keywords and Contains nos menus pop-up e digite **coast** na caixa de texto à direita. Deixe as outras configurações como estão e clique em Find.

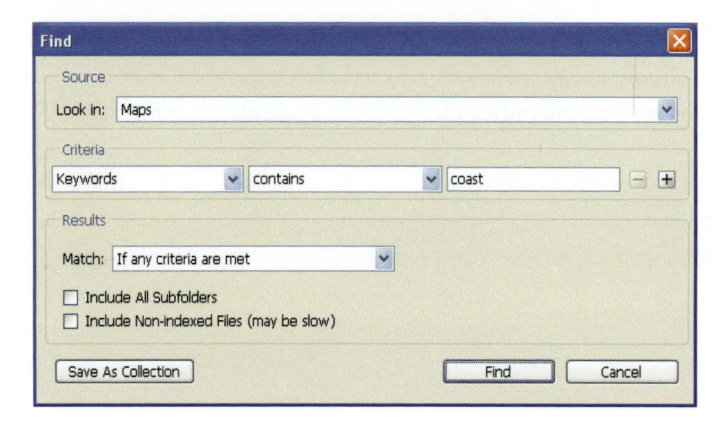

Duas imagens com a palavra-chave coast aparecem no painel Content.

11 No lado direito da janela do navegador, clique na aba Keywords para torná-la visível. Clique então em uma imagem no painel Content para exibir as palavras-chave atribuídas a ela no painel Keywords.

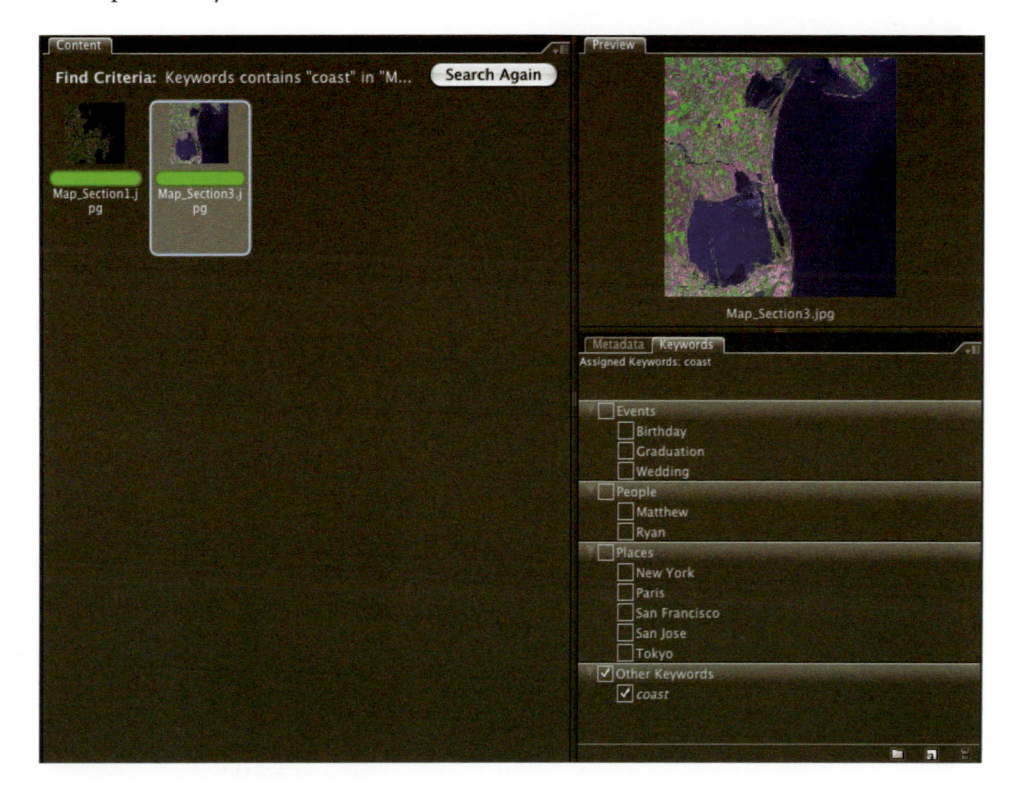

Classifique e empilhe imagens

Você pode organizar as imagens no Bridge com rótulos (labels), incluindo estrelas ou cores, ou empilhando imagens relacionadas (stack).

1 No painel Content, clique com Shift pressionada para selecionar as duas imagens com a palavra-chave coast.

2 Escolha Label > Approved. Uma barra verde aparece abaixo das imagens indicando suas respectivas classificações. Você também pode classificar as imagens em ordem ascendente ou descendente utilizando os rótulos de estrela (1 a 5 estrelas).

3 Na parte superior esquerda da janela do Bridge, clique no botão Go Back para exibir novamente todas as imagens na pasta Maps.

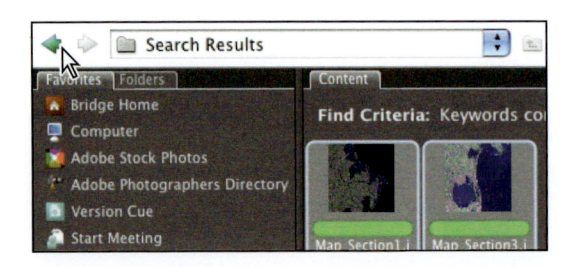

Agora, você irá rotular as imagens na parte superior do grupo.

4 No painel Content, clique com a tecla Ctrl pressionada (Windows) ou clique com a tecla Command pressionada (Mac OS) para selecionar as miniaturas North_Detail5.jpg, South_Detail2.jpg e West_Detail1.jpg.

5 Escolha Label > 5 Star para rotular todas as imagens com uma classificação de cinco estrelas.

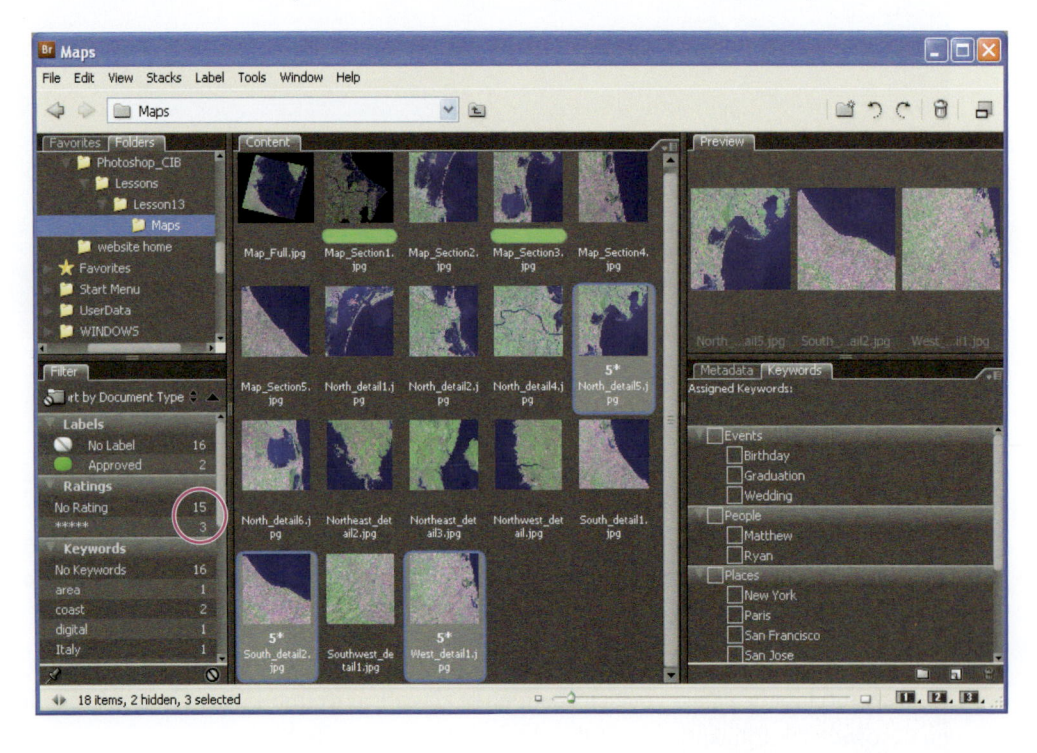

No lado esquerdo da janela de navegador, observe que o painel Filter exibe três imagens com classificações de 5 estrelas.

6 Clique na classificação de 5 estrelas sob o título Filter para exibir apenas as três imagens classificadas no painel Content. Depois de classificar imagens, fica fácil criar sua própria visualização filtrando apenas as imagens pertinentes para seu trabalho.

7 Clique no botão Clear Filter na parte inferior do painel Filter para exibir novamente todas as imagens na pasta Maps, incluindo aquelas que receberam a classificação 5 estrelas. Você também pode simplesmente clicar na classificação 5 estrelas mais uma vez para voltar à visualização de todas as imagens.

A avaliação das imagens o ajuda a classificar rapidamente um grande número de imagens.

Agora você agrupará imagens relacionadas em pilhas para poder visualizá-las e recuperá-las mais facilmente. Pilhas são uma boa maneira visual de agrupar arquivos.

8 Com a tecla Shift pressionada, clique para selecionar as cinco miniaturas North_Detail – North_Detail1.jpg até North_Detail6.jpg (miniatura North_Detail3.jpg não existe). Então escolha Stack > Group As ou pressione Ctrl+G (Windows) ou Command+G (Mac OS). Clique em uma área em branco do painel Content para remover a seleção do grupo que você acabou de criar.

O número no lado superior esquerdo indica o número de arquivos na pilha.

9 Repita o Passo 8 para as duas miniaturas Northeast e para uma Northwest_detail, selecionando-as e pressionando Ctrl+G (Windows) ou Command+G (Mac OS) para agrupá-las.

10 Repita o Passo 8 para as duas miniaturas South_Detail e uma miniatura Southwest_Detail.

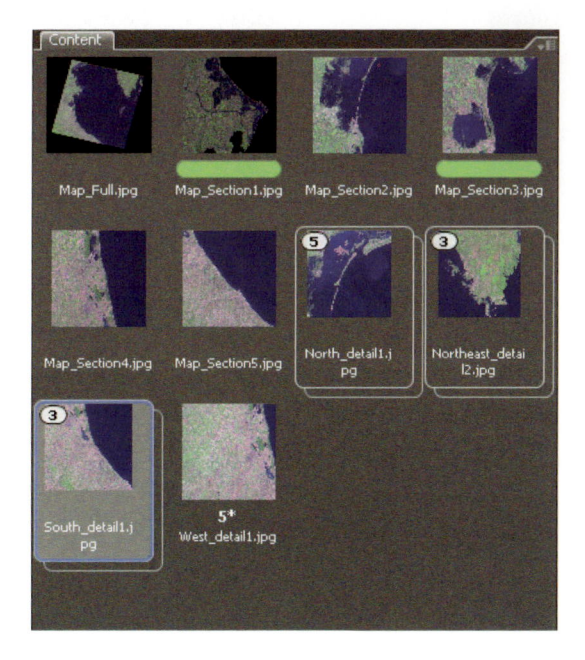

Agora você pode facilmente identificar as seções do mapa por região se precisar localizá-las para seu trabalho. Para abrir uma pilha, clique no respectivo número na parte superior esquerda; para ocultar a pilha, clique no número novamente.

Visualize informações sobre arquivos

Você visualizará informações sobre o arquivo que está para abrir a fim de descobrir com quais você trabalhará.

1 No painel Content, clique na miniatura Map_Section1.jpg para selecioná-la.

O Bridge lista várias informações sobre um arquivo selecionado no painel File Properties, que você pode exibir com um único clique do mouse.

2 No painel Metadata no lado direito da janela do Bridge, clique no triângulo de exibição (▶) ao lado da seção the File Properties para exibir seu conteúdo e ver os itens listados sob ela.

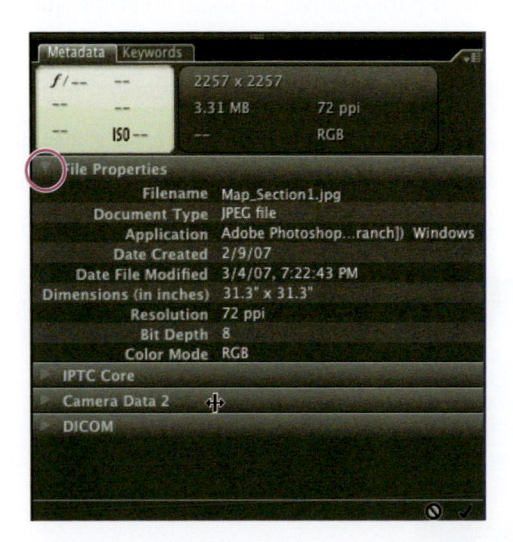

Ao revisar as informações sobre o arquivo, você pode ver que se trata de uma imagem JPEG com tamanho de 31,3 polegadas quadradas, com uma resolução de 72 ppi, profundidade em bits de 8 e modo RGB. Você pode exibir essas mesmas informações no Photoshop, mas de uma maneira menos concisa.

3 No painel Bridge Content, dê um clique duplo na miniatura Map_Section1.jpg para abrir a imagem no Photoshop. Embora tenha um tamanho bem grande – aproximadamente 202 cm^2 – essa imagem aparece como qualquer outra imagem na tela, ainda que na visualização entre 25% e 33%.

Uma outra maneira de visualizar as informações sobre um arquivo é usando a barra de status no Photoshop.

4 Nessa barra de status localizada na parte inferior da janela de imagem, clique no triângulo para exibir o menu pop-up e escolha Show > Document Dimensions.

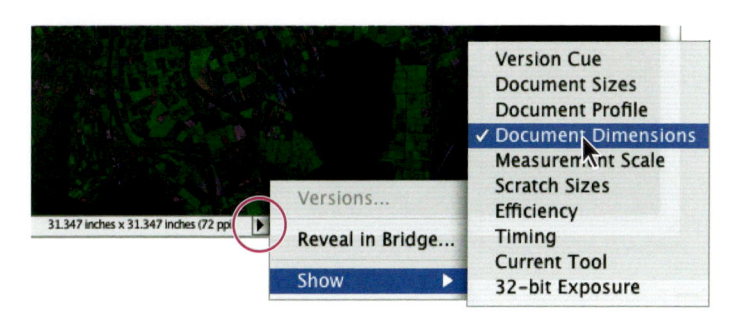

5 Tente outra barra de status nas opções do menu Show para exibir informações adicionais sobre arquivos, incluindo o perfil do documento (RGB sem tag), escala de medição (atualmente configurada no padrão de 1:1 pixel), dimensões de rascunho (scratch) (193,3M/412,9M – representando a quantidade de memória atualmente utilizada pelo Photoshop para exibir todas as imagens abertas e a quantidade total de RAM disponível para processamento de imagens, respectivamente) e a ferramenta atual.

6 Escolha File > Save As. Para o formato, em Format, escolha Photoshop, renomeie o arquivo atribuindo a ele o nome **13Working.psd**, navegue até a pasta Lesson13 e clique em Save.

Torne mais claras e mais intensas as cores em uma imagem

Antes de mergulhar no seu projeto de medição, você melhorará a imagem em que você trabalhará por todo este exercício – a primeira imagem do mapa que você examinou no Bridge. Essa imagem está um pouco escura e é pobre em detalhes. Você deve clareá-la para revelar mais os detalhes e intensificar as cores de modo que ela não pareça tão lavada.

1 Escolha Image > Adjustments > Levels para abrir a caixa de diálogo Levels.

O histograma mostra a maioria dos pixels da imagem amontoada nas sombras e nos meios-tons.

2 Na caixa de diálogo, certifique-se de que Preview está selecionado. Arraste o controle deslizante Input Levels branco para a esquerda, mais ou menos no ponto em que os pixels começam a se amontoar ou um valor de aproximadamente 142. Utilizamos Input Levels de 0, 1.00 e 142.

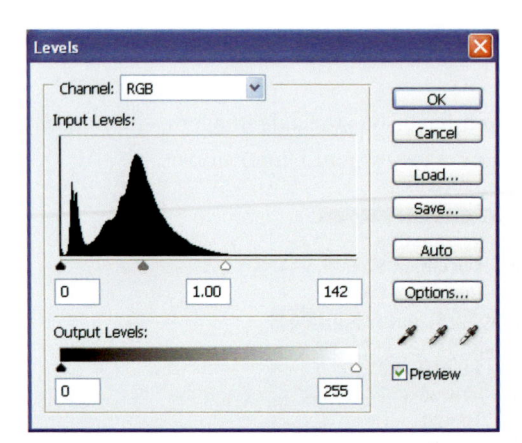

3 Clique em OK para ajustar as altas luzes (áreas mais claras) e ampliar os níveis da imagem para uma gama mais completa e um intervalo tonal mais amplo.

Mas agora a imagem parece muito lavada. Você corrigirá isso.

4 Escolha Image > Adjustments > Hue/Saturation. Aumente Saturation para +20 e clique em OK.

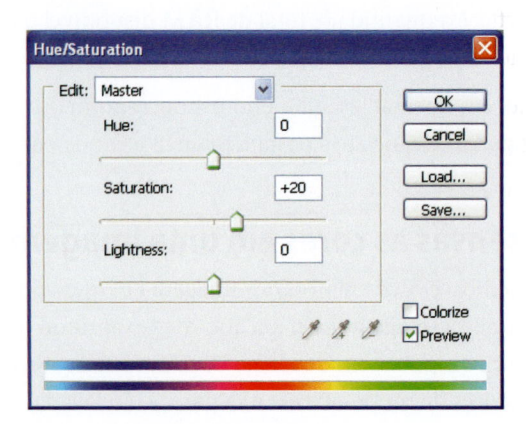

5 Escolha File > Save para salvar seu trabalho até agora.

Crie uma borda de mapa e área de trabalho

Para começar a criar um infográfico a partir do segmento desse mapa, selecione um quadrante de 25 quilômetros quadrados no mapa utilizando um contorno de seleção de tamanho fixo e adicione uma borda a ele.

O mapa em que você irá trabalhar tem uma escala predeterminada de 1605 pixels para 25 quilômetros. Primeiro, você precisa configurar a unidade de medição adequada para então poder localizar o centro da imagem utilizando as réguas.

1 Escolha Edit > Preferences > Units And Rulers (Windows) ou Photoshop > Preferences > Units And Rulers (Mac OS). Sob Units, escolha Pixels no menu pop-up Rules. Clique em OK.

Você adicionará guias para ajudá-lo a medir.

2 No grupo de paletas Navigator/Histogram/Info, clique na aba Info para tornar a paleta visível (ou escolha Window > Info se ela estiver oculta).

3 Escolha View > Rulers para exibir as réguas. Arraste uma guia a partir da régua no topo até que o valor do eixo X na paleta Info exiba 326 pixels.

Nota: *Se posicionar a guia no local errado, pressione Ctrl (Windows) ou Command (Mac OS) e arraste a guia para fora da janela da imagem. Arraste então uma nova guia até o local correto.*

A borda de 326 pixels mais a área interna de 1605 pixels quadrados é igual ao tamanho da imagem de 2257 pixels quadrados. Você pode verificar essa medição selecionando a imagem na seção Content do Bridge e revisando os metadados.

4 Utilize a mesma técnica do Passo 3 para arrastar uma guia da régua esquerda para a direita até que o eixo X na paleta Info exiba 326 pixels.

5 Selecione a ferramenta Rectangular Marquee ([]) na caixa de ferramentas. Na barra de opções dessa ferramenta, escolha o tamanho Fixed no menu pop-up Style. Digite **1605 px** nas caixas Width e Height. De acordo com a escala do mapa, esse valor é equivalente a 25 quilômetros.

6 No canto superior esquerdo, onde as guias se cruzam, clique na ferramenta Rectangular Marquee para configurar um contorno de seleção de 1605 pixels quadrados. Agora, sua área de seleção está precisamente centralizada dentro da imagem.

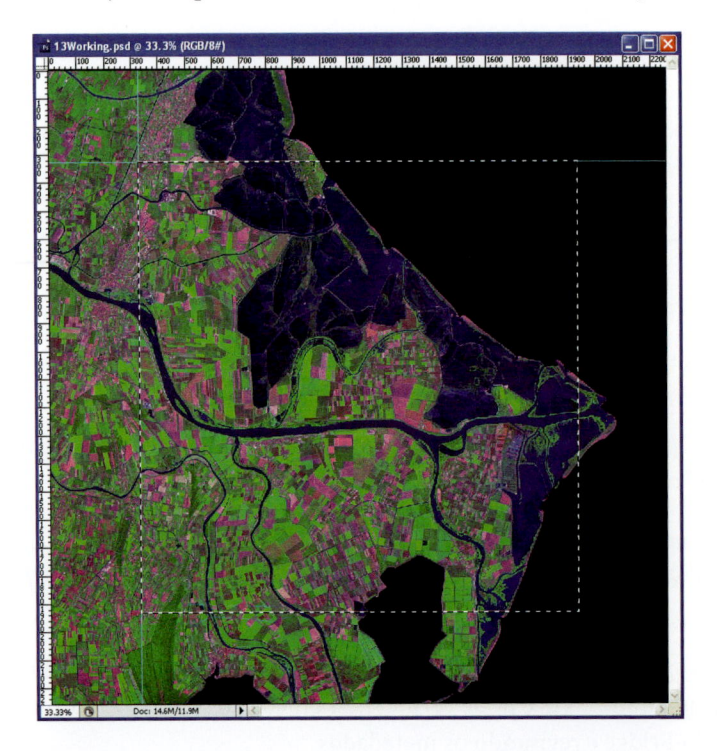

Você deixará mais clara a área em torno do quadrado centralizado para dar foco a sua área de trabalho. Primeiro, você inverterá a seleção.

7 Escolha Select > Inverse. Escolha então Image > Adjustments > Hue/Saturation ou pressione Ctrl+U (Windows) ou Command+U (Mac OS). Aumente Lightness para +31 e clique em OK.

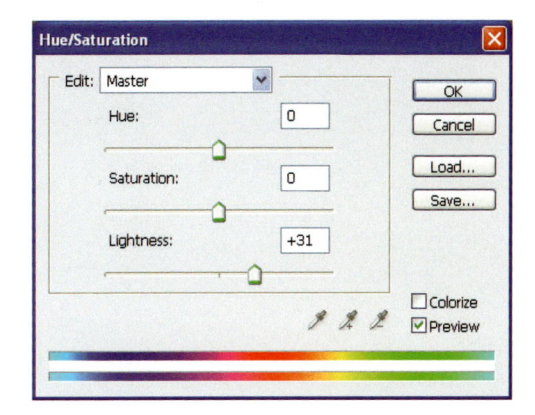

8 Escolha File > Save para salvar seu trabalho.

Crie uma borda personalizada

Você adicionará uma borda personalizada à seleção para destacar um pouco a imagem.

1 Selecione Select > Inverse ou pressione Ctrl+Shift+I (Windows) ou Command+Shift+I (Mac OS) para inverter a seleção novamente. Queremos apenas a área interna selecionada, com um contorno de seleção em torno dela.

2 Na paleta Layers, clique no botão New Layer na parte inferior da paleta para adicionar uma nova camada vazia à parte superior da paleta. Selecione o nome da camada e a renomeie **Border**.

Primeiro, você irá delinear a borda para poder aplicar a linha tracejada ao contorno.

3 Escolha Edit > Stroke, digite **10 px** para a largura do traço e escolha White em Color. Se necessário, clique na amostra e depois no canto superior esquerdo da janela Color Picker para escolher o branco; clique em OK. Selecione Inside. Clique em OK.

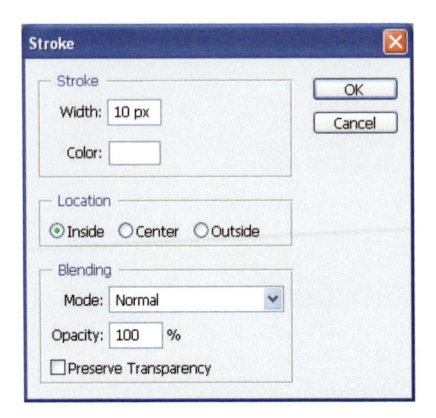

Você completará a borda aplicando um padrão de linhas tracejadas ao contorno branco.

4 Escolha File > Open, navegue até a pasta Lesson13 e abra o arquivo Dashed Line.psd.

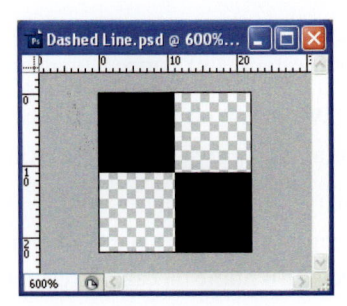

5 Escolha Edit > Define pattern e, na caixa de diálogo Pattern Name, digite **Dashed Line**. Clique em OK.

6 Selecione a imagem 13Working.psd para ativá-la. Na paleta Layers, clique no ícone no canto superior direito e escolha Blending Options.

7 Na caixa de diálogo Blending Options, selecione Pattern Overlay na lista à esquerda para exibir suas opções. No centro dessa caixa de diálogo, à direita da figura Pattern, clique na seta para baixo a fim de exibir o Pattern Picker e os padrões disponíveis. Selecione o padrão Dashed Line que você acabou de criar; clique fora do Pattern Picker para fechá-lo. Configure Scale como 220%.

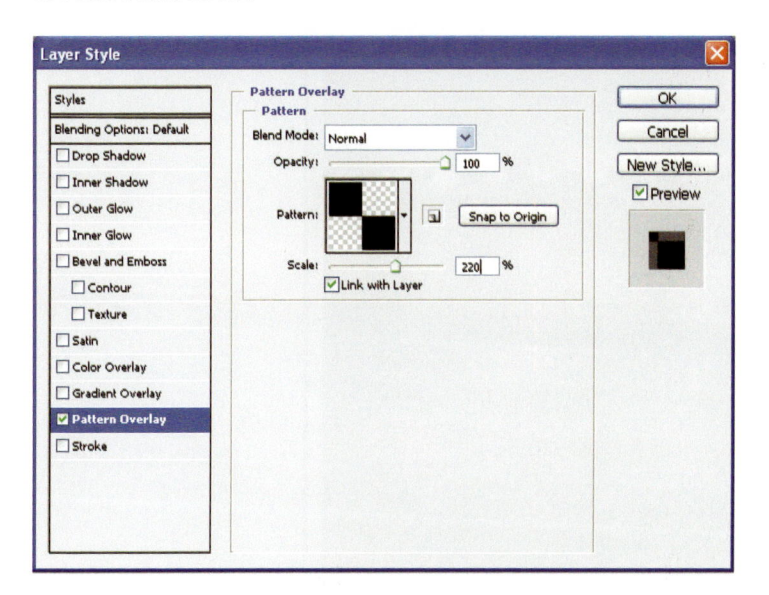

8 Clique em OK para aplicar as configurações à borda.

> 💡 *Você pode utilizar essa mesma técnica para adicionar uma linha tracejada colorida diferente. Use cores diferentes para Stroke e Dashed Line para criar um bom contraste. Antes de converter a arte-final da Dashed Line em um padrão, certifique-se de que você está em um fundo transparente para que a cor do traçado possa ser exibida através dele. Se ajustar a largura do traçado, Stroke width, ajuste também o Pattern Overlay na caixa de diálogo Blending Options para que a linha tracejada se sobreponha adequadamente ao traçado.*

9 Se preferir, amplie a linha na janela da imagem para examiná-la mais de perto pressionando Ctrl+barra de espaço (Windows) ou Command+barra de espaço (Mac OS) e clicando na imagem. Reduza a área visível pressionando Alt+barra de espaço (Windows) ou Option+barra de espaço (Mac OS) e clicando na imagem.

10 Escolha File > Save para salvar seu trabalho. Não remova a seleção.

Meça objetos e dados

Você já deve conhecer a ferramenta Ruler no Photoshop, que permite calcular a distância entre dois pontos quaisquer no espaço de trabalho. O recurso Measurement no Photoshop Extended é muito mais sofisticado: ele permite medir qualquer área definida com a ferramenta Rule ou com uma ferramenta de seleção, incluindo áreas irregulares selecionadas com as ferramentas Lasso, Quick Selection ou Magic Wand. Você também pode calcular a altura, a largura, a área e o perímetro, ou monitorar as medições de uma imagem ou de várias imagens. Os dados de medição são registrados na paleta Measurement Log.

A ferramenta Measurement só está disponível no Photoshop Extended, uma versão do Photoshop CS3 com funcionalidades adicionais. Se você não tiver essa versão do Photoshop, você pode ler as próximas seções para entender essa ferramenta.

Trabalhe com a ferramenta Measurement

O primeiro passo ao trabalhar com medições e com a ferramenta Measurement é configurar a escala. Especificar uma escala de medição configura um número específico de pixels na imagem igual a um número de unidades na escala, como polegadas, milímetros ou mícrons – ou, nesse caso, quilômetros. Depois de criar uma escala, é possível medir áreas e receber cálculos e resultados logarítmicos de acordo com as unidades selecionadas na escala.

1 Na paleta Layers, selecione a camada Background.

2 Escolha Analysis > Set Measurement Scale > Custom. Muitos dos recursos no Photoshop Extended aparecem nesse novo menu Analysis.

Esse mapa tem uma escala de 1605 pixels igual a 25 quilômetros. Você utilizará esses valores agora para criar uma escala personalizada.

3 Na caixa de diálogo Measurement Scale, digite **1605** em Pixel Length, **25** em Logical Length e **Kilometers** em Logical Units.

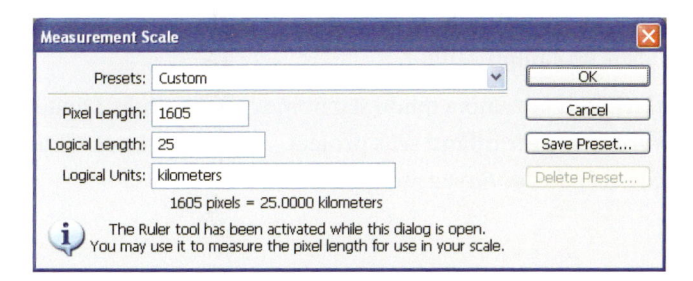

4 Clique em OK para definir essa escala.

Uma outra maneira de configurar a escala é utilizar dimensões gerais da imagem ou uma medição de dentro da imagem. Você então insere esses valores nos campos na caixa de Measurement Scale. Ou, selecione uma escala predefinida no menu Presets.

Você está pronto para começar a medir o mapa. Começaremos as medições com a seleção de 25 quilômetros quadrados como uma medida de controle em que você pode verificar seu trabalho.

5 Certifique-se de que a seleção de 1605 pixels quadrados ainda está ativa. Se você desmarcou acidentalmente a seleção, refaça a área interna do mapa clicando com a ferramenta Rectangular Marquee na intersecção das guias no canto superior esquerdo.

6 Escolha Analysis > Record Measurements. A paleta Measurement Log aparece na parte inferior da janela de imagem.

7 Na parte inferior da Measurement Log, utilize a barra de rolagem conforme necessário para visualizar as colunas dos dados nesse log. Observe que a medida Area, à direita, é 625.00000 e que Scale Units está definida em quilômetros – exatamente o que elas deveriam apresentar. Examine as colunas de dados para ver as informações registradas aqui.

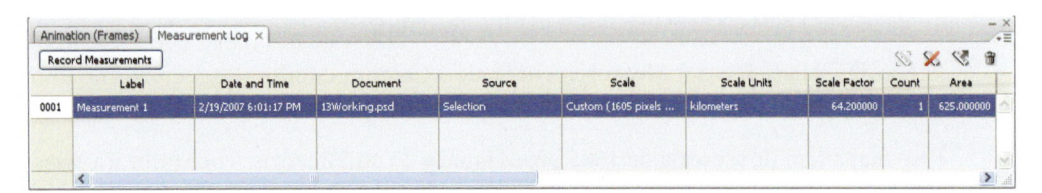

Agora, você adicionará uma nota ao arquivo que você ou outras pessoas podem consultar mais tarde.

8 Selecione a ferramenta Notes ( ) na caixa de ferramentas. Na barra de opções Notes Tool, digite seu nome ou iniciais no campo Author.

9 Clique na imagem para abrir uma nova nota tendo seu nome como o título. Digite **1/28/07, preliminary measurements for inland seas project. Area = 625 km2**. Clique na caixa de fechar notas para que ela não desvie sua atenção.

> *Para excluir uma nota, selecione-a com a ferramenta Notes, pressione Delete e clique em OK na caixa de diálogo de confirmação que aparece. Para excluir todas as notas, clique com a ferramenta Notes selecionada em Clear All na barra de opções Notes Tool e em OK na caixa de diálogo de confirmação.*

Você pode personalizar as colunas Measurement Log, classificar dados dentro das colunas e exportar dados a partir do log para um arquivo de planilha.

10 Retorne à paleta Measurement Log. Clique no título da coluna Perimeter e arraste-o para a direita da coluna Width; quando uma linha preta aparecer, solte o botão do mouse para inserir a coluna. Você pode reordenar o posicionamento de qualquer coluna clicando no seu nome e arrastando-o para a direita ou para a esquerda.

Você pode facilmente reordenar as colunas para que elas exibam informações na ordem que for mais apropriada para você. De maneira igualmente fácil, é possível controlar quais parâmetros, ou pontos de dados, são calculados e mostrados.

11 Escolha Analysis > Select Data Points > Custom e desmarque todas as opções Gray Value e a opção Integrated Density. Você não utilizará essas opções, portanto não é necessário gravá-las. Clique em OK.

Você não fará isso agora, mas pode salvar essas opções como configurações predefinidas para projetos futuros. Você pode até mesmo criar múltiplas configurações predefinidas para a escala de medição. Entretanto, somente uma escala por vez pode ser utilizada em um documento.

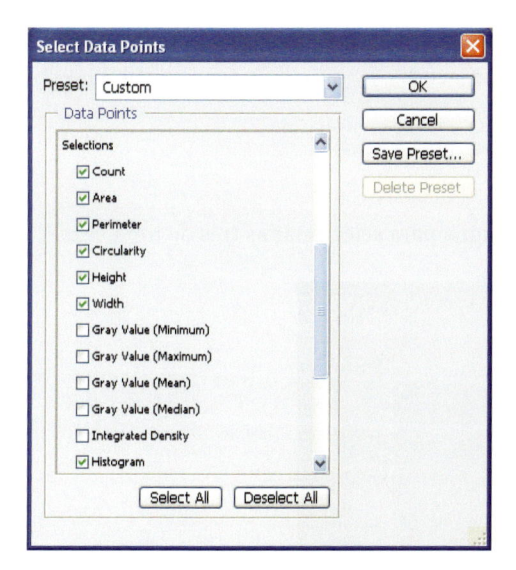

12 Alternativamente, clique com a tecla Ctrl (Windows) ou Command (Mac OS) pressionada para selecionar as colunas Circularity, Integrated Density e as quatro colunas Gray Value em Measurement Log. Clique no botão Trash Can para removê-las. Você não precisará desses pontos de dados para esta lição. Clique em OK na caixa de diálogo de confirmação.

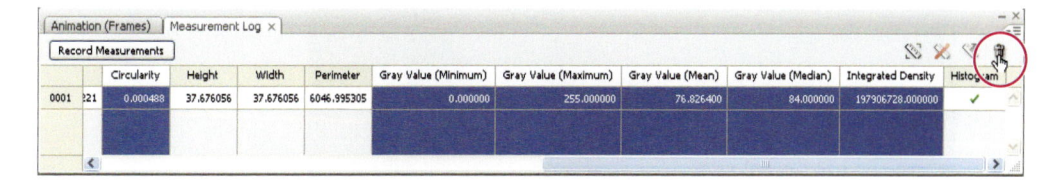

13 Escolha File > Save para salvar seu trabalho até agora.

Meça formas irregulares

Agora, você calculará a área de uma forma irregular, a água dentro da área de 25 km quadrados, mas fora dos separadores. Durante a medição, a Measurement Log monitora esses dados.

1 Escolha Select > Deselect para remover a seleção interna.

2 Selecione a ferramenta Magic Wand (✹) na caixa de ferramentas, sob a ferramenta Quick Selection. Na barra de opções da ferramenta Magic Wand, deixe Tolerance em 32. Desmarque Contiguous para que quando você selecionar uma área todas as áreas semelhantes sejam selecionadas dentro do valor de Tolerance.

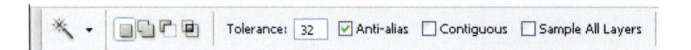

3 Clique em uma das três áreas pretas da água para selecionar as três de uma vez.

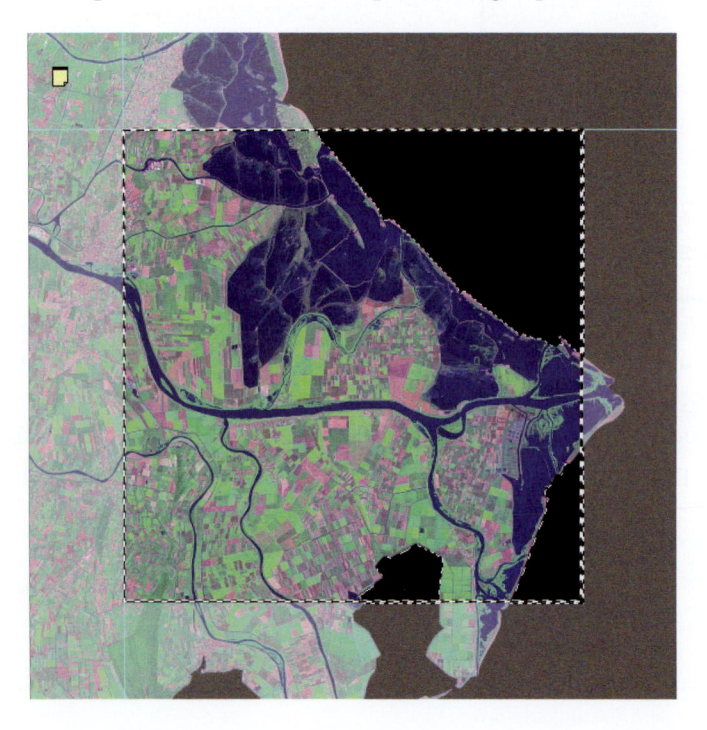

4 Na paleta Measurement Log, clique em Record Measurements no canto esquerdo superior. Essa é uma alternativa para escolher Analysis > Record Measurements. Esse comando grava a área das três seleções individuais mais o total das três áreas selecionadas.

5 Examine seus resultados em Measurement Log. O log detalha cada uma das três seleções para a área da água como um item de linha; o item superior, indicado por uma Count de 3, totaliza as três medidas. Nossa medida da área total da água era 134.22 (quilômetros quadrados).

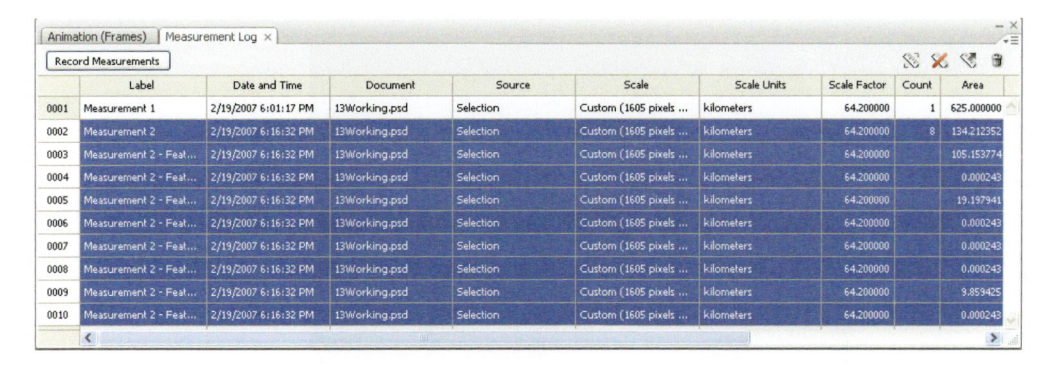

	Label	Date and Time	Document	Source	Scale	Scale Units	Scale Factor	Count	Area
0001	Measurement 1	2/19/2007 6:01:17 PM	13Working.psd	Selection	Custom (1605 pixels ...	kilometers	64.200000	1	625.000000
0002	Measurement 2	2/19/2007 6:16:32 PM	13Working.psd	Selection	Custom (1605 pixels ...	kilometers	64.200000	8	134.212352
0003	Measurement 2 - Feat...	2/19/2007 6:16:32 PM	13Working.psd	Selection	Custom (1605 pixels ...	kilometers	64.200000		105.153774
0004	Measurement 2 - Feat...	2/19/2007 6:16:32 PM	13Working.psd	Selection	Custom (1605 pixels ...	kilometers	64.200000		0.000243
0005	Measurement 2 - Feat...	2/19/2007 6:16:32 PM	13Working.psd	Selection	Custom (1605 pixels ...	kilometers	64.200000		19.197941
0006	Measurement 2 - Feat...	2/19/2007 6:16:32 PM	13Working.psd	Selection	Custom (1605 pixels ...	kilometers	64.200000		0.000243
0007	Measurement 2 - Feat...	2/19/2007 6:16:32 PM	13Working.psd	Selection	Custom (1605 pixels ...	kilometers	64.200000		0.000243
0008	Measurement 2 - Feat...	2/19/2007 6:16:32 PM	13Working.psd	Selection	Custom (1605 pixels ...	kilometers	64.200000		0.000243
0009	Measurement 2 - Feat...	2/19/2007 6:16:32 PM	13Working.psd	Selection	Custom (1605 pixels ...	kilometers	64.200000		9.859425
0010	Measurement 2 - Feat...	2/19/2007 6:16:32 PM	13Working.psd	Selection	Custom (1605 pixels ...	kilometers	64.200000		0.000243

Suas medidas aqui e nos procedimentos restantes podem ser diferentes daquelas que registramos, dependendo da exatidão da sua seleção.

6 Dê um clique duplo na nota na imagem para abri-la. Isso seleciona automaticamente a ferramenta Notes na caixa de ferramentas. Com a nota selecionada, digite **Water area: 134.22 km2**. Feche essa nota para que ela não desvie sua atenção.

7 Escolha Select > Deselect para desmarcar a seleção dos três mares.

8 Escolha File > Save para salvar seu trabalho.

Meça linhas

Medir linhas com a ferramenta Measurement no Photoshop Extended é semelhante a medir com a ferramenta Ruler na caixa de ferramentas.

1 Escolha Analysis > Ruler Tool.

2 Posicione o cursor da ferramenta na extremidade do rio no lado esquerdo do mapa, quase dentro da seleção, e arraste uma linha até a extremidade direita do rio no limite da área selecionada.

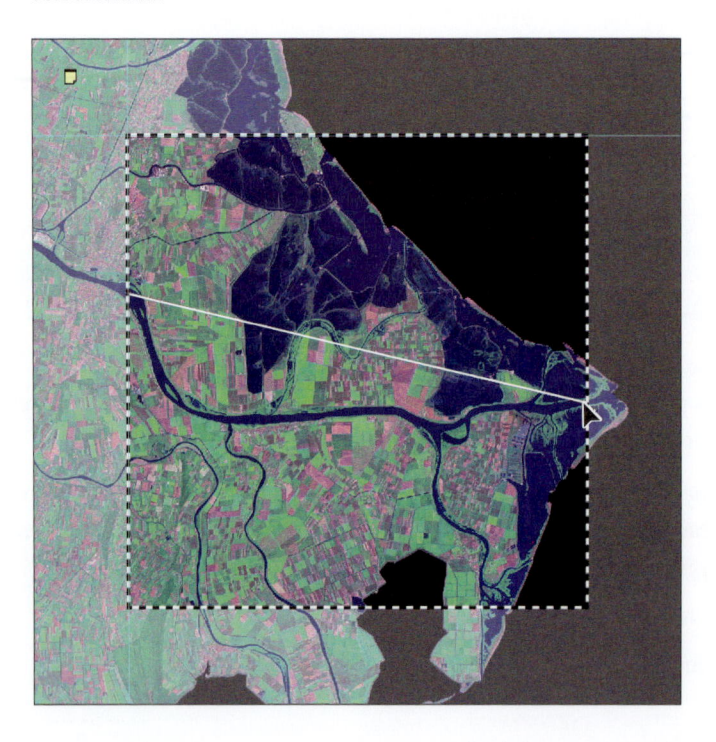

3 Em Measurement Log, clique em Record Measurements. A distância aparece como um comprimento, Length, de aproximadamente 25 quilômetros e um ângulo, Angle, de 13 graus no log. Esse é o comprimento do rio em linha reta entre as duas margens.

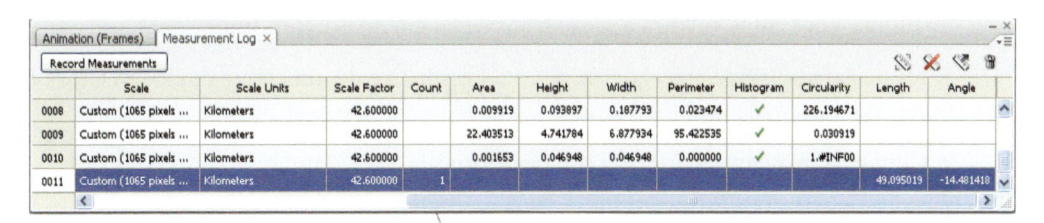

	Scale	Scale Units	Scale Factor	Count	Area	Height	Width	Perimeter	Histogram	Circularity	Length	Angle
0008	Custom (1065 pixels ...	Kilometers	42.600000		0.009919	0.093897	0.187793	0.023474	✓	226.194671		
0009	Custom (1065 pixels ...	Kilometers	42.600000		22.403513	4.741784	6.877934	95.422535	✓	0.030919		
0010	Custom (1065 pixels ...	Kilometers	42.600000		0.001653	0.046948	0.046948	0.000000	✓	1.#INF00		
0011	Custom (1065 pixels ...	Kilometers	42.600000	1							49.095019	-14.481418

Exporte medições

Você pode exportar medidas selecionadas como um arquivo delimitado por vírgulas, ou CSV (*comma separated value*), que pode ser aberto em um programa de planilha, como o Microsoft® Excel®. Você pode então utilizar o programa de planilha para realizar outros cálculos com os dados. Você utilizará os dados que registrou até agora mais adiante nesta lição.

1 Retorne à paleta Measurement Log.

2 Com a tecla Shift pressionada, clique nas medições para selecionar todos os itens na lista.

3 Clique no ícone no canto superior direito da paleta Measurement Log e escolha Export Selected no menu da paleta. Você também pode optar por selecionar apenas alguns dos itens.

4 Na caixa de diálogo Save, renomeie o arquivo atribuindo-lhe o nome **13_inland_seas**, navegue até a pasta Lesson13, onde você salvará o arquivo, e clique em Save.

Crie uma seção transversal

Agora vamos adicionar uma pouco de dimensão e cor. Nesta parte da lição, você importará um elemento gráfico tridimensional que representa a visualização de uma seção transversal do litoral. Você então medirá a seção transversal em duas e três dimensões.

1 Mude para o Bridge, navegue até a pasta Lesson13 e dê um clique duplo em Cross-Section.psd para abri-la no Photoshop.

2 Clique na imagem 13Working.psd para torná-la ativa. Aumentaremos o tamanho da tela de pintura para criar uma área preta no lado direito.

3 Escolha Image > Canvas Size. Configure a largura como 3700 pixels. Clique no canto esquerdo inferior do desenho que representa a tela de pintura para adicionar espaço à direita. Para Canvas Extension Color, escolha Black. Clique em OK.

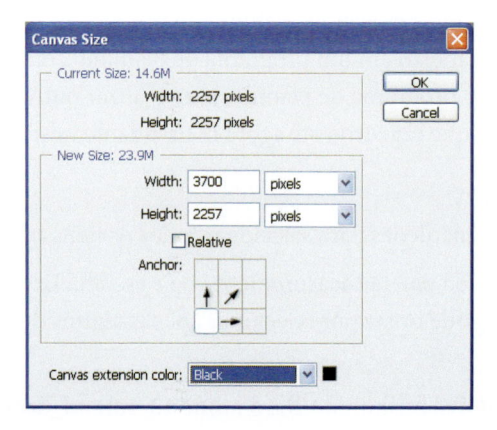

Uma área preta com mais ou menos 1/3 da largura da janela de imagem é adicionada à direita da imagem.

4 Clique no arquivo Cross-Section.psd para torná-lo ativo.

Você reposicionará a seção transversal no quadrante superior do mapa, alinhando as letras da seção com a letra da seção do mapa.

5 Selecione a ferramenta Move (🔸) na caixa de ferramentas e arraste a ilustração sobre a imagem 13Working.psd. Posicione a ilustração como mostrado na figura a seguir para que a barra dourada, rotulada de Section, se sobreponha às letras "A" e "B" no quadrante superior esquerdo do mapa.

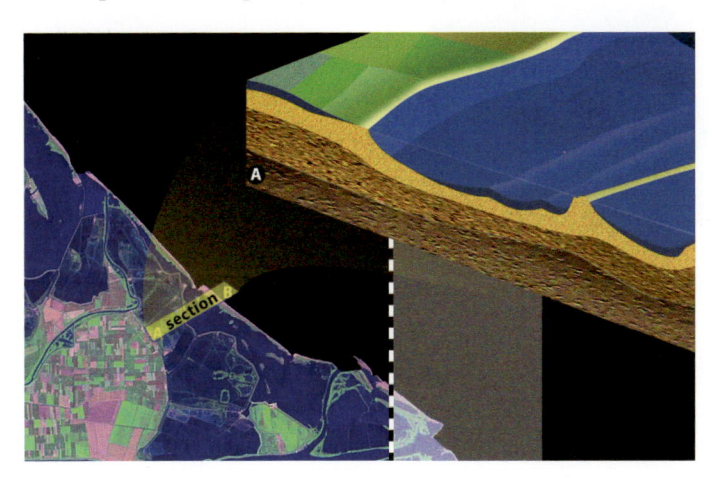

Por questões estéticas, a seção transversal retangular tridimensional é rotacionada em relação à representação bidimensional, a barra dourada.

Se você fosse ajustar a seção transversal 3D na barra dourada 2D do mapa como a peça de um quebra-cabeça, você giraria a seção transversal em direção ao canto superior esquerdo do mapa por mais ou menos 90 graus, correspondendo a letra "A" na seção transversal àquela no mapa. (A amostra de semitransparência dourada representa essa rotação.)

Você fará várias medições da seção transversal, iniciando com o comprimento da representação 2D.

6 Escolha Analysis > Ruler Tool.

7 Utilizando a ferramenta Ruler, clique em um canto da barra dourada rotulada Section e arraste pelo comprimento do seu lado para medir o comprimento da seção.

8 Na paleta Measurement Log, clique em Record Measurement na parte superior dessa paleta. Observe o comprimento: ele deve ser registrado com cerca de 3,36 (quilômetros) de comprimento, que era nossa medida.

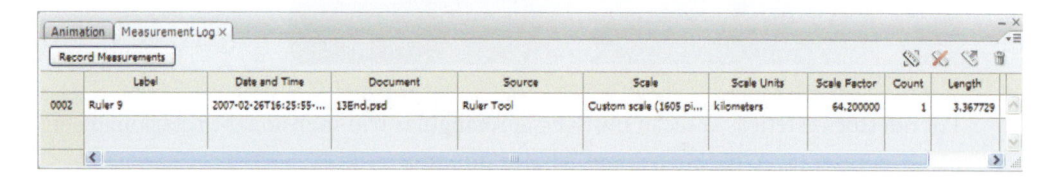

9 Para ajudá-lo a monitorar essa medição, dê um clique duplo na sua nota, digite **Cross section length: 3.36 km** e, então, feche a nota.

Você utilizará esse valor na próxima parte desta lição.

Meça em perspectiva com o filtro Vanishing Point

Agora você fará algumas medições da seção transversal em si, dessa vez em três dimensões. Ser capaz de medir em três dimensões é especialmente útil para medir informações topográficas a partir de um mapa semelhante, de um desenho arquitetônico em CAD, ou qualquer objeto no espaço cujas dimensões você precisa determinar.

1 Na paleta Layers, certifique-se de que a camada Cross Section está selecionada.

2 Escolha Filter > Vanishing Point. A caixa de diálogo Vanishing Point aparece, com a ferramenta Create Plane selecionada.

Você desenhará um plano no lado frontal da seção transversal.

3 Utilizando a ferramenta Create Plane ( ), clique no canto inferior esquerdo da seção para configurar o primeiro ponto de ancoragem. Clique então no canto inferior direito, no canto superior direito da seção e, então, no canto superior esquerdo para desenhar um plano no lado da seção transversal.

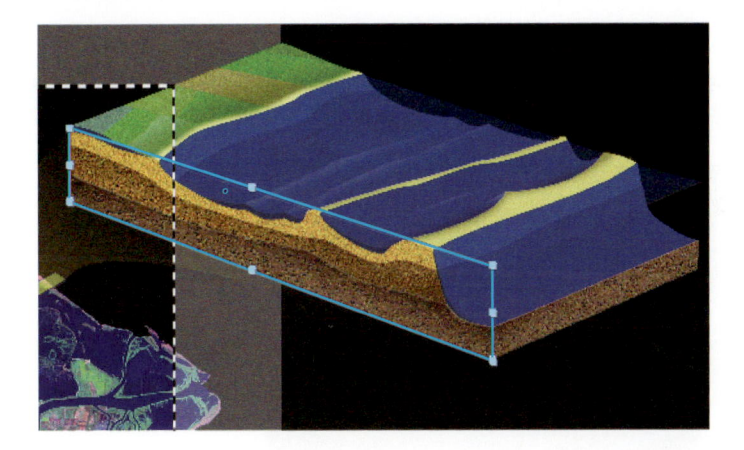

4 Na caixa de diálogo Vanishing Point, selecione a ferramenta Measure na caixa de ferramentas à esquerda.

5 Posicione o cursor sobre a borda inferior esquerda da seção transversal. Certifique-se de que seu cursor está sobre a grade (uma cruz com um ícone de régua aparecerá); clique então na borda inferior esquerda da seção transversal para configurar o primeiro ponto de medição. Em seguida, arraste até a borda inferior direita.

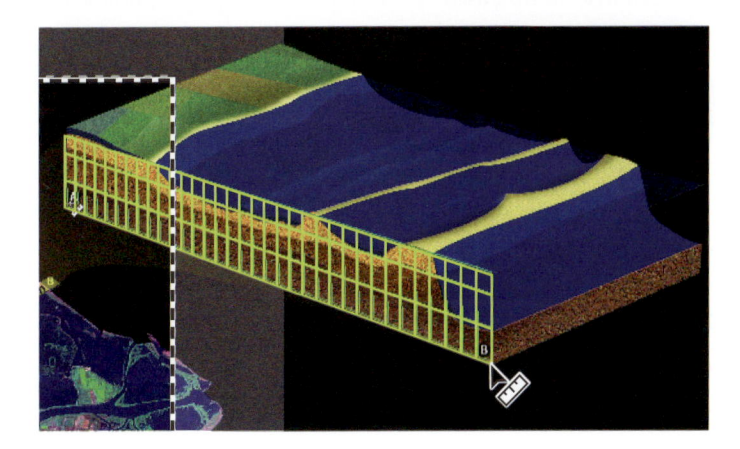

6 Na caixa Length, na parte superior da janela, insira **3.36**, o comprimento em quilômetros da seção. Esse é o valor que você determinou no procedimento anterior ao medir a seção transversal com a ferramenta Ruler. O valor é atualizado na janela Vanishing Point.

Agora você medirá a profundidade da seção medindo verticalmente a borda esquerda da seção transversal.

7 Arraste novamente ao longo da borda inferior da seção transversal. Os dados do comprimento da seção transversal (3.36) e do ângulo (89.7 graus) são exibidos.

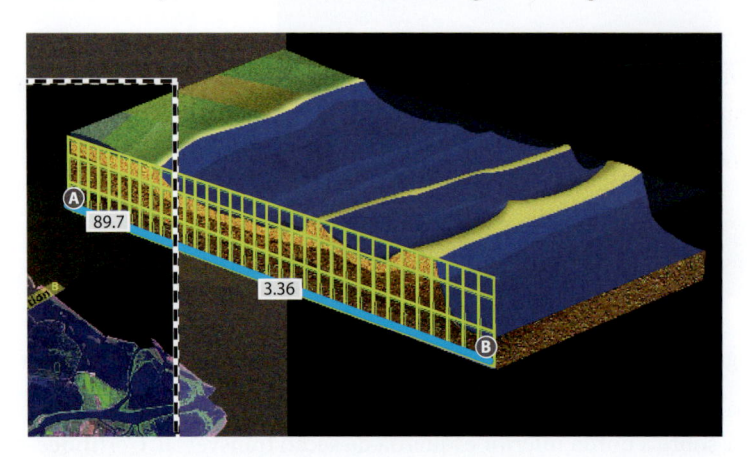

8 Utilizando a ferramenta Measure, clique na borda superior esquerda e arraste até a borda inferior esquerda. O comprimento e o ângulo da linha vertical aparecem na janela, com base no comprimento que você inseriu no Passo 6. A linha mostra a profundidade da seção transversal, 0.3 (quilômetros) na nossa medição.

9 Dê um clique duplo na nota da janela de imagem para abri-la e digite **Section Depth: 0.3 km**. Então feche essa nota.

10 Clique em OK na caixa de diálogo Vanishing Point para fechá-la.

Com as medições feitas, você está pronto para adicionar os dados ao infográfico.

Adicione uma legenda

Você completará o infográfico criando uma legenda para ele utilizando as várias medidas que tirou.

1 Mude para o Bridge. No painel Folder, navegue até a pasta Lesson13 e dê um clique duplo no arquivo Legend.psd para abri-lo.

LIÇÃO 13 **461**
Trabalhando com Imagens Científicas

2 Na paleta Layers do arquivo Legend.psd, arraste a camada Legend Group até a imagem 13Working.psd.

3 Utilizando a ferramenta Move (⊕), posicione a arte-final Legend na terceira parte inferior do fundo preto, à direita.

4 Se você tiver um aplicativo de planilha, como o Excel, abra esse aplicativo. Navegue até a pasta Lesson13/Maps e dê um clique duplo para abrir o arquivo 13_Inland_Seas.csv.

5 Selecione a ferramenta Type (T) na caixa de ferramentas.

6 Consulte as medidas exibidas no arquivo de planilha, 13_Inland_Seas, que você acabou de abrir, ou consulte os valores que registrou anteriormente na sua nota. Selecione os "0000" ao lado de cada entrada e digite as informações corretas na tabela de legenda:

- Para Total Area, insira **625 km2**.
- Para Water Area, insira **134 km2**.
- Para Section Length, insira **3.36 km**.
- Para Section Depth, insira **0.3 km**.

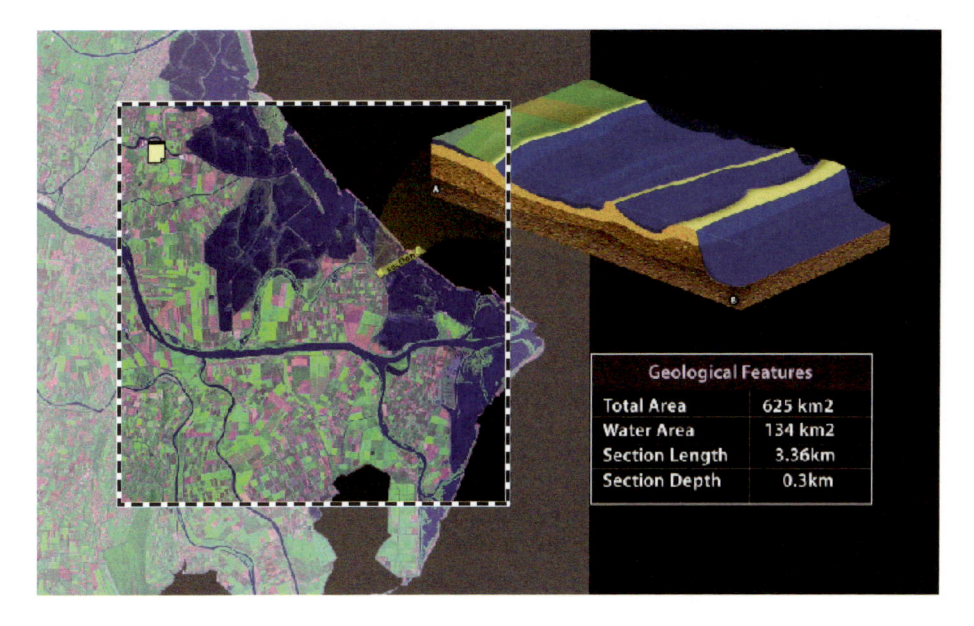

7 Escolha File > Save para salvar seu trabalho.

Crie uma apresentação de slides

Seu infográfico está completo. Depois desse árduo trabalho de medição e design preciso, agora é o momento de criar uma apresentação de slides para exibir seu belo trabalho aos colegas.

1 Mude para o Bridge e navegue até a pasta Lesson13/Maps. Dê um clique duplo na pasta Maps para exibir seu conteúdo. Com Shift pressionada, clique nos cinco arquivos Map_Section para selecioná-los.

2 Escolha View > Slideshow Options. Você irá configurar a apresentação de slides das cinco seções do mapa para que elas se dissolvam entre uma imagem e a seguinte.

3 Na caixa de diálogo Slideshow Options, selecione Scaled To Fit para a opção When Presenting, Show Slides; para Transition, escolha Dissolve. Deixe as outras opções como estão.

4 Clique em Play para reproduzir a apresentação de slides. Para interromper a apresentação de slides, pressione a tecla Esc.

5 Depois de terminar de visualizar a apresentação de slides, clique em Done para fechar a caixa de diálogo Slideshow Options.

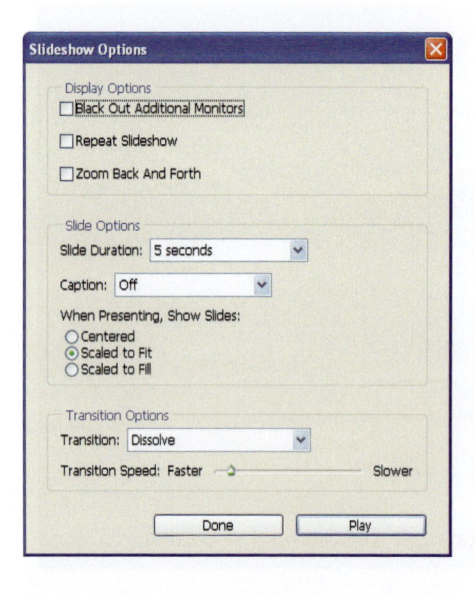

Você pode repetir a apresentação de slides escolhendo View > Slideshow. Para passar as imagens rapidamente, simplesmente pressione a tecla de seta para a direita no teclado; para retroceder as imagens, pressione a tecla de seta para a esquerda.

6 Escolha File > Save para salvar seu trabalho.

Parabéns! Você concluiu a lição. Agora está pronto para testar suas habilidades de medição em outras imagens no seu portfólio.

Revisão

▶ Perguntas

1 O que são metadados? Como você os adiciona a um documento do Photoshop?

2 Como medir um objeto no Photoshop Extended com a ferramenta Measurement?

3 Qual é a diferença entre a ferramenta Ruler e a ferramenta Measurement?

4 Como medir em três dimensões?

5 Como você pode criar uma apresentação de slides do seu trabalho?

▶ Respostas

1 Metadados são informações padronizadas sobre um arquivo, incluindo o nome do autor, resolução, espaço de cores, direitos autorais e palavras-chave aplicadas a um arquivo. Você pode adicionar metadados no Adobe Bridge, no painel IPTC.

2 Para medir um objeto no Photoshop Extended, configure uma escala de medição (Analysis > Set Measurement Scale); crie uma seleção ou utilize a ferramenta Ruler para medir dois pontos e, então, escolha Record Measurement no menu Analysis ou Measurement Log.

3 A ferramenta Ruler, no Photoshop, permite calcular a distância entre dois pontos quaisquer no espaço de trabalho. O recurso Measurement, no Photoshop Extended, permite medir qualquer área definida com a ferramenta Ruler ou com uma ferramenta de seleção, incluindo áreas irregulares selecionadas com as ferramentas Lasso, Quick Select ou Magic Wand. Você também pode calcular a altura, a largura, a área e o perímetro, ou monitorar as medidas de uma ou várias imagens. Os dados das medidas são registrados na paleta Measurement Log, onde você pode classificar os dados ou exportá-los para um arquivo de planilha.

4 Você pode medir em três dimensões aplicando o filtro Vanishing Point, criando uma grade e, então, utilizando a ferramenta Measure para medir distâncias ao longo dessa grade.

5 Para criar uma apresentação de slides do seu trabalho, utilize o Adobe Bridge. Selecione as miniaturas das imagens a incluir na apresentação de slides, escolha View > Slideshow Options para configurar opções de exibição e, então, pressione Play para executar a mostra. Depois de configurar as opções da apresentação de slides, simplesmente escolha View > Slideshow para reproduzir a animação.

October 9 – November 14, 2007

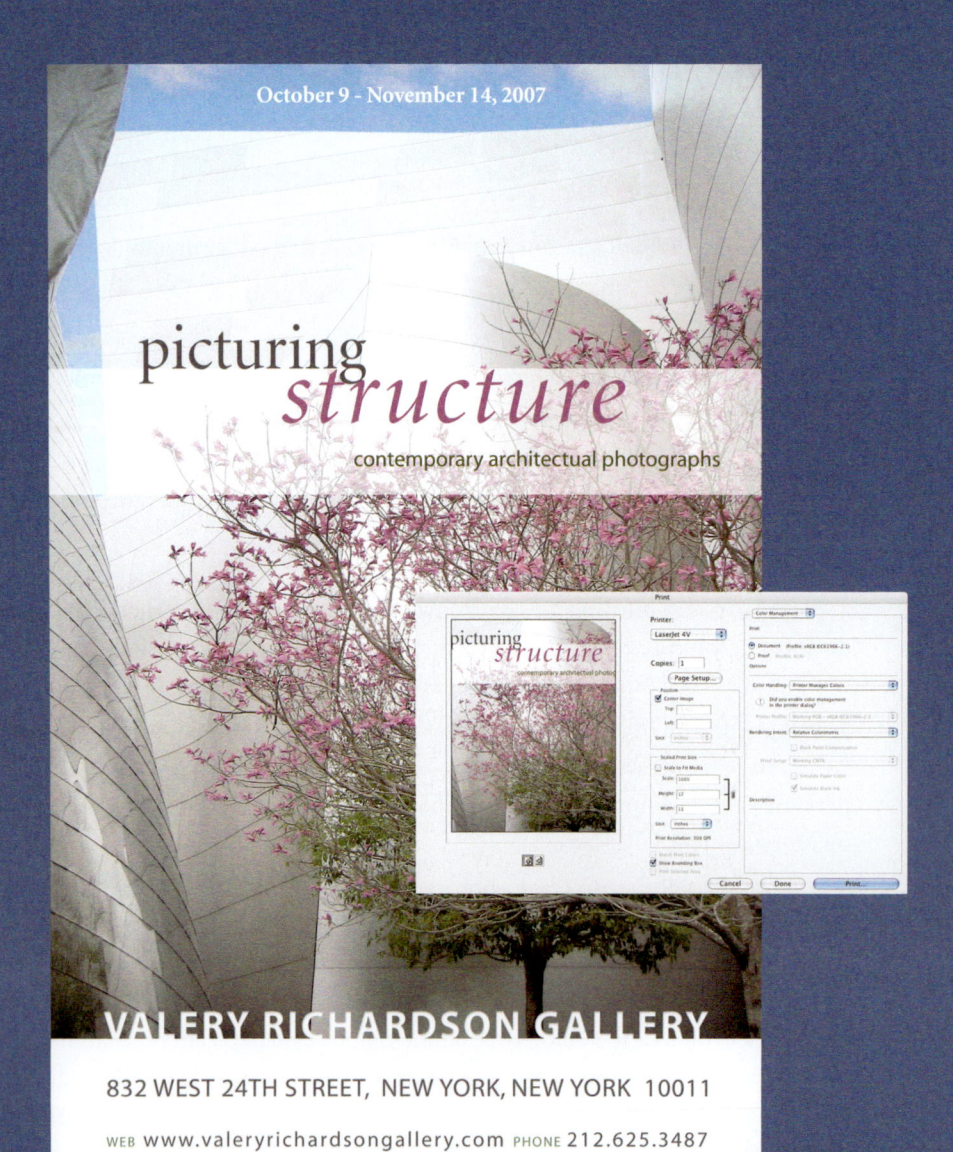

picturing *structure*

contemporary architectual photographs

VALERY RICHARDSON GALLERY

832 WEST 24TH STREET, NEW YORK, NEW YORK 10011

WEB www.valeryrichardsongallery.com PHONE 212.625.3487

Para produzir cores consistentes, você define o espaço de cores de edição e exibição de imagens RGB e o espaço de cores de edição, exibição e impressão de imagens CMYK. Isso ajuda a assegurar que as cores na tela sejam iguais às cores impressas.

14 | Produzindo e Imprimindo Cores Consistentes

Visão geral da lição

Nesta lição, você aprenderá a fazer o seguinte:

- Definir espaços de cores RGB, tons de cinza e CMYK para exibir, editar e imprimir imagens.
- Preparar uma imagem para a impressora PostScript CMYK.
- Testar a impressão de uma imagem.
- Criar e imprimir uma separação em quatro cores.
- Entender como as imagens são preparadas para imprimir em gráficas.

Esta lição levará menos de uma hora para ser concluída. Se necessário, remova a pasta da lição anterior da unidade de disco e copie a pasta Lessons/Lesson14 sobre ela. Ao trabalhar nesta lição, você preservará os arquivos iniciais. Se precisar restaurar os arquivos originais, copie-os do CD do *Adobe Photoshop CS3 Classroom in a Book*.

Para esta lição é necessário que o computador esteja conectado a uma impressora colorida PostScript. Se não estiver, nem todos os exercícios poderão ser feitos.

Reproduza cores

As cores em um monitor são exibidas pela combinação das luzes vermelha, verde e azul (chamadas de cores RGB – *red*, *green* e *blue*), enquanto as cores impressas são, em geral, criadas a partir da combinação de quatro cores de tinta – ciano, magenta, amarelo e preto (chamadas de CMYK – cyan, magenta, yellow e black). Essas quatro tintas são chamadas cores de processo (também chamadas cores de escala) porque são as tintas padrão utilizadas nos processos de impressão quatro cores.

Imagem RGB com os canais de vermelho, verde e azul

Imagem CMYK com os canais ciano, magenta, amarelo e preto

Como os modelos de cores RGB e CMYK utilizam métodos diferentes para exibir cores, eles reproduzem um *gamut,* ou intervalo de cores, diferente. Por exemplo, como o RGB utiliza luz para produzir cor, seu gamut inclui cores neon, como aquelas em um sinal luminoso.

De modo diferente, as tintas de impressão destacam-se na reprodução de certas cores que podem residir fora do gamut RGB, como alguns tons pastéis e o preto puro.

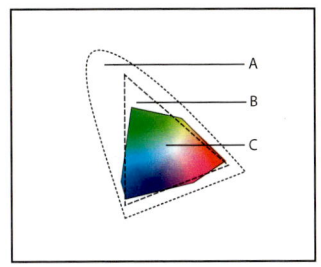

A. Gamut de cor natural
B. Gamut de cores RGB
C. Gamut de cores CMYK

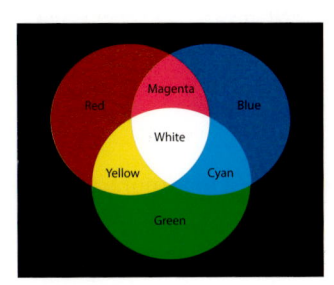

Modelo de cores RGB

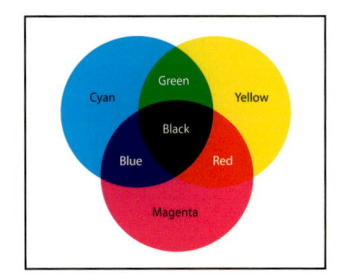

Modelo de cores CMYK

Mas nem todos os gamuts RGB e CMYK são semelhantes. Cada modelo de monitor e impressora é diferente e, portanto, cada um deles exibe um gamut ligeiramente diferente. Por exemplo, uma marca de monitor pode produzir azuis ligeiramente mais brilhantes do que os produzidos por outra marca. O espaço de cores para um dispositivo é definido pelo gamut que ele pode reproduzir.

Modelo RGB

Uma grande porcentagem do espectro visível pode ser representada misturando-se luz colorida vermelha, verde e azul (RGB) em várias proporções e intensidades. Onde as cores se sobrepõem, elas criam ciano, magenta, amarelo e branco.

Como as cores RGB se combinam para criar o branco, elas também são chamadas *cores aditivas*. A adição de todas as cores cria o branco – isto é, toda luz é transmitida de volta para os olhos. As cores aditivas são utilizadas para iluminação, vídeo e monitores. O monitor, por exemplo, cria cores emitindo luz por fósforos azuis, verdes e vermelhos.

Modelo CMYK

O modelo CMYK é baseado na qualidade de absorção de luz da tinta impressa no papel. Como a luz branca atinge tintas translúcidas, parte do espectro é absorvida enquanto outras partes são refletidas de volta para os olhos.

Na teoria, os pigmentos puros de ciano (C), magenta (M) e amarelo (Y) devem se combinar para absorver toda cor e produzir o preto. Por essa razão, essas cores são chamadas *cores subtrativas*. Como todas as tintas de impressão contêm algumas impurezas, essas três tintas na verdade produzem um marrom turvo e devem ser combinadas com a tinta preta (K) para produzir um preto verdadeiro. (K é utilizado em vez de B para evitar confusão com o azul.) A combinação dessas tintas para reproduzir cor é chamada de *impressão quatro cores*.

Um perfil ICC é uma descrição do espaço de cores de um dispositivo, como o espaço de cores CMYK de uma determinada impressora. Nesta lição, você escolherá os perfis ICC do RGB e do CMYK. Assim que você especifica os perfis, o Photoshop pode incorporá-los aos arquivos de imagem. O Photoshop (e qualquer outro aplicativo que possa utilizar perfis ICC) pode então interpretar o perfil ICC no arquivo da imagem para gerenciar automaticamente a cor dela.

Para obter informações sobre a incorporação de perfis ICC, veja o Photoshop Help.

Introdução

Diferentemente de outras lições deste livro, esta não requer a visualização de uma imagem final para ver o que você está criando. Entretanto, você precisa carregar o Photoshop e restaurar as preferências padrão.

1 Inicie o Photoshop e imediatamente pressione e mantenha pressionadas Ctrl+Alt+Shift (Windows) ou Command+Option+Shift (Mac OS) para restaurar as preferências padrão (consulte "Restaurando preferências padrão", na página 22).

2 Quando solicitado, clique em Yes para confirmar a redefinição das preferências e em Close para fechar a tela Welcome.

Nota: Antes de continuar, certifique-se de que o monitor está calibrado. Se o monitor não exibir as cores com exatidão, os ajustes de cores que você fizer em uma imagem exibida nesse monitor podem ser imprecisos.

Especifique configurações de gerenciamento de cores

Na primeira parte desta lição, você aprenderá a configurar um fluxo de trabalho gerenciado por cores. Para ajudá-lo nesse procedimento, a caixa de diálogo Color Settings no Photoshop contém a maioria dos controles de gerenciamento de cores necessários.

Por exemplo, por padrão o Photoshop é configurado para RGB como parte de um fluxo de trabalho da Web. Entretanto, se você estivesse preparando uma arte-final para impressão, provavelmente, mudaria as configurações para uma melhor adaptação às imagens que seriam impressas em papel em vez de exibidas em uma tela.

Você começa esta lição criando configurações de cores personalizadas.

1 Escolha Choose Edit > Color Settings para abrir a caixa de diálogo Color Settings.

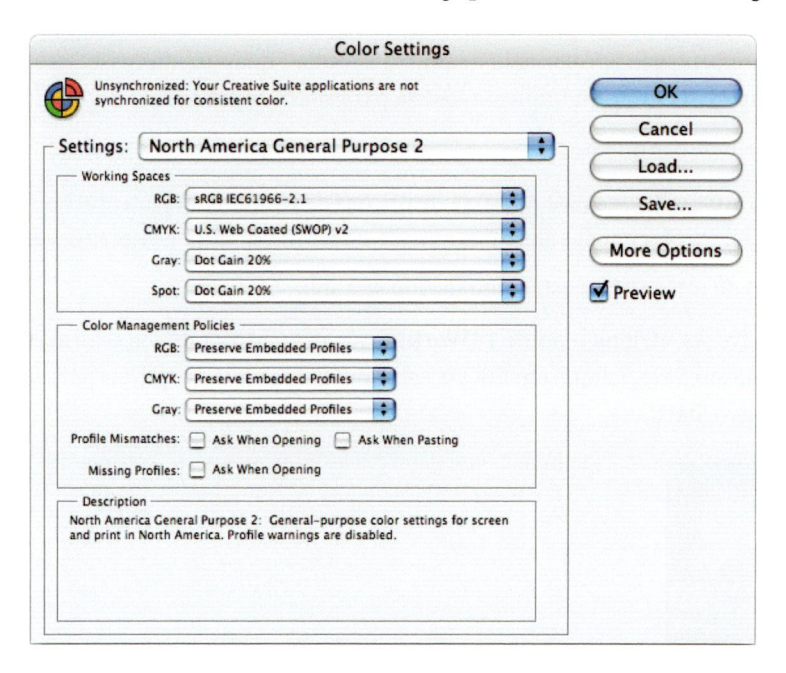

Nota: *Por padrão, o menu Settings deve mostrar North America General Purpose 2. Se não mostrar, você deve ter alterado as configurações em algum momento. Escolha-o agora.*

A parte inferior da caixa de diálogo descreve interativamente cada uma das várias opções de gerenciamento de cores, as quais você revisará agora.

2 Mova o cursor do mouse sobre cada parte da caixa de diálogo, incluindo os nomes de áreas (como Working Spaces) e as opções que você pode escolher (como as diferentes opções de menu), retornando as opções a seus padrões quando tiver terminado. Ao mover o mouse, veja as informações que aparecem na parte inferior da caixa de diálogo.

Agora, você escolherá um conjunto de opções projetado para um fluxo de trabalho de impressão em vez de um fluxo de trabalho on-line.

3 Escolha Settings > North America Prepress 2. As opções de espaços de trabalho e regras de gerenciamento de cores mudam para um fluxo de trabalho de pré-impressão. Em seguida, clique em OK.

Prova de imagens

Nesta parte da lição, você trabalhará com um arquivo do tipo que você pode digitalizar a partir de um material impresso original. Você abrirá e selecionará um perfil de prova para ver na tela uma representação aproximada daquilo que obterá quando impresso. Isso permitirá fazer uma prova da imagem impressa na tela para saída impressa.

Você começará abrindo o arquivo.

1 Clique no botão Go To Bridge ( ) na barra de opções de ferramenta para abrir o Adobe Bridge ou escolha File > Open, para abrir o arquivo 14Start.tif na pasta Lessons/Lesson14.

Uma imagem RGB de um cartão postal digitalizado se abre.

2 Escolha File > Save As, atribua o nome **14Working** ao arquivo, mantenha o formato TIFF selecionado e clique em Save. Clique em OK na caixa de diálogo TIFF Options para salvar uma cópia do arquivo Start.

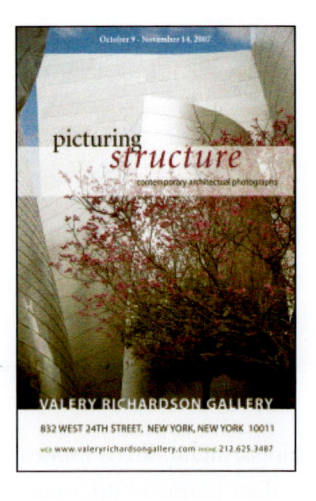

Antes de fazer a revisão na tela ou de fazer uma prova impressa dessa imagem, você irá configurar um perfil de prova. Um perfil de prova (também chamado de configuração de prova) define como o documento vai ser impresso e adiciona essas propriedades visuais à versão na tela para a revisão mais exata de provas na tela. O Photoshop fornece uma variedade de configurações que podem ajudar a fazer revisão de provas de imagens para diferentes usos, inclusive impressão e exibição na Web. Para esta lição, você criará uma configuração de prova personalizada. Você pode então salvar as configurações para utilizá-las em outras imagens que terão o mesmo tipo de saída.

3 Escolha View > Proof Setup > Custom. A caixa de diálogo Customize Proof Condition se abre.

4 Certifique-se de que a caixa Preview está marcada.

5 No menu Device To Simulate, escolha um perfil que represente um perfil de cor de origem de saída final, como aquele para a impressora que você utilizará para imprimir a imagem. Se não tiver uma impressora específica, o perfil Working CMYK – U. S. Web Coated (SWOP) v2 é, em geral, uma boa escolha.

6 Certifique-se de que a opção Preserve Numbers **não** está marcada. Deixar essa opção desativada simula a maneira como a imagem aparecerá se as cores forem convertidas do espaço de documento para seus equivalentes mais próximos no espaço de perfil de prova.

Nota: *Essa opção nem sempre está disponível e fica desativada e desmarcada para o perfil U. S. Web Coated (SWOP) v2.*

7 No menu Rendering Intent, escolha uma renderização pretendida para a conversão, como Relative Colorimetric, que é uma boa escolha para preservar os relacionamentos de cor sem sacrificar a exatidão de cor.

8 Se ela estiver disponível para o perfil que você escolheu, marque a caixa de seleção Simulate Black Ink. Então remova a seleção dela e marque a caixa de seleção Simulate Paper Color; marcar essa opção seleciona automaticamente a opção Simulate Black Ink.

Observe que a imagem parece perder o contraste. Paper Color simula o branco do papel real, de acordo com o perfil da prova. Black Ink simula o cinza escuro que você realmente obtém, em muitas impressoras, em vez de um preto sólido de acordo com o perfil de prova. Nem todos os perfis suportam essas opções.

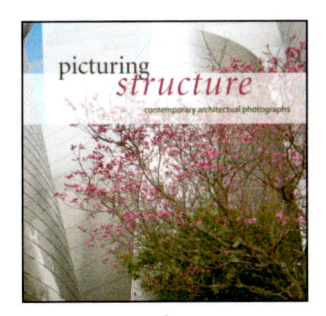

Imagem normal

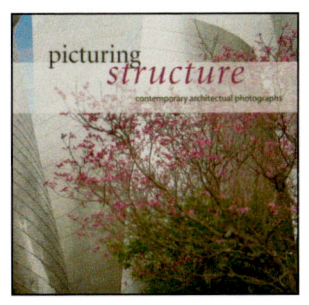

Imagem com as opções Paper Color e Black Ink marcadas

9 Clique em OK.

Para ativar e desativar as configurações de prova, escolha View > Proof Colors.

Identifique cores fora do gamut

A maioria das fotos digitalizadas contém cores RGB dentro do gamut CMYK e mudar a imagem para o modo CMYK (o que você fará mais tarde para poder imprimir o arquivo) converte todas as cores com uma substituição relativamente pequena. As imagens que são criadas ou alteradas digitalmente, porém, costumam conter cores RGB que estão fora do gamut CMYK – por exemplo, logotipos e luzes neon coloridas.

Nota: *Cores fora do gamut são identificadas por um ponto de exclamação ao lado do seletor de cores na paleta Colors, no Color Picker e na paleta Info.*

Antes de converter uma imagem RGB em CMYK, você pode visualizar os valores de cor CMYK ainda no modo RGB.

1 Escolha View > Gamut Warning para ver as cores fora do gamut. O Adobe Photoshop cria uma tabela de conversão de cores e exibe um cinza neutro na janela da imagem em que as cores estão fora do gamut.

Como o cinza pode ser difícil de indicar na imagem, você agora irá convertê-lo em uma cor de alerta de gamut mais visível.

2 Escolha Edit > Preferences > Transparency & Gamut (Windows) ou Photoshop > Preferences > Transparency And Gamut (Mac OS). Então clique na amostra de cor na área Gamut Warning na parte inferior da caixa de diálogo.

3 Escolha uma cor viva, como roxo ou verde claro e clique em OK.

4 Clique em OK novamente para fechar a caixa de diálogo Transparency And Gamut. A nova cor brilhante que você escolhe aparece no lugar do cinza neutro como a cor de alerta de gamut.

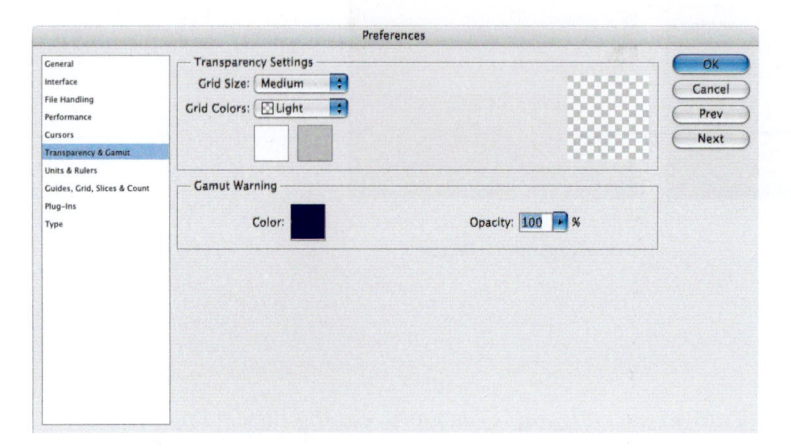

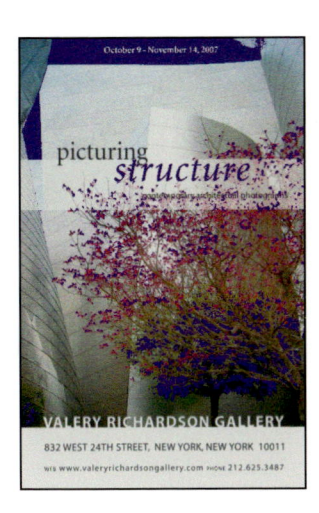

5 Escolha View > Gamut Warning para desativar a visualização de cores fora do gamut.

O Photoshop corrigirá automaticamente essas cores fora do gamut quando você salvar o arquivo no formato Photoshop EPS mais adiante nesta lição. O formato Photoshop EPS muda a imagem de RGB para CMYK, ajustando as cores RGB conforme necessário para trazê-las no gamut de cor CMYK.

Ajuste uma imagem e imprima uma prova

O próximo passo da preparação de uma imagem para a saída é fazer todos os ajustes de cor e tonais necessários. Neste exercício, você adicionará alguns ajustes tonais e de cor para corrigir uma digitalização inadequada do pôster original.

Para que você possa comparar a imagem antes e depois de fazer correções, você começará fazendo uma cópia.

1 Escolha Image > Duplicate e clique em OK para duplicar a imagem.

2 Organize as duas janelas de imagem em seu espaço de trabalho para que possa compará-las enquanto trabalha.

Agora você ajustará o tom e a saturação da imagem. É possível ajustar as cores de várias maneiras, incluindo o uso dos comandos Levels e Curves. Você utilizará o comando Hue/Saturation.

3 Selecione 14Working.tif (a imagem original).

4 Escolha Effect > Adjustments > Hue/Saturation. Arraste a caixa de diálogo Hue/Saturation para o lado para que ainda possa ver a imagem 14Start.tif, certifique-se de que caixa Preview está marcada e faça o seguinte:

- Arraste o controle deslizante Hue até que as cores, especialmente as do topo dos edifícios, pareçam mais neutras (utilizamos +15).
- Arraste o controle deslizante Saturation até que a intensidade das cores pareça normal (utilizamos −65).
- Deixe a configuração Lightness no valor padrão (0) e clique em OK.

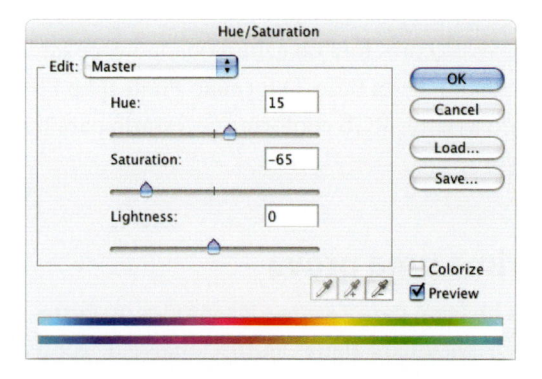

Nota: *Antes de imprimir essa imagem, tente ativar o alerta de gamut novamente; você deve ver que removeu da imagem a maioria das cores fora do gamut.*

5 Com 14Working.tif ainda selecionado, escolha File > Print.

6 Na caixa de diálogo Print, faça o seguinte na coluna da direita das opções:

- Escolha Color Management no menu pop-up na parte superior da coluna.
- Na área Print, clique no botão Proof para selecionar o perfil de prova.
- Para Color Handling, escolha Printer Manages Colors no menu pop-up e, então, para Proof Setup, escolha Working CMYK.
- (Opcional) Pressione Alt (Windows) ou Option (Mac OS) para mudar o botão Done para Remember e clique em Remember para salvar essas configurações para a próxima vez que você for imprimir.
- Clique em Print para imprimir a imagem em uma impressora colorida e compare-a com a versão na tela.

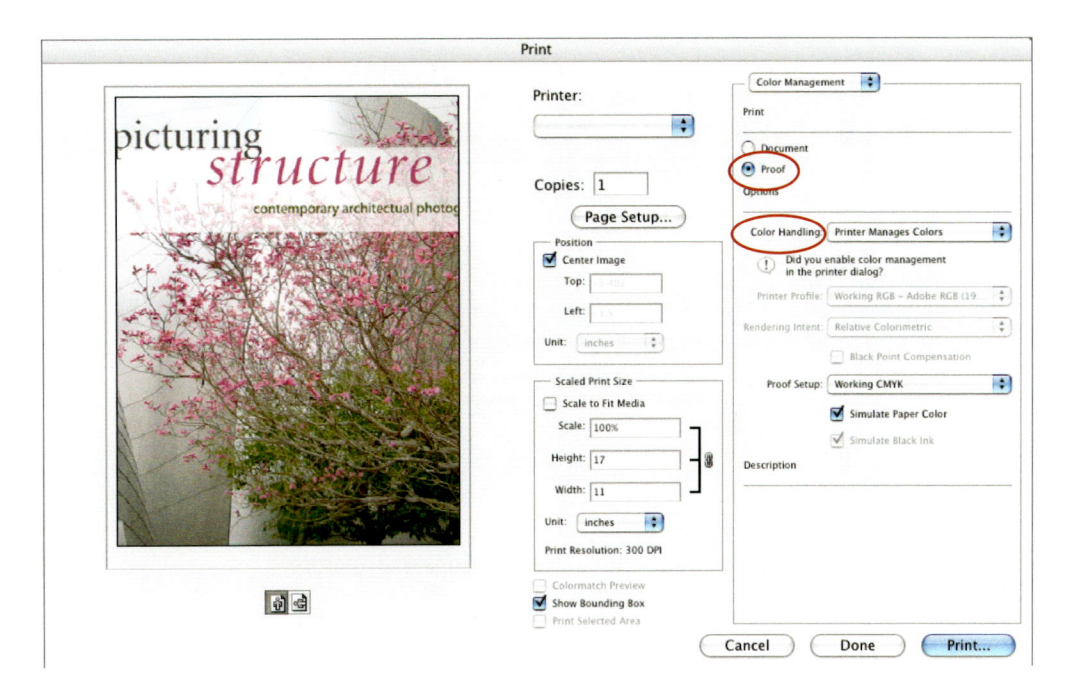

Salve a imagem como uma separação

Neste exercício, você aprenderá a salvar a imagem como uma separação de modo que possa imprimir em chapas de ciano, magenta, amarelo e preto separadas.

1 Com 14Working.tif ainda selecionado, escolha File > Save As.

2 Na caixa de diálogo Save As, faça o seguinte:

• Escolha Format > Photoshop EPS.

• Sob Color, selecione a caixa de seleção Use Proof Setup: Working CMYK. Não se preocupe com o ícone de alerta para salvar uma cópia que aparece.

Nota: *Essas configurações fazem com que a imagem seja convertida automaticamente de RGB em CMYK quando ela é salva no formato Encapsulated PostScript (EPS) do Photoshop.*

• Aceite o nome do arquivo 14Working copy.eps e clique em Save.

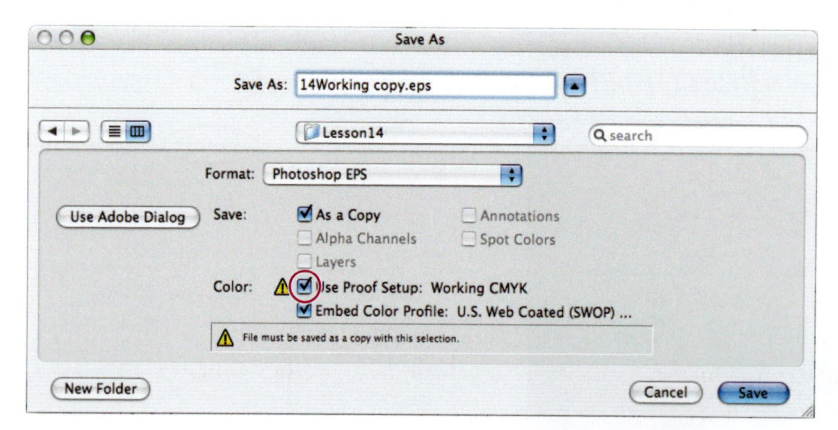

3 Clique em OK na caixa de diálogo EPS Options que aparece.

4 Salve e, então, feche os arquivos 14Working.tif e 14Working copy.tif.

5 Escolha File > Open, vá para a pasta Lessons/Lesson14 e selecione e abra o arquivo 14Working copy.eps.

Observe na barra de título do arquivo da imagem que 14Working copy.eps é um arquivo CMYK.

Imprima

Quando estiver pronto para imprimir a imagem, utilize as seguintes diretrizes para obter os melhores resultados:

- Imprima uma *composição de cor*, frequentemente chamada de *color comp*. Uma composição de cor é uma única impressão que combina os canais de vermelho, verde e azul de uma imagem RGB (ou canais de ciano, magenta, amarelo e preto de uma imagem CMYK). Isso indica como será a imagem impressa final.
- Configure os parâmetros da tela de meio-tom (retícula).
- Imprima as separações para certificar-se de que a imagem está separada corretamente.
- Imprima para filme ou chapa.

Imprima separações de meio-tom

Para especificar a tela de meio-tom (retícula) ao imprimir uma imagem, você utiliza a opção Screen na caixa de diálogo Print. Os resultados do uso de uma tela de meio-tom só aparecem na cópia impressa; não é possível ver as retículas na tela do computador.

Ao imprimir separações de cores, você imprime quatro telas de tons de cinza, uma para cada cor de processo. Cada tela contém informações de meio-tom (retícula) para o respectivo canal, incluindo a freqüência e o ângulo da tela e a forma do ponto.

A *freqüência de tela* controla a densidade de pontos na retícula. Visto que os pontos são organizados em linhas na retícula, a medida comum para freqüência da tela é de linhas por polegada (lpi). Quanto maior a freqüência, melhor será a produção da imagem (dependendo da capacidade de exibição de linhas da impressora). Revistas, por exemplo, tendem a utilizar retículas de boa qualidade, de 133 lpi e superior, porque são normalmente impressas em papel cuchê e em máquinas de alta qualidade. Os jornais, que normalmente são impressos em papel de qualidade inferior, tendem a utilizar freqüências de tela menores, como 85 lpi.

O *ângulo de tela* utilizado para criar retículas de imagens de tons de cinza é, em geral, de 45 graus. Para obter melhores resultados com separações de cores, selecione a opção Auto na caixa de diálogo Halftone Screen (que é acessada pela caixa de diálogo Print, como você verá em um minuto). Você também pode especificar um ângulo para cada tela de cor. Configurar as telas em ângulos diferentes assegura que os pontos colocados pelas quatro telas se mesclem perfeitamente para parecerem uma cor contínua e para não produzirem padrões de moiré.

Pontos na forma de losangos são mais comumente utilizados em telas de meio tom. No Photoshop, porém, você também pode escolher pontos arredondados, elípticos, lineares e na forma de cruz.

Nota: Por padrão, uma imagem utilizará as configurações de tela de meio-tom do dispositivo de saída ou do software a partir do qual a saída da imagem é gerada. Normalmente, não é necessário especificar configurações de tela de meio-tom, a menos que você queira sobrescrever as configurações padrão. Você deve sempre consultar seu fornecedor de pré-impressão antes de especificar opções de tela de meio-tom.

Neste exercício, você ajustará as telas de meio-tom da imagem do pôster e, então, imprimirá as separações de cores.

1 Com a imagem 14Working copy.eps aberta a partir do exercício anterior, escolha File > Print.

2 Na parte superior da coluna direita das opções, escolha Output no menu pop-up.

3 Clique no botão Screen no lado direito da caixa de diálogo.

4 Na caixa de diálogo Halftone Screen, faça o seguinte:

- Remova a seleção da caixa de seleção Use Printer's Default Screen.

- Alterne pelo menu Ink para ver as informações de Frequency, Angle e Shape para cada canal de cor.

- Para a tinta Cyan, escolha Shape > Ellipse.

- Alterne entre as opções Magenta, Yellow e Black do menu Ink e note que todos os menus de Shape agora mostram Ellipse. Poderíamos alterar outras opções, mas, neste exercício, as deixaremos como estão.

- Clique em OK para fechar a caixa de diálogo Halftone Screen.

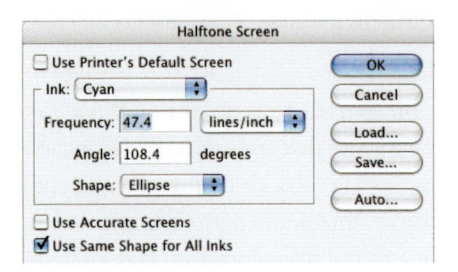

Por padrão, o Photoshop imprime uma imagem CMYK como um só documento. Para imprimir esse arquivo como separações, você precisa instruir explicitamente o Photoshop na caixa de diálogo Print.

5 De volta à caixa de diálogo Print, faça o seguinte:

- Escolha Color Management no menu pop-up na parte superior da coluna direita.
- Na área Print, clique no botão Document.
- Na área Options, escolha Color Handling > Separations.
- Clique em Print.

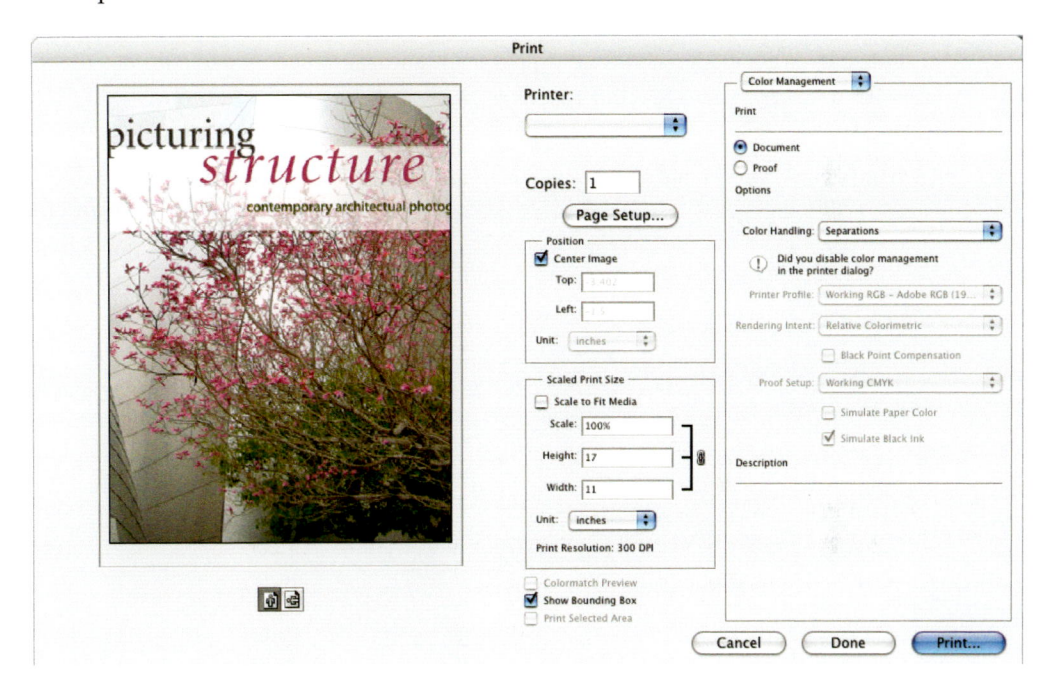

6 Escolha File > Close e não salve as alterações.

Isso completa sua introdução à impressão e produção de cores consistentes utilizando o Adobe Photoshop. Para informações adicionais sobre o gerenciamento de cores, opções de impressão e separações de cores, consulte a ajuda do Photoshop.

Revisão

▶ Perguntas

1 Que passos você deve seguir para reproduzir cores de modo exato?

2 O que é um gamut?

3 O que é um perfil ICC?

4 O que são separações de cores? Como uma imagem CMYK difere de uma imagem RGB?

5 Que passos você deve seguir ao preparar uma imagem para separações de cores?

Respostas

1 Calibre seu monitor e utilize a caixa de diálogo Color Settings para especificar que espaços de cor utilizar. Por exemplo, você pode especificar que espaço de cores RGB utiliza imagens on-line e que espaço de cores CMYK utiliza imagens que serão impressas. Você pode então fazer uma prova da imagem, verificar cores fora do gamut, ajustar cores quando necessário e, para imagens impressas, criar separações de cores.

2 Um gamut é o intervalo de cores que pode ser reproduzido por um modelo ou dispositivo de cores. Por exemplo, os modelos de cores RGB e CMYK têm gamuts diferentes, assim como qualquer par de scanners RGB.

3 Um perfil ICC é uma descrição do espaço de cores de um dispositivo, como o espaço de cores CMYK de uma impressora específica. Aplicativos como o Photoshop podem interpretar perfis ICC em uma imagem para manter a consistência de cor por diferentes aplicativos, plataformas e dispositivos.

4 Uma separação de cores é criada quando uma imagem é convertida no modo CMYK. As cores na imagem CMYK são separadas nos quatro canais de cores de processo, ou processamento (também conhecidas como cores de escala): ciano, magenta, amarelo e preto. Uma imagem RGB, por outro lado, tem três canais de cor: red (vermelho), green (verde) e blue (azul).

5 Você prepara uma imagem para impressão seguindo os passos para reproduzir cores com exatidão e, em seguida, converter a imagem do modo RGB para o modo CMYK para criar uma separação de cores.

Índice

A

aberração cromática, 254
achatando imagens, 116, 182-185, 351-352
    carimbando e, 353
    preenchimento branco substitui transparências, 351
ações, 360
    criando novas, 364
    criando um conjunto, 363
    gravando, 364
    nomeando, 364-366
    parar gravação, 365
    reproduzindo, 366
    reproduzindo por lote, 367
Actions, paleta, 363
    botão Play, 366
    botão Stop, 365
Add to Path Area, opção, 303
Add To Selection, opção, 145
Adobe Acrobat 8, 428
Adobe Authorized Training Centers, 24-25
Adobe Bridge, 426, 428
    abrindo um arquivo, 30-32
    adicionando a favoritos, 31, 190
    apresentação de slides, 462
    empilhando imagens relacionadas, 437
    expandindo painéis, 434
    expandindo visualizações, 300, 432
    ferramenta Lupa, 432
    filmes de QuickTime, 31
    Horizontal Filmstrip, visualização, 432
    instalando, 20
    Metadata, painel, 435
    Metadata Focus, visualização, 432
    painéis, 429
    painel Content, 430, 437
    painel Favorites, 429
    painel Folders, 429, 430
    painel Keywords, 429, 437
    painel Metadata, 429, 431
    personalizando visualizações, 429
    recursos de organização, 434
    recursos de pesquisa, 434
    rotulando imagens, 437
    visão geral, 428

Adobe Camera Raw (ACR), formato de arquivo, 230-231
    visão geral, 239
Adobe Certification, programa, 24-25
Adobe Creative Suite 3, 428
Adobe Design Center, 23-24
Adobe Dreamweaver CS3, 423
Adobe Garamond, 277
Adobe Illustrator
    animando arquivos, 409
    arte-final, 338
    editando Photoshop Smart Objects, 325
    objetos vetoriais, 322
    paleta Glyphs, 282
    selecionando atributos Stroke, 325
    visualizando arquivos, 431
Adobe InDesign, 76, 95-96
Adobe Photoshop CS3
    documentação, 23-24
    iniciando, 20
    instalando, 20
    Lightroom, 227
    novos recursos, 18
    plug-ins, 24-25
    recursos, 23-24
Adobe Photoshop CS3 Extended, 19, 426, 448
Adobe Photoshop CS3, Classroom in a Book
    conteúdo do CD, 15
    copiando arquivos de exercícios, 21-23
    instalando arquivos de exercícios, 21-22
    instalando fontes, 21-22
    introdução, 17-25
    localizando a pasta Lessons, 27
    pré-requisitos, 20
Adobe, serviços on-line, 65-66
ajuda. *Ver* Photoshop Help
ajustando a nitidez das bordas, 248
ajustes
    Curves, 39
    Desature, 377
    Invert, 132
    Levels, 203, 441
    visualizando, 39
Aligned, opção, 102
alinhando
    camadas, 168, 185
    fatias, 405-406

imagens, 372, 374
seleções, 374
texto, 174, 266, 283
amostras, selecionando, 45
Analysis, menu, 449
animações
    criando, 409
    formato de arquivo, 410
    visualizando, 413
Animation, paleta
    criando animações, 409-416
    opções de reprodução, 416
anotações
    abrindo, 280
    excluindo, 285
    ferramentas, 69
anti-aliasing, 140
apagando
    camada abaixo de, 185
    pixels de camadas, 162-164
aplicativo de layout de página, preparando imagens para, 95-96
aplicativos de planilha, 461
    exportando dados para, 455
Apply Layer Comp, caixa, 184
apresentação de slides, 258, 462
área de trabalho, 28-71
    P & R da revisão, 70-71
áreas claras. *Ver* realces
áreas escuras. *Ver* sombras
arquivo ACR, formato de. *Ver* Adobe Camera Raw (ACR), formato de arquivo
arquivo, formatos de. *Ver também* formatos de arquivo individuais
    animação, 410
    qualidade de imagem e, 362
    transferindo imagens entre aplicativos e plataformas, 239
    tridimensionais, 19
    texto, 282
arquivo, tamanho
    achatado vs não achatado, 182
    com canais e camadas, 351
    compactando para web, 419
    imprimindo, 351
    reduzindo, 182, 351, 353, 381
arquivos
    revertendo para a versão inalterada, 40
    salvando, 40, 182-185

arquivos, informações sobre, 440
Art History Brush, ferramenta, 67
atalhos pelo teclado
    adicionando ou subtraindo de seleções, 147
    carregando por meio de atalhos, 206
    criando, 57, 337
    duplicando, 133
    ferramenta Move, 128
    ferramenta Zoom, 196, 299
    filtros, 385
    invertendo as cores de primeiro plano e de fundo, 196
    Pen, Ferramentas, 299
    pesquisando no Help, 60
    restringindo movimentos, 134
Auto Align Layers, 185
Auto Color, comando, 81
    vs Auto Correction, 86-87
Auto Contrast, comando, 85
automatizando tarefas, 360

B

Background Eraser, ferramenta, 67
Background, camada
    visão geral sobre camadas, 159
barra de opções da ferramenta
    comparada com paletas, 56
    visão geral, 42
barra de status, 33, 116, 441
    escolhendo opções, 182
Baseline Shift, 283
Batch, comando, 367
Bevel and Emboss, estilo de camada, 341
Black Matte, opção (Refine Edges), 146
blank, opção de Target, 408
Blending Options, caixa de diálogo, 447
Blur, ferramenta, 68
bordas
    criando, 392-393, 443-448
    dando maior nitidez, 248
    descartando, 80
    linha tracejada, 445-447
    selecionando, 210
    suavizando, 145
botões de navegação, 405-407
    visualizando função, 404
Brush, ferramenta, 66, 67
    configurando opções, 192, 379
    opacidade, 379
    opções de co. figuração, 48, 105, 113
Brushes, paleta, 48, 195, 393
Burn, ferramenta, 68

C

caixa de ferramentas
    comparada com paletas, 56
    selecionando e utilizando uma ferramenta na, 32
    visualização em coluna dupla, 33
    visualizando o tópico da ajuda, 61
camadas, 154-187. *Ver também* camadas de forma; camadas de texto
    achatando visíveis, 183
    adicionando, 170
    agrupando, 217
    agrupando em Smart Objects, 286-287
    agrupando por conteúdo, 349-351
    ajuste, 345-347
    alinhando, 168, 185
    alternando entre combinações de, 347
    apagando, 162-164
    aplicando degradê a, 170-172
    atalho de seleção, 377, 387
    canais vs., 198
    carimbando, 353-354
    como quadros de animação, 409
    compactando, 182
    convertendo em um fundo, 159
    convertendo para Smart Filters, 368
    copiando, 135, 159-161
    copiando e centralizando, 161
    copiando e mesclando, 135
    correspondendo cores, 391
    cortando, 331
    criando por meio da cópia, 387
    criando por meio de cópia, 309
    degradê, 170-172
    desmarcando, 173
    desvinculando da máscara de camada, 200, 205
    distorcendo, 285, 288
    duplicando, 113
    editando duplicadas, 112-116
    efeitos, 175-180, 179
    excluindo, 305, 378
    excluindo ocultas, 324
    exibindo, 161
    expandindo e recolhendo, 218
    fatias a partir de, 408
    forma, 313, 315
    ícones de miniatura, 157
    intermediando, 414
    mesclando, 286, 332, 351, 381
    mesclando grupos, 352
    mesclando visíveis, 182, 389
    miniaturas, ocultando e redimensionando, 158
    modelo, 313, 323
    modos de mesclagem, 167, 377
    movendo entre documentos, 214
    nomeando, 373
    nomeando grupos, 350
    novas a partir da cópia, 387
    obtendo uma amostra de todas as visíveis, 142
    ocultando, 161
    ocultando todas, exceto a selecionada, 163
    opacidade, 167
    organizando, 166
    P & R da revisão, 186-187
    rasterizando, 339
    redimensionando, 168
    removendo pixels de, 162-164
    renomeando, 159
    reorganizando, 165
    selecionando, 162
    selecionando conteúdo, 333
    subtraindo formas, 316
    tamanho da impressão, 351
    técnicas avançadas, P & R da revisão, 356-357
    texto, 173
    transformando, 168
    transparência, 167
    vazias, 170
    vinculando, 168-170, 274
    vinculando a máscara de camada, 206
camada, máscaras de
    adicionando, 205, 207
    ativando e desativando, 200
    camada de forma, 315
    camadas de ajuste e, 382
    definição, 224
    desvinculando, 200, 205
    indicador de seleção, 208
    máscaras de canal vs., 204
    Paste Into, 135
    vinculando à camada, 206
camadas, composições de, 347
    adicionando, 347
    visão geral, 184
    visualizando diferentes, 349
camadas, grupos de
    copiando, 217
    recortando, 221
camadas de ajuste
    cortando, 382
    criando, 345

editando, 382
  camadas vs., 381
  equilíbrio de cor, 381
  excluindo, 382
  Hue/Saturation, 215
  níveis, 345
  nomeando, 346
  recortando, 382
camadas de forma. *Ver também* elementos gráficos vetoriais
  opção de ferramenta, 313
  subtraindo formas, 316-317
camadas de modelo
  excluindo, 323
camadas de corte, 221
  criando, 216
  indicador, 222
camadas de texto, 173
  atualizando, 300
  camadas vs., 267
  criando novas, 273
  movendo com camada de máscara, 274
  selecionando conteúdo, 273
camera raw, imagens
  abrindo, 230-231
  ajustando a nitidez, 235
  câmeras suportadas pela Adobe Camera Raw, 230-231
  criando, 230-231
  equilíbrio de branco e ajuste de exposição, 233-234
  formatos de arquivo para salvar, 239
  histograma, 235
  preservando arquivos originais, 235
  proprietárias, 229
  salvando, 237
  sincronizando configurações pelas imagens, 236
  visão geral, 230
caminho. *Ver* demarcador
canais
  ajustando individuais, 203
  aplicando filtros a individuais, 383
  camadas vs., 198
  copiando, 203
  corrigindo ruído em, 245
  desativando, 202
  editando em, 203
  exibindo individuais, 194
  exibindo nas cores respectivas, 202
  identificando seleções com, 202
  nas janelas de imagem, 200
  nomeando, 200, 204
  ocultando e exibindo, 194

P & R da revisão, 225
salvando seleção como, 199
tamanho de impressão, 351
visão geral, 190
visualizando, 201
canais alpha, 190. *Ver também* canais
  aparência, 200
  carregando como seleção, 206
  definição, 224
  utilizando em outras imagens, 198
  visão geral, 199
Canon Digital Rebel, câmera, 229
Canvas Size, caixa de diálogo, 209
carimbando camadas, 353
Channels, paleta, 190
  aparência do canal alpha, 200
  canais de informações, 194
  carregando seleções, 206
  exibição de máscara, 205
  salvando seleção, 199
  separando da paleta Layers, 201
  visualizando seleção salva, 376
Character, paleta, 55, 271, 273, 275, 277, 280
Chrome, filtro, 383
Cineon, formato de arquivo, 239
classificando imagens, 438
clonando e misturando, 251
Clone Source, ferramenta, 354
Clone Stamp, ferramenta, 101, 104
  configurando amostra, 101
  History Brush, ferramenta vs., 111
  Sample Aligned, opções, 102
CMYK, canal, 201
CMYK, modelo de cor, 466
  definição, 466
  gamut, 466
CMYK, modo de cor
  com formato Photoshop EPS, 476
  convertendo imagens RGB em, 472
  filtros, 207
  para impressão em quatro cores, 95-96, 466
colando
  comandos, 135
  e suavização de serrilhado, 140
  em perspectiva, 335, 340, 344
  na mesma resolução, 135
  texto, 281
Color Overlay, estilo, 177
Color Picker, 472
Color Range, comando
  comando Extract, 213
Color Replacement, ferramenta, 67
Color Sampler, ferramenta, 69

Color Settings, caixa de diálogo, 382, 469
Color, modo de mesclagem, 378
Color, paleta, 55, 325, 472
colorindo, 215
colorindo manualmente, 376
comandos automáticos
  ajustes de cor, 81
  manuais vs., 94
Commit Any Current Edits, botão, 179
Commit Transform, botão, 323
configuração de prova, 470
configurações de compactação, 417-419
configurações de cores
  restaurando, 23-24
  salvando, 22-23
conjuntos de camadas, 350
  achatando, 352
Content, painel
  Adobe Bridge, 191
conteúdo Web
  modelos de cores, 74
Contract, comando, 377, 381, 383
contraste, 82-85
Convert For Smart Filters, comando, 368
Convert To Smart Objects, comando, 287
copiando
  arquivos de exercícios do Classroom in a Book, 21-22
  camadas, 159-161
  canais, 203
  comandos, 135
  e suavização de serrilhado, 140
  e transformando, 134
  em perspectiva, 344
  estilos de camada, 180
  grupos de camadas, 217
  imagens, 182, 351, 473
  imagens, e centralizando, 161
  na mesma resolução, 135
  seleções, 133, 135
  texto, 280
Copy Merged, comando, 135
cor, composição de, 477
cor chapada. *Ver* cor spot
cores
  aditivas, 467
  ajustando, 474
  ajustando combinação geral de, 85
  configurando fundo, 313
  configurando padrão, 313
  configurando primeiro plano, 313

correspondendo em diferentes imagens, 389
editando máscaras e, 195, 200, 207
fluxo de trabalho gerenciado, 468
fora do gamut, 472
fundo, 313
invertendo, 132, 339
invertendo primeiro plano/fundo, 196
mesclagem de cor, 104
mesclando, 110
processamento, 74, 466
selecionando contíguas, 375
selecionando por, 121
selecionando semelhantes, 452
sólidas, imagens, 419
suavizando transições de borda, 140
substituindo, 86-87
texto padrão, 268
tornando mais intensas, 441
trocando cores de primeiro plano e fundo, 313
visualizando valores CMYK no modo RGB, 472
cores, correção de. *Ver* fotos, correção de
cores, correções de
 imagens lavadas, 442
 tons de pele, 391
cores, espaço de, 467
 perfil de dispositivo, 468
cores de escala. *Ver* cores de processo
corrigindo imagens. *Ver* editando imagens
cortando
 ajustando área de corte, 141
 camadas, 331
 e ajustando automaticamente, 151
 imagens, 78-80, 361-362
 utilizando outras dimensões da imagem, 78
corte, escudo de, 79
Create Plane, ferramenta, 251, 334, 459
criando traçados
 com a ferramenta Eraser, 393
Crop And Straighten Photos, comando, 151
Crop, ferramenta, 66, 361
 adicionando área de pintura com, 78
CRW, formato de arquivo, 230-231
CSV, formato de arquivo, 455
Curves, caixa de diálogo, 39
Custom Shape, ferramenta, 68, 319, 320
Custom Shape, seletor, 319, 320
Cutout, filtro, 383

D

Default Foreground And Background Colors, botão, 313
degradês
 aplicando, 170-172
 aplicando à máscara, 207
 lineares, 171
 listando pelo nome, 171
demarcador, segmentos de, 302
demarcadores, 298
 abertos, 299, 302
 convertendo em seleções, 305, 307
 convertendo pontos suaves em curvos, 304
 curvos, 302, 303, 304
 desenhando curvos, 302
 desenhando retos, 302
 desmarcando, 315, 319
 diretrizes para desenhar, 301
 fechados, 299, 302
 fechando, 302, 305
 nomeando, 306
 salvando, 302, 305
desenho a mão livre
 seleções, 135
 transformações, 169-170
desenhos arquitetônicos em CAD, 458
desfazendo ações, 46
design de rótulo, 265
deslizando, 43, 275
dessaturando, 376
detalhes, definindo, 235
dicas de tela, exibindo, 34
difusão (feathering), 140
Direct Selection, ferramenta, 302, 316, 325
Dismiss Target Path, botão, 315
dispositivos móveis, criação de conteúdo para
 modo de cor, 74
distorção
 almofada, 254
 camadas, 285, 288
 corrigindo, 254
 lentes do tipo barril, 230
 texto, 277, 291
DNG (Digital Negative), formato de arquivo, 229-231
 visão geral, 239
documento, tamanho de
 exibindo, 182, 351, 440
Dodge, ferramenta, 68, 90
duplicando. *Ver* copiando
duplicando imagens, 473
Duplicate Current Frame, botão, 409
Duplicate Selected Frame, botão, 410

E

Edge Highlighter, ferramenta, 212
Edit History Log, 108
Edit Plane, ferramenta, 334
editando
 camadas de ajuste, 382
 canais individuais, 203
 confirmando edições de texto, 273
 formas, 316
 mantendo um registro do histórico das edições, 108
 máscaras não-destrutivas, 200
 máscaras rápidas, 195
 objectos, 322
 reeditando seletivamente, 111
editando imagens
 ajustando a nitidez das bordas, 248
 ajustando áres claras e escuras, 240
 corrigindo distorções, 254
 corrigindo olhos vermelhos, 242
 em perspectiva, 249
 P & R da revisão, 261
 reduzindo ruídos, 243, 245
efeitos. *Ver também* estilos de camada
 animação, 354
 aninhados, 178
 atualizando, 179
 camada, 341
 camada, copiando, 149
 camada, removendo, 150
 chanfros, 175
 copiando, 415
 girando, 384
 intermediando, 414
 movendo, 222
 não-destrutivos, 175
 ocultando e exibindo, 178
 pintura, 379
elementos gráficos vetoriais, 28. *Ver também* demarcadores
 desenhando formas, 312
 imagens bitmap, 297
 P & R da revisão, 326-327
 subtraindo formas de, 316
Elliptical Marquee, ferramenta, 36, 120, 384
 centralizando seleção, 131
 seleções circulares com, 127
 utilizando suavização de serrilhado e difusão, 140
empilhando imagens, 437
endireitando imagens, 78
enquadrando imagens, 392-393
EPS, formato de arquivo, 263, 476
equilíbrio de branco, ajustando, 233

equilíbrio de cor, camada de ajuste, 381
equívocos, corrigindo, 46
Eraser, ferramenta, 67, 392-393
   cor de fundo e, 142
   no modo Quick Mask, 198
espaços de trabalho. *Ver também* área de trabalho
   Adobe Bridge, 429
   personalizando, 56, 401
   predefinidos, 56
   salvando, 60
estilos de camada. *Ver também* efeitos
   adicionando, 341
   adicionando ao texto, 270
   animando, 414
   aplicando, 175
   composições de camadas e, 349
   editando, 181
   efeito de recorte, 387
   visão geral, 175
EXIF, formato de arquivo, 435
exportando
   dados de medição, 455
   páginas HTML, 416
Extract, caixa de diálogo, 211, 213
Extract, comando, 210
Extract, filtro, 370
Eyedropper, ferramenta, 69, 223

F

falhas de lente de câmera, corrigindo, 254
fatias, 402
   alinhando, 405
   automáticas, 402, 403
   automáticas, ocultando, 407
   baseadas em camada, 407
   configurando opções, 404
   criando para rolagens, 422
   de usuário, 403
   definição, 400
   desvinculando de camada, 409
   dividindo, 409
   especificando a alvo, 406
   indicador de seleção, 403
   métodos de criação, 409
   nomeando, 406
   otimizando para Web, 417
   selecionando, 403
   símbolos, 403, 404
Favorites, painel, 31, 191
Feather, comando, 140
Feather, opção, 251

ferramentas
   contorno de seleção (marquee), 66, 120
   criação de HTML, 401
   restringindo, 37
   seleção, 120
   seleção, ferramenta Pen, 301
   selecionando, ocultas, 35
   utilizando, 32
Fill Pixels, opção, 321
filme rubi, 192
filmes, 18. *Ver também* QuickTime, filmes
filmes, funcionalidades, 428
Filter Gallery, 207, 209
filtros, 383-386
   aplicando, 207
   aplicando a dados vetoriais, 339
   aprimorando desempenho, 383
   atalhos, 385
   não-destrutivos, 368
   visão geral, 384
Fit On Screen, comando, 132
fluxos de trabalho
   conversão em camera raw, 227
   cores gerenciadas, 468
   pré-impressão, 469
fonte, tipos de
   selecionando, 275
fonte com/sem serifa
   selecionando, 266
fontes. *Ver também* texto
   alinhando, 266
   alternativas, 282
   configurando opções, 272, 280
   elemento de design, 271
   famílias, estilo, formatos, 263
   selecionando, 266, 275
forma livre
   transformações, 169
formas. *Ver também* camadas de forma
   criando, 313
   medindo, 452
   personalizadas, 319
fóruns de usuário, 24-25
fotos, correção de
   ajustando contraste, 82
   automática, 81, 92
   automática vs. manual, 94
   endireitando e cortando, 78
   estratégia de retoque, 74, 77
   intervalo tonal, 82-85
   introdução, 77
   P & R da revisão, 97
   removendo projeção de cor, 86-87
   resolução e tamanho, 75

   saturação, 86-87
   substituindo cores, 86-87
   usando Unsharp Mask, 92
frações, 282
Freeform Pen, ferramenta, 298
   atalho pelo teclado, 299
fundo
   apagando, 163
   camada, 155
   convertendo em uma camada normal, 159
   cores, 313
   visão geral camadas, 159
Fuzziness, controle deslizante, 89

G

gama, 83
gamut, 466
   fora do, 472
Gamut Warning, 472
Geometry Options, menu, 303
gerenciamento de cor, 468
   selecionando quando imprimir, 475
GIF, arquivos animados, 409, 410
GIF, compactação, 416, 417, 418
girando, 218
Glass, filtro, 207, 369, 383
Glyphs, paleta (Adobe Illustrator), 282
grade, perspectiva, 334
Gradient, ferramenta, 67, 171
   opções de listagem por nome, 171
guias, 279, 289. *Ver também* Smart Guides
   adicionando, 214, 371, 443
   adicionando verticais, 266
   excluindo, 443
   exibindo, 288
   ocultando, 285, 373
   para criar fatias, 409

H

Halftone Screen, caixa de diálogo, 478
Hand, ferramenta, 69, 140, 381
Heal, opção, 251
Healing Brush, ferramenta, 66, 104, 113
   ferramenta Spot Healing Brush vs., 103, 114
Help Viewer, utilizando, 63
Histogram, paleta, 83
histogramas
   imagem camera raw, 235
   imagem escura e lavada, 441

History Brush, ferramenta, 67, 111
  configurando origem, 112
  ferramenta Clone Stamp vs., 111
History, paleta, 107
  alterando o número de estados, 51
  desfazendo múltiplas ações, 49
  estados, 107, 111
  instantâneos, 108
  removendo ações, 364
Horizontal Type, ferramenta, 173, 266, 275, 277
  configurando opções, 272
Hue/Saturation
  ajuste, 442, 445
  caixa de diálogo, 144
  camada de ajuste, 216
  comando, 474

I

ICC, perfis, 468
ícones de paleta, 347
ilustrações com texto, 419
Image Size, comando, 135, 364
imagem de tons contínuos, 419
imagem, dimensões da
  configurando, 364
  iniciais, 441
  visualizando, 361, 440
imagem, janelas de, 30, 33-35
  ajustando a imagem em, 132
  canal em, 200
  organizando lado a lado, 94
  rolando, 41
imagem, tamanho de
  e resolução, 75
imagens
  achatando, 183, 351
  adicionando tela de pintura, 209
  ajustando à guias, 372
  ajustando a nitidez, 235
  ajustando na janela, 381
  ajustando na tela, 38, 140
  alta resolução, 75
  alta resolução, filtros e, 383
  baixa resolução, 75
  bitmap, elementos gráficos vetoriais, 297
  centralizando e copiando, 268
  classificando, 438
  composição, P & R da revisão, 394-395
  copiando, 182
  cor sólida, 419
  correspondendo esquemas de cores, 389

duplicando, 473
lavadas, 442
modos de cor. *Ver* modos de cor
otimizando para Web, 416-419
otimizando, comparando, 419
pesquisando no Bridge, 434
redimensionando, 364
redimensionando para Web, 238
rotulando no Bridge, 437
técnicas, 428
tons contínuos, 419
varredura, 298
importando
  arte final do Illustrator, 338
  camadas a partir de outros arquivos, 332
  objetos vetoriais do Adobe Illustrator, 322
  Smart Objects, 338
impressora, resolução. *Ver* resolução
imprimindo
  tintas, simulando, 471
imprimindo cores, 464. *Ver também* fotos, correção de
  ajustando tons e cores, 473
  convertendo cores de imagem para dispositivo de impressão, 471
  diretrizes, 477
  especificando telas de meio-tom, 477
  gerenciando cores a partir da impressora, 475
  identificando cores fora do gamut, 472
  modelo CMYK e, 467-468
  P & R da revisão, 480-481
  prova, 473
  prova de imagens na tela, 470
  quatro cores, 95-96, 466
  resolução, 76
  salvando imagem como separações, 476
  salvando imagens para, 95-96
Info, paleta, 361, 472
  configurando guias com, 371
infográficos, 426, 443
  legendas, 460
  P & R da revisão, 463
informações topográficas, 458
iniciando Photoshop, 28
Inner Shadow, efeito, 388
Input Levels, opção, 84
inserindo arquivos, 338
  redimensionando, 322
  texto Adobe Illustrator, 322, 323
instantâneos, 107, 108
interface com o usuário. *Ver* área de trabalho

intermediando quadros, 412
intervalo tonal
  ajustando manualmente, 82
Inverse, comando, 39
Invert, comando, 132
IPTC Core, dados, 435

J

JPEG, compactação, 416, 417, 418
JPEG, formato de arquivo, 431
  degradação de imagem e, 247, 362
  imagens camera raw e, 230-231
  visão geral, 239
justificando texto, 281

K

Keyboard Shortcuts And Menus, caixa de diálogo, 57

L

Large Document Format (PSB), 239
Lasso, ferramenta, 110, 121, 135
  fechando a seleção, 136
Lasso, ferramentas, 66, 135-136. *Ver também* Magnetic Lasso, ferramenta; Polygonal Lasso, ferramenta
  utilizando suavização de serrilhado e difusão, 140
Layer Style, caixa de diálogo, 176
Layer Via Copy, comando, 387
Layer Via Copy, opção, 309
Layers Comp, paleta, 347
Layers, paleta
  animando com, 409
  camadas de forma, 315, 319
  excluindo camadas ocultas, 323
  máscara vetorial, 318
  menu, 169, 350
  modo indicador Quick Mask, 192
  removendo a seleção de todas as camadas, 271
  visão geral, 157
legendas, mapa, 460
Lens Correction, filtro, 254
letreiro. *Ver* contorno de seleção
Levels
  ajustando canal, 203
  ajuste, 441-442
  camada de ajuste, 345-346
  comando, 83-85
ligaduras discricionárias, 282

Lighting Effects, filtro, 383
Line, ferramenta, 68
linhas tracejadas, 445
   variando as cores, 447
linhas, medindo, 454
links
   no Help, 62
links de hipertexto, 400
   adicionando, 407, 408
   definição, 400
Liquify, filtro, 370
Load Path As Selection, opção, 307
logotipos, 419
luminosidade
   ajustando com a ferramenta Dodge, 90
   ajustando para impressão, 474
   substituindo cores, 86-87

M

Magic Eraser, ferramenta, 67, 163
Magic Wand, ferramenta, 120, 121, 122, 306, 375
   combinando com outras ferramentas, 124
   extendendo seleção, 123
   seleção básica, 122
   selecionando áreas de descontinuas, 452
   utilizando suavização de serrilhado e difusão, 140
Magnetic Lasso, ferramenta, 121, 138
   utilizando suavização de serrilhado e difusão, 140
Magnetic Pen, ferramenta, 298
Make Selection, caixa de diálogo, 308
Make Work Path From Selection, opção, 306
mapa de bits. *Ver* bitmap
mapas, medindo, 458
máscaras. *Ver também* máscaras de canal; máscaras de degradê; máscaras rápidas
   adicionando a, 197-198
   apagando, 195
   bordas delicadas, 210
   canal alpha, 198
   carregando como seleção, 219
   carregando como uma seleção, 204-206, 219
   carregando seleções, 206
   desvinculando da camada, 205
   dicas, 200
   filtrando, 208

inverter, 204
movendo conteúdo, 220
P & R da revisão, 225
restaurando, 197
salvando como seleção, 198
substituindo cores em, 86-87
temporárias, 195, 198
terminologia, 224
texto, 220
valores das cores para edição, 190, 200
visão geral, 190
máscaras de canal, 203
   definição, 224
   máscaras de camada vs., 204
máscaras de corte, 47
   atalho, 270
   criando, 268
   definição, 224, 265
   indicador, 270
   utilizando camada anterior, 382
máscaras de degradê, 207
máscaras rápidas, 190
   criando, 192
   editando, 195
   fechando arquivos e, 198
   na paleta Channels, 195
máscaras temporárias, 198
máscaras vetoriais, 316
   convertendo em máscara de camada, 200
   definição, 224
   desvinculando da camada, 200
   indicação de seleção, 318
   selecionando, 317
Match Color, comando, 390
Measurement Log, paleta, 448, 453
   configurações predefinidas, 451
   excluindo pontos de dados, 451
   exportando dados, 455
   personalizando, 450
Measurement, ferramenta
   configurando a escala, 449
   filme em QuickTime, 428
meios-tons, 83
   aumentando, 234
menus de contexto
   camadas, 287
   navegador, 423
   navegador Web, 399
   Smart Objects, 339
   texto, 273, 278, 285
   visão geral, 52
Merge Down, comando, 381
Merge Layers, comando, 287
Merge Visible, comando, 183, 332, 352
mesclando camadas, 182, 352

metadados
   pesquisando imagens por, 434
Microsoft Excel, 455, 461
Microsoft Office, documentos, 431
miniaturas
   camada, 157
   camada de forma, 315, 319
   máscaras de camada, 200
   Smart Object, 323, 368
Mode, comando, 95-96
modos de cor
   alterando, 95-96
   retocando para os selecionados, 74
modos de mesclagem, 377-378. *Ver também* Photoshop Help
   composições de camadas e, 349
   definição, 167
módulos de plug-in, 28
monitoramento, 281
monitores
   calibrando para impressão, 468
Mosaic Tiles, filtro, 209
Move, ferramenta, 43, 66, 120, 310
   atalho pelo teclado, 128
   dicas, 126
   ícone de uma tesoura, 132
   movendo seleção, 123
movendo seleções, 123
Multiply, modo de mesclagem, 173
Myriad Pro, 266, 272, 276

N

Navigator, paleta, 41
NEF, formato de arquivo, 230-231
New Layer Based Slice, comando, 408
níveis
   camada de ajuste, 345
No Image, fatias, 409
North America General Purpose 2, configuração de cor, 469
notas, 280, 450. *Ver também* anotações
Notes, ferramenta, 450

O

objetos, medindo, 448-454
   configurando a escala, 449
   exportando dados, 455
   irregulares, 452
   linhas, 454
   predefinidos, 449
   registrando medidas, 453
   valor de controle, 449

Ocean Ripple, filtro, 370
opacidade
   animando, 411
   camada, 167
OpenType, formato de arquivo, 263, 282
ordem de empilhamento
   alterando camada, 165
   alterando em conjuntos de camada, 350
Outer Glow, estilo de camada, 414

P

padrões
   aplicando, 387
   criando, 319
   linha tracejada, 447
   redefinindo, 22-23, 28
   redefinindo cores, 46
páginas HTML
   exportando, 416
   nomeando, 407
Paint Bucket, ferramenta, 67
Paint Daubs, filtro, 383
palavras-chave
   pesquisando imagens por, 434, 436-437
paletas
   comparação caixa de ferramentas e barra de opções da ferramenta, 56
   expandindo e ocultanto, 195
   expandindo e recolhendo, 55
   flutuantes, 312
   localização padrão, 56
   redefinindo, 113
   trabalhando, 44
   visão geral, 53
papel, simulando branco, 471
Paper Color, opção, 471
Paragraph, paleta, 55, 281
partners.adobe.com., 24-25
Paste Into, comando, 135
Patch, ferramenta, 66, 110
   para retoques, 115
Path Selection, ferramenta, 315, 316
Path Selection, ferramentas, 68
Paths, paleta, 302, 303
   desmarcando demarcadores, 315
   máscara vetorial, 317
   separando de Layers, 312
Pattern Maker, filtro, 370
Pattern Overlay, estilo de camada, 387
Pattern Overlay, opção, 447
Pattern Stamp, ferramenta, 67
PDF Presentation, criando, 258
PDF, formato de arquivo, 263

Pen, ferramenta, 313, 392-393
   atalho pelo teclado, 299
   como ferramenta de seleção, 301
   configurando opções, 303
   demarcadores, 302
   desenhando demarcadores, 301
   visão geral, 298-299, 302
Pen, ferramentas, 68
   demarcadores, 298
Pencil, ferramenta, 67, 299
perfil de prova, 470
   selecionando, 475
perfis de documento, 441
perspectiva
   adicionando, 333
   adicionando a texto, 339
   colando em, 335
   editando imagens em, 249
   estendendo, 334
   medindo em, 458
   plano, 340
pesquisando imagens, 434
pesquisas
   na Ajuda do Photoshop, 63
   no Photoshop Help, 60
Photoshop, formato de arquivo, 362
Photoshop (PSD), formato de arquivo. *Ver* PSD, formato de arquivo
Photoshop EPS, formato de arquivo, 473, 476
Photoshop Help, 23-24, 60-64
Photoshop Raw, formato de arquivo, 230-231, 239
   formato camera raw vs., 230-231
pilhas, abrindo, 440
pintando
   com a ferramenta Spot Healing Brush, 103
   dados de vetor, 339
   misturando traços, 251
   seleções, 142
pintando, efeitos, 383
Pixel Aspect Ratio, subcomandos, 57
pixels
   definição, 28
   imagem e monitor., 75
   misturando, 251
   removendo de camadas, 162
PNG, formato de arquivo, 239
Polygon, ferramenta, 317
Polygonal Lasso, ferramenta, 121, 343
   utilizando suavização de serrilhado e difusão, 140
ponto central, selecionando a partir de, 130
ponto de exclamação (!), 472
pontos de ancoragem, 301, 302

pontos de canto, 303, 304
pontos de fixação, 139
pontos suaves, 302, 304
Portable Bit Map, formato de arquivo, 239
portfólio, criando, 258
posicionando arquivos
   redimensionando, 342
PostScript, fontes, 263, 282
preenchimento, propriedades de camada de forma, 315
preferências
   cor de alerta de gama, 472
   estados da paleta History, 107, 108
   exibição de canais, 202
   redefinindo, 28
   restaurando o padrão, 22-23
   unidades e réguas, 371, 443
Preserve Numbers, opção, 471
Print, caixa de diálogo, 475, 479
Printer Manages Colors, opção, 475
profundidade, simulando, 180
projeção de cor, 77
   removendo, 86-87
prototipagem, 265, 330
prova
   imagens, 470
   na tela, 470
   perfis, 470
PSB, formato de arquivo, 239
PSD, formato de arquivo, 431
   imagens camera raw e, 230-231
   visão geral, 239
Purge, comandos, 383

Q

quadros
   intermediando, 412, 414
   novos com base no anterior, 410
   reposicionando, 412
Quick Mask, modo, 192, 195
   alternando entre o modo Standard, 198
   pintando cores, 193
Quick Selection, ferramenta, 121, 142
QuickTime, filme
   OpenType, 282
QuickTime, filmes
   Auto Align layers, 185
   Bridge Intro, 31
   Clone Source, 354
   Dancing With Type, 292
   Measurement, 428
   New UI, 29
   Quick Selection, 144

Refine Edges, 147
Smart Filters, 370
Vanishing Point, 253

R

Radius, controle deslizante, Unsharp Mask, filtro, 93
RAM, 441
    filtros e, 383, 384
rasterizando
    máscaras vetoriais, 200
    Smart Objects, 339
Rasterize Layer, comando, 339
realces
    ajustando, 240-242, 442
    ajustando manualmente o intervalo tonal, 82-85
    comando Shadow/Highlight, 81-82
Record Measurements, comando, 453
recortes, 317, 387
Rectangular Marquee, ferramenta, 36, 120, 124
recursos, 28
recursos de treinamento, 24-25
Red Eye, ferramenta, 66, 242
redimensionando, 133, 269, 361
    camadas, 168
    imagens, 364
Reduce Noise, filtro, 243
reduzindo, 128
Refine Edges, comando, 145
réguas, 266
    configurando a unidade de medição, 443
    configurando unidade de medida, 371
    exibindo, 312
    ocultando, 219
Relative Colorimetric, opção, 471
removendo a seleção, 37, 124
Replace Color, comando, 86-87
reproduzindo cores
    modelo CMYK e, 467
    salvando configurações, 475
resolução, 75
    determinando resolução da digitalização, 76
    monitor, 75
    saída de impressora, 76
restringindo ações, 134
retocando
    retoques cosméticos, 115-116
retocando/corrigindo
    auto-emenda, 110
    clonando, 101

configurando resolução correta, 75-76
em uma camada separada, 112
P & R da revisão, 117
para efeitos naturais, 111-112, 115-116
por meio da mesclagem de pixels, 104
removendo manchas, 103
utilizando instantâneos, 107
utilizando paleta History, 107
visão geral, 74
RGB, modelo de cor, 74, 466
    descrição, 467
    gamut, 466
RGB, modo de cor
    convertendo imagem para CMYK, 472
RGB, modos de cor
    filtros, 207
Ripple, filtro, 383
rolagens
    a partir de fatias, 405, 422
    definição, 398
rotacionando, 137, 311
rotulando imagens, 437-438
ruídos, reduzindo, 243
Ruler, ferramenta, 69
    Measurement, recurso vs., 448

S

salvando
    arquivos iniciais, 30
    imagem como separações, 476
    imagens otimizadas, 419
    seleções, 198
Sample Aligned, opção, 102
Sample All Layers, opção, 142
saturação
    ajustando com a ferramenta Sponge, 91
    substituindo na imagem, 86-87
Save For Web And Devices, caixa de diálogo, 417, 419
Screen, modo de mesclagem, 414
seleção
    rotacionando, 137
selecionando
    a partir de um ponto central, 130
    bordas de alto contraste, 138
    camadas, 162
    com a ferramenta Pen, 301
    conteúdo de camada, 333
    desenho a mão livre e linhas, 135
    fatias, 403

P & R da revisão, 152-153
seleção inversa, 124
texto, 179
utilizando a paleta Info, 361
visão geral, 120
seleções
    à mão livre, 121, 135-136
    a partir de máscaras, 204-206
    baseadas em cores, 121
    carregando, 219, 379
    carregando por meio de atalhos, 206
    circulares, 131
    combinando linhas à mão livre e linhas retas, 135
    como máscaras, 198-200
    contraindo, 377, 381, 383
    convertendo em demarcadores, 305-306
    copiando e movendo, 133-135
    copiando em outra imagem, 309-310
    criando complexas, 210
    dessaturando, 376
    elípticas, 126-134
    estendendo, 123
    exibindo bordas, 130
    expandindo, 145, 146
    fazendo o ajuste fino das bordas, 145
    geométricas, 120
    indentificando com canais, 202
    indicação, 36
    invertendo, 38, 219, 445
    mantendo circulares, 385
    medindo, 448
    misturando, 251
    movendo, 38, 123-124, 128, 131-132
    movendo a borda, 127
    movendo contorno de, 386
    movendo incrementalmente, 129
    ocultando bordas, 130
    por cor, 121, 142-147
    precisas, 307
    quadradas, 131
    refinando bordas, 145-146
    restringindo, 37
    salvando, 375-377
    salvando como canal, 199
    salvando em camadas separadas, 147-148
    suavizando, 140
    suavizando existentes, 140
    subtraindo a partir de, 125, 197-198, 317
    subtraindo a partir de ao carregar, 377
    subtraindo de, 308
    tamanho fixo, 443-444
self Target, opção, 406

separações
  imprimindo, 477
  salvando imagem como, 476
serviços on-line, 65
Shadow/Highlight, ajuste, 240-242
  aplicando como Smart Filter, 370
Shadow/Highlight, comando, 81
Shape, ferramentas, 68
Sharpen, ferramenta, 68
Sharpen, filtros, 248
Show Transform Controls, opção, 323
Show/Hide Visibility, coluna, 161
sidecar XMP, arquivos, 235
símbolos, 403, 404
Simulate Black Ink, opção, 471
Simulate Paper Color, opção, 471
sinal de sustenido (#), 404
Single Row Marquee, ferramenta, 120
Slice Options, caixa de diálogo, 404
Slice Select, ferramenta, 66, 403, 417
Slice, ferramenta, 66, 405
Smart Filters, 340, 368-371
  desativando, 370
  editando, 370
  filme QuickTime, 370
  reordenando, 370
Smart Guides, 374. Ver também guias
Smart Objects
  agrupando camadas em, 286-287
  atualização automática na edição, 325
  distorcendo, 288-289
  editabilidade, 285
  editando, 291
  fidelidade de qualidade, 322
  filtrando e pintando, 339
  miniatura de camada, 323
  rasterizando, 338
  Smart Filters e, 368
  transformando, 338-340
Smart Sharpen, filtro, 248
Smudge, ferramenta, 68
sombras
  ajustando, 240-242, 441
  ajustando manualmente, 82-85
  estilo de camada, 270
  Inner Shadow, efeito, 388
sombras projetadas, 148, 175, 222
  adicionando, 180
  copiando, 180
Spatter, filtro, 383
Sponge, ferramenta, 68, 91
Spot Healing Brush, ferramenta, 103, 104
Sprayed Strokes, filtro, 383

Stained Glass filter, 383
Stained Glass Smart, filtro, 370
Stained Glass, filtro, 369
Standard, modo, 192, 196
  alternando entre o modo Quick Mask, 198
Stroke, caixa de diálogo, 365, 446
Stroke, paleta, 325
suavização de serrilhado (anti-aliasing), 140
suavizando, 115
  seleções, 140
Subtract From Shape Area, opção, 317
Swatches, paleta, 45, 172
Switch Foreground And Background Colors, botão, 313

T

tabuleiro de xadrez
  padrão, 319
Tagged Image File Format (TIFF). Ver TIFF (Tagged Image File Format)
tarefas de múltiplos passos com. Ver ações
Target, opção, 406
teclado, atalhos. Ver atalhos pelo teclado
teclas de seta
  deslocando seleções com, 129
  tecla Shift com, 129
tela, ângulo de, 477
tela, freqüência de, 477
tela de meio-tom, configurações, 477
tela de pintura, adicionando, 209-210, 456
texto. Ver também fontes
  adicionando, 279-280
  adicionando chanfro, 175-178
  adicionando sombra projetada a, 175-178
  alinhando, 174, 266, 283
  colando, 281
  colorindo, 44-46, 223, 272, 283
  configurando opções, 173, 266, 284
  confirmando edições, 273
  controles de formatação, 275
  copiando, 280
  cor padrão, 268
  criando, 173, 223, 266
  demarcador, 292
  descendentes, 293
  distorcendo, 277
  editando importado, 338

estilos, 276
frações reais, 282
independente da resolução, 263
justificando, 281
máscara de corte, 265
máscara de corte com, 268
mascarando com, 220
movendo, 175
P & R da revisão, 294-295
parágrafos, 279
ponteiro, 275
recolorindo, 343
removendo a seleção de, 45
selecionando, 179, 266, 281, 284
traçados violentos, 282
truques, 273
vertical, 284
visão geral, 263
visualizando, 275
texto de parágrafo, 266
  adicionando, 283
  projetando, 279-281
texto de ponto, 266
  distorcendo, 277-278
  parágrafos vs., 279
texturas
  extraindo, 210
Threshold, controle deslizante, Unsharp Mask, filtro, 93
TIFF (Tagged Image File Format), 95-96, 470
  camera raw imagens e, 239
  formato de arquivo, 431
  imagens camera raw e, 230-231
  visão geral, 239
Tile Vertically, comando, 94
tolerância
  Magic Wand, ferramenta, 122
  Magic Eraser, ferramenta, 163
tom
  ajustando para impressão, 473
  substituindo na imagem, 86-87
tons de pele
  corrigindo, 391
  retocando, 114
traçados violentos, 282
traçando, 419, 446
  Illustrator, 325
tracking, 273, 276
transformações
  caixa delimitadora, 133
  forma livre, 168-169, 311-312, 340
transformando
  camadas, 168
  em perspectiva, 340
  Smart Objects, 323

transparências
　ajustando, 167
　criando gradiente com, 172
　em máscaras, 207
　imagens otimizadas, 419
　indicando, 163
　removida no achatamento, 332
Transparency And Gamut, caixa de diálogo, 472
três dimensões/tridimensional
　design, 428
　medindo em, 458
Trim, comando, 80
Truetype Fontes, 282
Tween, recurso, 409
Twirl, filtro, 384
Type
　ferramentas, 68
Type 1, fontes, 263
Type Mask, ferramentas, 68
Type, ferramenta
　modo de edição, 273
　opções de configuração, 42
　truques, 273

U

U.S. Web Coated (SWOP) v2, perfil, 471
Undo, comando, 49, 107
Unsharp Mask, filtro, 92
Unsharp Masking (USM), 92-93

Use Previous Layer To Create Clipping Mask, opção, 382
USM (Unsharp Masking), 92

V

Vanishing Point, filtro, 249-253, 333-336
　aplicado a Smart Object, 340-341
　corrigindo erros, 251
　definindo grades, 249
　editando objetos com, 251
　filme QuickTime, 253
　medindo em, 458
　Smart Filters e, 370
variação tonal
　ajustando automaticamente, 86-87
verificação ortográfica, 273
Vertical Type, ferramenta, 284
vídeo, funcionalidade, 428
vinculando
　camadas, 274
　máscaras a camadas, 200
vinhetas, 254
visualizações
　Adobe Bridge, 429-433
　informações sobre arquivos, 440
　redefinindo para 100%, 381

W

Wave, distorção, 278

Web
　otimizando imagens para, 416, 419
Web Design, espaço de trabalho, 401
Web, preparando arquivos para, 396
　P & R da revisão, 424-425
Work Path
　nomeando, 306
　salvando, 305
　visão geral, 302
Working CMYK - U.S. Web Coated (SWOP), perfil v2, 471
www.adobe.com, 65
　/cfusion/exchange, 24-25
　/designcenter, 23-24
　/go/buy_books, 23-24
　/products/photoshop, 24-25
　/support, 20, 24-25

X

xadrez
　indicador de transparência, 163
　padrão, 319-321
XMP, arquivos, 235

Z

Zoom, ferramenta, 69
　atalhos, 196
　selecionando e utilizando, 32
Zoomify, comando, 400